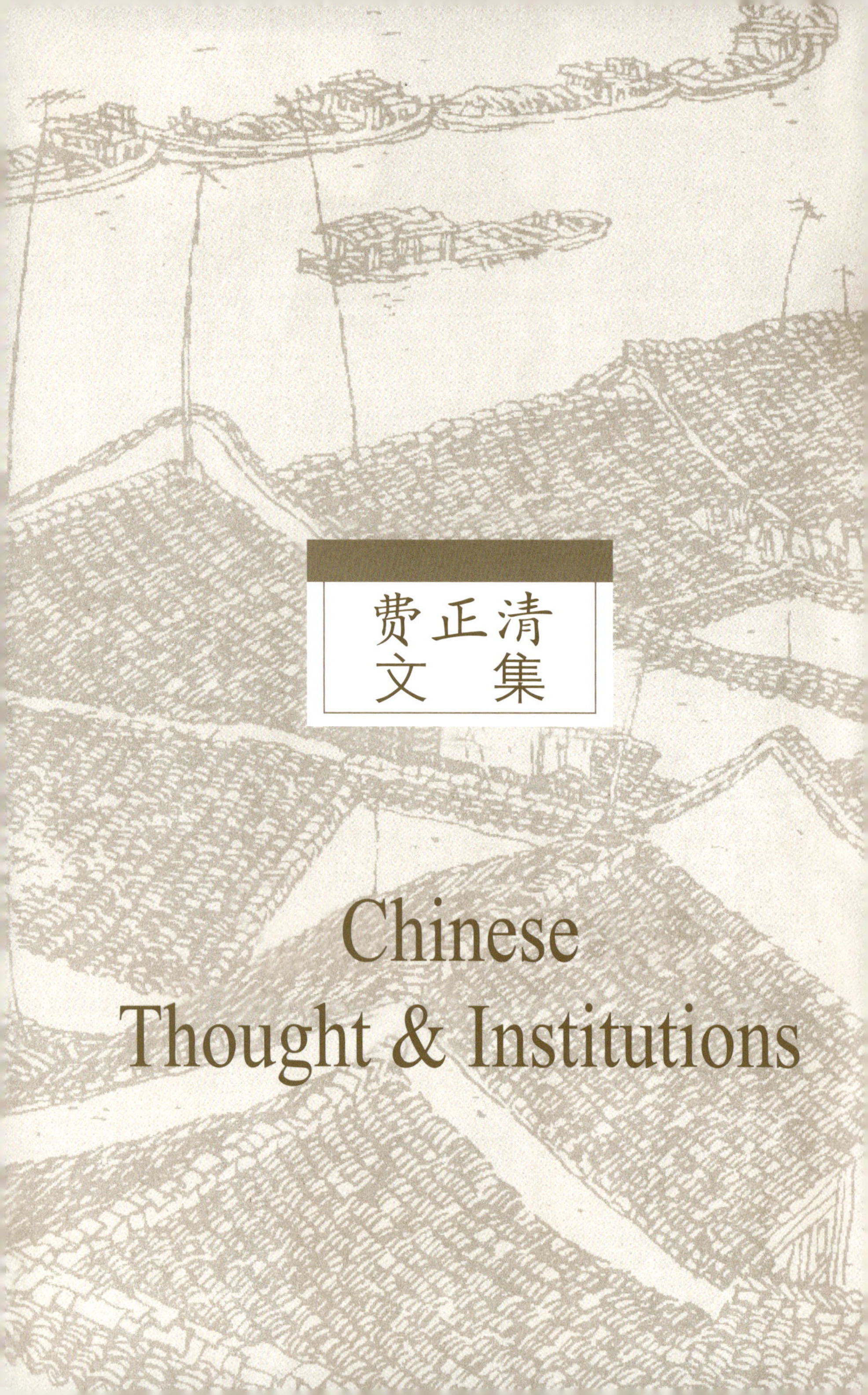

费正清文集

Chinese Thought & Institutions

中国的思想与制度

费正清/编

John King Fairbank

郭晓兵　王　琼　张晓丽
王妍慧　李俏梅　　　译
沈中明　　　校

世界知识出版社

佳评如潮

本书研究的不仅仅是中国哲学，也不仅仅是中国思想所表述的众多观点的一个分支，而是关注“中国思想、政治事件和人物之间的关系以及思想的发展”。

罗伯特·雷德菲尔德

对于几代学者和一般公众来说，若想获得有关中国的知识并有洞见，一定要读费正清的著作。

哈佛大学出版社

费正清在美国学术界的地位、他的经历和交际的广度，使他在重建美国与中国之间的学术交流中处于圣贤和使者双重角色的地位。

保罗·埃文斯

在哈佛的中国研究领域中，费正清是伟大的奠基者和机构缔造者……如果没有一位自信的不懈的斗士，开垦拓荒并创建我们的东亚王朝，我们无法像今天这样欣欣向荣。

傅高义

今天哈佛所具有的全球视野，就是从费正清创设中国学研究开始，并成为一个相应的衡量指标。

史华慈

回眸中美关系史，有一位矗立于美国汉学界巅峰几十年而不衰的泰斗不能遗忘，他就是从1929年起就把全部精力奉献给研究中国历史、文化、思想以及中西关系的学者费正清。在某种程度上，费正清这三个字就意味着美国的汉学研究。

傅光明

中国的思想与制度

〔美〕费正清　编
（John King Fairbank）

郭晓兵　王　琼　张晓丽
王妍慧　李俏梅　译
沈中明　校

世界知识出版社

出版前言

费正清是美国也是世界上最有声望的汉学家。他的著作及其主要观点代表着美国主流社会的看法，对几代美国学者和政治家都有着深刻的影响。

出版此套《费正清文集》对国内读者了解海外在中国问题上的研究成果，冷静看待自己的历史和文化颇有意义。由于费正清是西方的中国问题观察家，看待中国自然也是以西方人的视角，所以，他在书中所表达的观点并不代表我们的认识，甚至有不少观点是我们无法认同的，希望读者在阅读中加以注意。

世界知识出版社

目　　录

第一部分
国家权力运用中思想的作用

第二部分
社会秩序中的思想与官僚

前　言

(Foreword)

罗伯特·雷德菲尔德
(Robert Redfield)
米尔顿·B. 辛格
(Milton B. Singer)

自1951年起，负责这一系列丛书的两位编辑利用福特基金会的拨款，致力于促进和发展文化方面的研究，尤其是对一些伟大文明的研究，从而在真正意义上对这些文明进行相互比较。这项研究致力于以下几个方面：鼓励以可行性方法进行跨文化研究；对学者们提出或使用的方法加以评判和检验；为进一步做研究的专家提供帮助，因为他们较少运用纵向比较差异的方法，多采用横向联系的方法，并和其他文明进行更为可靠的比较研究。

现在，远东协会中国思想委员会里有这样的一群专家着实让我们欣喜。他们属于（现在定名为）远东协会中国思想文化研究的组织。这些专家自行结成研究小组，精力充沛、富有活力。他们的工作引导我们向更加全面、更加宏观、包罗万象的目标上前进。这一群中国文明方面的专家是一个协同合作的团体，他们有着相似的兴趣，承担着同等的义务，乐于交流想法和研究成果，工作起来一丝不苟、雷厉风行。现在，他们还会继续这种智慧上的高效合作，因为他们对于自己研究的主题有着积极进取的精神，能够让人们看到这种研究会带来的积极乐观的成果！他们关注的，不仅仅是中国哲学，不仅仅是中国思想所表述的众多观点的一个分支，而是关注“中国思想”——“政治事件和人物之间的关系以及思想的发展”。他们认为“思想”就是想法，同样也是习俗和行为，是要同时研究的，而且他们也乐于为此共同努力。几年间，专家们不断进行着相互批评和相互帮助的学术交流活动。此外，他们还孜孜不倦地向社会学家们请教。他们的请教不是为了得出某个结论或总结某个教条，而是为了寻求建议和激励，引导他们作为专家和学者在不同文化和文明的比较研究的路上不断前进——这种可比性研究目前虽然还尚未完成，但是我们相信相关结论将来一定能够显现。因此，这些人通过研究活动成为专家，并和诸如历史学家或人类学家以及比较人类学家或社会学家之间建立了重要联系。因为他们了解格兰内特（Granet）和韦伯（Weber）关于中国和中国官僚的著作，所以他们既不会全盘接受也不会断然蔑视这些著作。学者们会忠实于自己的专业并认真地细心观察，同时又倾听别人的意见并改正早先武断的结论。

有人曾资助过一笔钱用来进行不同文明的比较研究工作。最初，人们关于如何花费这笔经费的决定使得1952年在美国科罗拉多州阿斯本（Aspen）召开关于“中国思想”委员会会议成为可能。那次会议的一个最终成果是出版了这套系列丛书的第一本著作：《中国思想研究》。这本书由芮沃寿（Arthur F. Wright）于1953年编辑成册。书中澄清了许多历史问题，这些问题可能是一些汉学家一直激烈讨论和抨击的对象，因为他们借此希望自己的研究结果会给中国文明的课题带来全面的理解，同时又能更好地将中国文明与其他文明进行比较。《中国思想研究》是一部具有探索性质的著作，其中倡导了多条研究思路。而现在这一册（总编辑所负责丛书中的第八册）书中讨论的话题则更为集中，目标更趋一致。其次，“中国思想”委员会会议的第二项任务是将研究的注意力更加集中到不同的思想上，尤其是与儒家思想的相互关系上；集中到中国的政治制度和各个大事上，其中的焦点是儒学的状况。从费正清教授出色的引言介绍中，我们可以看到上述话题在十三位专家笔下有几种不同的处理方法：一些人论述了思想与行为和国家权力运用之间的关系；一些人将儒家学说以及其他重要思想同士大夫相联系——而正是这样的联系使个人同事业与思想以及制度的关系维持了长达两千年之久。委员会主动参与到赫伯特·戈德哈默博士（Dr. Herbert Goldhamer）的工作中，因为他正是从事此项任务最合适的社会学家人选。他博览群书，善于批判，目光敏锐。

总编对于委员会第二版——一部全面改进的著作以及对戈德哈默博士的帮助深表感谢。我们还要感谢赫曼·西奈科（Herman Sinaiko）先生，他将娴熟的中文技能和汉学知识充分发挥，为本书的付梓交印和准备手稿做出了巨大贡献。

（郭晓兵 译）

引言：方法和内容

(Introduction: Problems of Method and of Content)

费正清

(John K. Fairbank)

[1] 中国的政治思想是一个被人们长久忽略的领域，要想对此深入研究，不妨注意下面这些文章。这些文章与其说更多涉及的是古代经典文献的形成，不如说是介绍儒家思想在政治斗争和社会政治制度中的运用。颇让人出乎意料的是，这些研究都是出自历史学家而非政治学家之手，当然其中也含有社会学家的帮助。虽然政治学家在其专业角度尚不至于消亡，不过至少到目前为止，他们还在极力规避中国政治记载所带来的挑战，而且做得还相当不错。这些历史记载不仅在我们的图书馆里唾手可得，而且它们毕竟代表了人类历史上人口最多的国家政府制度持续最为悠久的一段经历。

我认为，西方政治学中的狭隘主义应当引起我们的注意。其根源来自一个所谓普遍科学性的错误理论，即对待“区域”的特殊化持否定态度。这些政治学家是在西方政治生活的背景下接受数据、观念和语言等方面的训练，他们把已有知识进行逻辑性而非地域性的分类。因此，他们不会去研究全人类中大多数人的政治，而这大多数人却恰恰居住在亚洲。在经济学领域，落后地区发展的迫切需要促使美国经济学家于不久前创造了新的经济发展学说。这一学说恰巧也主要适用于亚洲，而且不受地方主义的限制。毫无疑问，出于政府管理的需求，将来政治学领域也会出现相似的可喜进展。

与此同时，作为从事专门研究某一地区的历史学家，我们在编写本书的过程中感到自己正处于既令人兴奋又常令人迷惑的跨文化边界。在这个领域里，社会科学的分析能力同人文学者特有的专业知识同样重要。我们必须坚持采用两种方法，兼容并举。为了透彻分析保存完好、深奥难懂的中国历史文学内涵，我们需要汉学家的严谨态度和极大耐心。同时，为了搞清中国政治现象所蕴含的深意，使之对现代科学的研究有所帮助，我们又必须研究后者的方方面面，尤其是社会学领域的知识。

毫无疑问，现代学者们普遍面临这样的处境：一方面，[2]
他们在尝试开辟新的学术领域；另一方面，他们又希望能跟上其他领域的迅速发展。因此，我们在中国传统思想上所获得的经验不仅能吸引不断增长的中国问题专家而且更能吸引广泛的读者群。以下我们主要概述一下我们工作的起源、研究方法和内容。

一、原因和方法

中国思想委员会——即现在的远东协会于1951年成立。当时大家普遍认为，西方的学者们长久以来忽视了一些中国传统观点在其社会及历史上所起的作用。如果真是那样的话，结果是非常危险的。虽然我们已翻译并研究了相当数量的经典文献和历史著作，但却很少注意到这些传统观点与中国政治制度及文化习俗之间的相互作用，或者说很少关注与这些观点有针对性的历史事件、历史进程和其间政策的影响以及对此进行相关分析。随着战后美国国内对中国研究和日本研究的升温，人们似乎有可能调集多种多样的思维方法和技术手段，寻找汉学家和语言学家、哲学家、社会学家以及其他情况下备受忽略的研究中国问题的学者们，将他们的工作更为紧密地联系起来，使新观点的提出成为可能。这项工作是在美国学术理事会的莫蒂默·格雷夫思（Mortimer Graves）的提议下发起的。斯坦福大学的芮沃寿（Arthur F. Wright）成为这个新成立的委员会的主席。在罗伯特·雷德费尔德（Robert Redfield）主持的“文化与文明比较研究”项目的支持下，第一届关于中国思想的研究会议于1952年在科罗拉多州的阿斯本（Aspen）举行。

会议之后，芮沃寿出版了论文集（《中国思想研究》，美国人类学协会，学术论文集第75卷，芝加哥大学出版社，1953）。在前言中，他指出这次会议为系统分析和研究问题开辟了新的道路。这些新的道路包括：研究诸子百家的思想渊源；界定关键术语；描述、评价一些观点发展的历程；讨论价值观念的沿革；记述学术取向的变迁；分析外来观点在中国的发展；研究非语言符号意义的发展过程。正是有了这次会议的经验，再加上会议成果受到热诚的接纳，在这样的鼓舞下，中国思想委员会才得以于1954年9月3日至10日在新罕布什尔州拉哥尼亚（Laconia）附近的斯蒂尔山（Steele Hill）举行了为期一周的第二次大会。会议的主题为“中国传统观念与制度习俗之间的关系”。

从若干论文集中，我们可以看出第二次讨论会的价值。
[3] 首先，所有的论文都是事先发给大家，让每个人预先看一下，然后对每一篇论文的讨论也是由一名与会成员对论文进行严肃认真的分析，然后再提出需要讨论的问题。每天都有一位能干的报告起草人[由哈佛大学研究生院的斯蒂芬·海依（Stephen Hay）先生担当]准备纪要（而不是逐字记录）。

接下来，论文的修订工作便可以从容不迫地利用学者们在几个小时中对每个主题及相关方面进行批判性评论的成果。正是采用了这些方法，才使得这一周讨论会上的十三名讨论者不但拥有条理清晰的思维，而且富有自由发挥的灵感——这二者达到了平衡的默契。（让人尤为印象深刻的是，几年来的调查成果和多位同事的集体智慧兼收并蓄，一位学者一年的研究就把许多人好几年的研究成果甚至许多人倾尽一生所得的智慧汇聚到了一起。）

就方法论而言，我们向与会者提供了汉学研究以外社会学家们颇有见地的批评。我们认为，尽管想方设法，耗费重重努力，催发不同学科的结合，真正的知识组成仍然而且一定存在于个人的头脑之中。要想更为有效地研究中国，那么汉学家的脑海中必定要出现跨学科的新设想。为了得到更为重要、更加集中的信息，而不是刻意关注不同学科的对立和冲突，我们于是只邀请了一位汉学家，即兰德公司（Rand Corp.）的赫伯特·戈德哈默（Herbert Goldhamer）博士作为与会者的咨询顾问。随即在1954年年初，学者们开展了各项课题的研究。在大多数情况下，与会者都会就研究课题的主要情况及遇到的问题及时向戈德哈默博士请教，并从这位顾问提出的意见中受益匪浅。不管在会议召开之前，还是在会议过程之中，大家一直如此。

就这些论文所涉及的方面而言，我认为我们展示了20世纪下半期西方历史研究多样化的特点。每位作者都自主选择了论题并进行了研究。然而结果却是，这些论文并非与总体计划完全吻合。最好的情况不过是论文和我们的计划有一半是符合的，有一半是有联系的。但毫无疑问，这些论文的撰写者在两个方面的观点相当一致，即大家都认为思想在历史进程中具有的主要作用。同样，在研究中国历史中思想和习俗的关系时，大家都遇到的一些特别的问题。

第一，我们认为，学者们所研究的各种思想在中文著作当中都有记录，都可以查询得到，而且这些思想在中国人的头脑中都占据非常重要的一席之地，在中国许多重大事件中都曾是十分重要的部分。思想是历史进程的一个组成，是整体当中的个体。我们每个人可能会选择不同的话语给思想在
[4] 思想家一系列的行为以及在当时社会背景下所扮演的角色下一个抽象的定义。但我们相信，对于历史的理解，不论是在其独有的特殊性还是在其潜在的普遍性上，都不仅仅是研究一些抽象的名称、因素和定义。我们基本赞同史华慈（Benjamin I. Schwartz）先生的观点。正如他在本卷开篇时所说的那样：在最终的分析中，我们必须通过个人提出观点时牵连的内在含义、态度和感受，以及这种思想与特定时间、人物、地点之间密切的内在联系去理解它。仅仅按照促使其产生的各种原因去为其发展寻找解释或仅局限于对某人思想的错误之处进行批判是不够的。历史学家必须试图去了解每位思想家的内心世界及他的思想所表达的内容，同时要承认这位思想家对当时情况的反应中包括了一定程度的自由发挥和个人创造。这意味着，在这个所知史料相对极少的汉学研究领域里，我们必须从一种文化史实研究出发，并与悉心分析和缜密阐述紧密结合，同时还要考虑到普遍意义上对社会科学理论的应用。我们面临的首要危险是，为了仿效人们对西方思想历史的深入研究，我们会急于使自己的研究达到一种概括而抽象的水平。

第二，我们尝试着对中国思想的具体内容和历史意义进行理解，这要求我们必须把自己看作观察者。但是，文化的

差异使这一过程变得十分艰难。首先是语言上的差距很大。语言的差距给我们——生活在当今世界的人们和中国古代的个人之间树起樊篱。我们一些常识性的假设以及身为现代观察者的义务对于我们正在研究的一幕幕中国历史来说却绝对陌生。这是因为，中国是所有伟大文明中与西方传统之间相距最远的。举例来说，致力于社会秩序研究的西方思想家通常默认，法律在一个国家中拥有至高无上的地位。马克斯·韦伯（Max Weber）可以对一个“法律权威”占主导地位并有效运作的国家行为进行政府机构层面上的讨论。但他在分析中国政府机构时，自然要从中国缺少一种“系统的、独立的、彻底的法律理性”说起。

我们重视中国史料记载，而在我看来，我们的思考过程必须有一种振荡的特征。我们的注意力要不断地在中国个人特有的思想与他所处的时代以及之前时代更加广阔的环境之中，并且要在中国历史不可或缺的一个整体与我们个人对普遍历史过程的概念性理解之间的位置上进行来回转换；要在
以中国历史为单元的完整一页和我们自己对普遍历史进程的 [5]
概念和理解之间来回波动。这种波动中的每一步都会给我们带来问题。在翻译某位中国历史人物的独特的思想时，我们会遇到一些语言学及相关学科的问题。其中一些已经在第一次会议的材料中讨论过了。这些问题包括：对原文的忠实及精确表达，对标点、语法和句法的理解，对文言文的引用和典故的使用，明确相关的修辞手法及表达的感情色彩。诸如此类，不一而足。除了文字方面的问题之外，还层层叠加着背景方面的问题：包括作者当时的境遇，他以前的职业，当时的传统，当时中国社会的情况等。我们不可避免地要面对关于文化环境、社会惯例以及促使其思想记录成文的具体事

件等一系列综合性问题进行考虑。这些背景中的一部分可以通过特定史实的细节获得；也有一部分必须放在中国通史漫长的进程中去理解。在这一理解过程中，我们根据自己对中国人的政治、经济、社会知识和文化经历的了解，对一些现象进行评判、解释与定性。在这个阶段，从逻辑上讲，没有任何一点可以切断我们对人类历史的总体理解，但我们必须运用自己对历史进程的整体把握，尽管这样的分析和判断并不完美。

因此，在这种波动起伏的注意力的引导下，我们透过层层背景，通过种种提取，从中文材料里得到关于中国历史时期、总体文化以及人文历史的概念。直到最后，和任何翻译过程一样，我们集中焦点，选择用词，用英语写出具体的文字。在这个过程中，概念上的精确不仅和翻译上的精确同等重要，而且与之密不可分。因而，在从一种文化时期向另一种文化时期过渡的过程中，并没有一条简便易行、让真理遵循的道路。我们的理解过程是持续不断的，永远接近但却永远没有终点。

二、概念与主张

正如历史学家们所了解的那样，分别收集事实数据、理解普遍概念，远比将二者结合为整体并给予清晰叙述要容易得多。概念之于某一历史环境的“运用”可能会产生非
[6] 常类似于那些西方游客来到中国时带来的武断、偏颇、成见。他们带着偏见来到中国，又通过自己的“观察”和“结论”好像论断了自己的观点。对此弊病，赫伯特·戈德哈默（Herbert Goldhamer）博士在第二次会议结束时给我们开了一

剂很有用处的解药：

> 我们面临着一种危机，那就是汉学会像社会科学一样不断自我腐蚀，慢慢变质，完全忽略生活中的具体数据，而转向单纯研究概念和书本。这种危机表现为两种形式：(1) 完全由概念为指导，但这些概念必须经历经验主义去检验。(2) 直接把意义强加于词语，而不是先研究社会现实，再去寻找相应的词语来诠释。

为解决这种把概念演绎化和实质化的危机，赫伯特·戈德哈默博士提出了一条有效的建议，这就是研究者们应该把相关资料、数据同自己提出的结论、主张紧密地结合，而不是单纯和概念相结合。他说：

> 对于研究而言，核心概念不像结论和主张那样有强烈的刺激感。因为主张会对资料和数据提出质疑，并尽力证明或否定这些资料数据。在规范一致性的前提下，汉学研究之间以及汉学内的亚学科之间可以进行更广泛的合作来证明一些结论和主张。条件是我们先约定一些具体要求。这些结论和主张不可太过僵硬，应该将其理解为仍有待证明的假说。问题也应该可以分成更为具体的主张，这样才能使研究其他朝代和历史学科的人明白个中缘由。而参考的资料和数据必须十分充足同时筛选要十分严格。

简单来说，对实践和可行性的检验必须针对我们的问题，而问题也必须规范在一种可实行的范围内。毫无疑问，这项出色的提议是受我们讨论当中的不足之处启发而来。在一些文章中，这一提议也会部分得到例证。

史华慈先生在第一篇文章中讨论了学者们在人类文明发展中面临的更深层的问题。他坚持认为，一切哲学论断都构成界定各个学科的基础。他把人类文明历史定义在着重关注人类对所处环境的“有意识的回应上”。据他看来，历史环境充满各种矛盾与可能，人类对此的回应不单有态度、感觉还应有思想。这些思想不仅为环境所创造，人类在其中也发挥了一定的主观能动性。因此举例来说，马克思列宁主义在中国共产主义运动中既是启发思想的主体又是一个合理而理想的典范。以下的文章也将向大家展示儒教如何在中国传统文化中扮演着类似的角色。

[7]

三、内容的主要分支和趋势

就内容方面而言，我们的论文涉及广阔的领域，反映出作者不同的理解能力和兴趣所在。这些论文主要分为两大组：第一组是一系列不同凡响的历史专论，阐述了国家权力运用和思想流派之间的联系。这些论文讨论了从汉朝到清朝两千多年的封建时代里六个不同时期。对于各个时期，每位作者都分析了统治过程中——尤其是在官僚体制争权夺势的过程中，一些思想流派的观点及其运用。

埃伯哈德（Wolfram Eberhard）先生探究了天文学在汉朝起到的政治作用。根据一些早期专论，埃伯哈德揭示出：朝廷记录的日食、月食、干旱、火灾以及其他自然灾害实际上预示着天道背后隐藏的政治意义而非科学意义。这些预兆不仅跟世间的大事有联系，而且与此相关的假想是：它们打乱了天地间自然和谐的象征。一旦如此，人们则更会把灾害看作是来自“上天”的警告（也许是来自一个私人的神？）。或许是上天不满皇帝的作为，或许是不满朝廷执政权力的失衡和不当的做法。于是，这一预兆便成了人们惯用的一种检验封建专制的方法，并编入皇朝的编年史。这是因为，中国的历史学家希望通过对历史事件的叙述，为未来的政治领导提供一面镜子或向导。有一些预兆是捏造的，而且对于任何预兆的解释也都因记录官员和援引理论的不同而相去很远。但是，由于这些预兆针对的不仅仅是对皇帝的引导，还有对政府的引导，因此它们可以用作一个政治派别与另一个政治派别斗争的工具。作者最后写到，汉朝使用的是对农业生产几乎毫无价值的阴阳历法。这种历法根据所谓象征性的标准编写，从而显示王朝的神奇力量。这一点充分说明，中国的天文学是以政治目的为导向，因此妨碍了自身作为一种真正科学的正常发展。

埃伯哈德研究了汉代天文学家预兆思想的系统化和体制化的应用。接下来，芮沃寿（Arthur F. Wright）评述了建立新王朝的强大统治者所使用的思想控制。公元581年，中国重新统一后，隋朝的开国皇帝对道家、儒学和佛教思想的种种利用，似乎反映了隋朝皇帝已然看到此前存在的等级问题并就如何解决这些问题设计了种种假想。了解问题和应对问题两者都关系到汉语书面文字的法力和由此代表并沿袭下来的价值体系。通过分析皇帝的思想主张和政策法令，芮沃 [8]
寿先生对皇帝的智力、遗传因素以及其事业、性格的主要特点进行了评估。随后，芮沃寿先生对隋朝早期统治者所面临的经济、政治和文化问题做了示范性的总结。在此历史构架下，芮沃寿最终探究出：儒、道、佛三家思想是如何为意识形态服务的——即在执行权力的同时又用来使百姓臣服。

接下来的三篇论文组成了一组三部曲，论述的是对政府有影响力的官员们的所作所为的两个首要因素：一是儒家思想；二是他们和皇帝权力之间的关系。刘子健（James T. C. Liu）先生研究的北宋早期范仲淹领导的改革是维护等级制度的理想官僚主义者和企图操纵皇帝的实用官僚主义者之间权力斗争的高潮。机会主义者最终争取到全体官员都赖以生存的皇帝专权，才得以挫败改良革新派。然而，儒家思想对改善引导皇帝的统治行为一直都产生着推动作用。刘先生详述了范仲淹和同僚们不懈努力，旨在将他们的政治理想付诸行动。这些努力包括：促进儒学研究；通过改革完善科举考试制度，推举、提高新征官员的素质以及改善地方政府的行政状况。刘先生分析指出了一批具有代表性的官僚主义者和典型权力机构，并暗示我们不同官员是如何依赖于不同的权力部门得以生存的。理想主义的官员们追求的是一种“精神统治”，从而使他们思想道德权威能获得至高无上的权力。然而在转化为政治行动时，这一追求不可避免地成为一种威胁，不仅是对那些反对改革的人，也是对皇帝个人的统治。于是，尽管理想主义的活动从未销声匿迹，却也是屡遭遏制。当然，这也暗示了儒家思想世代相传的一种顽强生命力。

贺凯（Charles O. Hucker）先生在文章中分析了明末著名的东林党人的活动以及与其密切相关的官僚贤哲人士的政治活动，以此作为儒家理想主义的又一行为例证。他首先描述了明朝统治机构的缺陷、管理的腐败以及官员间的权力斗争。贺凯发现，在各派系的相互斗争中浮现出各种道德观点
[9] 的冲突。随即，带有政治倾向的东林党学士和官员们对此大

肆披露。在朋党和小集团的斗争当中，这些矛盾引发了一场矛头直指东林党集团的士大夫，同时又针对那些品德低下的反对派集团的斗争。这场斗争因宦官魏忠贤残酷迫害东林党的支持者而达到高潮。贺凯关于这些人物及事件的研究揭示了一种普通道德目的之下一种更广泛的模式，致使这些具有哲学意识的官员援引传统儒家道德用来反对滥用皇权及官员渎职的现象。暂时掌握并控制皇权的宦官对改革者的清除是短暂的。然而按照儒家思想的逻辑，铲除改革者的这一现象意味着最后一个纯粹的中国王朝瓦解在即。

狄百瑞（W. T. de Bary）先生所著的文章是三部曲的第三篇。他主要研究了政治理论家黄宗羲写于1662年的《明夷待访录》。这份针对中国弊病的改革方案（正如之后明朝很快瓦解所证实的那样）从一个施行仁政但仍然专制的皇权着手，提供了一种有力的、批判性的儒家政治理想的总结。《明夷待访录》期望法律能够成为一种比纯粹的皇家工具更具基础性的改革工具，提高大臣的地位，恢复宰相制度，约束宦官，兴办面向全社会的公学并改善科举制度，改进政府机构，改变土地所有权和土地税。黄宗羲的诸多改革愿望都是在两千多年前儒家经典理论中提出的“为民”的君主统治的基础上实施。而相较于律法的强制和平衡，一个英明君主的才干和一种和谐的社会秩序更能使这些改革成为可能。尽管黄宗羲的想法大胆超前，却颇具影响力。这些想法与范仲淹和东林党的运动相比，同样是立足于儒家思想的古老框架之下。

我自己的文章记录了一个世纪以前在条约体系之下，传统理论的瓦解以及中国人和外国官员如何共同管理中国。这种和异邦王朝共同管理已成为一种具有规律性并具有明确特点的儒家制度。这些特点中有许多在鸦片战争期间及战争之后英国对中国的入侵中短暂重现。在不平等条约之前，早期欧洲人的交往被融于中国的传统之中，但条约并没有立即破坏这个传统：在条约规定的港口城市开放之后，共治的趋
[10] 势在中西关系中充分地显现出来。但是置身于中国传统的主张和设想之下又和侵略者联合统治，由于西方思想的流入，条约体系中隐含的新式民族主义概念使共治局面很快就中断了。

论文集的第二部分涉及的是中国传统社会秩序的思想所扮演的角色，尤其是那些影响官僚阶层的思想。追溯中国古代和儒家官僚阶层的起源，瞿同祖（T‘ung-tsu Ch‘ü）先生首先描绘了伴随封建时期社会阶层结构的思想体系。身份尊贵的人从事脑力劳动，尤其统治并管理其他人。身份卑微的人从事体力劳动，处于受统治地位。这种合理化体制符合封建时期的实际情况。当那种体制消除后，帝王统治下的阶级差异一直延续到公元前221年。尊贵的人或卑微的人的地位不再由归属而定，而是根据其后来的功绩和成就来决定。道德和能力方面的成就最终由考试来证明。这两个阶级群体在职业、声望和权力方面有所差异，但并没有形成简单的“两种阶层的社会”。受统治的人们实际上包括若干阶层，但是官僚统治阶级在中国传统社会结构以及儒家社会理论中始终处于最具实权和最有威望的地位。

在隋唐中央集权复兴后，崇尚儒教的政府通过科举考试招募更多的官员。柯睿格（E. A. Kracke, Jr.）先生审视了科举制度的理想和现实的转化关系。虽然行政机构的任命是通过保举、推荐、买官以及其他方法，但是科举制度的作用表达了一个理想，同时体现了群众转化为官员的过程和程度。早期的情况是地区间自由的竞争，一直到1279年宋朝末期，

来自中国东南部商业化地区的应试者（来自非官僚家庭）人数不断攀升，新人才比重不断增加。这说明了城市化进程促进了平民百姓跨入行政机构。在蒙古人统治时期（1279—1368），看似公平的配额制度实质上是在惩罚反对蒙古最为强烈的中国南部地区。在明代和清代，到1911年按照地区人口密度决定配额是承认机会均等这一目标合法性的另一途径。

中国官员以其儒家的思维方式受到了他人的支持与认
可。因此，他们在理论上提倡大一统的国家里始终占据着支 [11]
配地位。在这样的国家里，政教分离的统治体系从未建立。杨庆堃（C. K. Yang）先生在分析儒家思想与中国宗教的关系时发现儒家思想并不是完全合理或不可知的，而是由于它接纳吸收了一些超自然的元素。儒家思想在道德领域占据着支配地位，并始终保持自身与宗教分离的观点。中国的宗教或是由于缺少来自中央集权组织的支持，或是在儒家思想这种非宗教的控制下（如祖先崇拜和对上天的崇拜这种散布开来的宗教）而一直软弱无力（如道教、佛教这样的专门宗教）。从未有过一个教士阶层挑战中国的官场获得过成功。

杨联陞（Lien-sheng Yang）先生在其所研究的一个例子中阐述了社会秩序这个基本概念的持续性与激增性。这一特性甚至在孔子之前的时代就已经具备。他追溯了“回应”，“归还”，“回报”（用汉字“报”来代表）等概念的形式和用法，留意它们在各种不同社会关系中的应用，如为早期的游侠们所用。他还注意这一概念在儒家著名的五种关系以及人与自然关系中的应用（包括上天因果报应，分享命运以及佛教中的“业”）。这一概念还在家庭生活中得到了体现。家族作为一个整体，共同分享奖赏，承担责罚。人们反复教诲，孝敬是对父母的回报。这种思想在“天人合一”及人际关系中也得到应用，特别是在政府官员当中用得多。这正好与西方人所称的“任人唯亲”和“政治上的偏袒”不谋而合。

剩下的几篇文章分别讨论了在文学与绘画两个领域，学者和官员们如何倡导美学的表达方式。卫德明（Hellmut Wilhelm）先生把汉代“赋”的写作手法与同一时期学者们担任国家机构官员（或者说，至少他们成为统治阶层的成员）这一现象的增长联系起来。他对“汉赋”与“楚辞流派”间的独一无二的传承关系持怀疑态度，他认为“赋”是政治家在哲学上的一笔遗产。大多数赋与政治有关，内容隐晦，而且有很多是特别来讨论君臣关系的。理论上讲，“赋”是学者们间接批评奏谏的一种手段。特别有一种“赋”，用来表达
[12] 那些决心效忠朝廷却没有合适的机会得到皇权重用的学者们的苦闷。于是这类被忽视的中国文学便可与汉代政治机构的发展联系起来。而那些表达学者们忧伤失意的文学作品则暗示了他们在官场受挫的危险因素。

另一种对士大夫阶层的看法是从一个非同寻常的角度出发的，勒文森（Joseph R. Levenson）先生在一篇关于绘画理论的文章中提到这种看法。他认为，明清早期的士大夫阶层都是一些既保守又没有专长的业余人士。但是，恰恰在他们身上却结合了最为崇高的社会地位和文化价值。作为画家，他们鄙视专业技巧，孜孜不倦地沿袭“自发创作”的传统。这些儒家学派的知识分子通过“将直觉程式化”继承了佛教的反理性主义。他们不直接地描绘自然，而是描绘流传下来的自然表现物。这造就了他们绘画风格上的折中与融合。来自西方的冲击与现代中国民族主义的兴起使这一类没有专长却享有特权的士大夫阶层退出了历史的舞台。他们这种不够

专业的绘画风格也至此才被打破。科举制度的废止和整个士大夫阶层的消亡最终标志着这种传统的结束。

四、中国思想的政治定位

当然，如果读者认为以上的概论可以代表后面文章的深度和广度，那将是轻率的（我的同事们则会因此备感失望）。然而草草浏览一番的确能给人留下一些印象，而这恰恰是整部论文集要强调的：堆积如山的中国历史记录都是那些将自己视为统治阶层的学者们所著。无论是理论上还是实际上，这一阶层都依赖于天子（即西方所说的君主）的最高权力。使这个儒教国家得以延续发展的动力一部分来自于精英分子组成的政府所面临的残酷现实同由帝王进行公正统治（中国版本的仁慈专政）的儒家理想之间的冲突。这种寻求社会和谐有序的儒家理想使中国学者的思想主要是从社会政治的角度来定位。社会秩序不仅仅靠法律和武力，而是靠统治者和官员的个人行为来维持。这一事实代表了传统的儒家思想，并且在我看来，它加深了士大夫们的政治意识。士大夫阶层要想在一个相当个人化的政府机构中参与其政治制度，则必 [13]
须要求他们始终如一地坚持个人操守，这一点总是和他们的政绩并驾齐驱。

也许，这恰好能够表明论文作者们的苦心。他们应邀就“中国思想和制度的关系”这一题目展开研究，将焦点集中在中国政治生活中“思想”所扮演的角色上。他们强调了国家（政体）角色，至少在有中国文字记载的历史中是这样体现的。不论是本卷收录的论文还是别处收录的论文，通过一个个的研究表明：在中国漫长的历史中涌现出来的是儒家政体（儒家之治），并一直居于主要的核心地位。显然，和“基督教世界”或“西方”这样的名词相比，“儒家之治”这个术语和概念是一样宽泛。在一定的检查和监督之下，“天子”是这一制度下的领袖；统治阶级为这个制度服务，当然要不时受到天子突发奇想的干扰；宗教、道德和社会关系都受到这一制度思想体系的统治；改革派和造反者所追随的也不过是实现这一制度最本质的理想；而东亚中国以外的异邦蛮夷之人要么是作为统治者，要么是作为被统治者都渐渐融入这个制度当中。到了现代，□□□[编者注：空格处有删节。]继承了这一伟大的政治传统，而这个伟大的政治传统也是众多西方学者已经开始研究的课题。我们了解最为具体的莫过于中国传统的经济制度，而我们了解最为抽象的则是儒家道德思想的经典论述。在这两个极端中间是相对而言尚未探索的领域。我们在这些论文中论述的就是这个领域中在相应的历史形势下学术思想和政府制度的相互渗透、相互影响。

五、丰富的研究课题

在论文集中，每一篇论文都表现出独特的视角，让我们更好地了解“思想”（ideas）的政治—社会角色，不论这一角色是：掌控着宫廷制度的管理权限（埃伯哈德），社会行为的分布概念（杨联陞），用于证明新王朝的合理性的意识形态尺度（芮沃寿），一群激进的改革家们强烈要求在政治生活中的实践（刘子健，贺凯），还是学者们从理论上尽力改善对帝王专制统治的看法（狄百瑞）。通过这样的研究，人们已经建立起实现伟大学术成就的基石——这个成就是一个相互关联的研究，揭示出在中国社会整整三千年的历史长河中，政治思想和制度的演变。这些论文中呈现出的演变的例子表明了其在一个同质的文化传统的体系之内的多样化和变动——在皇权之下，作为周的封建制度的遗存的阶级结构仍然存在但已被更改了（瞿同祖）；人们对自然征兆的看法越来越趋于理性，但其仪式或许还有神秘价值而仍被保留（沃尔弗勒姆·埃伯哈德）；宗教的发展被儒教长期深刻地 [14]
同化或抵消了（杨庆堃）；宋代的科举名额分配因城市化而有所变化（柯睿格）；文人画在宋代是另辟蹊径，到了明代却成了墨守成规（约瑟夫·R. 勒文森）。此外，还有几篇文章谈到士大夫阶层不断进行制度设计，以约束统治者的专制权力。

要评估新中国的意识形态的未来发展前景，首先要深刻把握在传统的中国各式各样的知识发展的情况。我们相信，只有根据具体问题和每位研究者掌握材料的具体情况采用多元方法、多种方案，才能准确把握这些问题。但集个人与协作研究之力，也许会取得一些学术成果，我们可以用它们来描绘与评价孔夫子的国度及其在当今的遗产。

（王　琼　郭晓兵 译）

中国知识史初探

(The Intellectual History of China
Preliminary Reflections)

史华慈

(Benjamin Schwartz)

[15] 以下思考有些抽象，还带有说教色彩。其主要目的是对20世纪的中国知识史进行研究，将其作为20世纪知识史的一部分加以分析。思虑所及，主要包括两个方面：对知识史概念的思考以及将现代中国作为知识史的一个领域进行的思考。尽管这两个方面相互交织，但必须区别对待才行。

一、知识史的概念

“知识史”（Intellectual History）一直是一个极为模糊的探索领域。这个词有多种用法，且各种用法都有其合理性，但含义却截然不同。这个概念含混不清，所以每个涉足该领域的人都不能不谈谈自己对这一概念的理解。

目前至少存在两个问题：（1）如何界定该领域的范围？（2）如何认识该领域与其他学科的关系？

先谈谈第二个问题，我们当然可以认为知识史是专门研究思想的。其进程自成体系，甚至可以绝口不提它与其他人类活动领域的关系。但笔者却不能不坦承，对于历史领域里的这种取向，鄙人心存偏见。在历史领域里，学术发展和其他历史研究并无不同，都应被视为整体存在的一部分。我们可以关注某一领域，但对潜藏部分也必须有清醒认识。另一方面，如果我们不阐述自己的哲学思想，不表明自己的哲学主张，那么我们就无法着手研究“思想”（thought）与其他领域的关系。我们美国学术界里很多人总是自以为没有受任何哲学假想的影响。只要有机会，他们就把科学这个神奇的字 [16]
眼挂在嘴边，进而养成了这种令人惊愕的信念。在处理各学科之间关系时，他们总是理所当然地认为自己未经检验的假想是正确的。怀特海德（Whitehead）曾说假想批判是哲学的中心任务。如果一个人认为自己没有假想，或者认为他的假想是纯“科学的”，那么就没有必要做这件事了。下面我将尽量阐明与一种知识史观点相关的几种假想。

为了界定知识史的研究重点，笔者认为从人类对所处环境的自觉反应的角度思考问题会有所裨益。“自觉反应”（conscious response）和“环境”（situation）两个词都需要进一步加以阐释。

“环境”一词指的是人在任何时间任何地点所处的环境——大到生死爱恋等人类普遍面临的问题，小到特定时间和地点的社会和文化环境。有人可能会问是否有某些天才（人们会马上想到斯宾诺莎和莎士比亚）只关心人类的共同问题，而对所处的具体历史环境毫不在意呢。在19世纪末20世纪初的中国名人（如严复、谭嗣同、康有为等）中，有这么一位——王国维，至少在他的青年时代，他就漠视时人对中国的政治困境的不可遏止的忧虑，也漠视人类生存持续不断的痼疾对其自身的影响，而一心钻研康德、叔本华和尼采。但是，王国维未能摆脱所处的环境。出身书香门第，不满中国旧学，结交喜欢德国哲学的日本人，这些环境因素使他受制于所处的时代和环境。

人无法逃脱自己所处历史环境的影响，这点不言而喻。但是环境和相关的种种反应却不是简单的因果关系，不是特定的环境简单地“导致”特定的反应。

[17] 人们实际面对的历史环境模糊不清。它们的不确定性因素太多，哪一种反应最充分？这个问题神秘难解。当然，一旦某种自觉反应占了上风，历史学家就可以滔滔不绝谈论其简洁的因果关系，并雄辩地论证说其他反应注定失败。值得怀疑的是这种事后反思是否比在问题尚未解决时观察进行中的事态更接近真实呢。从知识史的角度来看，后一种观点更加“真实”，因为它反映了人们实际做出自觉反应时所处的环境。

□ 康有为和他著的《孔子改制考》

“自觉反应”一词并非那么贴切，但是这里所说的知识史并不是仅仅指的智力活动，所以用它总比用“思想”（thought）、“意见”（ideas）或“意识形态”（ideology）等词要好。它还包括被称为“情感”（emotional attitudes）、“悲情”（pathos）、“感情取向”（propensities of feeling）的意识生活领域。这些都属于人类对所处环境有意识做出的反应（自觉反应）。阿瑟·拉夫乔（Arthur Lovejoy）将这些反应都划归“思想史”（history of ideas）的范畴，但是这难免让人感觉他扩大了“思想”一词的含义。他所谓的“思想”已经远远超出了该词的一般意义。举个我们都很熟悉的例子，中国现代知识史上的重要人物鲁迅年轻时曾留学日本，他当时曾对尼采着迷。根据鲁迅当时著作、后来的回忆录以及其他人旁证，可以发现他迷恋尼采并不是真的喜欢尼采的世界观，也不是和尼采有同样的关注或愤怒。最吸引他的是一种面对愚蠢的邪恶世界——“群氓”——的敏感精神斗士形象。尼采身上这种悲情，同时也存在于其他人身上的这种悲情，似乎深深打动了这位敏感而略带尖刻的年轻人的心弦。据说当时他还对拜伦的诗歌十分着迷。所以鲁迅在尼采身上发现的不是一整套理论，而是某种与其心有戚戚焉的悲情。这种悲情按照严格的知识标准算不上一种思想，但它对知识史学家来说却很 [18]
有意义。

这种关注与思想史关注的问题有些差异，拉夫乔所研究的思想史关注的主要是思想与思想的关系（尽管“思想”的含义非常宽泛，既包括了思想的历史变迁，也包括了其逻辑影响）。他在《存在的大链条：思想的历史的研究》（*Great Chain of Being: A Study of the History of an Idea*）一书中对柏拉图的某些思想的历史演化进行了梳理。他发现这些思想以各种不同的形态出现，他还解释了在欧洲思想长河中，这些思想与其他思想存在的矛盾。在研究过程中，他将考察对象严格限定在思想领域。尽管这些思想对人类行为的其他领域也产生了深远影响，但他并未将这种影响阐述清楚。

我们承认这种方法成果斐然，但是我们现在更关注人类反应的思想背景与生活环境的关系。一方面，思想与思想的关系不容忽视，因为前人和同代人的知识趋向本身就是环境不可或缺的一部分。另一方面，环境还包括思想长河之外的一些东西，诸如制度、技术现状、政治环境等因素。

□ 王国维塑像

尽管知识史的关注重点和思想史有所不同，但每个有意探索这一领域的人都应该像研究思想史那样对思想内容给予足够重视。有个问题一直困扰着知识史研究，那就是对思想认识肤浅，这是很不负责任的。人们匆匆忙忙给某一种思想贴上“自由主义”或“浪漫主义”等标签，然后就根据他们臆想的根源对其加以解释。指定其来源要比准确理解别人在想些什么要容易得多。思想史研究有一种简单的主张，要研究思想，就必须对这些思想有切实的理解，不管有多苦多累。如果研究的思想不够清楚明了，那么就有必要搞明白它为什么如此模糊。要搞懂人类对所处环境的自觉反应，就
[19] 必须理解其思想。因为不管人犯多大错误，他们都认为自己在根据自己的思想行事。

思想史研究非常重视词语，不会安于使用“自然”或“浪漫主义”等大而无当的词语。这些词语含义太丰富，以至于近乎毫无意义了。对我来说，对中国现代知识史研究来说，这种方法极为重要。例如，在坚持中国传统的一派人物里，如果简单地给章太炎、康有为等人的思想和观点贴上“儒学”标签就很容易误导读者。对待在中国流传的西方思想更容易犯这种错误。我们不能满足于“自由主义”“社会主义”“进化”或“民主”等模糊分类。例如，严复早年是一个自由主义者，但是我们不能就此止步，对他认同的那些思想不再深究了。我们应该搞清楚这些思想的内在逻辑及其相互的协调

和冲突，还有严复对这些思想的看法。社会达尔文主义和约翰·斯图尔特·穆勒（John Stuart Mill）的自由主义是一致的吗？严复是如何看待穆勒的思想的？

研究1923年中国知识圈的“科学与人道主义论战”（controversy over science and humanism）[11]时，人们会得出结论，认为论战一方的领袖人物都相信人类所有问题都可以通过科学途径得到解决。但是通过深入研究他们的著作，我们可以发现丁文江阐述了皮尔逊（Pearson）的科学哲学，胡适阐释的是杜威（John Dewey）的实用主义，陈独秀自认为是本土化的唯物主义者，吴稚晖则以一种幽默的方式解读了十八世纪的唯物主义。在他们后来的发展中，这些差异越来越清晰，远远比他们共同提倡的“科学”口号来得重要。中国现代知识史上充满了这种语义陷阱，拉夫乔的警告值得铭记在心。

知识史学家的理想目标是尽可能透彻地了解个人或团体所做出的反应。在第一种情形下，这意味着要努力像他们那样看待他们所处的环境，并努力像他们那样理解问题。这当然只是一种理想，一种遥远的理想。能否实现这种理想很值得怀疑。我们真的能够进入别人的精神和感情世界吗？他们留下的书面记录提供了足够的线索吗？或许我们最多也就了 [20]
解到一星半点，就像透过玻璃一样朦朦胧胧看到一些。但为了这个理想而奋斗正是知识史学家存在的价值之所在。

那些情愿通过追根溯源来解释思想的人可能觉得可以绕开这种冒险的不确定的工作，直接探求它坚实的来源。不幸的是，要搞清因果关系，不但要弄明白“因”是什么，还要弄明白“果”是何物。例如，某种观点反映了某种阶级背景，那么就必须搞明白这种观点到底是什么。直接追根溯源的人大大低估了“果”的理解难度。

除此之外，我们不愿直接通过追根溯源解决问题还有一个原因，我们认为人类对环境做出的自觉反应不仅仅是整个历史环境或者思想源流的结果。他们拥有有限的自由，也就是人类在自觉反应时具有有限的创造性。这不是说这种自由不受生物、心理、社会等种种因素的限制。它意味着知识史学家的任务不仅仅是使用确凿数据来证明某种社会学、经济学、历史学或者人类学理论。

对于连续性宿命论有一种很陈腐的反对意见，即宿命论者本身也和他人一样，命运同样取决于自身所处的环境。这种论调的确很陈腐，但是难以辩驳。卡尔·曼海姆（Karl Mannheim）在《人与社会》(*Man and Society*)[2]中说人类的意识并不能反映社会历史进程，这一观点遭到广泛批评。他还将所有不同意见称为“意识形态”。在该书的最后一章，他突然提出存在一个设计师群体，这些人都与他相似，都不受特殊利益或有限条件的约束。他们是超越了肉体凡胎的智者，可以根据纯粹理性重建社会。这些不食人间烟火的纯智者是社会历史演进的产物，这说明曼海姆非常接近黑格尔和马克思的乌托邦思想，尽管他看似对乌托邦不屑一顾。历史将通过社会学家，而非无产阶级得到拯救。如此一来，我们
[21] 就看到了两个形象。一个形象是曼海姆时代以前的人，他的思想无非是前人的社会历史思想的影子。另一个形象是曼海姆身后的设计师。他不受时间和地点的束缚。这种观点最初拒绝对任何不确定的创造加以思考，最终以一种非人力所能为的自由假设来收场。曼海姆的宿命论并不是独一无二的，它们最终都走向了自己的反面。

尽管知识史学家的首要任务不是为这些传承理论提供确

凿论据，但这不是说他就可以忽视影响个人或群体自觉反应的种种背景因素。他应该认真衡量种种传承理论是否有助于理解研究对象。他不应该满足于模棱两可或主观臆断。[编者注：此处有删节。]例如，康有为被划为资产阶级。这种划分显然与他的出身和平生事业毫无关系。他出身士人，除了做官，一生多数时间仍是保持了士人身份。1898年后，他的确和海外华人有资金往来，这些人可以被称为资产阶级。但这时已经属于他的后资产阶级“封建”阶段。因为他的思想而称其为资产阶级，就意味着假定资产阶级思想有明确定义，而事实并非如此。这种阶级划分荒诞不经，仅凭一句康有为“客观上”属于资产阶级来遮羞而已。这种“阶级分析”极其模糊，可以将康有为划为这个阶级，也可以将其划为那个阶级。如此主观臆断并非□□□□□□独家专利。[编者注：空格处有删节。]

另一方面，以重大史实来论证某种联系对于知识史学家来说当然是极大的帮助。例如，人们常说20世纪中国的知识界都具有官学背景。这一事实有助于解释知识界的某些共性和风气，例如他们厌恶商人，尊重政治，具有某种精英色彩等。处理其共性时，这种解释非常有用。但是这种解释不足 [22]
以决定哪种共性会流传下来，哪种共性会消亡。中国的共产主义似乎标志着某些性质的延续，也标志着另外一些性质的消亡。共性研究也无助于我们了解知识界内部存在的重大分歧，例如鲁迅与新月派自由主义者之间，以及康有为与章太炎之间的分歧。

所以，如果各个学科提出的传承假说在具体问题上有助于知识学家加深对问题的理解，那不失为一件好事。但是为假设提供论证并非知识史学家的首要任务。其他学科也可以

□ 严复

将这些材料用于自己的目的。

此外，我们已经假设人的行为不完全是由过去决定的，在此我们提出一个更大胆的假设，人类对环境的自觉反应也是改变环境的一个动力因素。当然编写知识史时可以将这一点弃置不顾。萨塔亚纳（Santayana）曾直接否认思想对其他人类活动领域的影响。他好像认为知识史的价值就在于其可以提供讽刺性审美乐趣。他无意像曼海姆那样“改造人”，所以能够始终坚持自己的观点不变。

这种假设并未忽视思想与权力利益的关系，也没有忽视思想与权力利益纠缠在一起时，经常会被扭曲，会被改造这一现实。简而言之，它没有忽视思想转化为意识形态这个问题。相反，解决这个问题不应该套用以下两个过于简单的公式。（1）研究思想的实践时，忽视它与权力利益相纠缠而发生的变化。（2）所有思想自始至终无非是为权力利益提供一套说辞而已。在兼顾两个方面的理论尚未出现之前，我们最需要搞一些具体研究，弄清楚具体思想与具体权力组织的关系如何。例如，通过对中国共产主义的研究，笔者得出结
[23] 论，不能用方法（1）和方法（2）来评价思想在运动中的作用。[编者注：此处有删节。]其他思想可能以其他方式与当时当地的社会冲突产生联系。抛开过于简单化的公式，搞一些具体研究，可能有助于解决这个极为棘手的问题。

就思想与人类社会的关系提出上述假想之后，我们就可以说说知识史与检验思想正确性的关系了。我们心里马上会

想起一句话，检验思想正确与否不关知识史学家的事，他的责任是理解思想。这么说或许无可指摘，但要做到并非易事。我们的判断肯定会影响我们的理解。例如，在解释某种我们不欣赏的理论时，我们或许会突出强调其根源。约翰·杜威对柏拉图、亚里士多德的冥想哲学深恶痛绝，所以他大而化之，称其为“奴隶社会的产物”。他说：“在我看来，通过探其本源来打击这种哲学思想最为有效，比从逻辑上反驳要有效得多。”[3][编者注：此处有删节。]如此草率地根据其“本源”来批驳柏拉图和亚里士多德的思想，全然是因为情绪化地认为他们是错的，根本无意不带情绪地“解读”其思想。知识史学家必须认识到，不管我们与研究对象有多少纠葛，我们必须不带个人偏见，努力理解别人的思想和推理过程。这需要某种程度的自我超越。

实际上，对我们自己的主张有清醒认识有助于分清我们自己的观点和我们要理解的他人观点。当然，做得再好，也 [24]
免不了会有个人见解。如果说这样做有失偏颇，那么自以为超凡脱俗，曾对研究对象产生影响的种种思想对自己已毫无作用的想法则更是谬以千里。有些人坚信自己掌握的方法完全正确，不需检验。狄尔泰似乎认为他的历史决定论使自己不带成见，自己能够不受情绪影响，却又满怀同情地描绘出不同时代、不同地点的画卷。[4]但是他真的能够对思想模式进行令人信服而冷静的描述吗？他能在描述时对自己的历史决定论提出质疑吗？卡尔·曼海姆可曾在其哲学中详细论述后历史时代人类思想的正确性吗？这样做势必会把他自己的论述划为一种纯粹哲学体系，与其他的哲学思想并无不同。

简而言之，知识史学家的理想是进行理解，而非加以判断。但是如果他老老实实面对自我，他应该承认对于研究中碰到的各种问题他是有成见的。一方面，这些成见肯定会或多或少地影响他的理解，他可以在心中分清自己的成见以及对他人自觉反应的理解。另一方面，完全超脱的假象对客观性的危害更大，还不如意识到自己的参与，同时以理解的欲求对此加以节制。

我在此提出的知识史观念重在强调它是独立于传承解释和理论论证的。但我毫不否认它与这两个领域都有密切联系。这种观念可以总结如下：

1．知识史的关注重点不仅仅是自给自足的思想领域。它关注人类对生活环境的所有自觉反应。

2．知识史学家的理想是全面地理解研究对象的内心世
[25] 界。他最重要的工作不是通过假设的根源来“解释”他们的思想。在这一领域，他甚至有一定的自由度。但是，只要根源假说能够揭示背景因素对研究对象思想的影响，那么他对这种假说也要有所关注。

3．因为人的自觉反应是人类行为的一个动因，所以他也要关注思想与其他人类活动领域的关系。

4．既要抛弃那种置身事外，观点正确，不容置疑的假象，又要努力分清自己的判断和对他人思想的理解。

二、20世纪中国知识史研究

将知识史作为一个研究领域，对其研究范围进行大胆思考之后，我现在要考虑一些具体问题了。这些具体问题并非与上述问题毫无关联。我想把20世纪的中国作为一个研究领域进行思考。

人们想到的第一个问题就是：将中国的20世纪划为一

□ 太平天国玉玺

个历史阶段有多少合理性？大家都知道，历史学家可以用种种方式来划分历史，并且能滔滔不绝地为自己的划分方法辩解。如果标准不是太严格，我个人认为世纪之交应该算作现代中国知识史一个合理的分界点。当时，严复、梁启超等名人开始从思想的角度对西方思想产生兴趣。（林纾关心的是西方文学反映的种种感性认识。）这与“自强派”以及“洋务派”有所不同，后者也对西方思想感兴趣，但是只有当这种思想与物质技术或社会技术（例如工业主义）相关时才能引起其兴趣。这样来划分当然是很不精确的。早在此前人们就已经对西方思想产生兴趣。还有太平天国的意识形态问题。但是，直到世纪末，变革才成为时代主题。此外，不管当时的知识生活多么多样，多么纷乱，多么混杂，知识界所面临的历史环境还是有某些确定因素的。在知识界困惑的背后， [26]
是中国传统思维模式与西方思想遭遇而造成的精神和知识危机。

对那些痴迷于文化全盛期的人来说，20世纪的中国可能看起来是一片荒芜。在这个阶段，传统思维模式陷入困境，只能苟延残喘，知识界把主要精力用来同化西方思想。对思

□ 谭嗣同

想史学家来说似乎没有多少值得关注的东西。

但是，20世纪的中国的确给知识史学家提供了很多研究渠道，因为它不仅仅是要将思想作为思想加以研究，而是要研究人类对所处环境的反应。即使对于“思想史学家”来说，20世纪的中国也提供了丰富的思考材料。康有为、章太炎、谭嗣同、严复、王国维等跨世纪人物的著作尤为重要。他们使用着浸润了传统思想的语言工具，却又接纳了西方的思想。严复将西方传统中含义模糊的“自然”一词译为含义同样模糊的中文——“天”。他为什么这样做，非常值得思考。读读他译著中的评论极为有趣，他对比中西概念，并用中国的例子论证西方理论。王国维年轻时关于康德、叔本华和尼采的文章是最早的比较哲学研究。章太炎用佛教唯识论来解释进化论。这些文章看起来都很有趣。他们心中新旧并存，相互有协调，也有矛盾。对其内在逻辑感兴趣的人可以从这些著作中发现很多值得研究的问题。后来的著作中这类问题少了，但是研究西方思想和制度如何输入一个新环境可以帮助我们从一个全新的角度来认识它们。19世纪晚期和20世纪初的欧洲马克思主义者对马克思的“东方理论”不太关
[27] 注，乃至对“前资本主义社会”的讨论都不太热心。但是对中国的马克思主义者来说，这些问题成为头等大事。马克思主义体系重点的改变产生了什么样的影响呢？胡适面临的环境全然不同于20世纪的美国，那么杜威的实用主义在他手里

发生了什么改变呢?

20世纪的中国不但为“思想史”研究提供了很多机会，还在我们的关键领域——人如何对环境做出反应，导致取舍的关键因素等——提出了新的问题。为什么某些思想在中国受到了热烈欢迎，而其他一些思想却遭到了冷落呢? 在对这个领域开展有效研究之前，我们必须否定那些未经具体调查便得出的貌似合理的答案。我认为我们绝对不能使用简单的两分法，把思想界分为“中国传统文化”和“西方现代文化”两派。任何一派都不是铁板一块。19世纪遭遇西方的文人内部也有分歧。有的人痴迷于汉学，有的人坚持新儒学。还有人支持公羊学派，有人对佛学极为感兴趣。当然也有人把这些东西折中混合为一体。在西学一派，称其中任何一支代表了“现代西方”则更容易误导读者。严复、梁启超所面临的西方知识界本身就流派纷杂，令人费解。想想当时几种对立的思潮吧。18世纪的自由主义在西欧依然势力强劲，但是19世纪已经出现了反对自由主义的声音。所以严复同时翻译孟德斯鸠和赫胥黎的著作毫不奇怪。各派社会主义思潮已经成型，各种反自由主义的保守思想也发展起来了。人们普遍相信历史的进步，但是已经有人开始攻击叔本华、尼采等人。社会达尔文主义同时在个人和国家的层面上得到了阐释。美学对现代工业功利主义的反对对上述所有思想都产生了影响。

所以我们面临的问题不是为什么“西方现代思想”被拒
绝或者接纳，而是为什么这种思潮受到欢迎，而另外一种思 [28]
潮却遭到了拒绝。西方思想总体而言占据了绝对优势，即便是新传统主义者，也要像引用中国经典般乞灵于柏格森（Bergson）、卢梭（Bertrand Russell）或斯潘（Spann）等人。

以下是随机想到的几个该领域里的问题：为什么鲁迅在早年就对西欧文学嗤之以鼻？为什么陈独秀无法认同毛泽东的中国共产主义学说？为什么五四时期既是接受西方文化的巅峰时期，同时在某种意义上又是一个终止点？在以后30年里占据中国知识界主流的思潮在五四之后都已经出现，这很让人吃惊。除了零零星星的个人和小团体外，人们很难意识到一战和俄国革命后西欧思想的发展对中国产生了什么重大影响。如何解释马克思的学术思潮在20年代初之后取得的惊人成功呢？

这些问题的答案不会得到什么科学证据的支持。但这些问题都很严肃，很重大，应该努力加以解答。

研究20世纪中国知识史的重大意义在于它有助于理解近来的历史。当然，除非一个人认为人类的意识生活能够对其他人类行为领域产生影响，不然他不会认同知识史的这种意义。如果承认广大中国知识阶层接受马列主义对于事态发展是一个关键影响因素[换个说法，已经发生的不是“东方社会”单纯的产物，不是费子智（Charles Patrick Fitzgerald）所说的历史的车轮，[5]或者其他没有意识到的力量]，那么研究接受和传播马列主义的文化环境就很重要了。它可以帮助我们理解事情的发展进程。

不管20世纪的中国知识史研究有多大价值，毫无疑问这个领域肯定遍布荆棘，对于西方初学者来说更是如此。因为
[29] 篇幅所限，暂且不提中国语言——古文和白话——带来的陷阱，先看看其他几个尚未克服的难题。

其中一个难题是知识史研究的老问题，但对中国来说尤其突出。知识史研究的是知识分子的历史，他们在整个社会里只占很小一部分。那些舞文弄墨的文人到底在多大程度上

□ 梁漱溟

反映了全社会的思潮本身就是一个很大的问题。在20世纪的中国，还有一个具体问题，知识界疏离社会，他们使用的语言与大众语言不同。当然，五四时期之后，很多知识分子开始热衷于和大众打成一片。不仅左派这样做，传统价值观的支持者也这样做。例如梁漱溟就认为传统价值观只有在农村大众中才能存活下去。很多作家试图向我们描绘大众的生活，但是人们总在怀疑这些作品反映的是城市作家的偏见，而非真实的农村生活。鲁迅等人的小说作品无疑可以让我们一窥白丁的生活情况，但是他的主要兴趣是揭露“旧社会”对他们的可怕影响，而没有对大众内心生活多着笔墨。近来，日本人研究20世纪中国秘密会社的成果问世，这可能对于我们理解中国某些群众阶层的内心世界有所帮助。还有一些乡村研究也以此项工作为职志。不过，最后我们还得承认20世纪中国知识史研究还得以那些留下书面材料的人为主要研究对象。尽管这项工作有其局限性，但是仍值得一做。研究对象在整个社会中是一个战略性群体。它或许疏离了社会，但并未完全脱离社会。它的思想背景还是当时的中国社会。

另一个难题在我们讨论知识史时已经谈到了，那就是身处其中的问题。我们是否涉入20世纪的中国史太深，所以无法客观看待问题呢？这个问题在研究现代史时都会碰到，但
是研究现代中国时这个问题尤其严重。毫无疑问，研究较久 [30]
远的阶段可以有更丰富的资料。“更多的事实浮出水面。”（尽

管对于知识史研究来说并非总是如此。）但是，除非较久远的历史学家只研究极为细小的问题，否则仍然存在解读的问题。人们常说历史总要根据现在的视角加以重写。而在中国问题上，我们之所以有种参与感，是因为我们曾经共同经历了一场牵动了所有人感情的世界危机。我们所能做的只有坚信可以超越自己，取得一定程度的理解。

还有其他很多问题使得该领域研究充满了不确定性。但问题重大，其重要性不亚于文明冲突，这足以激励我们进行大胆尝试。

（郭晓兵 译）

历史年表

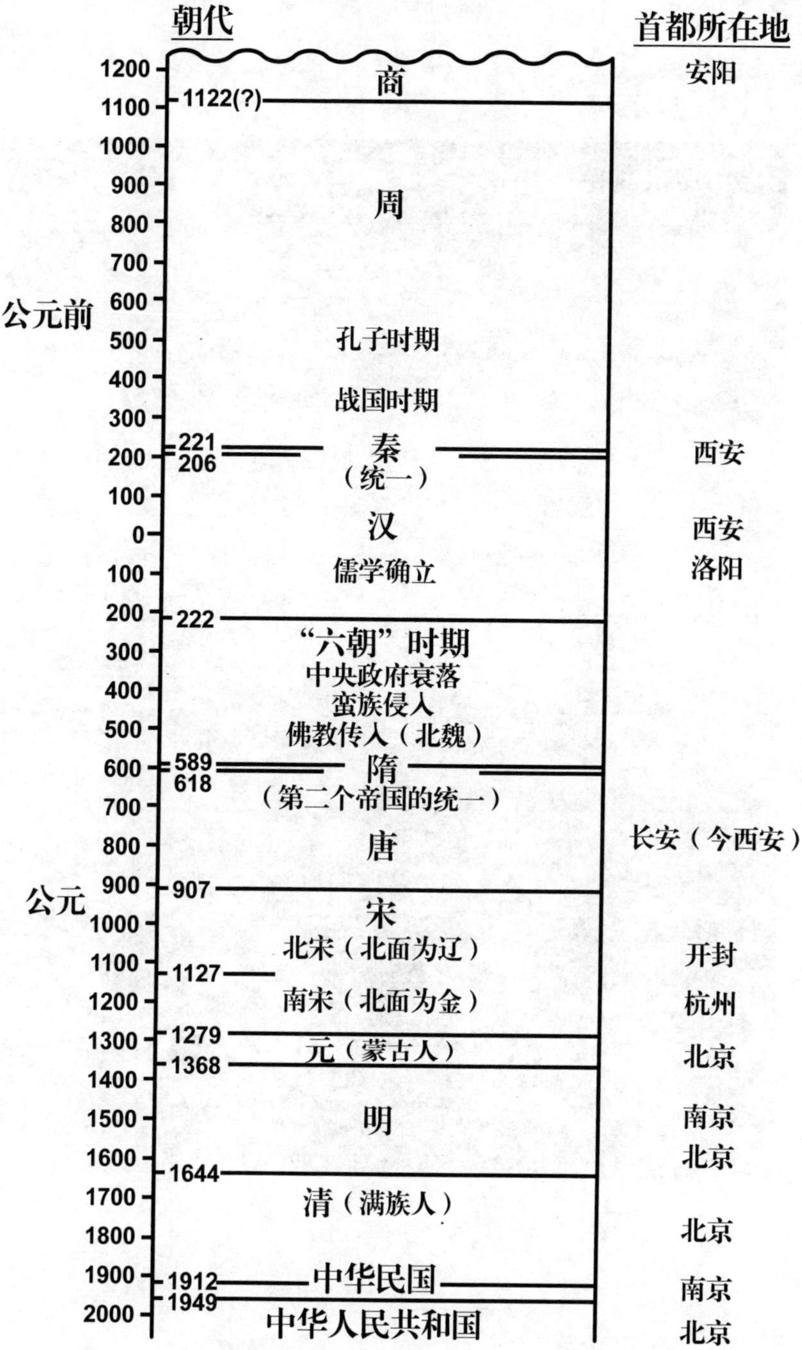

朝代
首都所在地
1200
商
安阳
1122(?)
1100
1000
900
周
800
700
公元前
600
500
孔子时期
400
战国时期
300
221
200
秦
206
西安
（统一）
100
汉
0
西安
100
儒学确立
洛阳
200
222
"六朝"时期
300
中央政府衰落
400
蛮族侵入
500
佛教传入（北魏）
589
600
隋
618
（第二个帝国的统一）
700
唐
800
长安（今西安）
公元
900
907
宋
1000
北宋（北面为辽）
1100
开封
1127
南宋（北面为金）
1200
杭州
1279
1300
元（蒙古人）
北京
1368
1400
明
1500
南京
1600
北京
1644
1700
清（满族人）
1800
北京
1900
1912
中华民国
南京
1949
2000
中华人民共和国
北京

第一部分——

国家权力运用中思想的作用

(The Role of Ideas in the Exercise of State Power)

中国汉代天文学及天文学家的政治职能

(The Political Function of Astronomy and Astronomers in Han China)

沃尔弗勒姆·埃伯哈德

(Wolfram Eberhard)

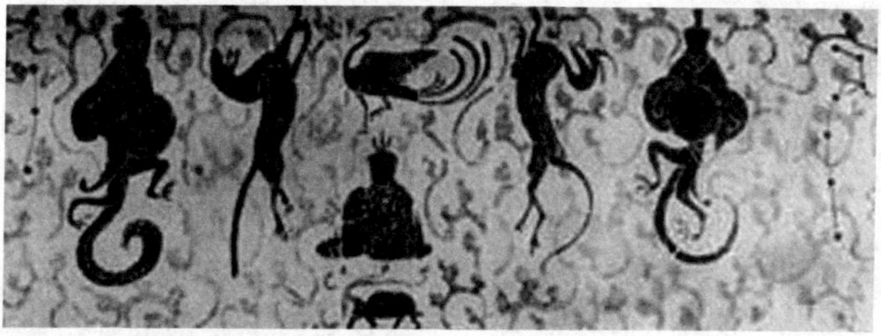

一、中国古代专制及其制约问题

（一）问题

[33] 在世界上高度发达的几大早期文明中，对天文和其他自然现象的观测都具有很重要的地位。这种文明现象引发了很多理论探讨。探索其中规律的理论大体可以分为两类：

1．心理学理论：对天文学和占星术的兴趣主要源于“归类思维”和“联想思维”（列维—布留尔，Lévy-Bruhl），也可以称之为融合了“天地相应”信仰的“古代”或“前逻辑”思维（耶利米亚，A. Jeremias）。这种理论萌芽于1910年左右，在20年代获得大发展。其经典论述可见于丹泽尔（Th. W. Danzel）的大作之中。[1]

2．经济学理论：之所以对天文学和占星术感兴趣，主要是因为统治者和官僚需要一套实用的历法体系，以便颁布政令，让老百姓适时耕作、收割。一般来说，这种理论都和“东方社会理论”有关。后者重视农田灌溉和国家统筹安排水利工程的重要性。这种理论的经典论述或许可以在魏特夫（K. A. wittfogel）的早期著作中找到。[2]

尽管中国在这些复杂的理论中占有很重要的地位，但迄今还没有一个理论家在通读所有原始材料的基础上进行真正的研究。对中国天文学、占星术、历法的研究始于20世纪初，20年代又有所发展。人们感兴趣的问题主要有：

1. 中国天文学的历史长短，以及它的起源，是形成于中国还是受到了西方的影响。在此我应提及索绪尔（L. de Saussure）、马斯佩罗（H. Maspéro）、查维尼斯（E. Chavannes）、真造（Sh. Shinzõ）、塔岛（I. Tadao）、董作宾等人的大名。 [34]
与此相关的问题包括中国文明到底有多久远，特别是某些历史文献的年代。

2. 天文学和占星术或广义上的“科学”在中国思想中的地位，特别是在政治思想中的地位。在此还是需要翻阅中国文献，并考证其可靠性。从事这方面研究的主要有格罗特（J. J. M. de Groot）、福克（A. Forke）、顾颉刚、埃伯哈德（W. Eberhard）和比伦施泰因（H. Bielenstein）等人。

以下论述将仅限于探讨第二个问题，而且仅限于前汉时代（公元前206年—公元8年），此前或此后的时代仅稍稍提及而已。要探讨的问题包括：（1）在所考察的时代里，统治者和政府在宇宙中处于什么地位；（2）天文学和占星术、天文学家或占星家与统治者和政府的关系如何。

□“汉并天下”瓦当

尽管关于中国皇帝的文章非常之多，但是从没有人留意过特定时期内皇帝的概念[3]究竟意味着什么。这一点没弄清楚，就很难将它和其他文明中

□ 汉朝古印

的类似概念进行对比。中国皇帝是专制君主呢？[4]还是神王呢？是集世俗统治者与精神领袖于一身的人吗？是国家的代表吗？还是与众不同，迥异于其他地区的名目呢？最近关于中国政府专制性质的讨论促使人们开始探讨这一问题。[5]

这个问题与中国贵族的性质密切相关：贵族是完全依赖皇帝，并从他那里获得经济和政治权力的官僚和“学者”集团呢？[6]还是从自身结构中获取政治和经济权力呢？我们无意在此讨论或解决所有问题，但是想把它作为一个问题提出来，并探讨在某一特定时代——汉代——这个问题的答案。在以后的时代，环境和答案当然都迥然不同。

前立宪时代的君主制是否有制约君权的机制是个有趣的问题，如果有的话，这些机制是怎样的。现代思想家似乎认识到了这个问题的重要性。魏特夫曾指出，这种制约可能是
[35] 立宪性的，也可能是社会性的。社会制约可以借由独立的权威中心，或政府各部门之间的影响，或“造反权”或专政君主选举来实现。也可以由自然法或文化模式发挥制约作用。我倾向于将“文化模式”列为社会制约机制，但我认为这样分类也自有其用处。但宪法一词内涵丰富，为避免歧义，我更乐意用“制度性”或“功能性”等词来分类。“制度性”这个用语涵盖了魏特夫的“立宪制约”，也包括了特定条件下正式的道德规范、哲学、行为准则等。这种制度性制约有时

会被忽视，但是它们的存废的确是一个重要的事实。功能性制约是指那些未经正式表述的制约方式，例如特定社会集团的行为可以构成功能性制约。就其定义而言，在所有适用条件下都存在功能性制约。它们可能与制度性制约相重合，并起到强化作用。

在中世纪的欧洲，基督教和基督教会有一套对统治者进行制度性制约的体系：《圣经》规定了每个人都要遵守的道德规范，如果国王要以“上帝的荣光”进行统治，那么他们也不能例外。教会有责任批评违反基本道德规范的统治者，也拥有相应的权力和威望。在基督教和教会的支持下，行政人员也可以采取行动制约统治者。君主专制和君主立宪制因此得以存在。[7]

但另一方面，伊斯兰世界的情况就完全不同了。因为《古兰经》是一部关于个人正确生活方式的规范汇编，所以就像格鲁尼鲍姆（Von Grunebaum）最近指出的那样，[8]只要政府维持了一个可以继续正确生活的架构，个人对国家和社会就不负什么责任。统治者可能荒淫无道，胡作非为，但是只要受过良好文学和礼仪教育的国家官员尽忠职守，就万事大吉了。在这样一个社会，尽管宗教里有道德约束，但是没有制度保证公民对统治者进行有效制约。在这样一个社会就可能发展出不受约束的个人专制。[9]（从制度上来说，绝对专 [36]
制的定义可以是为了国家利益而进行的个人统治。）

印度发展起来的政府论则认为，精神权威和世俗权力尽管经由加冕仪式在国王身上合而为一，但从概念上来讲仍是分开的。[10]作为一名世俗统治者，国王可能是明君，也可能是昏君；但是作为一名精神权威，他是拥有神圣权力的统治者，并且受到一个更高的权威——德行的控制。[11]在这种制度下，一旦统治者有违德行，就可能对他提出批评，但是很难对统治者的政治行为进行批评。

古埃及国王被视为神，[12]或神的化身。[13]他理所当然对土地及居民拥有绝对的统治权。[14]他是独一无二的权威中心，但他不能独断专行。他有责任维护正道，也就是法兰克福（H. Frankfort）所说的“正确秩序”，[15]这是世界固有的结构。正义是这种正确秩序的一个组成部分。国王就是神，他控制着自然力量，也控制着社会力量。[16]对“正确秩序”的侵犯会被指证，国王的臣子或王国公民会因为侵犯“正确秩序”而遭到批评，但是从制度角度而言，因为国王是神的化身，他很少遭到批评。

与这种也可能导致个人专制的思想不同，美索不达米亚的国王通过神圣选举获得权威，[17]并作为神的仆人管理人类事务。[18]他必须在神面前代表人民，并治理王国。神会给他发出种种信号，暗示他们是否认可他的行为。如果出现了不利的信号，就标志着国王是神不称职的仆人，他就有危险了。祭司解释上帝发出的信号；国王通过神使向神提出的问题，神会作答，并由祭司对答案加以解释。[19]在那里祭司握有制约国王行动的大权，只要存在这样一种制度，就无法建立个人专制。此外，统治者的权力受到了法律制约：法律被视为是神圣的，即使国王也必须遵守。[20]统治者必须修订法律，使其与时俱进，但是他不能修改法律的渊源。[21]我们还记得埃及并未发展出法典。

我们在中国并未发现祭司集团，或有组织的教会，那么在中国是否存在类似的制约呢？[22]换言之，古代中国是一个专制国家吗，皇权是否受到了制度性制约呢？乍一看，封建制的周代之后的中国看似一个“专制国家”。至少人们普遍

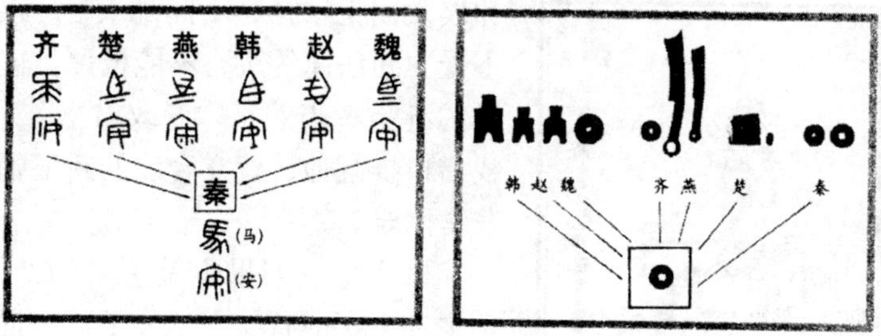

□ 秦王朝发布统一的文字和货币

认为秦朝是专制的。从这个时期开始，中国才拥有了完备的 [37]
法典。秦朝把法律作为一种控制手段，包括贵族在内的所有人都必须遵守法律。然而，正如邦杰(K. Bünger)所说，统治者从不“运用手中权力制定任何约束自己行为的法律，”[23]真正的专制君主一向如此，[24]但中国皇帝接受列祖列宗定下的规矩。历朝历代都继承前朝成法，仅在必要时略作损益。[25]邦杰还进一步指出，从制度角度看，颁布法令并非统治者单方面行为，而是统治者和被统治者的“协议行为”。[26]法令是由儒生根据道德体系制定的，然后统治者将其颁行天下。颁布法令以及断案时，统治者都要受到道德体系的约束。[27]在这种情况下，我们发现统治者受到了制约。

还有一种说法认为周代之后，中国便是专制国家了，因为统治者被冠以“皇帝”之名。这个词可以勉强译为“奥古斯都式皇帝”，其中的“帝”字也用于上帝一词，意为“上面的主”或天帝，意为“天主”，[28]这意味着统治者和至高无上的神之间存在联系纽带。此外，皇帝常被称为天子——“上天的儿子”。[29]一些关于中国早期王朝开国君主的传说宣称他们不是凡人后裔，母亲以神奇的方式生育了他们。[30]他们

□ 刘邦

和埃及国王一样，不同凡人，[31]也不受人间法律约束，不能批评。这样的统治者当然是“专政君主”。找借口推翻他，建立合法的新王朝非常困难。

事实上，如果不是更早的话，至少在孟子时代，[32]“天子”一词已经被认为是仅具有象征意义的了：统治者受命于天（天命），他据此成为合法统治者。天命可能离开他，转归他人，后者届时将成为合法统治者。还在执政的前者将突然成为伪君——也许他自己还意识不到——不值得再为他效忠。孟子试图界定天命转移的标准，对他而言这个标准就是“民意”，例如受过教育的精英阶层的态度就是衡量标准。所
[38] 以在孟子时代，人们已经不再从字面意义来理解“天子”一词，其含义已经与几个世纪以后的白虎堂辩论中所做的修饰性定义相类似了：“王者父天母地，天之子也。”[33]那种认为统治者并非凡人，因为“天”为其父的原始观点已经得到修正，[34]他们只是宣称他们的祖先源自史前统治中国的几大高贵部族。有历史记载以来的王朝仅仅谋求证明他们是几大贵族的后裔，冒名顶替的人也少不了要依样画葫芦。所以汉朝自称其祖上为尧，[35]王莽建立的新朝则自称是舜帝的后裔，[36]诸如此类，不一而足。按照这一模式，统治者是凡人，但是他远祖的父辈拥有超自然能力。因为类似的家族数目繁多，新的王朝可以源自其中任何一个，所以从理论上来讲可以进行革命。

另一个思想理性化的有力证据来自《汉书》中的一篇文章，它认为高祖创建汉朝，有五大预兆：(1)尧帝苗裔；(2)体有异征，天命所归；(3)天降吉瑞；(4)仁德宽厚；(5)选贤与能。这五条是古老传统和理性思考的混合产物。

这篇文章问世之时，已经出现了另一套完全不同的理论。周代的时候，在官府中使用印章已经非常普遍，[37]到了汉朝甚至私人也拥有了印章。[38]正如近东文明一样，在文件上盖章类似今天的签名，一份文件要合法，就必须盖章。皇帝有玉玺，用以使文件合法化，一份文件只有加盖印玺之后才能成为法定文件。皇帝没了印玺就不再是皇帝了。[39]我们知道汉代玉玺传到了王莽手中，[40]这是他登上皇位的关键一步。最早的帝国玉玺按照中国传统保留在中国，一直到隋末突厥将其掠走，630年物归原主，公元10世纪彻底失踪。[41]王莽首创合法转移王朝政权的仪式：王朝的末代皇帝举行盛大仪式，将玉玺以及其他象征王朝权力的标志移交给新王朝统治者。[42]按照这种思想，皇帝也是凡人，他因为被授予种种标志而成为统治者。在禅让大典上，退位的统治者说他没 [39]
资格继续统治，而新的统治者堪当重任。因此有可能建立制度性的批评体制。

（二）自然征兆对统治者的制约

邦杰在上面提及的文章里说中国法律自形成之初就不是专制君主的独裁产物，而是前代风俗或其他统治者的文件汇编。统治者只能对刑罚种类和措施稍作修改。邦杰认为，从汉代开始，法律就浸透着儒家的道德规范。这种法律对统治者形成了一定的约束。但是它还不能容忍对统治者进行批评。将统治者作为最有资格在世界上进行统治的人，而不是按照字面意义将其当作“天子”，这就有可能对他进行批评了。在一个不知公民投票为何物的社会里，[43]最有资格的人只能由神灵来选择。就像在巴比伦一样，统治者是“神的代表”，[44]神通过征兆来表明它是否认同统治者的地位。换言之，天文学家可以通过解释天文现象或其他现象提出批评。[45]

中国人像毕达哥拉斯学派，以及包括我们自己在内的许多文明一样，崇信自然的“和谐”：自然现象是由个别规律决定的，但是种种规律又可以汇合成一个总体规律。[46]中国人和毕达哥拉斯学派都试图用数学方式来表述他们的规律，一般是用一个可以涵盖所有数的“大数”来表述。[47]他们没有将天文异常和自然异常现象等明显变化归咎于理论缺乏，而是将其视为人类活动的结果，是人类干预自然平衡的产物。自然而然的，人们无意修正或调整理论，而是试图探求人类干预的根源。[48]中国从未像埃及人那样发展出统治者是神的思想。在那种情况下，统治者可以有意识地控制自然现象。统治者被称为“天子”有以下含义：(1) 他的父亲——天——通过异象，在危险来临之前向他发出警示。这种现象
[40] 不一定发生在人类活动之后，可能在策划过程中就出现了。(2) 天父会因为他犯错而制造异象来责罚他。这种现象的发生需要一些准备时间。这种现象可能是一种惩罚，其直接受害人可能是老百姓。即使“天子”一词仅具象征意义，或统治者仅被世人视为有资格进行统治的人之后，这种思想仍然存在。其潜台词就是统治者要对自然的正常运转负责。(3) 现象不是针对统治者本人的，而是警告他人大难即将临头。(4) 它们将他人的恶行昭示天下。这些人可能是朝廷的官员或地方长官。在这种情况下，皇帝个人就不必对自然的

正常运行负责了，而是由行政官员代表的国家来负责。

我们的基本观点如下：我们假设在一个社会里，如果人类要因为自然和谐被打破而受指责，那么追究责任的过程就可以反映出权力的归属情况，是属于统治者呢，还是属于整个精英阶层呢。天文学家是天文现象的解释者。他们当然是精英阶层的一员。我们假设如果他们仅仅是专制者的工具，那么他们就会为他编造祥瑞，或为官僚机关编造恶兆。如果他们是统治者下属的负责任的政府中的一员，那么他们就可以通过对天文现象的解释，对统治者以及其他负责的政府部门提出批评。

现在我们研究一下汉代异象列表，看看对于澄清前几页探讨的问题有多大帮助。

二、与自然现象相关的数据

（一）统计数据分析

被视为“预兆”（signs）的现象称之为灾或异，意为“灾害”或“异常现象”。在我们所引用的文章中，灾和异是指种种异常的自然现象，它们对人类的影响有大有小。

我们首先考察问题本身，所谓异常自然现象究竟包括哪些内容，从这些数据中得出的结论与我们的问题有什么关
系？我们在以前的研究中已经翻译并探讨了异象，[49]在此我 [41]
们仅仅举两段文字为例，它们代表了两种典型的灾异论述。

[42]

图一：汉代的征兆图示

说明：本图将表一中的百分比数字用图演示。横坐标表示年代并标示对应的皇帝，纵坐标表示百分比。

图中，表一中 a 列的百分比数字用粗线表示，b 列的百分比数字用细线表示，c 列的百分比数字用虚线表示。

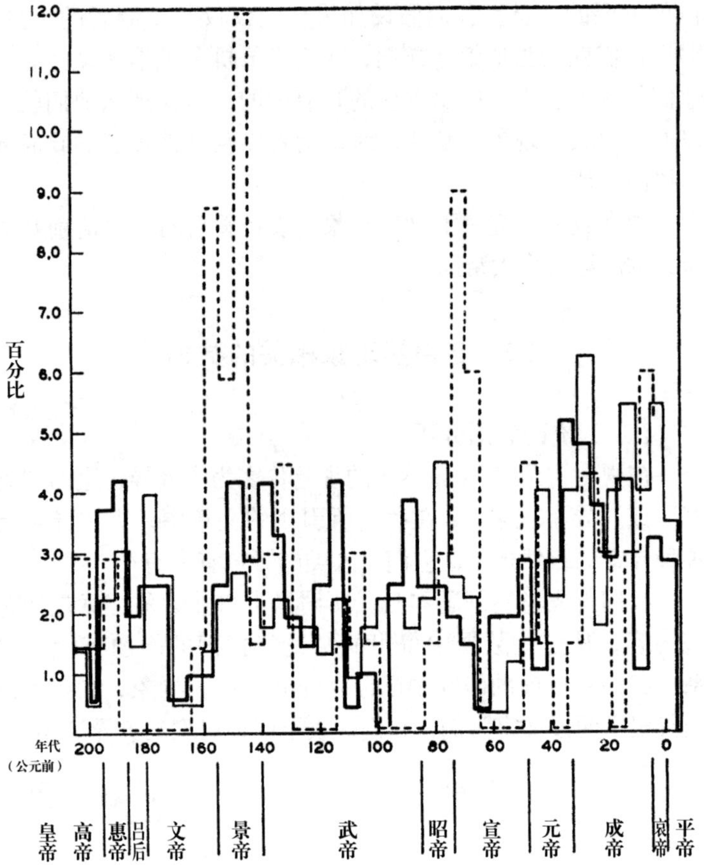

（译表：沈中明）

表一：汉代的征兆 [43]

说明：表中纵列的年代以五年为一个间隔，上起公元前206年，下讫公元5年，共211年。

a列是《汉书》第1—12卷本纪中记载的征兆数额，共211次；

b列是《汉书》第27卷《五行志》中记载的征兆数额，共224次；

c列是《汉书》第26卷《天文志》中记载的征兆数额，共64次；

d列是《史记》第8—12卷《高吕文景武本纪》中记载的征兆数额。

表中的百分数指左侧所列征兆数在该列总征兆数中的百分比。

c列的数据止于公元前5年，如果将百分比调整为与a列、b列涵盖同样的时期，相应地，64次调整为67次。

年代	a列		b列		c列		d列
206-201	3	1.42%	3	1.34%	2	2.99%	…..
200-196	1	0.47	1	0.45	1	1.49	…..
195	8	3.78	5	2.24	2	2.99	…..
190	9	4.26	7	3.13	0	0.00	…..
185	4	1.89	3	1.34	0	0.00	…..
180	5	2.37	9	4.02	0	0.00	3
175	5	2.37	6	2.68	0	0.00	…..
170	1	0.47	1	0.45	0	0.00	…..
165	2	0.95	1	0.45	1	1.49	1
160	2	0.95	3	1.34	6	8.96	…..
155	5	2.37	5	2.24	4	5.97	7
150	9	4.26	6	2.68	8	11.94	8
145	6	2.84	5	2.24	1	1.49	10
140	9	4.26	4	1.79	2	2.99	…..
135	7	3.31	5	2.24	3	4.48	…..
130	4	1.89	4	1.79	0	0.00	…..
125	3	1.42	4	1.79	0	0.00	…..
120	5	2.37	3	1.34	0	0.00	…..
115	9	4.26	5	2.24	1	1.49	…..
110	1	0.47	2	0.89	2	2.99	4
105	2	0.95	4	1.79	1	1.49	1
100	0	0.00	5	2.24	0	0.00	–
95	5	2.37	5	2.24	0	0.00	
90	8	3.78	4	1.79	0	0.00	
85	5	2.37	5	2.24	1	1.49	
80	5	2.37	10	4.47	2	2.99	
75	4	1.89	6	2.68	6	8.96	
70	3	1.42	5	2.24	4	5.97	
65	1	0.47	1	0.45	0	0.00	
60	4	1.89	1	0.45	0	0.00	
55	4	1.89	2	0.89	0	0.00	
50	6	2.84	3	1.34	3	4.48	
45	2	0.95	9	4.02	1	1.49	
40	6	2.84	5	2.24	0	0.00	
35	11	5.20	9	4.02	1	1.49	
30	10	4.73	14	6.26	3	4.48	
25	7	3.31	4	1.79	2	2.99	
20	6	2.84	9	4.02	0	0.00	
15	9	4.26	12	5.36	2	2.99	
10	2	0.95	9	4.02	4	5.97	
5-1 **B.C.**	7	3.91	12	5.36	——	———	
A.D. 1-5	6	2.84	8	3.58		(2.99)	
共211年	211次 100%		224次 100%		64次100% (调整为67次)		

（译表：沈中明）

天汉元年（公元前100年）夏，大旱；其三年夏，大旱。先是，贰师将军征大宛还。天汉元年，发谪民。二年夏，三将军征匈奴，李陵没不还。[《汉书·五行志》中之上]

文帝四年（公元前176年）六月，大雨雪。后三岁，淮南王长谋反，发觉，迁，道死。京房《易传》曰："夏雨雪，戒臣为乱。"[《汉书·五行志》中之下]

第一部分描述灾难。随后给出一两个类似上述的"解释"，由此我们就可以推断事件与相关人类行为隔了多少年。在其他情况下，例如对第二个例子的解释就难以推测出准确的时间。

汉代异象系统记载于《汉书》（亦称《前汉书》）的三个章节之中：（1）《本纪》。它们以时间为序，夹杂于重大政治事件之中。这包括天文现象（日食、坠星等）、地理现象（干旱、洪水、蝗灾等）以及其他反常现象。（2）《五行志》。它们在此章中按标题分类，在各类中以时间排序。所记载的现象上及天文，下及地理，还有其他现象。（3）《天文志》。它们在此章中按标题分类，在各类中以时间排序。所记载的只有天文现象，如坠星、行星的不规则运动、日月之晦、形状奇特的云彩等。a列和b列的征兆记录起于公元前206年，止于公元5年，c列止于公元前5年。

我们在表一中列出了相关数据，以五年为一个时间段，以便用图解加以表示（见图一）。该表忽略了每个皇帝的统治年限，但在图一中可以查到。这样排列好像优于比伦施泰 [44]
因（H. Bielenstein）的方法，[50]他把每位统治者历年所有的现象以数学方式表达出来，然后以线相连，而完全忽略了各个皇帝统治年限的差异。通过连线，比伦施泰因划出了一条曲线，用以表示一位皇帝统治前期和后期所记录的现象的数量多寡。以五年为期则清楚说明了何时增，何时减。表的纵列显示了现象的实际数目，以及所占比重。图表则仅仅显示比重分布情况。为了能把a列和c列加以比较，c列必须加以调整，按照平均百分比补齐空缺年份。所以c列所占百分比不是以实际记录的64起现象为基础得出的，而是以调整后的67起为基础的。

a列和b列的现象数目基本相当，而c列的数目仅及前两者的三分之一。

对这些序列的统计学分析[51]得出了以下结论：（1）没有显著证据证明a列和b列的发生时间概率有差异。（2）a列和b列并无显著不同。实际上，其差异小于随机采样的差异。（3）即使将a列和b列结合起来，然后与c列比较，尽管会出现较大的不规则现象，但是仍然不能认为c列与a列和b列迥然不同。

这带来了一系列新问题。我们知道《汉书》是班固所编。[52]他是在公元74年到84年之间编写该书的。他编了多少，写了多少，我们已经不得而知。但是我们知道一些资料未作多少修改就被他收入书中了。最典型的例子就是《汉书》的书目一章。人们认为它完全是以较早前刘歆写就的一部独立著作为蓝本的。[53]《汉书》第二十七卷系统记录了五行方面
[45] 的资料，[54]它分为几段，每段都以理论探讨开始，以一些“例子”作结。该卷显然出自刘向（公元前76年—公元前8年）及其子刘歆（公元23年被杀）之手。例如，它比班固的最后一版要早70年。刘歆大约是在公元10年写完这些东西的。完成日期不可能比这晚很多。第二十七卷中不仅有汉代的符命，还有春秋时代的。我们知道刘向和他的儿子在他们的研

究资料中使用了《春秋》和《左传》中记载的现象。但另一方面，我们也知道他们记载了一些实际上未曾出现过的现象（日食），[55]并把这些记载插入了他们所编辑的经典之中。我们认为插入这些记载都是出于政治目的。[56]同样的，我们可以假设他们在记载汉代历史时方法类似，并将自己的记录作为第二个体系。但我们无法证明这一假想。

b列（《汉书》第二十七卷）所涉及的现象与第一序列非常类似，尽管不是完全相同。所以a列与b列没有相互推理的关系。c列中的现象与a列和b列差异极大，仅有第一例在a列中出现过。

如果再对照另一种记录，情况就变得更加复杂了。《史记》记录了从公元前206年到公元前100年间的现象数据（见《史记》第八至第十二卷）。这些数据以编年方式记载于《史记》当中，与《汉书》中的a列记述相似。但是，《汉书》记载了公元前206年到公元前100年间的100个现象，而《史记》（d列）只记载了34个。c列与《史记》记载相同，但是征兆内容和分布是不一样的。d列与前三列的不同之处在于公元前206年到公元前179年，公元前140年到公元前111年的记录空缺。而这期间正是其他序列记录的高峰期。所以，尽管《史记》杀青比《汉书》要早150年，但是《汉书》并未抄袭《史记》的相关内容。从理论上来讲，a列到c列是根据同一种体系记录数据的，公元前100年以后也依旧如此。但这看起来又不大可能，原因有二：（1）《汉书》第二十六卷（c列）主要论述天文学，结构完整，有许多技术内容。正如书目篇是基于刘歆所编的帝国图书馆目录写成的，该卷好 [46]
像是与帝国天文馆有关系的人写就的。（2）关于一些现象的解释明确指出该记录并非在京城所做，而是由隶属地方诸侯的“气象学家”观察记录的。[57]某些现象的解释并未出现于a列到d列中，而是夹杂在其他卷册里。它一般都标明这些事件是以备忘录形式上报皇帝的。[58]我们自然可以假设并没有一个统一的记录体系，记录是由中央和地方各自独立编写完成的，所以存在不同的记录。历史学家，如《史记》第八至十二卷,《汉书》第一至十二卷、第二十七卷、第二十六卷则使用了这些记录。[59]现象经过了筛选，选择结果有所差异，表明主观因素对选择造成了影响。此外，至少在b列里，可以证明作者平白捏造了一些现象。[60]

我们假设《汉书》第二十六卷主要是班固以前的某人的作品，它使用了天文馆的资料数据。鉴于此，我们不妨赘言几句，介绍一下该馆在官僚体系中的地位，尽管我们现在还无法得出什么重要结论。在汉代官僚体系中，天文馆是“帝国和国家祭礼部”（太常）的一个下属机构。负责观察的官员灵台丞是第十三等级，级别相当低。史学馆也隶属同一部门，但级别要高得多（第七等级）。如果我们确认《周礼》的描述反映了周代制度的基本结构，但事实上并不一定如此，那么就可以知道在周代以前，这种安排早已存在。根据《周礼》描述，天文馆属于“春司”，该司即相当于“帝国和国家祭礼部”，与“太常”类似。史学馆也属于同一部门。在唐代，门下省[61]有负责历史编写的机构，负责记录皇帝的言行，中书省[62]里有负责历史编纂的主要部门。天文学则和
[47] 历法、时钟一起归秘书省管辖，该省主要管理档案、图书馆、文件汇编，里边还有专门负责撰写祷文和题字的写作班子。天文学与史学分家了，但仍未彻底分开，天文馆被视为向统治者提供信息的机构，一种类似图书馆和档案馆的咨询部门。

（二）自然现象数据解读

尽管所有现象都不加评论地记录了下来，但是其中有一些经过了解释。b列（《汉书》第二十七卷）所记载的所有例子都有粗略的解释，因为所有自然现象都是根据一种理论框架进行分类的。其理论基础就是由邹衍发明的“五行理论”，同时又掺杂了《书经》的思想。这些理论文章内容大而化之。[63]此外，很多现象还有很多解释，其分歧之大远远超出我们的想象。即使草草浏览也可发现在这个理论框架下可以信口雌黄。鲜有严格使用五行理论来解释现象的例子。我们在此无意对这种情况加以分析。

c列（《汉书》第二十六卷）中的符命仅有一部分有解释；文章使用了分类和时序混合结构，而不是采用纯粹的分类结构。a列（《汉书》第一至第十二卷）和d列（《史记》第八至第十二卷）仅有少数现象有解释。其解释有时是直接的，例如统治者在讲话中直接谈及符命，然后建议采取某种行动。有时解释则是间接的：在记述了一个符命之后，紧接着就记录另外一个事件，如皇帝驾崩等。在第二个事件与第一个事件相关的情况下，我们可以假设《汉书》第一至第十二卷和《史记》第八至第十二卷中的事件与符命是有关联的。但是在其他情况下，我们不能把同一篇中的征兆和数行后的事件联系起来，尽管我们可以认为这些现象之所以记载于此，是为了表示 [48]
对统治者或政府的批评，我们可以合

□ 班固像

乎逻辑地认为在该现象之前或之后记载的历史事实包含了批评的对象。[64]

我们认为评价和解释中国历史学必须以这个假想为基础。史书的编年史部分（本纪）并非统治者的传记。它们甚至也不是朝廷活动的全面记录。[65]粗粗对比一下《史记》和《汉书》里的汉武帝传就可以一目了然。《史记》描绘的汉武帝醉心鬼神，人品大有可疑之处。而《汉书》里的汉武帝则英明神武。[66]在政治和其他朝廷事务的记录中，插入了一些异象记录，多数看似无足轻重。当然，我们可以望文生义，得出如下结论：（1）中国官方史学家缺乏历史思维，不能将重大的政治事件和鸡毛蒜皮的芝麻小事区分开来。有些事可能根本就是无中生有的，如某郡县的井里出现了龙。（2）中国人，包括他们的史学家痴迷于原始迷信。因为都说孔子编《春秋》，我也没见到反证，那么他也是这么一个人。弗兰克（O. Franke）[67]引证了中国传统看法，认为《春秋》以及后来的官史使用了一套特别的语言，并通过穿插一些看此无足轻重的记述，来起到"镜鉴"的作用。弗兰克的理论就是我们全部讨论的出发点。

我们先分析一些c列和b列中的例子，然后再进行总体的比较分析。

1．我们选择c列中的前25种现象为例，这些现象发生于公元前206年到公元前141年之间。其中只有第一例在a列中也有所提及。25个现象之中，23个是负面的，两个是正面的。那两个"吉瑞之兆"就是头两个现象。它们被解释为上天保佑王朝缔造者的征兆，那时王朝的开创者还在与旧王朝的支持者作战。我们立刻就可以发现所谓"吉瑞"非常罕见，

[49] 而且仅在汉朝立国之初出现，那时汉朝还在为赢得人们的最

终承认而奋斗，在王朝末期也会有一些征兆，它们对王莽来说是吉兆，但对汉朝来说却是恶兆。两种情形都是非常相似的，“吉兆”在某种意义上也是“恶兆”。[68]除了前25个符命中的两个吉兆之外，一些吉兆还散见于史书之中。例如在公元前165年和公元前164年，以及在汉武帝统治的公元前116年和公元前113年。这些吉兆与恶兆并无不同，必须加以个别解释。[69]我们主张在下面讨论中忽略此类的少数“例外”。

对现象的解释多与皇帝（六例）、皇子和诸侯（十一例）、朝廷（两例）以及皇后（一例）的不幸事件相关。与天象相关的事件各不相同：皇帝将要被敌人围困七天；皇帝将要驾崩；地方将有叛乱；侯国将废等。现象有的可能是真的，有的则不可能：太白金星进入某个特定天域；木星、金星和水星辐辏到一起；“天开”等。

2．我们选取b列（《汉书》第二十七卷）所记录的公元前191年到公元5年之间所有19起火灾作为第二个例子。有时会在不同地方同时发生火灾。《汉书》（第二十七卷）的作者认为这些火灾是相互联系的。所有火灾都烧毁了部分宫殿、太庙、寺庙或其他标志性建筑。普通火灾未作记录。

19起火灾中，有15起曾在a列中有所提及，有四起未曾提及。最后三起火灾被人解释为标志着王莽新朝即将建立的象征。它们对旧王朝来说当然是恶兆，但对新王朝来说却是吉兆。史书采用了第二种说法。大体上，火灾被视为是由皇帝（三起）或皇后（两起）不当行为所导致的，或者它们暗示着对统治者（六起）或皇后（两起）、太子（两起）、皇子或诸侯（五起），或宰相及其他朝廷权贵（五起）的不利事件。（不幸事件通常会同时影响几个人，所以括号中的数目总 [50]
数超过了19）。在少数情况下，皇帝在圣旨里提及灾难事件，并要求臣工百僚勇于进言，指摘过失。有一次他建议削减朝廷开支。

这就提出了一个很重要的问题：皇帝是否会下令编造征兆来为自己的一些行为辩护呢？在多数情况下，统治者不可能下令编造征兆，因为多数征兆都被视为对皇帝或皇族恶行的警示。编造日食记录绝非出自皇帝命令，因为它暗示着他的恶行终有恶报。在其他情况下，下令编造符命的可能性是存在的，但是很难找到直接的证据。王莽在篡权之前就命人制造了许多祥瑞吉兆，但这有所不同，因为当时他尚未龙袍加身。如果统治者下令编造预兆的话，那么我们会看到许多祥瑞吉兆，但事实上这种符命非常之少。如果皇帝需要通过编造预兆来为自己行为辩护，那就证明他并非一个专制君主，他必须争取一个拥有独立权力的社会阶层的认可和支持。

3. 我们进一步研究了b列所提及的前12个日食现象，时间跨度从公元前204年到公元前173年。它们在a列中也都有所提及。其中八个在b列中并无解释。日食标志着皇帝（一例，与a列相参校后，还可以再增加两例）、皇后（一例，参校后再增加一例）、诸侯（两例，参校后增加三例）的不幸事件。在其中三个案例中，皇帝利用这个事件下旨，以日食为借口，解除宰相职务，命令天下大赦，或部分释放奴婢，或邀请新人入阁，参与朝政，或改革军队。最有意思的是在12起日食记录中，其实有五起是无中生有，凭空捏造的。[70]在这五例中，有两例发生于皇帝崩驾之前，而有两例则被皇帝用来进行上述改革，最后一例则被视为是诸侯不法的象征，随后他们受到了惩罚。因为我们不能无凭无据对圣旨真实性
[51] 提出怀疑，所以我们可以假设前两个日食案例是当时“编造”的，其目的是让圣旨看起来合情合理，或者影响统治者，让

他采取某种行动。但在另外两个案例中，难以设想当时的人会在皇帝驾崩数月之前就编造日食记录。后来的史学家在统治者死后编造记录的假设看来更为合乎逻辑。[71]

在a列或d列的解释中，对现象给出的解释多出现在统治者颁布诏书之后。这种诏书多以皇帝自责开头："近来阴阳失序，风雨失调，盖因寡人失德。"[72]此类自责不能当真，不过是套话而已。它们是某些政治行动的引子，例如免除百姓债务（公元前85年和公元前79年）、除奢倡廉（公元前71年）、削减朝廷开支（公元前83年）等，或者其他会损害某些人既得利益的行动。在此有必要指出，公元前67年之后，统治者几乎每年都要发布类似诏书，而文中根本就不提及具体的现象。这些圣旨只是粗略提一下这些符命。也许历史学家认为不必个别记录这些现象。

如果我们比较一下出自《汉书》不同部分的征兆解释，乃至《汉书》第二十七卷里不同人的解释，就会发现它们彼此矛盾。公元前32年"有两月重见"，京房将其解释为象征"君弱而妇强"；刘向则将其解释为"君舒缓则臣骄慢"；刘向的儿子刘歆则将其解释为仅仅象征着"臣下驰纵"。所有这些解释都见于《汉书》同一卷中。公元前26年，"有鸢焚巢"，《汉书》（第二十七卷）的作者将其作为"杀子之异也"，联想到赵皇后姊妹系杀害太子的凶手，京房解释为皇帝的残忍，而另有人解释为"王莽窃位之象"（35年以后的事）。[73]这个案例和其他案例一样，很清楚并不是在公元前26年加以解释的，也没有向皇帝汇报。[74]没人能够在公元前26年预见到王莽会在公元9年篡位；赵飞燕大权尚未在握，也尚未 [52]
杀害太子。在我看来，供皇室御览的备忘录不会指责皇帝残暴。这些解释可能是后来的史学家做出的。例如，班固是在公元1世纪晚期对文献进行最后编纂的。

还有其他的例子：公元前53年和公元前46年两处皇家建筑失火，刘向[75]以为这与石显受宠，萧望之蒙冤有关，而刘向恰好与萧望之同党，与石显为敌。[76]而与第二次火灾相关，皇帝曾就此两次下诏，指斥臣下无人直谏，并要求朝中节俭行事（a列）。[77]这似乎表明扯上石显是后世史学家所为。

b列记录了公元前178年的一次日食，仅仅说它发生于天空上“越国”（中国南部以及东南部）的分野。a列[78]也记述了这次日食，并附有一道帝王自责的诏书。皇帝任命了一些德高望重之人为师，并谈及战争问题，下令对国防进行改革。这些战争主要发生于北部。在公元前178年，人们当然还没想到日食与该区域有关，并认为它与越国相关。在b列里，凡是对日食或任何现象作出解释后，都有不幸事件附于后面。b列的作者似乎相信，颁布诏书就可以匡救时危，而不大相信种种预兆预示了未来先定的命运。而统治者在预兆出现之际也说服世人，即颁布诏书即可扭转降临的厄运。

考察完a列至d列中的所有现象，现在我们可以得出以下结论：

（1）不管是当时还是事后，人们都相信异常自然现象与不幸事件相关；

（2）现象出现时所作解释与后世史学家的解释有时会有所不同。

（3）即使后世史学家和理论家对符命含义的见解也不尽
[53] 一致：他们使用的理论略有差异，即使是五行理论也不够精确，无法让星象家得出同样结论。

（4）征兆有时被认为与皇后、妃子、诸侯、朝廷大臣等其他人的恶行相关。它们不是对皇帝的批评，而是对政府的

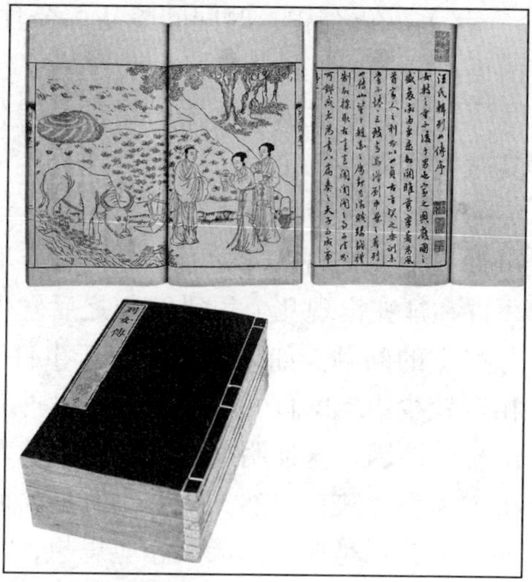

□《列女传》十六卷，汉刘向撰，明仇英补图

指责。往往不是统治者本人，而是政府要员为符命所反映的恶行而遭受皮肉之苦。

在此我们可以更进一步，得出这样一个结论：

（5）征兆发生之时，可能被朝廷中一派利用，作为打击另一派的工具。

刘向的传记就是明证。在他与本派人马积极夺权之际，发生了一场地震，并出现了一颗不常见的星星，他们借机逃脱了牢狱之灾，并重返朝中。但是半年之后，再次地震，石显及反对派有意加以利用，对付刘向一派。刘向恐惧不已，遂要求亲戚上书皇上，称石显应为地震而受责。[79]反对派觉得这份奏章是刘向所写，便告他诽谤中伤，刘向最终被革去官阶。在此次事件以及刘向后来的政治生活中，预兆显然都被用作了政治工具。但尚不清楚刘向等人或皇帝是否真的相信预兆之说。这点有时很值得怀疑。[80]

（三）征兆和事件之间的时间关系

在很多案例中，可以明辨征兆与据信与它相关的事件之间相隔的具体年月。在上述c列中的二十五个案例中，事件均在征兆出现之后发生。其时间间隔从一个月（两起）到九年

（一起）。在c列中，时间间隔从一个月到11年不等，平均为两年左右。

在上述十二例日食中，事件总是发生于日食出现之后，其时间间隔从一个月（一起）到九年（一起）。而十九起火灾的情况则有所不同，有些案例中（十九起中有六起如此），
[54] 事件在征兆出现四年之前就发生了，而所有其他的案例中，事件在征兆出现几个月到20年之后发生。这就提出了一个十分严重的问题。如果征兆出现于事件发生之后（总体来说，相对较少），我们可以认为这个事件有违“天道”，是现象出现的原因。这证明存在天人相应的观念，这种观念认为人事失和将反映在自然失序上。但是，很难说两种失衡现象存在因果关系是典型的天人相应思想，[81]它更像是菱形的两条平行边，第三条边代表着因果关系。如果像在多数情况下那样，现象出现于事件发生之前，那么有三个可能的解释：

（1）如果认为“菱形天人相应理论”都是以人类活动的扰乱开始的，那么就得相信在现象出现之前，已经存在人类干扰了。在这种情况下，征兆出现时，后来人类活动的动因已经存在。例如，叛乱已在密谋之中，但在符命出现时尚不为世人所知。这样心理观点和思想就成为破坏自然平衡的原因了。因为与此相关的人不仅仅是皇帝，很多人都可能被视为打破平衡的动因所在，所以我们可以假设，从理论上来讲，人类行为有破坏自然和谐的可能性。如果这种破坏被视为是“自然规律”发挥作用的结果，那么征兆的规模应该像中国的等级社会一样，随着相关人物地位高低而有所变化。但是这点无从证实。我们认为，在暗示的影响下，我们不得不假设存在一位人格化的神，他目光如炬，洞察人类的情感和思想，并制造征兆。这似乎比广泛运用天人相应理论更为

合理。

（2）公元前178年皇帝下诏[82]说："朕闻之，天生民，为之置君以养治之。人主不德，布政不均，则天示之（人主？ [55]
还是民？）灾以戒不治。"如果我们要对此类言辞加以解释，就必须承认统治者有责任实施良政，因为上帝赋予了他养治百姓的责任。统治者失德，或"布政不均"，就会出现征兆。后面一句话可以理解为官员和皇帝一样对实施良政负有责任。

这就又出现了一个有趣的问题：统治者或官员应如何"负责"？在上述例子中，好像官员要对责任范围以外的事情负责。但在多数情况下，只是提及统治者或其他人需要直接负责的行为（例如沉溺宫闱之事，不理朝政；密谋叛乱；宠信小人等）。在这个问题上，汉代似乎没有什么明确看法。

根据上述案例，很清楚在征兆出现后发生的事件并不是由征兆所导致的。政府治理不善才是根本原因。换言之，不能说天人完全相应，只能说政府失衡与后来的灾难性事件存在因果关系。征兆不过是上天示警，目的在于告诫统治者必须恢复大地上的平衡，以免浩劫来临。如果我们对所引用的文辞以及类似文辞信以为真，而不是将其作为虚情假意的自责，那么我们就不得不假设存在一位人格化的神——"天"。它会发出"警告"，这话一再出现在诏书之中。但另一方面，刘向、刘歆以及其他人在b列中试图解读征兆的内涵，并试图探寻据以解释征兆意义的"科学规律"，看起来又好像是反对人格化神的思想，而仅仅承认存在一位被自我"律令"约束的神。尽管做了上述思考，但我们不会仅仅依据这些资料来判断在汉代是否存在人格化神和宿命论的思想。

（3）在许多案例中，似乎难以设想被视为与征兆相关的 [56]

事件在征兆出现时已经在谋划之中。在此情况下，我们又有了第三种解释。汉代中国人相信存在一种超自然的力量，或者人格化的神，他能够预见未来，甚至在人类尚未谋划之时他已了然于胸，未来变化是由神或冥冥中的力量安排好的。这意味着人类对于将要降临的不幸事件无能为力，无法阻止它。实际上，b列（《汉书》第二十七卷）就提供了一些佐证：它没有记录任何在征兆出现后，通过立即采取行动而免灾的事情，尽管在a列里，统治者似乎想表明，他们相信亡羊补牢会有所成就。

以下观点看起来最合乎逻辑：这个时代的中国人在这方面并无统一的明确思想。有人似乎相信在征兆出现后立即采取行动可以带来成功；而其他人，我们可以加一句，主要是后世的史学家却认为灾难不可避免，因为从未采取过正确的行动。有人好像相信行动和行动计划都会带来征兆，其中有一定规律，可以进行探究。其他人则相信存在一种宿命。

但是，我们知道一些征兆纯属编造，还知道一些被用于派系斗争，这让我们有了一个新的视点：至少某些记录征兆的人，或将其编入史书的人根本不相信征兆，而仅仅将其作为一种政治武器。但这个结论的反论则不能成立，不能说官员或史学家认为某现象在政治斗争或批评无用，就省略不写了。一方面，日食、宫中大火这种“征兆”，即使统治者心不在焉，也难以隐瞒，另一方面，史学家可以利用征兆来解释35年以后的事情，这使他几乎可以毫无顾忌地对征兆加以利用。[83]

如果今天我们试图对我们流行的“迷信”“解梦书籍”或星相资料进行类似分析，那么我们会得出同样令人迷惑的看法，而分析科学文章则可以得出一致的认识。在汉代的中国，或许预言根本就没有划归“科学”思想，而只是“政治”的一部分；可以想象汉代是一个从各学科均有其传统逻辑的有限分类思想时期向广为接受的统一的逻辑体系思想时期过渡的阶段。 [57]

（四）征兆的批评对象

我们回头看看图一，不难发现有几个“高峰”。a列到c列里的高峰多少是一致的。现在我们就研究一下用以解释这些符命的事件。我们从b列开始：

1. 公元前195年和公元前185年之间有一个明显的高峰，这个时期的征兆不是批评惠帝（前194年—前188年在位），而是批评吕后及其家族的不法行为，主要是针对他们反对皇室诸侯王的行为。

2. 公元前180年和公元前170年之间的高潮没有针对文帝（前180年—前157年在位），而是与始于公元前174年的诸侯叛乱有关，叛乱在公元前154年达到了高潮。“警示”在大规模叛乱发生25年前就已出现，直到力主中央集权的平叛主将周亚夫于公元前143年被迫自杀才减少。另一位主张“削藩”的大臣晁错公元前154年被杀。

3. 公元前115年到公元前110年之间有一个高峰。征兆所发出的警示始于公元前136年，并一再出现，主要是警告武帝（前140年—前87年在位）穷兵黩武的。连年战争始于公元前133年，公元前105年达到高潮。

4. 公元前100年和公元前90年的高峰与以下两事相关：（1）太子被杀及相关传言，（2）远方的中亚战争。太子公元前91年被杀，而战争则是在公元前104年到公元前90年之间发生的。

5．公元前80年和公元前70年有一个高峰。此次“警示”主要针对（1）始于公元前80年的诸侯叛乱（警示始于公元前84年，终于公元前78年）；（2）公元前74年登基，随后被废黜的昌邑王。多数警告是针对昌邑王的，只有少数是针对摄政王的。“警示”始于公元前85年。

6．公元前70年和公元前65年之间有一个小高峰。它与摄政王霍光家族的叛乱有关。警示始于公元前69年，事件发生于公元前66年。

7．公元前45年到公元前40年之间的高潮暗示了（1）王
[58] 氏家族权势熏天（警示始于公元前48年，王莽出生于公元前45年）；（2）对石显及其派系的批评。他是刘向的对头，并杀害了京房（警告始于公元前46年，终于公元前36年；太监刘歆在公元前32年左右失势死亡）。

8．公元前35年到公元前25年和公元前20年到公元前10年之间的高峰。这些高峰期表明（1）王氏家族权势日炽（警示始于公元前32年；公元前32年，成帝五个舅舅升官；王氏家族每有一人升官，就有一警示，直到公元前8年）；（2）对成帝和后妻赵皇后爱情与婚姻的批评（赵氏集团因杀害成帝与前妻的孩子而受指责；赵皇后公元前6年被杀；皇子被杀事件发生于公元前12年）。

9．公元前5年和公元前1年之间的高峰。这是一个针对王氏家族的警告，现在已经针对王莽本人了；它也批评与哀帝（公元前6年—公元前1年）有断袖之谊的董贤。

c列（《汉书》第二十六卷）与b列（《汉书》第二十七卷）有所不同。它的批评对象主要包括：

（1）诸侯公元前154年的叛乱（与第二序列相同）。

（2）梁王公元前146年觊觎太子之位。（武帝公元前140

年登基时年纪尚幼。《汉书》第二十七卷对此未加以批判。）

（3）仅仅对公元前74年在位的昌邑王和摄政王略有微词。

（4）对王氏家族未予强烈攻击。

d列（《史记》第八至第十二卷）又有所不同：

（1）对前三位统治者（高祖、吕后、惠帝）不加批评。

□ 汉武帝刘彻

（2）在汉景帝统治时期（公元前156年—公元前141年），征兆最多，在其统治开始时及末期有大量征兆。史学家似乎有意指责皇帝本人，因为皇帝一登基就出现了大量征兆，最后也是突然消失。而在其他记载中，征兆开始得较早，在他父亲在位时已出现，并且与诸侯叛乱，而不是皇帝联系在一起。有意思的是，清代学者张辅认为，《史记》与《汉书》的不同之处在于它对晁错这种大人物的个性加以评判。[84]

（3）至于后来的时期（武帝），d列主要关注公元前110 [59]
年。在这一年，有一场特别的祭祀活动。该卷作者将武帝描绘成一个痴迷于鬼神的人，看来他有意要对这场祭祀提出批评。而a列则认为武帝醉心讨伐，而基本上没有提及他痴迷鬼神的事。根据其解释，a列到c列中的征兆与其神秘嗜好均无关系。

根据后世中国史学家的看法，前汉最黑暗的时期事是：（1）吕后篡权。因为根据中国传统思想，女人不能成为一国之君。（2）王莽篡权。因为他通过欺骗，从正统王朝手中骗取皇位。我们对征兆的分析却表明，早期的文章（d列）并未运用征兆来反对吕后；a列和c列也没有反对她。只有b列似乎稍稍提及此事，但是它对封建制的再现更为反对。c列并未强烈反对王莽，b列也应一分为二，它只是部分反对王莽。也许d列除外，征兆并不会真正地用来批评执政者，而只是用来批评朝中大臣的。文帝在后世被视为千古帝王的楷模，在他统治期间出现了很多征兆，但这些都没有针对他。

尽管统计分析可以说明a列到c列有共同来源，分析不同记载中征兆的“意义”可以发现不同部分的不同作者对历史的解读不同。对a列到c列中的符命“意义”于d列加以对比，更会加深这种看法。对征兆所谓的意义进行研究也许有助于弄清史书作者的基本价值观。

表格检查的另一个结果是，a列到c列没有显示皇帝个人与征兆的高峰有什么清楚的关系：征兆的升降似乎与特定的统治者的统治无关。

（五）批评家

根据我们提供的数据，可以认为多数征兆解释都是事件
[60] 发生后由史学家作出的，他们有时甚至编造征兆，用于批评某个事件。但是在一些案例中，征兆出现后，备忘录立即上呈给了皇上。大概朝廷中有一两名官员负有分析征兆的权责，并需及时汇报：他可能是特殊部门的长官，如观天象的官员。b列（《汉书》第二十七卷）提到了15个曾上呈备忘录、谈论征兆的人。下面我们提供一些关于他们个人的基本资料。

1. 刘向。他在公元前32年、28年、17年、12年和9年提出口头警告。他生于公元前76年，卒于公元前8

年，在公元前32年—公元前9年期间曾担任不同官职。他的传记说他支持自己的一派，批评外戚。他长于预兆，并对经典里的预兆有研究，尤其擅长《春秋》之学，曾就此撰写一本专著。他之所以对同属一派的皇帝提出批评，不是因为他在天文或气象部门任职，而是因为他是一名官员。此外，他评论的征兆分别出现于公元前的204年、193年、188年、179年、178年、168年、157年、154年、145年、139年、135年、134年、80年、78年、77年、74年、69年、45年（两次）、43年、40年。[《汉书》第三十六卷]

2. 刘歆。刘向之子。公元前32年就有人提及他，但是他在公元前6年才开始发挥影响，在公元前32年并未上书。他于公元23年被杀。他专治《春秋》和《左传》，这与他父亲不同，刘向不喜欢《左传》。他曾与王莽同学，所以不反对王莽。但至少从公元前6年开始，他决定背叛自己的同学。根据“谶纬”之书，他于公元前6年更名，依照预言重新取了一个新王朝缔造者应有的名字。他公元23年谋反显然与此次改名有关。有意思的是，他的弟子李寿辅佐后来的光武帝夺得天下。虽难以证实，但很可能就是李寿把自己老师在公元前6年取的名字送给了未来的皇帝。光武帝生于公元前5年。[《汉书》第三十六卷]

3. 京房。他是梁王府中某“术士”的弟子。公元前45年因为受过良好教育而被举荐为官。他所记录的征兆主要发生于公元前43年到公元前37年之间。他的批评矛头对准了某些朝中重臣，而非皇帝本人。他建议加强对官吏的考核，招致众怒。皇帝为让他免于一死，将

□ 董仲舒

其外放到地方为官。但是一封上书让他一命呜呼，京房的亲家，同时也是淮阳王的亲戚同时被诛。他
[61] 是权力斗争的牺牲品。他在自己的著作中对出现于公元前的193年、172年、155年、154年、131年、98年、80年、78年、74年、43年（两次）、32年、28年、15年、12年、7年、5年、4年以及公元1和3年的征兆进行了解释。[《汉书》第七十五卷]

4．眭孟。他上书皇帝，称新王朝将要建立，并因此于公元前74年被诛。他并非被皇帝所杀，而是被摄政王所杀，因为后者担心自己的地位会受到威胁。《白虎通》第一卷说他和董仲舒曾受业于同一学派。[《汉书》第七十五卷]

5．董仲舒。他在公元前135年借征兆上书言事，警告皇上要警惕诸侯王。他生于约公元前179年，卒于公元前104年。他以评论《春秋》而闻名，研究中他特别注重征兆之说。

6．夏侯始昌。他在公元前74年向皇上发出警告，并向他解释征兆。

7．夏侯胜。他在公元前74年向皇上发出警告。他是夏侯始昌之子，有家学渊源。其父曾任太师，他则曾

对皇子提出警告，后来这位皇子登基成为皇上。皇上发怒，曾想杀死夏侯胜，但是反对派误以为夏侯胜与他们同属一派，政变成功后他时来运转，备极尊荣。[《汉书》第七十五卷]

8. 龚遂。他也曾于公元前74年警告过昌邑王。他因“明经”而事昌邑王。昌邑王登基时，曾问龚遂妖怪之事。靠在重要关头批评昌邑王的事实，当昌邑王被废后，昌邑王属下200余人被诛，而龚遂幸免。[《汉书》第八十九卷]

9. 谷永。他曾在公元前188年说中了一个征兆，公元前35年他以征兆警告皇后，并在公元前32年和30年批评皇后赵氏，还因为皇帝宠幸赵氏而在公元前17年、15年、13年、12年提出批评。他属于王氏集团，曾为皇族成员辩护。[《汉书》第八十五卷]

10. 杜钦。他曾在公元前30年就皇后赵氏提出警告。其父为官吏，他官职低微，但对五行学说兴趣浓厚，是王氏集团谋士。[《汉书》第六十卷]

11. 杜邺。杜钦的朋友和亲戚。他在公元前3年就一个反对王氏集团的皇后发出警告。他专治天文，与一位名叫杨敞的高官有亲戚关系。杨敞和刘歆等王氏集团的朋党一样，精通《春秋》和《左传》。杨敞之妻是司马迁之女，而司马迁就是《史记》的作者（王国维《观堂集林》第十一卷，《太史公行年考》）。[《汉书》第七十六、第八十五、第八十八卷]

12. 杨宣。他在公元前32年就王氏集团提出警告。

13. 杨雄和李寻均在公元前5年提出警告，反对一位与王氏作对的宰相。杨雄以诗文著称于世，与王莽关系密切，公元18年自尽身亡。(《汉书》第八十七卷)他曾编书解读《易经》，在书中应用了专为王莽编制的新历法的理论原则。李寻专治星相学，与京房同属一派。[《汉书》第七十五、第八十七卷]

[62] 14. 甄丰。他在公元前26年警告统治者，并指责皇后赵氏。他是王氏近臣，与刘歆一路，但比刘歆胆大。他曾位极人臣，但后来因儿子的过错而被迫自杀。[《汉书》第九十九卷中]

15. 王音。他在公元前19年和公元前17年先后上书提出警告，并指责皇后赵氏。他是王氏集团成员，并曾位极人臣。[《汉书》第八十五、第九十八卷]

以上资料表明（1）批评家提出批评不是因为这是分内之事；（2）他们地位悬殊；（3）多数批评者是星相学家或术士，并曾在私学中接受良好教育（他们来自不同学派）；（4）他们多数自称忠心耿耿，并利用他们的“科学”实现自己的政治目的。

三、历法的政治性

在对以上讨论加以总结之前，有必要考察一下天文学另外一个功用：制定好历法的问题。如前文所述，因为灌溉经济的需要，制定历法是中国天文学很重要的一个用处：要灌溉得时，五谷丰登，一部好历法必不可少。

暂且不讨论中国历法系统的起源，也不探究其他社会里历法和灌溉的关系，就汉代的历法体系我们可以做以下评论：

□ 汉代是我国天文学发展史上一个重要时期，南阳汉画像石中有许多天文图像

汉代历法基本上是阴历，但又根据阳历作了一些调整，每个月都以新月开始，每年有12个满月。这样每年就有大约354天。而闰月则将阴历年调整为阳历年。对一个农业社会来说，这种历法极不实用：每年岁首及月初变化幅度达一个月之多。例如，如果新年固定为冬至后第一轮新月升起之日，那么就可能在12月22日到1月19日之间过年，其他月份同样会如此摆动。闰月使得农民难以使用这种历法。例如，他不能在五月初一播种，因为今年可能太迟，而明年又
可能太早。他自然就依靠基本的自然现象，例如候鸟归来，[63]
固定明星的出现等来定日子，而不会依靠历法。“夏小正”（夏朝的小历法）就是典型的“自然历法”。不同的月令记载了物象，以及星象资料，它们的精确度已足够农民使用，尽管其历法结构对农民来说一点意义也没有。

汉代及其以前的中国历法都大同小异。它们的主要差异在于岁首。这就是夏、商、周三代历法差异的关键所在。周代历法比夏代历法受纯天文知识的影响大。周代历法将岁首定于冬至附近，这对一个注重太阳轨道的历法来说是很合理的。所谓的夏代历法则将岁首放在春天，这符合它指导农业

的目的。但是就其内在结构而言，夏历像其他历法一样，也是阴阳混合历，很不精确，对农民用处不大。

另一方面，也应指出中国人有能力制定纯粹的太阳历。例如，如果天文学家想通过天文计算，推算出下一次新月或日月食的日期，他必须首先掌握太阳的活动规律。对汉代天文学家的推算公式加以研究后，[85]会发现他们先制定出纯粹的太阳历，然后将其转化为具有阴阳历色彩的“农”历。如果中国天文学就是要为农民提供一个工具的话，这种“天文学”历法是最理想的，因为各个季节安排恰好合适。中国在20世纪以前一直沿用阴阳历，这表明他们的兴趣有所不同。我们应认为，他们沿袭着一种古老的传统，按照月亮周期来安排节日和宗教庆典。[86]

中国“农”历其他特色也表明它不是专门为农业社会服务的。一部简单的历法可以达到以下任一目的：它可以忽略
[64] 月亮位置，注重太阳位置（“农业历法”），或者它可以忽略太阳位置，而仅仅注重月亮位置。在后一种情况下，只要看看月亮，就知道具体日期了。这种历法便于节庆，但对农民无用。将两种历法结合起来就可以部分实现这两个目标。比月小的单位，如星期可以用同样的方法来安排。我们的星期制就是将月分段的拙劣努力（四星期大约等于一个月亮公转周期）。中国周代以前的十进制天干就是试图与太阳的运行周期分段（36个10，即约等于1年）。但在商代，这种周期已经失去了这种功能，它与十二地支结合起来，形成了60年的周期。尽管从理论上来说，这种周期可以用以描述太阳的位置，对农民是有用的，但实际上它只有“官僚”用途。根据60年为周期计算的日子，农民无法得知是否应该播种了。

那么直到近代还在广泛使用的历书究竟有什么重要用

□ 汉代大天文学家张衡

途呢？[87]汉代历书支离破碎，大体写明了月份安排，以及每日的天干地支。它们有助于地方官僚弄清楚每日的天干地支对照情况，没有这种表，他就搞不清天干地支，而写报告时他需要这种知识。唐代以降的完备历法则纯粹是黄历，与我们以前的“历书”（almanacs）相似：它们写明了某日适宜做的事，以及避讳的事。[88]它们不是用来向农民提供帮助的。

汉代的历法曾数次变更。如果历法是用以帮助农民和灌溉的，那么每次变革都应该使用更为精确，更为优良的历法，以便更好实现这个目的。

实际上，每次变更都有不同特点。最重要的变化是新年日期的改变。如果我们分析其原因，会发现在汉代有六个不同的体系。[89]三个主要的体系与下列因素相关：（1）北斗七星的位置；（2）特定颜色；（3）特定象征性数字；（4）特定音律；（5）特定历史朝代。[90]历法变化不是根据农业灌溉需 [65]
要而进行的，而是根据五行学说，参照自然变化、象征性颜色、数字、音律、王朝更迭来调整的。[91]在公元前104年以前，尽管有人反对，但汉代一直坚持使用秦代旧历，因为它认为秦气数未尽，汉代秦而起，而秦代根本就不是一个合法

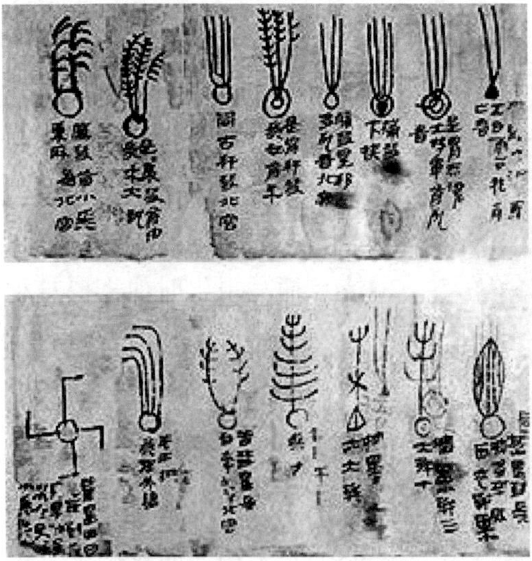

□ 汉代彗星图，1973年湖南长沙马王堆三号墓出土。所绘彗星有三种不同的彗头，四种不同的彗尾

王朝，所以汉是周的继承者。但是公元前104年以后，汉朝开始改变看法，或者把汉作为继秦而起的王朝，或者认为秦朝是“置闰”，汉仍然是周的继承者。无须对此类考虑再加探讨，很清楚，政治而非经济因素才是历法变革的动机所在。

另一类历法变革是由于基本天文数据的变化而造成的。我们可以想象，随着时代进步，观测数据日渐精确，历法也会更加实用。

但我们根本看不到有这种趋势。刘歆制定的历法比公元前104年的历法略有改进，但后汉（公元25—220年）使用了与公元前104年历法相似的一种较差的历法。刘洪和王蕃（2世纪和3世纪）制定的历法精确度比后汉历法更差。[92]之所以会出现这种现象，是因为中国天文学家主要兴趣并不在历法的精度，而在于寻求一个解决之道，满足功能性历法的所有基本要求，并将所有的象征性数字包含其中。仅仅出于投机和象征目的，后汉历法以4为基数和单位，而刘歆的历法也基于同一目的使用1539来分段。历法必须满足所有的投机需要，只有这样它才能成为影响王朝神秘力量的象征。一个新的王朝象征着各种神奇的力量，当然需要不同的历法，并包含其他数字。至于历法好坏无关紧要。因此不难理解直到今天人们依然相信，制定新历是一种革命行为，只有图谋造 [66]
反的人才会这么做。刘歆制定《三统历》就是一个明证：毫无疑问，他是为了王莽新朝而制定该历的。与此相仿，扬雄根据相关资料为新王朝编订了新的《易经》——《太玄经》，因为他认为传统的《易经》是根据公元前104年的历法写就的。

此章研究进一步证明，天文学和历法一样，其功用是政治性的。天文学被用以制定历法时，其实是被用作一种工具，来显示王朝所代表的神奇力量。我们自己的社会就保留了一部完全不合时宜，不敷实用的历法，这有助于我们理解汉代中国人的想法。

四、影响科学发展的因素

我们发现中国天文学家对历法的态度阻碍了科学进步。改进历法被视为革命性行为，并会受到处罚。

这个问题很有意思。制定历法的天文学家毫无疑问具有相当的科学知识。[93]他们的推测公式与希腊天文学家的知识相比毫不逊色。他们对该领域也有兴趣，并且通过私学接受了特殊训练。他们之所以未把其知识发展成一种科学体系，主要是因为他们无意为了科学而科学。他们不愿花费时间发展抽象的规律，也不愿意研究思想的过程（逻辑）。但他们对炮弹飞行、舰船顺利行驶等实用技术科学也不感兴趣。他

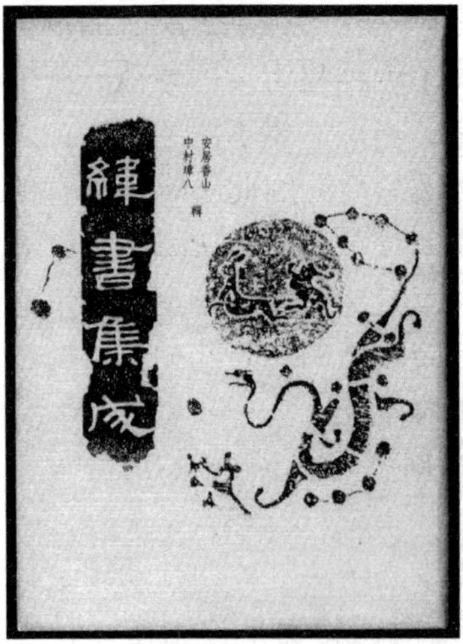

□ 安居香山与中村璋八所
[67] 辑《纬书集成》

们主要兴趣在于政治，所有上述著名“科学家”都深深卷入了政治事务——他们通常都在政府中任职。不难理解他们想把自己的科学知识用于政治，而政治充满了风险。其实，今天的现实有助于我们更好地理解汉代的情形。在公元前3世纪初，中国的“科学之父”邹衍进入这一领域，将朝代和特定元素联系起来，并说五行随着王朝而轮替，他和徒子徒孙试图找出其中的规律。这种知识很危险，所以师徒秘密传授，并且载于秘籍之中。只有当这个神秘学派的专家认为时机已到，我们才会听到他们发言，而且往往以他们被处决告终。这一神秘学派专门推算王朝气数，以便推测它何时终结，以及何人将成为下一个王朝的缔造者。它的发展在公元前1世纪达到了顶点。此时出现了大量著作：其中一些被彻底销毁，今天我们只知道书名；有一些则在王莽新朝动乱频频之际公之于世，并被用来证明后汉王朝的合法性。这些书被称为“纬书”，因为它们看似经论。我们在此无暇详细讨论这一秘密学派的成员。[94]我们只想说他们在后汉扮演了重要角色。[95]有证据表明后汉末期的“黄巾”起义受到了这个神秘学派的直接影响。在公元3世纪以后，这个学派的政治影响才逐渐减弱。[96]

这个神秘学派前后传承达500年之久，很能代表中国科学家的特点；他们的兴趣在于政治，其中原因在此不再深究。他们无意从事纯科学研究，所以招致了王朝统治者的怀疑。他们很自然成为造反的中坚分子，并往往被王朝镇压和处决。这些造反运动有时是由统治集团内部的成员领导的，有时候是广泛的群众运动，像“黄巾”起义就是一例。直到中世纪晚期，在这种群众运动的思想里，还经常可以发现有人利用科学作为起义前提。正因为天文学家、星象学家、气象学家对政治比对科学更感兴趣，政府只有在他们效忠时，也就是不提出什么新见解时，才予以支持。新见解往往被视为政治斗争的新工具，所以会受到怀疑。科学的发展就因此受到了阻碍。在这种实用的“政治科学”之上的成就只能作 [68]
为个别人的爱好隐藏于他们的著作之中。这不过是一种好奇心，没有体系化，没有探讨，没有阐述，没有推演，也没有应用在非政治领域。

五、政治兴趣的主导地位

现在我们可以把以上讨论加以总结了。我们一再申明，我们的结论不过是依据有限的、经过筛选的资料得出的，所以并不能适用于中国历史的各个时期。

我们知道中央政府的某些部门负责天文和大气观测工作。我们的资料对于这些部门及其职能未作介绍。他们可能汇报异常现象，但是在我们的资料中无从加以证实。有些地方诸侯有自己的专家，他们可能受过特殊训练，而且就我们所知，他们并没有编入地方官僚编制。

有些征兆是由朝廷官员上报皇帝的。这些人都是政治家，通常接受过占星卜、天文学、气象学方面的特殊训练，他们分为不同派别。皇帝还知道其他一些征兆，或许是他自己观测到的，或许他的臣子向他作了报告，所以皇帝就咨询专家这些征兆有什么意义。还有其他一些征兆可能皇帝从来就不知道，仅仅是出现在历史书上而已。至少有部分征兆是历史学家编造的。

人们认为皇帝个人应该对自然灾害负责，尽管有时他只需要在其权责之内加以负责。任何官员都可以就灾难或者一个征兆指责皇帝，并诱导他改变态度。他们通过这样做行使了一种制度性权利。这种权利是否可以有效制约统治者另当别论。有时它很有效。所以根据我们的标准，汉代的统治者从制度上而言不是专制君主。我们还有证据表明，不仅是皇帝，其实政府中任何人都可能被认为应该对灾难负责的。所以我们可以得出结论，以统治者为首的政府是需要负责任的。
[69] 汉代思想家是否认真思考过统治者和政府之间怎样分摊责任不得而知。

某些官僚派系利用征兆进行权力斗争，打击对立派系，这表明他们并未将皇帝作为唯一的权力中心，这正符合先前的理论假设。[97]

难以断定汉代受过教育的精英阶层是否相信征兆。但有些征兆纯属编造，其他征兆则用于派系斗争，这表明至少有些人根本不相信征兆。

将征兆与人类生活相联系的理论并不是很明确。诸如“上天示警”等表述，以及将征兆与一些莫须有的人间事件相联系，似乎表明至少有一部分人相信人格化的神会发出征兆示警。对其他一些案例最合理的解释则是自然和谐遭受人类活动的破坏，所以出现了异常的自然现象。但这种案例不占多数。而有的案例则表明有些中国人相信宿命：不祥之兆预示了不可避免的灾难。我们可以说这种观点最为“科学”，如果他们相信“自然规律”，就会努力推算灾难的时间和特点。我们所使用的材料无法提供这方面的佐证。显而易见，科学家们致力于将其观测用于政治，而不是将其用于哲学思考和科学抽象。

b列里的案例框架都是先谈“五行”学说。这种理论在汉代并没有统一的模式，不同学派有不同观点。[98]b列里的征兆解释也没有严格运用五行理论，没人曾尝试制定一个严格的程序，用“自然规律”或系统化的科学来判断征兆的意义。有的解释只是简单地运用了基本的阴阳理论以及原始的类推方法。每个征兆都可以用不同方法来解释。我们认为专家们 [70]
对发展和改进科学定律并无真正的兴趣；他们只关心“应用政治科学”，不是将其用于技术，而是仅用于政治。对政治应用来说，太清晰就变成了一种阻碍，而不是财富了。

总而言之，天文学、占星术和气候学正如前文所述，纯粹是政治性的；最初，人们朦朦胧胧地认为自然异象与社会生活有一定联系。后来就有人将这种信仰用于政治斗争。有的学派试图制定某些总体原则，但其政治利益妨碍了他们修正错误，改进理论，最终无法建立真正的科学。历法研究得出了相似的结论。反对王朝统治的流派形成之时，正是中国出现真正的科学兴趣之际，这使得它所扮演的角色更具典型意义。

（郭晓兵 译）

隋朝意识形态的形成（581—604年）

(The Formation of Sui Ideology, 581-604)

芮沃寿

(Arthur F. Wright)

一、假说简介

[71] 隋朝581年建立，立国前后不足40年。但其成就辉煌，对后世中国历史影响深远。它是中国历史的一个关键时期，社会和政治体制的发展发生翻天覆地的巨变，可能只有秦朝（公元前221—公元前207年）可以与它相提并论。[1]隋朝使分裂了300年之久的中国重新实现了政治统一；它还调整和统一了经济生活；三个世纪以来繁衍滋生的区域文化重新一统。它遗留下的政治和经济体制、律法和行政程序以及新的帝国概念，为随后的盛唐时代奠定了基础。

如果历史学家要对这个充满深刻和迅猛变化的时代加以诠释，方法很多，不一而足；如果我们要全面理解隋朝面临的问题，他们所采取措施的意义及长期影响，就有必要进行种种研究。一个政权所采用的意识形态大体上反映了掌权者对于问题重要性的认识，以及作为政权统治基础的各社会集团的地位。意识形态重点的转变则反映了统治者对问题和支持力量的看法发生了变化。正是基于这种认识，我才主张对隋朝的意识形态工具加以研究。隋朝用这种工具让自己的政权合法化，并用它来巩固政权。本文仅讨论开国皇帝隋文帝时期（581—604）的统治，并分两个阶段来研究意识形态：旨在巩固隋朝在中国北方统治的意识形态和589年征服南方后，为了将南北重新纳入新帝国之中而采用的意识形态。[2]

这种研究面临不少困难。我们关于集团和个人的信仰以及看法的材料支离破碎，关于流行观点以及不同意识形态信 [72] 仰者的地理分布也没有系统资料。与中国其他朝代一样，我们亟须一个对隋朝集团和个人交流过程的全面论述。法令、圣旨发自京城，奉入庙堂，但黔首百姓、社会大众受其影响究竟有多深，越来越受到中国历史学家的质疑。尽管相关资料极为丰富，却鲜有人潜心研究中央政策对地方的影响，对此进行个案分析。[3]

意识形态研究的难中之难无过于设身处地，探析争权者或掌权者内心世界，理解其做出意识形态选择时的所思所想，尤其是他对意识形态影响的看法。时至今日，为了权力而舞文弄墨已经成为一门“学问”，这有可能使我们研究历史时将其目的和手段看得过于复杂。但是在中国，从远古以来，所有的政治家和政治思想家就一直强调讲话的重要性。书面符号极为重要，不仅在自然界有效，在人类社会中也同样有效，所以如何运用这些符号一直是中国政治家和统治者的关注重点。所以我们既要防止用现代思想曲解古人，也要考虑到数千年来，在中国那些具有政治和社会意义的符号的使用者认为它们拥有某种力量。直到近代以前，我们还认为这种力量并非仅仅源于“文字”本身。[4]

意识形态工具的优先次序取决于当权者对于舆论的认识，以及政权所面临问题的紧迫性，同时也受当权者对各种符号号召力的预期的影响。中国历史中价值符号的权威性与其他社会一样，不是一成不变的，所以它们对人们行为的相对影响总在变化。以儒家的“君子”理想为例。在汉代上层社会，使用这一意识形态语言可能是具有说服力的。但是在随后的分裂时代，这一理想就贬值了；这一符号不仅丧失了其正面意义，在某些社会集团当中还会引来嘲笑。[5]隋朝发展意识形态时，汉代一些陈旧的价值观已经过时了，古老的
[73] 符号不能取得大家认同，也不能影响人们的行为。当时佛教和道教已经崛起，很多人会受到这些信仰的感召。我们会发现隋朝的意识形态是佛教、道教的语言符号和仪式符号与所谓残余“地方儒学”的大杂烩。[6]

另一个对意识形态有重要影响的无形因素是当权者的性格。他对自己所面临的问题做出判断，对各集团的态度加以评估，并有所偏重，强调某些思想，对另外一些却口惠而实不至。对问题所做判断，对反应所做估计，依据的信息极为有限，受个人偏好影响极大。例如，国民党曾大力弘扬儒学，但得不到人民回应，所以就没有达到其最主要的目的。在意识形态形成过程中，意识形态制订者的背景、教育、性情等个人因素非常关键，但也极难度测。但是如果我们对意识形态制订者的性格有所认识，那么在分析其意识形态选择时就较易避免误入歧途。例如，我们知道隋文帝为人小心谨慎、精明细致，位居九五却犹恐失之。他的这些性格特征与下文将要谈及的其他性格决定了他所制定的意识形态与汉武帝这样的勇武自信的统治者截然不同。

在本文中，我首先对其生平及其近臣加以粗略论述，借此分析文帝的性格，并明确那些影响他的问题观以及意识形态观的环境因素。然后我将对一些旨在赢得重要的社会集团支持的意识形态工具进行分析，有时这些工具是专门针对一些具体统治问题的。读者应该注意本文不过是尝试性的研究。它是根据对一个短暂的历史时期的研究写就的，其中一
[74] 些结论可能会随着研究进一步深入而作出修正。本文所采用

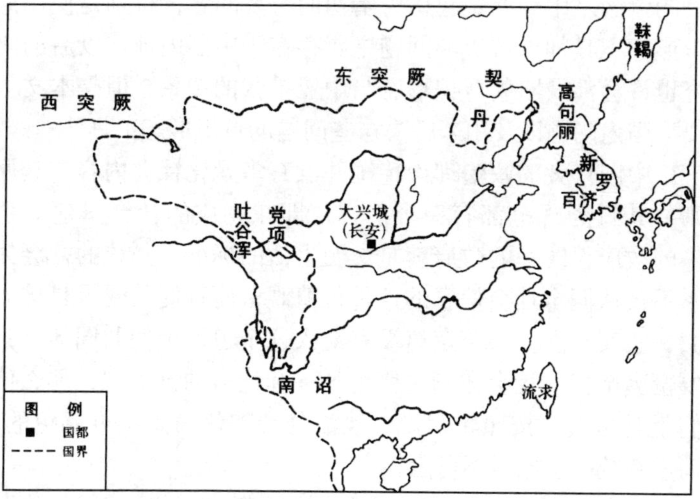

□ 隋王朝疆域图

的分类方法也仅是为了分析方便，纯属试验性质。我之所以使用这种分类，只不过是因为它可以将复杂的相关现象变得有序，并无他意。

二、隋初的问题

讨论文帝及其谋臣面临的问题时，我会比较关注诉之于意识形态工具的那些问题。此外，我们知道每个问题都有很长的历史渊源，但我只考察其中少数问题的历史背景，并主要关注分裂时代末期和隋初的23年。边民问题，特别是突厥问题，以及隋朝的中亚扩张计划无疑对隋朝的意识形态发展产生了影响。例如，隋朝争取佛教对自己的认同，可能就是为了笼络中亚佛教徒民心，因为隋朝想把中亚地区融合到统一的帝国之中。但是我认为隋初的主要问题，特别是使用意识形态工具加以解决的问题主要存在于中国内地。以后的研究也许会涉及隋朝意识形态与中亚扩张的关系，但是本文主要谈国内问题以及用来解决这些问题的意识形态工具。

中国伟大的政治理论传统并没有多元化社会内容。其原则，其行为规范都有一个前提，即在同质的社会里建立统一的政府，统一的政府就是文明生活的标准。一统的社会体系不仅认同全社会信奉的这种价值观，而且使其变得具体而微，实实在在。只要蛮夷没有融入这个道德价值共同体，只要蛮夷坚持的社会体制主张另外一套低劣的价值观，那么他们就是蛮夷。按照轮回说，政治分裂被认为是不可避免的，而重新统一也同样不可阻挡。

华北平原——中国文明的中心地带——公元312年沦落胡尘，中国人心理受到了巨大冲击。[7]他们据以建立自己的生活方式、价值体系和社会制度的土地已经不再属于自己所有，他们被迫南下长江流域，甚至还要往南的地方。[8]移民定居于少数“开化”地区；附近是开阔的土地，土著居民以
[75] 及新的海疆。在这个新环境里，中国的移民和早期移居的文人一起讨论大汉帝国的衰亡问题；他们探讨以往失败的教训，并指出未来的希望。面临着新环境里的新问题，乱世之中哲学却在大发展，中国人在南方形成了新的学说和价值观。个人重新变得重要起来；南朝统治者听到了新法家鼓吹自己的政治思想；世袭权力取代汉代的个人品行，成为分配权位的标准。一个新的外来宗教——佛教开始主导中国各阶层的思想和生活，而融合了民间信仰、原始科学和神秘哲学的道教则与佛教争夺信徒，对农村居民的生活产生了深刻影响。

所以6世纪的华南与汉代理想的一统社会有很大不同。南方的政治家或许会说他们继承了汉代的法统，以及正统的音乐和礼仪传统，但是他们知道自己的文化与汉代相去甚远。如果他们还想重申对于全中国的“合法”统治权，那么他们只需要看看自己的社会就够了，他们会发现一统的传统思想基础已经不存在了。他们越过长江，放眼故土之时，也会发现它已沦落胡尘近300年。胡人统治的影响，北方新的社会制度的建立已经使得重建一统的中华帝国成为遥不可及的梦想。随着时间推移，南方越来越繁荣，越来越舒适，有志建立统一帝国或统一社会的中国人越来越少了。

在北方，一波又一波的异族入侵在生活各方面都留下了烙印。种族差异和种族关系紧张使社会区分为不同阶层。异族政权在汉化和回归祖先草原传统之间摇摆不定。但是300年来的大趋势是野蛮人越来越多地采纳中国人的文化和制度。其动力主要有三个。（1）汉代体制产生于华北农业社会，[76]
而且适合这种社会的要求，对于组织繁荣的国家和发达的经济非常有用。它们显然比入侵者祖上传袭下来的游牧和半游牧体制要优越。（2）北方的征服者只要有精力，有野心，就梦想征服全中国。他们为了自己以及家族利益而进行这种征服。要实施这样一个计划，就要利用中国的治国之道、中国的军事战略，就要研究中国历史的经验教训。后赵君主石勒（319—333年在位）大字不识，但在北方统治远未巩固之前，他就坐在帐中，听人讲说《春秋》和《汉书》。[9]此后270余年间，又有无数胡虏枭雄打算、计划并试图重新将中国置于其统治之下。（3）异族统治者向留在北方的华裔贵族学习知识和政治技巧，后者的影响和势力随之逐渐扩大。这些世族利用他们的权力为自己的子弟谋取官位，推动实施保护他们既得利益的政策，并在国家和社会各个方面重建中华习俗，以便确保他们的华裔贵族地位绵延传承下去。

但是如果说汉代传统在北方或多或少得到了保存的话，那么变革则是全面而深入的。在社会各个阶层，中国和异族的传统都融合在了一起。尽管中国北方的统治者也阅读中国的经典和历史，但是他们更看重军事能力，而不是个人品德。他们的政权不是由受过教育的贵族掌权的，而是与统治者有密切血缘关系的世袭贵族控制。尽管北方华裔贵族常常身居要职，蛮夷贵族对他们却充满忌妒和反感，随时都可能让他丢官，甚至送命。一个贵族官员耐心地建立中国化的国家，却可能因为统治者战术上或情感上返祖突然半途而废。在北方，佛教也影响了生活的各个方面；它拥有数百万信众，僧侣在朝廷和乡间都很有势力。道教也形成了自己的集团，并在朝廷发挥影响，446年曾发起一场大规模的灭佛运动。

总而言之，南北双方都不是统一的一元化社会。两个地区的价值观和习俗，政治行为和机制都多种多样，多姿多
[77] 彩。任何一方都不能说自己就是汉朝的翻版，有权统一全国。任何一方都不能用汉朝的价值观和体制来号召对方的百姓，因为这种呼吁并不会得到广泛的一致认同，相反，因为文化的巨变，反应肯定是多样的。隋朝需要在这种分裂的多元化社会里缔造一个统一的帝国，实现汉代的所谓“大同”理想。[10]我们以上所说或许可以说明任务的艰巨性和复杂性，以及隋文帝功业之辉煌。接下来我们要看看隋文帝的传记，这有助于我们理解他看待问题的方式，以及他是如何使用意识形态工具来解决这些问题的。

三、杨坚（隋文帝）：传记和性格形成期的影响

杨坚541年7月21日出生于陕西西安东北方的冯翊。他的父亲杨忠（507—568）祖上曾在燕（384—436）及北魏任职。[11]杨忠在北魏孝武帝统治时期（532—534）成为贵族，宇文泰（506—556）又因为他夺取天下有功而裂土封疆。[12]杨坚生于一个佛寺——般若寺中。[13]他由一个叫智仙的尼姑抚养，一直到13岁。[14]灭佛期间（574—578），这个尼姑就在杨坚家避难，仍在暗中信奉佛教。[15]据说杨坚当政后，又把尼姑请来，并给她立传。[16]《隋书》说他曾入读太学——专供贵族高官子弟读书的学校，态度深沉严肃，即使对亲戚也是如此。[17]如果我们的其他资料无误，那么他接受正规儒家教育的时间非常短。因为14岁的时候，他就已经开始做官了。[18]根据我们对他早期生活的有限了解，以及史官一再说他对儒学既缺乏了解，也没有兴趣，看起来他的成长和教育主要是受佛教的影响。正是因为有这样的背景，杨坚对佛教比较感兴趣，在发展自己的意识形态时也比

□ 隋文帝杨坚

[78] 较注重佛教的说教。

杨坚20多岁时在官场青云直上，先后在地方和中央任职。[19]但是这一阶段最重要的事件是566年他27岁时与独孤信的女儿结婚。独孤信是一位很有权势的蛮族贵族，后来在北周独裁者宇文侯（Yü-wen Hou）的逼迫下自杀。[20]杨坚的夫人是当时一个典型的北方妇女。她意志坚定，作为一名主妇精于算计，专横霸道，经常干预朝中政治事务。[21]她妒心甚烈，疯狂地追求一夫一妻制：杨坚不能像其他中国帝王那样在婚外寻欢作乐。他也曾尝试了一次，但他夫人杀死了那个女孩，杨坚怒不可遏，跑到了山里去。他对自己的朋友叹息道："我贵为天子，却无自由。"[22]宫里人说有"二圣"确实不假。[23]据说她总要陪他在朝堂门廊里听政。她派太监观察、汇报议政情况，如有不满，就斥责皇上。[24]尽管她有时非常能干，愿意为国家社稷牺牲私利，[25]但像她丈夫一样，她对所有人都心存猜忌。她的怨毒还让很多人送了命，其中包括隋初最伟大的政治家高颎。[26]

对我们此项研究来说，尤为重要的是这位强悍、有影响的女人是一个虔诚的佛教徒。595年，她拜一位高僧为师，而且她酷爱向和尚和寺庙施舍。[27]她死的时候，一位惯于溜须拍马的历史学家王邵说她是菩萨下凡。[28]在皇后的影响下，当然皇帝的意见也是一致的，皇室的私生活染上了浓厚的佛教色彩。585年的一道圣旨称每个月要邀请四位"常道"和三位"大德"在大兴善寺宣读佛经。每晚都有法会，皇帝和皇后带着朝臣亲自出席；如对佛经有不明，他们就向和尚请教。[29]他们给皇子们指定高僧做他们的师傅，并鼓励皇子们

[79] 向寺庙和僧人布施。[30]

因为佛教对他的成长过程和日常生活影响极大，而佛道

之争一向非常激烈，所以文帝就难免对道教有排斥情绪。[31]

杨坚登基既突然又迅速，这对他的世界观和意识形态手段有很深远的影响。577年他36岁的时候，杨坚在北周武帝驾前担任高官，同时他还是太子的岳父。杨坚的官位和声望并不比其他十来位大臣强到哪里去。[32]武帝577年征服北齐之后，中国北方重新实现了统一，看起来北周将赢得更大胜利，继续扩张。但是皇帝在578年6月驾崩，他那个多疑而荒淫的儿子继了位。他在两年之内就把父亲的功业糟蹋得所剩无几。[33]579年4月1日，他将帝位禅让给自己6岁的儿子，但是他仍然把持着朝政。不管杨坚当时究竟有什么样的野心，他的举动是迫于580年6月的形势。宇文赟强奸了一位皇子的夫人，皇子被迫谋反，继而被杀。而满腔幽怨的寡妇则成了宇文赟的第五位皇后。随后，宇文赟就想罢黜杨坚的女儿，从而抬高新皇后的地位。只是在母亲的苦苦哀求下，女儿才保得一命。之后宇文赟依然一意孤行，威胁要将杨家满门抄斩。[34]

6月8日，宇文赟已经病入膏肓。杨坚的朋友——其中一位是“退位”皇上的重臣——矫诏要求杨坚到病榻之侧听命。皇帝不久就死掉了，杨坚的朋友让他摄政。他一再犹豫，最后还是同意了，也许是他的夫人说他已成“骑虎之势”影响了他的决定。[35]

在接下来的夏季里，杨坚受到了宇文氏忠臣的挑战。他面临强大的军事威胁，甚至他的两位朝中密友也开始动摇了。但是他的对手各自为战，缺乏远见，动力不足。或许正如布德伯格（Boodberg）所说，高颎的坚定支持至为重要。他精明能干，精力充沛，指挥东北部的军队协调作战。[36]叛 [80]
军被一一击败，重要的集团都归顺了杨坚。581年1月3日，杨坚称王。皇室里最后一个成年的皇子1月份被杀。3月4日，杨坚登基，建立隋朝。[37]

在不到一年的时间里，杨坚就凭借着自己的谨慎小心，残酷无情以及惊人好运达到了权力的顶点。但是他没有足够的时间认真制订篡权计划，或循序渐进。如果能渐进的话，也许他待在新的尊位上会有更多的自信。所以终其一生他都担心自己并非正统，害怕有人会像他突然篡周一样代隋朝而立。[38]他对神明心存畏惧，对势力坐大的朝臣、亲属心存疑忌。他也猜疑自己的儿子，他对周代淫逸放荡的皇子记忆犹新，所以对于皇子及其亲族都实施了严密的监控。[39]我们将会发现，他的意识形态工具反映了他渴望安全感，急于大权独揽，在数百万臣民面前树立起权威。

尽管文帝狐性多疑，但对老友温情有加。一旦对谋臣报以信任，他便用之不疑。在诸多心腹当中，有两位尤为重要。他们长期影响了文帝，并左右了其政策的制定和实施。[40]对这两位重臣予以简略评述，有助于了解他们对隋朝意识形态政策形成带来的影响。

高颎（555—607）580年夏天投靠杨坚，其祖先来自东北，父亲曾为独孤信部将。独孤信的女儿后来做了皇后。[41]高颎父亲以独孤为姓。[42]高颎少年时即能力超群，577年讨伐北齐时立下头功。从580年投靠杨坚到599年遭皇后暗算被贬，高颎一直是最受皇帝宠信的心腹大臣。他拟定了从心理上和军事上征服南朝的策略。尽管相关资料已经散佚，但他很可
[81] 能制订了许多大规模的经济、社会和法制改革计划，从而巩固了隋朝的统治。《隋书》的作者认为他是模范宰相，对于当时的升平景象贡献最大。[43]

通过中国史书的记载和措辞推测一个人的个性总是困难

重重。但是不妨尝试对高颎进行一个评价。虽然他的传记里用华丽的儒家辞藻来歌颂他，但是他没有被看作是一个“博学的大儒”。我们没有看到他的名字与儒学教育和儒家典礼有什么联系，这些活动都是与儒家的训练有关的。他实际上是一个务实的政治家。他的税收和记账制度改革经过了精心策划，又得到了坚决实施。[44]这些措施都有强烈的权威主义倾向，不免让我们想起伟大的法家政治家。杜佑（735—812）从法家立场撰写史书的时候，称高颎为中国六大政治家之一。理由是他实现了法家的一些政治理想：富国强兵，谋成霸业。[45]杜佑不仅把高颎和早期的法家政治家管仲、商鞅等相提并论，还将他与北周时期的设计师苏绰（498—546）归于一类。[46]据说高颎认为他自己继承了苏绰的衣钵，世人认为高颎的很多措施不过是具体执行了苏绰的政策，在苏绰的六条诏书之中早有论述。[47]高颎和苏威之间长期合作也许就是建立在对于后者父亲的尊敬的基础之上的。[48]但是尽管杜佑作出了这样的评断，但是高颎跟苏绰相比，还是算不上一个典型的法家。贝拉斯（Balázs）曾经很有见地地指出，在当时儒法两家对于以重典治世并无异议；法家与儒家的不同之处在于它主张法律面前人人平等。[49]从这个意义上来说，高颎并不是法家。他赞同广义上的儒家道德，但他一直主张法令从严，中央集权。可能因为他的影响，《隋书》才说儒生在隋朝得势时间不长，就被持法家主张的人取而代之了。[50] [82]

就像他的主公一样，高颎也信仰佛教。高颎曾说告老还乡之后，将会过一种苦行僧的生活，青灯黄卷打发余生。[51]他一直向高僧信行布施，据说在闲暇时还时常向他请教。[52]他好像支持采用佛教的意识形态工具，因为他认为它们有助于建立一个统一、稳定和繁荣的社会。我在此大胆提出一个假设，他支持这些措施，是因为这有助于加强中央权威，会使中央赢得更多人的支持。文帝自称天王——佛教里理想的统治者，能够运用真义建立统一繁荣的帝国——是成为权威主义政治家的关键一步：承认统治者拥有至高无上的权威。

苏威（540—621）是苏绰的儿子，隋朝初年由高颎引荐给皇上。皇上对他宠信有加，一再把棘手的问题交给他处理。尽管他精力充沛，兢兢业业，但是脾气暴躁，专横独断，不时因为结党营私，贪渎自肥而为人诟病。[53]他与父亲的理想不同，根本不是一个安静仁和、严于律己的官员。

同时，他像高颎一样，督促皇上实行苏绰的经济思想。苏威凭借先父的权威，积极主张建立公平的税制，削减繁苛的法律，[54]这些主张都被采纳了。苏威还认为宫中和官僚机构应该厉行节约，这也成为他的一贯主张。隋初，苏威引述父亲的话说，“惟读《孝经》一卷，足可立身治国”。[55]数月后，隋文帝就让一位遇上麻烦的朋友认真读读这本书。[56]

不管苏威在隋朝初年儒家教条意识形态化过程中起了多大作用，590年以后儒学和苏威的影响就江河日下了。那一年，他强迫南方人背诵“五教”（five teachings），这些话显
[83] 然具有侮辱性。这一挑衅行为是后来爆发大规模反隋起义的一个原因。[57]

苏威将儒学和权威主义结合在一起，590年之后不再得势，但是苏威本人可能并不反对更多地将佛教用于意识形态。他与父亲一样，多少也算是佛教徒。[58]如果我在上文提出的佛教与权威主义结合的观点正确无误，那么苏威也和高颎一样欢迎让专制帝王披上佛教的光环。

这些都是传记所载史实，文帝本人及其意识形态取向深受其影响。在讨论他的意识形态政策之前，我们先来总结一

下他的性格和思想。如上所述，他敬天畏神，怀疑他人动机。他千方百计让自己安心，让自己的政权合法化。怒时流血漂杵，过后忏悔不已，其内心之惶恐和不安于此可见一斑。[59]他一心倚重夫人也可作如是观。对诸子心存疑忌则是因为当时宫廷阴谋不断，弑父事件频频，[60]但文帝的父子关系猜忌太重，显然有乖常情。他蔑视知性，对“学术”辩论毫无兴趣，具有突出的北人特性，不屑繁文缛节，厌恶辞彩铺陈。[61]他如同暴发户，一心求胜，但内心不安，不愿分权与人。[62]他夜以继日，操劳国事，生活俭朴，不近声色，力戒豪奢，对家人也力主朴素行事，因为他担心坐享荣华，淫乐无度，将遭天谴。[63]他反对知性，性情暴躁，崇信佛教等种种个性都是相互关联的。因为佛教所言救赎，与知性无关，而且主张至尊可以随意行使权力。儒生可能责难他突然夺权过于血腥，而佛门却说他受命于天，个中符命幽冥难测，还说勤修苦行可以消弭血腥杀戮的罪过。

□ 河南省安阳市张盛夫墓出土的隋代陶女俑

尽管他为人处世战战兢兢，如履薄冰，但这无碍于他成为一名卓越超凡的行政者，在化解宫廷矛盾，处理宫内阴谋 [84]

时头脑极为清醒，臣子长短了然于胸。行事之果敢，虑事之周详，揆诸史册并不多见，无怪乎身后会有如此煌煌功业。下文将考察他为了处理纷繁复杂的问题而采取的措施，借此可对其人其德有更深入的了解。

四、隋朝意识形态的形成

中国新王朝草创之际，争取支持总是一个重大问题。文帝与其他开国帝王一样，也面临着这一千古难题。其中有三个方面与其意识形态措施密切相关。（1）精心策划，逐步夺权。在此期间，需要以符命和仪式确保追随者忠心不二。但是他蹿升极快，这些步骤难免仓促，所以登基之后，他还得采取非常措施，安抚官僚和民众，也让自己更安心。（2）在极短的时间内昭示天下新王朝受命于天，有鬼神庇佑。这不仅仅要求运用符命和仪式，还得让人信服，中华世界的平衡和谐已重新恢复。赞育天地，令其和谐的措施很多：有德之人才是天命所归，所以要证明朝廷各级官员都是有德之人。化育百姓，始得天佑，故须纾解民困，休养生息，以免天命转移，另与他人。（3）新政权意图南征，不仅要在军事上征服，还要以一统为使命，压倒南朝法统。一统使命须精心编织，使其足以壮己军心，挫敌士气，并预为绸缪，让南人成为统一帝国中的合作者，而非被征服者、被占领者。

[85] 《皇隋灵感志》是将道儒释三教用于意识形态领域的指导性文献。它糅合了种种证明新王朝合法性的符命、吉瑞及律令文章。通过其内容和使用，可以看出隋朝意识形态范围之广，王朝向全民证明其合法性用心之急。

编纂者为道士王邵，他的应时吉瑞之作让文帝终其一生安枕无忧。其中有童谣，有河图与洛书，有卦文及伪经，有天命归依的神秘符命，还从佛经里寻章摘句。[64]皇上下旨使该书在帝国境内广为流传。王邵沐浴焚香，大声诵读，如念佛经。各州县的代理人群集一处，洗耳恭听，然后回到帝国各地宣化乡里，南腔北调，方言各异，而帝国吉兆深入人心。[65]如此编纂吉瑞，广为散播早有先例，王莽（6—22年执政）篡权计划周密，曾花费大量精力组织象棋大赛。[66]但文帝面临的问题不同，采取的意识形态措施也有异。文帝需要争取三教信徒对新兴隋朝的认同与支持，下面我们就看看他是如何运用这三大传统的。

（一）道教

依据现有的知识和术语，极难区分何为“道士”，何为道—法—儒混合而成的“汉儒”。但是文帝某些措施显然是为了争取始自后汉的道教团体的支持，有些措施则是为了安抚信奉道家学说、认同道家“科学”的文人学士。

文帝利用佛道两教有其背景，575—578年北周灭佛，毁寺砸像，焚经驱僧。北周皇帝在圣旨最后称：“不合《礼记》[86]
者统统要斩草除根。”[67]这道命令申明了儒教典礼至高无上，中国北方数百万信徒的个人信仰与团体生活深受打击。

开皇之初，尽管对道士心存蔑视，文帝却采取措施，复兴道教。在他统治期间，共有2000名道士出家，[68]隋初首都有10座道士观，6座道姑观。[69]但是没有证据显示他曾鼓励在地方重建道观，重组道教团体。582年，玄都观在新都中心落成。[70]该机构有两重功用，它是政府管理道教事务和道家徒众的中央机构。同时，与北周的通道观一样，[71]它也可以保存道教在天文、堪舆、历算等方面的“科学”知识。[72]

隋初第一部历法就出自一位道士张宾之手，这可是新朝初立具有标志性意义的大事。[73]此人先前曾劝说北周武帝接受道教和道家符命，[74]他还曾参与为文帝夺权制造星象依据。[75]

隋朝第一个年号是道家术语，我怀疑它也受到了张宾的影响。[76]将道家术语用于公文，用于碑文，用于流传全国的历法，在一些人看来，就意味着文帝偏重道教，道教将被用于政治和社会政策。

但道教对意识形态影响极为有限。尊崇老子算是其中之一。文帝在早期的一道与意识形态有关的诏书中写道："朕服膺道化，念好清净，慕释氏不二之门，贵老庄得一之义。"[77]文中谈到得一不二。我们会发现这是文帝关于意识形态的讲话中永恒的主题，这反映了他的主要统治目的：实现政治和文化统一。圣旨中称颂老子不仅是要以老子之名宣示统一，
[87] 还是对老子在中国思想和宗教领域中独特地位的承认。一方面，《老子》在分裂时期广为流传与诵读，是文化生活的重要内容之一。另一方面，老子已被神化，成为道教祖师；在神化过程中，他与一些民间神祇和文化英雄联系在一起，并且成为数百个道教团体的崇信对象。[78]

文帝像后来的唐朝开国皇帝一样，承认老子对大批民众的感召力。586年，他命令自己的文章圣手在老子"圣诞地"为其刻碑立传，并命令一位高官调查该地历史遗存，建立新祠。[79]皇家尊崇老子始于公元前165年，[80]所以文帝此举不仅是为了争取道教信众支持，还有恢复汉朝典仪的深意。在这类活动中，我们会发现文帝尽量求同存异，不偏向某种思想或教派。

文帝忧惧之心因为道家符命而受安抚，他还靠道家传言争取支持，但是他清楚这些所谓神谕及谶书也可以用于策划

谋反。583年，一位老友受符命蛊惑起事被诛。[81]593年，他禁止民间私藏此类文章，官方的卜者则完全置于国家监控之下。[82]

总之，文帝没有广泛地将道教用于意识形态领域。他个人对道士的偏见以及对于道教意识形态影响力的现实考虑使他把更多的注意力放到了儒学和佛教上。[83]

（二）儒学

文帝将儒学用于意识形态的例子就举不胜举了。大体可以分为两类。一类是证明其篡权合法性的典礼及诏书，象征性地与最后一个统一大帝国汉朝联系起来，为其政权赢得支 [88]
持。这些措施主要针对那些曾经效忠北周或陈朝（557—589）的文人学士、官僚士人、贵族巨室，文帝需要他们的支持。第二类措施则以重建纲常为旨归，只有统治者与被统治者都接受这套规范，才能在儒学理想和纲常基础上建立一个稳定的国家。如前所述，在多元社会基础上建立国家不合中国的社会与政治理论，所以第二类措施有双重目的：政治统一和社会融合。

我们在叙述文帝简历时已经谈到，他对儒学研究毫无兴趣，引经据典的论争经常让他不胜其烦。所以我怀疑虽然他崇敬伟大的政治家苏绰，并可能采纳了他某些政治主张，但是他并不喜欢北周依照《周礼》建立的政治体制，尤其是这种体制禁绝佛道，排斥两教信徒。但是他知道儒学力量所在，家国之中，长幼有序，利于社会和谐，儒学政治理论则可以为建立统一中华帝国提供最完整的合理化证明。[84]

所以在统治初期，文帝将各派儒生聚到一处，让他们为巩固政权效力。如《隋书》所说，“负笈追师，不远千里，讲诵之声，道路不绝。中州儒雅之盛，自汉、魏以来，一时而已。”但是，它接下来又说：“及高祖暮年，精华稍竭，不悦儒术，专尚刑名。”[85]文帝对于儒学的态度在此暴露无遗：他利用儒术巩固帝国，但是他的出身，他的背景，他的臣子，以及他所面临的问题都决定了他更倾向于和法家相关的刑名之学，以及主张绝对专制的佛学。

[89] 我们难以从第一类儒家意识形态工具中选取出最重要的仪式和象征性行为，因为文帝统治期间每年都不时有这类典礼。在他夺权前一年就充斥着种种象征性的典礼仪式。在581年1月3日——60天一循环的开始，一个吉利的甲子日——他被北周儿皇帝封为王，并授九锡之礼。[86]3月4日——又一个甲子日——他又接受八个皇家印玺，着冠冕，并在南郊告天，称自己已接受了天命。[87]此后不久，他又追封父母，并建太庙祭祀祖先。[88]587年，他返回故里，祭祀乡祠，这不仅表示他尊重中国的生殖崇拜，而且仿效汉高祖返乡之举。[89]为了与汉朝保持一致，隋朝还宣称自己禀火德而治，并在每年春季在南方祭祀火德星君。这也是与汉代保持联系的一个措施，因为汉代也说自己禀火德而治。[90]

如此种种数百典礼都谨依礼仪条文办理，这些条文根据最权威的文献确定帝国每年典礼，从而表明隋朝是一个伟大的正统王朝，并调整皇帝与祖先、天地、自然的关系，以致太和。皇帝在开国之初就命令博学鸿儒成立班子，由礼部尚书统领。礼部尚书指出南北礼俗各有缺失，应回归经典，光复礼教。[91]皇帝对此加以认可，这个班子和礼部殚精竭虑，制定种种规章，大隋于是可以按照经典所载举行神圣化的典礼，从而具有了权威性。

在对文帝的典礼活动加以总结的时候，有两件未获文帝

批准的事情饶有趣味。其一是明堂，也就是象征宇宙的宫 [90]
殿。593年，他下旨让礼部尚书就设计和建造明堂事宜加以讨论。[92]按照《礼记》记载，这种建筑象征了“月令”，秦代可能有此打算，但它是一个典型的汉代建制。从某种意义上来说，它象征着宇宙，皇帝在里面祭祀可以使皇权神圣化，并与五行联系起来，表明他可以序列四季，并可以祈福于天，泽被大地。文帝对于这种象征最高权力的建筑显然兴趣非常浓厚，但是他发现专家们持有异议，最终为了谨慎起见，他还是没有兴建明堂。[93]他不想建造一个效力和渊源都令人怀疑的建筑来打破宇宙的平衡。

第二个被他拒绝的仪式是泰山封禅大典。泰山是中国最为神圣的山，封泰山是一个古老仪式，后汉时期则演化为向上苍汇报王朝功绩，确认天命的重要仪式。[94]第二种仪式“禅”更为重要，它也在泰山同时举行，其祭祀对象包括山河大地各种神灵。后汉光武帝曾拒绝封禅，因为他负有化育下民的责任，而民间尚有不满。但公元56年，经过周密准备，他最终还是举行了这一大典。[95]

589年，有人催促文帝举行封禅大典，但文帝说自己功德浅薄，封禅之时，唯有虚言对天，这将冒犯上帝。他下令不得再讨论封禅大典。[96]但是到了594年，文帝巩固了对南方的征服之后，终于下令礼部尚书制定礼仪规范；规范制定完毕之后，文帝说此次典礼意义重大，而自己德行仍有亏缺。[97]不久之后皇帝就开始东巡，经过了隋朝疆域内人口最多、最重要的地区。他沿途探访民情，慰问饱受旱灾之苦的
民众。595年阴历正月，他在泰山举行了封禅大典，企求上 [91]
苍原谅他的过失。[98]但是他还是不敢到玉皇顶举行神圣的典礼，他认为眼前仍然问题重重，此举过于专横，会令上苍震

怒。所以他仿效南郊祭祀在泰山脚下举行了仪式，并特别祭祀了主管东方、春天、生长和树木的青帝。[99]此次东巡一方面向沿途百姓表明了文帝的统治信心，另一方面拒绝以最神圣的仪式与上苍沟通又安抚了朝中坚持典礼本意的大臣，并以减少了他对上苍报复的担心。

复兴儒学价值观的举措数不胜数，非常频繁。开国之初，曾采取措施鼓励儒家的道德典范：如孝子贤孙，贞洁鳏寡，可以免除赋税和徭役。[100]地方上兴建了儒家学校，在首都建立国子监，专招贵族子弟，盛时曾达上千人。[101]587年，每个州每年开始选送三名儒生前往京城参加考试，然后被在官府任职。[102]学校制度，各州配额制度以及殿试制度都有双重目的。一是让中央政府拥有一定的人才储备，而不必一味依靠长期把持朝政的少数巨族大户。二是让那些出类拔萃，身体力行的儒生获得名位，为已所用。[103]

刺史梁彦光的故事堪称楷模。他先是在西南部的陕西任刺史，该地风俗质朴，他甚有惠政，文帝对他颇为嘉许。后来他转往河南任职，故齐都城邺即在河南境内。北齐577年
[92] 覆灭以后，当地衣冠士人多迁关内，邻新都长安而居。他上任伊始，就发现邺都内多是“技巧、商贩及乐户之家”，人情险恶。他把在陕西实践成功的怀柔方法搬到了河南，却遭到了当地人嗤笑，称他软弱无能。他遂被罢免，但后来又自请复为该地刺史，再试身手。此次到任后，他“发擿奸隐，有若神明，于是狡猾之徒，莫不潜窜，合境大骇”。然后又“招致山东大儒，每乡立学，非圣哲之书不得教授”，并奖勤罚懒。推荐人才进京的时候，他“于郊外祖道，并以财物资之”。“于是人皆克励，风俗大改……吏人感悦，略无诤讼”。[104]

这类事迹得到了广泛宣扬，以便推动儒家的政治和社会道德深入人心。文帝对于所有循吏都大胆超擢任用。他曾下旨赞扬一位循吏，并将该诏书颁布全国。对于在中部省份任职的另一位循吏，他则在全体官员集会时赐谷物、绸缎，并予以嘉奖。皇帝还在召见诸州朝集使时，表扬一位循吏："他志存体国，爱养我百姓，此乃上天宗庙之所佑助。朕若置之而不赏，上天宗庙其当责我。当今天下模范之，卿等宜师学也。"[105]

这些措施都是为了实现我们上文所述的社会政治目标而实行的。在589年之前，这些措施仅仅限于中国北方，在儒学价值观基础上建立和平的社会不仅有利于巩固隋在北方的统治，而且有利于他以儒学为借口，征服南方。战争准备耗时八年。文帝一方面同南朝保持着正常关系，另一方面，为战争所做的经济、军事、心理准备却从来没有停歇。588年，文帝下诏，申明出征大义。这道诏书书写了3000份，在江南地区广为散发。此外，他还派使臣给陈朝皇帝送去国书，陈述他20条罪状，并说夺其皇位是顺天应人之举，而非罪恶。[106] [93]

□ 隋朝陶文官佣

昭告天下的檄文丝毫未提佛教和道教。它直接援引儒家的政治伦理主张——陈朝无德无形，奢侈浪费，荒淫无度（嫔妃众多），压榨百姓，干预农时，荼毒忠良，杀戮无辜，不敬上天，慢待五行。天灾地孽，物怪人妖，天命转移，昭昭在目。[107]

文帝内心是否真正相信这些说辞不得而知。但是他的心腹高颎似乎对此深信不疑，例如，他甘愿冒触怒晋王之险，杀死了陈朝末代皇帝的宠姬，因为周武王曾经把商纣王的宠姬杀掉。[108]不管文帝及其大臣对自己所作所为的正义性看法如何，他们作出了这样的意识形态选择：他们采用了儒家经典和历史所尊奉的王朝更迭规范，这套规范是最完整，最有权威性的。大约在此时，文帝对儒学的利用达到了顶点，此后儒学地位就逐渐衰落了。为了安抚被征服的南方，克服文化差异，他越来越多地将其他传统思想，特别是佛教用于意识形态。

（三）佛教

就像对待其他两大传统一样，佛教之所以派上大用场，与当时中国北方的历史有关，特别是与北周著名的灭佛排道运动有关。这次大迫害一方面制造了大量不满，[109]争权者发现它可资利用，但是另一方面，文帝也认识到僧侣拥有的特权是导致大迫害的主要原因之一。即使是派性色彩最浓厚的佛教编年史也承认这一点。文帝是一个虔诚的佛教徒，但是在追求权力和谋求统一时也是非常小心谨慎，精明周到的。
[94] 我们在佛教史中发现他是有选择地小心地复兴佛教的。现有的数据表明，文帝统治时期，僧侣和佛教寺庙的数量并未能恢复到分裂时期所占的份额。[110]自始至终，佛教都在国家的严密控制之下，对佛教的支持，以及佛教的意识形态化都是根据所面临的问题而决定的。

北周政府在统治末期也采取了一些措施解除迫害。它显然是注意到这些迫害活动在百姓中引起了极大不满。塚本善隆认为郑译在政策转变过程中发挥了重大作用。他是宣帝的大臣，宣帝虽然已经退位，但是仍然大权在握。郑译是杨坚的老朋友，也是他夺权时的心腹。[111]当时采取的措施是有限制有节制地复兴佛教。在长安和洛阳建立了由国家支持的寺庙——陟岵寺，还挑选了1200名和尚入住寺中，“为国行道”。[112]但是此外不允许兴建其他的寺庙。和尚们不准削发，这违反了佛教戒律，而且他们必须穿俗家衣服。寺庙的名字则是取自《诗经》，歌颂对父母的孝敬之心，这标志着佛教是在儒家的框架内开展活动的。[113]因为这种种限制，许多老和尚都拒绝到国家寺庙里去，而佛教这种有限的复兴也不能平息民间的不满情绪。[114]

杨坚拜相后，不久就征召正在隐居的和尚法藏，一个月后又让这位曾抵制北周光放寺院的高僧与一位贵族一起考察僧侣人选。1200名被选中的僧人按照佛学造诣深浅排名，然后各自返回自己的居住地。[115]在他登基之后，他又发布诏书，命令以前的高僧大德恢复宗教活动。[116]僧侣们建议他制定新的宗教政策，其中有几位来自几个北方巨室，他们在北周统治阶层中影响巨大，拥有特权。[117]所以杨坚在登基之前，就 [95]
开始争取中国北方遭受迫害的各阶层的支持。但是即使在迫切需要广泛支持之时，他也是非常注重加强国家控制的。

京中的大兴善寺是国家佛教管制的标志。[118]它在长安市中心占了一个坊，而道教的玄都观在南北主路对面，占地面积只有半个坊。这清楚地表明隋朝改变了北周的政策。583年占领新首都之后，隋文帝就写了100块匾额，并下诏说有意建造佛寺者可任取其一。[119]宗教建筑大兴土木，建设情况也反映了佛道两教在民间影响大小不同，皇家对两教的支持也有差异。不久建成了64座和尚庙，27座尼姑庵，但是只有10座道观和道姑观。文帝统治末期，两教差距继续拉大，当时有120座佛寺，只有10座道观。[120]

在讨论文帝统治时期的佛教意识形态工具之前，我们可以看看他所喜欢的佛教宗派。实际上，文帝需要的是佛教最普遍的原则，那些为各宗各派所认同的教条。所以文帝在乞灵于佛教的时候，总是不忘对宗派活动发出警告。如果佛教本身四分五裂，那么它就不能作为一种统一的意识形态发挥作用了。

信行隋初到了都城，由大政治家高颎供养，当时极受欢迎，影响很大。在分裂时代即将结束的时候，世人普遍相信佛教的佛法灭绝时期马上就要到来。佛教僧侣和学者对于在这个时代应该如何行事有着不同看法。信行形成了自己的理论，并且吸引了大批听众。但是这个理论最终遭到了政府禁止，这主要是因为它两方面内容造成的。一是它宣称自己知
[96] 道如何让心灵得救。二是它认为在佛法灭绝时代，没有任何政府值得佛教徒予以尊重。第一点容易造成分裂和狂热。第二点则对于一个寻求佛教认同的政权具有颠覆作用。所以在其创建者圆寂数年后，信行的学说终于在600年被正式禁止。[121]另一方面，天台宗佛教却获得了隋朝统治者的青睐。两者之间关系复杂，很多学者曾加以研究。本文所关注的是文帝重视那些对于解决眼前问题有用的佛教派别。天台宗源自南方，其祖师深得陈朝宫廷宠信。文帝对其祖师公开表示敬意，既是出于内心对佛教理论的认同，也是为了安抚南方的佛教徒。

最早一道将佛教用于意识形态方面的诏书是581年阴历

三月中旬颁布的。在诏书开头部分先重申了各教共同的目的，并表示了皇帝对释迦牟尼和老子致一学说的尊崇。然后它又说皇帝有意普度众生，无为而治。它还对于佛道两教的隐逸之士大唱赞歌，并称颂了诸山神灵，说有神仙大哲隐居其中。最后，它命令在五岳及各州名山脚下建立寺庙，并设立田庄，供养寺院。[122]

中国的山岳不仅是鬼神之居，而且按照道教传统，它们也是通天彻地的仙人的居所。而且它们本身就是神灵，庇佑一方平安。[123]中国皇帝定期朝拜，祭祀山神，特别是五岳之神。但这是第一次让佛教僧侣行使这一重要职能。它在全国各个重要地区建立佛寺，将佛教与最重要的古老神祇联系在 [97]
了一起，这标志着佛教僧侣可以与自然力量相沟通，而自然力量的变化归根结底是取决于皇帝的。[124]585年之前文帝就已经下旨在各地建立了很多寺庙，此举可以说是一种补充。此后中国北方各地就遍布寺院了。[125]

583年的一道诏书说明了帝国的精神生活应该大一统，由国家支持的机构——大兴国寺——来管理，体现在日常活动和宗教戒律中。

> 贵生恶死，王道之基。佛教果报，虔信所本。性命所钟，惟命为重。举国一心，共求普度。京城诸州，立庙建寺。每年一月、五月、九月初八至十五，寺庙例行佛事。佛事期间，无论遐迩，不得杀生。[126][费长房《历代三宝记》第十二卷]

文帝581年登基，这年的阴历七月和八月，他下旨在三个他曾征战过的地方建寺立碑。同时下令大摆法会，超度亡灵。在第一道诏书中，他盛赞自己的父亲，回顾了隋朝天命所归的种种符命，歌颂武德，并提出一种思想，此后在帝国境内广为宣传：

> 赖天王之神武，播至善之大义。百战百胜，广行十善。兵者如香花，现世即佛国。[127]［费长房《历代三宝记》第十二卷］

这道诏书以及此后颁布的在战场兴建寺庙的第二道诏书都有双重目的。其一是寻求佛教认同，文帝自称为转轮王，
[98] 他的所作所为目的是建立一个统一的佛国。[128]其二是在百姓中重新确立一种对战死沙场的看法。当时还需要保卫边疆，而且文帝已经开始筹划南侵，所以这点显得特别重要。具有讽刺意味的是，佛教本来是讲求容忍和悲悯的伟大宗教，现在却被人如此利用。在国家神庙中祭祀战死英灵的确可以减轻中国人对远离家乡，战死沙场的厌恶之情。此外，义战英灵纪念碑还可援引佛教的伟大帝王——孔雀王朝的阿育王作为说辞。我们将会发现，文帝对阿育王情有独钟，不断以他为例，宣扬应在圣王带领下建立一个和平统一的帝国。[129]

文帝通过下诏和仪式将自己塑造成转轮王的形象。这在585年一道诏书中表现得尤其清楚："佛授真义与人王。身为尊者，受佛真义。"[130]

文帝作为转轮王为了全人类利益而发动正义战争，同时他还扮演了大施主的角色。重建北周时期被毁寺庙，[131]重塑佛像，[132]向寺庙和僧侣大加布施，在高僧传记中类似记载比比皆是，[133]这使他成为大施主，并为他赢得了"菩萨天子"的美称。[134]

□ 隋佛教造像碑

制造这一系列佛教形象有两个意识形态目的。其一是向全中国的佛教徒宣布文帝是伟大的好皇帝，他将实现佛祖预言：在末法（mo-fa）时代到来的时候，中国将出现一位伟大的统治
者，他将引领有情众生遵从 [99]
佛法，植根善性。[135]同时，他也想在中国佛教徒中塑造一位类似印度阿育王的人物。[136]隋初利用佛教的第二个目的是为南征做准备。修正北周的迫害政策肯定在南方赢得了民心。但是当时有一大疏失，即说皇帝是如来，北魏皇帝曾自称如来，用以巩固统治，调解皇室与沙门之间的矛盾。而南方在梁武帝时期已经认同了转轮王——大施主皇帝这样一种思想，所以他们认为北魏的做法离奇古怪，不可理喻。[137]

南方对此举如何反应不得而知。589年征服之后，隋朝征服者对深受陈朝统治者喜爱的教派加以严厉限制。随后南方百姓反抗活动不断，苏威推行儒家教育当然是其中原因之一，很多和尚参与了起义。[138]义军被镇压后，隋朝采取了一些措施安抚南方佛教徒。590年一道诏书要求对南方的僧侣重排座次。[139]塚本善隆对此后的一系列措施曾进行过研究，他认为其目的都是为了复兴南方佛教，通过向僧侣施舍减少仇根，[140]通过严密而精心的控制计划确保僧侣不再参与反隋起义。

591年的一道诏书说明了隋朝在征南之后如何将佛教用于意识形态。在我看来，其目的是为了强调为了共同宗教目标而进行共同的宗教活动，皇帝自己也置身其中，为之奋斗，从而缓和重新统一的中国两大地域文明之间的矛盾：

> 释氏之教以平等为依归，菩萨之论以无差为本念。故可以度众生，拯万物。身为人王，礼敬三宝。开释至
> [100] 论，澄清大乘。经论凿凿，人我无差，公私一体。自今而后，礼敬我佛者皆为一体，勿分勿离。十方世界俱得菩提……[141][费长房《历代三宝记》第十二卷]

594年1月5日是文帝生日，他下诏说自己是一个佛门弟子，并在诏书中回顾了北周灭佛造成的灾难，还重申了自己的虔诚信仰。诏书说皇帝和皇后施舍大批绸缎，用于修缮佛像，撰写经文，还说士人百姓也各有所施舍。他最后说："伏愿诸佛万法，高僧大德鉴弟子忏悔之心。"[142]这里他说自己是一个慷慨的施主，所有恭顺的臣民都应该加以效仿。这就超越了种族和阶级，地区和文化之间的差异了。

601年1月21日，文帝又过生日。此前一年，他与儿子关系因为猜忌和阴谋而恶化，而且他一直担心自己活不过一个甲子——60岁，而这个轮回就在600年7月结束。[143]但他直到年底的时候还活得好好的，而且他自以为把杨广立为太子是明智之举；新年之际，他采用了一个新的年号，象征着长寿延年。

601年生日的时候，他发起一系列佛教活动，一为自己安心，二为以佛教巩固统治，三为加强文化和思想统一。当

天他颁布两道诏书。一道诏书表达了对儒学的失望，并对它进行了批评。他指责儒学未能培养适合政府需要的人才，并下令废除太学以及各地的学校。[144]这就意味着取消了负责在全国各地宣扬儒学的机构设置。

同一天颁布的另一道诏书表明他想以佛教为基础，建立 [101]
一个同质化的社会。他在诏书中说：

> 顶礼无上智慧大慈大悲，泛爱一切众，以告婆娑世界有情众生。谨依圣教，复兴真传。惟愿四海之内共见菩提，同证佛法，渡今世之厄，祈来世之福，因果循环，皆得彻悟……[145][释道宣《广弘明集》第十七卷]

诏书还下令派遣高僧前往全国三十州的州治所在。这些高僧既能解释先兆，也可以宣扬佛法。沿途有一名官员，两名侍从陪伴，另外赐马五匹，乳香120斤。他们还携带了舍利子，择地建塔，予以存放。10月15日中午时分，三十座塔同时举行法事，全国僧尼严守戒律，除军队以外的衙门七天不理事，礼敬舍利。[146]

□ 法门寺千佛阁

高僧出发之前，皇

帝举行盛典，亲自把舍利子放入两层盒子内，并加盖玉玺封存。典礼中，皇帝宣誓严守佛法真义，护佑三宝，拯救众生。[147]在舍利入塔时，皇宫又有盛大仪式。大兴国寺367名僧人到皇宫里绕行；皇帝致礼后，与文武百官一起参加了素食宴。[148]

此后在602年又再次将舍利分发往51个地方，并建塔收藏。此次舍利在佛诞日入塔，并再次下旨让僧俗依前法办理。[149]604年佛祖诞辰日又第三次发放。[150]看护舍利函的高
[102] 僧都是经过挑选的，他们负有对百姓传教的责任。舍利函是隋朝礼敬佛法的标志，现存的舍利函入塔碑文都强调皇宗皇祖、皇帝皇后、皇子皇孙、文武百官、平民众生都因佛教而受益。[151]诏书说全国都在共同的宗教活动中实现了统一，而分发舍利函则把这一信息传递到了各地。[152]选择护送舍利函的僧人很有讲究。佐佐木（Sasaki Kosei）确认了其中69名僧人的身份，他们无一例外都曾在北周时期受到过迫害，所以谈到大隋对佛教的恩德，他们就可以口若悬河，辩才无碍。[153]

皇帝希望礼敬舍利是吉瑞之兆，神灵将会因此赐福，从而安慰他终生惴惴不安的心灵，并向百姓证明隋朝统治神圣不可侵犯。全国的地方官员就投其所好，上报舍利入塔之时吉兆纷呈。一位皇子还带领一班人专门把种种吉兆编纂成书。[154]

诏书和圣旨里常常提到阿育王。有个地方汇报说，在建舍利塔时，发掘出一些奇怪的碑文，上写“转轮圣王佛舍利”。[155]庆典的顺序也受到了阿育王的影响。在全国同时举行入塔仪式就是仿效了阿育王一日建成84000座塔的作为。[156]用珍贵的盒子放置舍利也是取法阿育王的做法。[157]有

[103]

□ 隋朝敕建寺庙图

人说整个舍利分发计划“完全是根据阿育王所确立的标准进行的”。[158]

文帝使用阿育王创建的种种符号，目的在于让百姓认识到隋朝帝王的使命光荣、虔诚、神圣。而广泛举行仪式，贵贱僧俗一律参与，意在昭显帝国信仰统一，对于顺天承远的君主忠心不二。这是文帝最后一次，也是规模最大的一次，
[104] 将佛教用作意识形态工具，来统一庞大帝国里不同的种族、不同的文化和地域。但是其实际效果难以评估。日本的圣德太子对此印象深刻，并把文帝的国办佛教与600年以前中国的空前繁荣联系在一起。[159]朝鲜三国的使节都请求赐予舍利，迎回本国供奉，佛教形式也影响了封贡制度。[160]透彻详尽地研究地方志和碑铭，或许有助于了解文帝将佛教意识形态化的效果。但是根据此后数十年的历史，我们知道佛教作为一种意识形态作用有限。布洛克（Bloch）研究了阿育王的碑铭后，曾提出一个问题：“佛教与世俗权力是相容的吗？”[161]我们现在也想问同样的问题，或者问一个更复杂的问题：“佛教传入中国后，为了适应中国的文化和价值观已发生了极大变化，它是否可以成为中国君主有效的意识形态工具呢？”或许文帝的佛教意识形态工具确实有助于打破文化、种族和地区障碍，或许在文帝统治时期，佛教是达到这一目的最有效的工具。但是最终还是复兴的儒家成为一元化社会的基础，并一直延续到现代。

文帝将三种传统用作意识形态都有其独特目的。尽管三者相互矛盾，但是公开宣扬的这些思想和象征性活动都有助于隋朝解决所面临的问题。但是如果隋朝初年不是采取有力而明智的社会、经济、政治措施，而是仅凭那些思想也无法实现高度统一和繁荣。中国和世界其他地方的情况一样，意

□ 隋炀帝行幸江都（扬州）图

识形态不过是权术的一种说服工具。隋朝与人类历史上其他时代一样，只有搞清楚了当时的历史，才能对其意识形态的作用加以评价。

（郭晓兵 译）

宋初改革家：范仲淹

(An Early Sung Reformer: Fan Chung-yen)

刘子健

(James Tzu-chien Liu)

一、导言：儒家理想主义与权力结构

[105] 宋初许多重要的发展进步都源于和秉承了唐朝的进步趋势，这其中的一大进步就是有一大批科举出身的人迅速升登高官显位。他们当中相当数量的人并非出身官宦人家。[1]那么自然就产生一个问题：这些出身寒微的知识分子官员是否形成了反映其社会出身的政治理想，为其所复兴的儒家传统赋予了新的意义？

□《山楼来凤图》，图中为站在桥上的两位士大夫和为主人抱琴的侍童

要回答这个问题就需要对这一官僚制度的政治本质进行一番全面的分析。官员们所肩负的权力是衍生的，本质上依赖于皇帝的最高权力。许多官员“完全逢迎屈从于皇上……他们自己不努力担负起政治权力，只是听凭朝廷摆布以求苟安”。[2]这是为什么唐太宗（627—649）能够自豪地宣称“天下英雄，入吾彀中矣”。这一社会学分析并未考虑到还有一部分为数不多但极为重要的官员，他们始终坚持自己的理想和信念。应该记住传统中国历史传记一直坚持忠臣和奸臣的二元对立。有证据证实，一方面是一个不幸的事实——这些有理想的知识分子官员总是寡不敌众；另一方面，也是很重要的一点，他们所处的政治地位使他们能够为了国家社稷的利益坚持斗争。他们当中的许多人虽然出身低微，但始终忠实于自己的社会阶层，常常置个人的安危于不顾，坚持遵循儒家思想的原则效力于国家。在各个时期如果没有这样一批优秀的理想主义者，中国的官僚制度非但不会保持相当高的统治管理水平，而且根本行不通。

中国政治史中的一个核心问题是：这些可敬的知识分子官员为什么不能实现自己的理想？我以为，一个重要的原因在于其权力结构。[3]在此，我要简单阐述一下本文的基本理论。在中国各个帝国的权力结构内部，一般会产生两个层次 [106]
的矛盾：(1) 帝王的最高权力与委托给官员的衍生权力之间的矛盾；(2) 官员之间的矛盾，这些矛盾有私人间的敌意，也有政见上的不同。[4]那些主张改革的理想主义者不可避免地会使两个层次的矛盾都加剧，因为二者是紧密相关的。改革者在既得不到皇帝足够的信任又没有同僚的有力支持的情况下势必会失败。

皇帝必须依靠官员。明君招贤纳士使其不至于威胁到自己的权力。可是，皇帝只让他们分担责任而不是他的终极权力。这一矛盾造成了一种紧张状态。这一紧张状态在大多数只追求功名的官员那里并不明显，这些人乐于接受这份责任以换取自身以及家族的特权。在那些有理想有抱负的知识分子官员那里情况就不同了。他们的理想信念，外在于此种权力结构，会打乱这种状态。他们奉儒家原则为圭臬，认为王权也应服从于它。作为这一原则的捍卫者，他们坚持自己的权力，定夺大计，指点江山。

这些有理想的知识分子官员主要依靠对君主的劝谏来实现自己的政治理想。劝谏虽然缺乏约束力，但一直是不同统治时期最常用的政治手法。在中国，劝谏有其悠久深远的传统。不过，为使其更为有效，劝谏还需辅以一帮同心协力的官员的明确意见（时论或公论）。这样劝谏才会形成有效的政治压力，造成声势，理想主义者从而才有可能成功地将帝王置于儒家思想的“彀中”。

这种官僚制度充斥着个人之间的摩擦、相互对抗、政治主张的不同，甚至在如何正确阐释儒家思想上也存在争议。然而这却是唯一的政治舞台。除此而外别无“选区”让这些有抱负的知识分子官员形成自己的政治力量。他们唯一的希望就是将此官僚制度加以改造，注入政治活力。这就是为什么改革运动的领袖们试图将那些有理想信念和政治热情的人
[107] 吸纳到官僚体制中来。这一步往往是以行政改革的名义来进行的。改革领袖们自然是出于提高管理效率和水平以增强国力这一实际的考虑，[5]然而在提高管理水平的驱动力的底下隐藏的推动力却是要改变官僚体制本质。

有了要改革官场的努力，派别矛盾就会激化。这样我们也就不难区别卷入其中的官员的类型。一方是改革派，这些

人当中既有真正的理想主义者，也不乏追求私利，想借此加官晋爵的投机取巧者；而另一方反对改革的人也不见得就是铁板一块。他们当中有一些人是真正的保守分子，从原则上反对改革；有一些官员谨小慎微，他们胆小怕事，害怕政治纷争；而更多的则是因为改革威胁到其既得利益而阻挠改革。[6]

除了这一复杂的官僚类型图，隐藏在党派矛盾背后最重要的核心问题则是这一官僚制度本身。那些希望在这一体制内部建立统一政治理想主义的知识分子往往以失败告终，因为他们置身于一个致命的不利处境。他们的政治愿望极易被误解为对帝王至高无上的权力的威胁，纵使不是对帝王人身安全的威胁。那些一心只考虑自身前途的官员们为了保护自己的个人利益总会不失时机地利用这一险恶但十分有效的武器向君王表示自己的忠心，同时，引起君王的担心，从而将这些主张改革的理想主义者打发掉。从此官场又恢复了老样子，仍旧是一部唯唯诺诺的管理机器。这样，儒家理想就被这一错综复杂的权力结构彻底击退了。

□ 范仲淹

这些基本原理可以在范仲淹（989—1052）身上得到检验。宋初产生了一大批杰出的非官僚家庭出身的知识分子官员。这些人形成了一种新的不逾儒家思想传统的政治理念。这一理念导致了宋朝的第一次改革运动（1043—1044）。尽管改革失败了，儒家理想的声誉反而得以增强。通过教育和社会渠道，后来一代又一代的有志之士仍准备继续这场永久的斗争，他们相信这才是报效国家和社稷的真正途径。

儒家理想，披着传统文化遗产的外衣，通过这些宋初的
[108] 先行者而获得了新的内容和意义。他们开创了一种务实的经世致用精神和积极的政治旨趣。[7] 然而，他们失败了，后来南宋时期（1127—1279）的改革也遭遇了类似的挫折，这于中国实属不幸。于是许多学者退而沉湎于玄学（道学）或新儒学，丧失了经世致用和政治热情的要求。在明朝继之又发生了许多灾难性的政治悲剧，如对东林党的迫害。[8]然而，无论是挫折还是迫害都没有扼杀掉在宋初就已形成的知识分子阶层的政治意识和其"以天下为己任"的觉悟。清朝对古文和历史的重新重视又产生了一批像黄宗羲[9]这样的新政治思想家，宋初的改革家对他们影响至深，他们对宋初的那些改革家们也极为尊崇。

二、范仲淹的重要意义

范仲淹，1043—1044年任枢密副使，发起了宋朝第一次重要的、大规模的改革，他在许多方面都堪称领袖。是他引发了大宋帝国历史上的第一场党派之争。1036年范仲淹临时知开封府，开封为当时的国都，他屡屡越权进言。他还作"百官图"呈于皇上，公开批评宰相吕夷简任人唯亲，吕夷简反斥范仲淹"离间君臣，荐引朋党"。[10]后一条指责很容易就扳倒了范仲淹。范仲淹和他的积极追随者当廷受到了斥责并被贬黜各地。然而，他们在政治上的失意实际上反倒提高了他们的知名度，全国各地文人学士和官员们追随者颇众。

在成功完成陕西边境的军事任务之后，1043年范仲淹被任命为参知政事。许多学士和官员都以极大的热情庆贺他的复出。石介在那首有名的《庆历圣德颂》中赞贺“举擢贤良，扫除妖魃……”，这篇文章在大宋帝国上下流传达几十年。[11]奉皇上手诏，范仲淹上呈了十项改革建议。1043年的改革奏章成为各学 [109]
校阅读、研究的教材，被举国上下尊为经典之作。[12]

□ 宋朝的货币

为了改革吏制，范仲淹替换了一大批官员，尤其是地方官吏。现在又轮到别人指责他任人唯亲。第二年他被解职后，党派斗争愈演愈烈，致使后一代政治家们也保持分派对立。唐朝的党派之争是那些老贵族士绅与新兴的举人之间的斗争。[13]而宋初的第一次党派之争与此大相径庭，它主要存在于那些一心只想飞黄腾达的根基深厚的官员们与那些胸怀理想抱负的主张改革的官员之间。后来的王安石变法（1069—1073）又激起了新的党派联盟，使情况更加复杂。原先范仲淹的追随者们驳斥王安石对儒学的理解、其改革之激进，现在反倒变成了保守派，实际站在了那些一味追求名利的官员们一边了。此时，范仲淹的声名早已彪炳史册，人人景仰。保守派的领袖们，如苏轼将范仲淹视为他们的

“英雄”。[14]而王安石在早期也被认为是范的追随者。王安石自己曾称范为“一代宗师”。[15]南宋吕祖谦指出，“正是范仲淹新政失败才引发了王安石如此激进的改革”。[16]范仲淹被一致赞誉为政治改革的启蒙者，而其历史地位的真正分量也正蕴藉于此。

王安石改革期间复杂的党派之分不应该遮掩儒家理想主义者——无论哪一类——同那些一心只想飞黄腾达的官员们之间的基本分歧。这些基本分歧在宋以后多次重现，或者以公开的矛盾表现或植根于政治风暴中。范仲淹被看作是贯穿于错综复杂的中国政治历史的一条线索，他作为引入改革和引发随后而起的党派之争的角色具有更为重要的意义。

范仲淹的另一重要意义在于他对儒学的推动。他赞助知名的学士，使他们的思想闻名于朝野。在这些学者中有三位尤为重要，他们是胡瑗（993—1059）、孙复（992—1057）和李觏（1009—1059）。胡瑗要求他的学生专研经籍，同时
[110] 辅修经济、军事、灌溉、数学或天文等实用科目。他们还“相与讲习”（类似于学术研讨）、“商讨时事”，探寻如何将儒家理论运用到实践中。因范仲淹的举荐，胡瑗教授于太学多年。[17]范仲淹改革奏章的第三条中命令各地兴办公学，胡的学规就被指定为效仿的模式，希望通过这样一批学校造就更多富有理想和具有真才实学而不是追求名利的知识分子官员。

孙复也提倡在实践中积极运用儒家思想。[18]他认为那类作于大考中的官样文章并不能测试出真才实学，同佛教和道教一样无用。后来科举制度引起激烈的政治争论，孙复因观点偏激而被免职。范仲淹邀请他去哪里他就去哪里讲学，继续激励着范仲淹的许多追随者，石介就是其中之一，他的改

革热情激起了极大的对抗势力并最终成为“范党”的一大把柄。[19]不过，这也表明儒家理想主义能够激发起多么巨大的激情。

三人之中，范仲淹尤为器重李觏，李觏与另二人相比思想更为系统化、现实而且见地更为宽广。[20]李觏批评包括孙复在内的其他学者以《易经》为基础的不着边际的玄学思辨。李觏对孟轲“何必言利”的说教也不以为然，认为这是偏激之言。他认为儒家美德与其实用价值是不可分的。“焉有仁义而不利者乎？”李觏也不忽视法律的重要性。他认为：“民之所从，非从君也，从其令也。”实际上，他非常赞同法家的观点，提倡“霸术”为治国良策。在危急时刻，如大宋帝国所经历的，他不明白怎么还有人仍抱定“王道”为唯一理想的治国之道而忽视提高军事力量，而这仅仅是因为强兵主张同旧时儒家曾反对的霸术相似。情况不同了，应该以哪个方法更能造就稳定的秩序为唯一标准。最后，李觏强调皇帝的角色，皇帝应该意识到“君人者不以身为身，以天下之身为身也；不以心为心，以天下之心为心也”。所以，范仲淹举荐由李觏制定“明堂”大礼规则绝非偶然。在“明堂” [111]
举行仪式被认为可以对皇帝在道德和心理上有所节制。[21]

范仲淹在传播儒家思想上的贡献受到朱熹的盛赞。朱熹曾十五次颂及范仲淹，他称赞范为第一位“大厉名节，振作士气，故振作士大夫之功多为”的先锋。[22]同唐朝那些不惜降身“向高官递文”以求宠的学士们相比，宋朝的学者们的确更自尊更有政治信念。[23]朱熹对范仲淹和他的朋友们的最为重要的评述见于其关于中国社会知识分子的历史的一篇文章中：

汉之名节，魏晋之旷荡，隋唐之辞章，皆惩其弊为之……（本朝道学之盛）亦有其渐。自范文正公以来已有好议论，如山东有孙明复、徂徕有石守道、湖州有胡安定。[24][朱熹《褒贤集》第五卷]

后代的人也同朱熹一样尊重推崇范仲淹。1716年皇帝颁诏将范仲淹供奉于孔庙中。[25]比这一仪式带来的荣誉更为重要的是范仲淹在失意后写下的一句名言“先天下之忧而忧，后天下之乐而乐”。[26]这一箴言后来成为深植于知识分子心中的政治信条。就是十余年前，现代学校还常常以此作为作文的题目。

范仲淹的第三个功绩在于兴学。范仲淹不忘自己求学之艰，无论在何地做官他都要兴办学堂，使处于社会底层的人能读书。1043年，在他的建议下颁布皇帝颁诏令各地兴办学堂，不幸因缺乏资金未能贯彻执行。[27]那时教育一直仅局限于学者个人创办的私塾，只有那些家境不错的人才进得起私塾。而且由于远离积极的政治生活，教授往往偏重玄学。学堂太少，

□ 士大夫的生活

出身寒微的人无力接受教育成为儒家思想不能在政治上稳稳立足的一个主要原因。[28] [112]

最后一点，范仲淹对中国的家族主义（Chinese familism）亦有重要贡献。有朋友建议范仲淹也像许多其他官员那样在洛阳置买宅第以备卸任后居住。而范仲淹却在祖籍苏州买了一片地，建起了义庄，不仅向族人也向其亲戚、邻人提供救济。他还用另一笔钱创办义学，给无钱接受教育的年轻人提供读书机会。这两种机构都很出名，直到20世纪初期仍在一些家族中运作着。[29]

这些慈善产业具有“深刻的目的”。[30]在官场和政治上失意后，范仲淹打算以自己的力量追求自己的社会理想。宋朝大贵族家庭消失，社会对地方官吏没有什么制约势力，所以他们对普通百姓肆意欺凌。[31]范仲淹增强了家族组织，很可能以此作为保护百姓免受欺凌的手段。中国的家庭主义从宋朝以降，受复兴的儒家思想的影响，代表了小士绅的政治诉求和理念。[32]而且，儒家思想视家庭、家族和社会为锻炼潜在政治领导能力的训练场。范仲淹教育自己的儿子们：“汝等但小心，有乡曲之议，可以理民，可以守廉者，方敢奏荐。”[33]政治上的失败让范仲淹认识到知识分子官员需要有一块场地使他们能够在主动或被迫卸任后仍能为社会福祉继续施展自己的政治才能。[34]这种家族机构正可解决这一问题。

这些多方面的努力并不为范仲淹所独有，而是勾画出一幅广阔的全景，从中可以看出儒家思想复兴的广度和深度。随着小士绅家族主义的增强，儒家思想在中国社会生活中被赋予了新的意义。最为重要的是，儒家思想激发了不断要求变革的政治抗争。

三、改革任官制度

宋朝时期，大士绅在政治中不再占有主导地位。通往仕途主要有两条路：一是“荫子”制，二是科举制。范仲淹自己是通过苦读和科举才脱颖而出的，而每年受荫而封的官员多达数千。范仲淹认为，这些人因其先人高官厚爵而受封是
[113] 滥用特权。官场里充塞着那些高官的子侄、亲随，甚至还有小孩子、家庭医生等。剩下为数十分有限的几个空缺又落入那些寡廉鲜耻、一味任人唯亲的钻营家手中。而那些寒窗苦读数十载终于中举的知识分子却为了一个位子不得不白白等上许多年。[35]

尽管对“荫子”举任以前也曾有限度地限制过几次，范仲淹在他1043年上呈皇上的《答手诏条陈十事》中的第二条中提出进一步“抑侥幸”。高爵位的官员只允许奏请一子充任京官，而且只有在逢遇大礼之际才能提出，而不是像以前那样在各种场合下奏请数子。其他的儿子和有血缘关系的亲戚只能授予无实职的虚衔。地位高的地方官或武将在效力多年后也可按例享受同样的特权。从此以后，通过“恩荫”特权而进入内务的人不可任学士或台谏官，这些离皇上很近的敏感的职位应留给那些学识渊博的知识分子官员。范仲淹还在一份单独的奏章中建议受“恩荫”而领虚衔的人在年满25岁后应到国子监去听课，在半年后参加考试。虽然类似的规定很早就有，但每年仅有十数人不厌其烦去听讲。范仲淹希望这一规则能得到严格执行。如果这些受“恩荫”的人连续三次考试都失败，他们要想得到任命就得有三位官员保荐，以证明他们操守高洁、品行端正。否则，为官之门将向这些

不成器的人永远关闭。[36]

范仲淹的提议也不是很严格。那些高官们常常声称他们的家人由于家庭环境的耳濡目染，实际上比那些经科考而举的非官宦人家出身的考子更精于公事。[37]范仲淹只要求这些受“恩荫”的人应该接受更多儒家经典的熏陶，而且通过考试或保举拿出实实在在的证据证明他们的能力。“荫子”制受到了很大的削弱，在官场中再也没有赢回它从前所享有的盛 [114]
誉。尽管这伤及许多高官的利益，但他们在这件事情上无法有力地反对范仲淹。随着儒家思想的复兴，读书、考试和举官制作为取士的标准已为人们普遍接受。

范仲淹对进入仕途的另一门径科举制度也甚不满意。1030年他还在地方为官的时候就曾上书给当时的宰相陈述他的不满：“今庠文不振，师道欠缺，为学者不根乎经籍，从政者罕议乎教化，故文章柔靡，风俗巧伪，选用之际，常患才难……观南朝之丽，则知国风之衰。”[38]范仲淹本着严格的儒家观点，认为华丽的文章同治国之道之间的相互关系是逆向的。他建议科举考试应该强调对经典名章、各朝历史、时事以及如王道与霸道孰为治国之道等政治原则的理解。最后一点是李觏的观点。巧的是，李觏与孙复都应试不第。范仲淹对二人深厚渊博的学识都很

□ 富弼像

推崇，在他看来这一制度及其标准太糟，需要对其进行彻底的改革。[39]

范仲淹掌权后，科举制度很快成为一个争论不休的热点政治问题。范仲淹改革奏章中的第三点肯定科举考试应该以对含“治国治人之道”的经籍的理解为依据。范仲淹也给予一定的妥协，他提出暂时仍以诗赋为依据，这样就不致因为标准骤变而使有些人成为牺牲品。范仲淹建议中最有趣的部分是强调考生的实际品行。无论是笔试还是口试都不能测试出考生是否真的对儒家原则身体力行。范仲淹希望考生的部分成绩以地方官员对其品行的推荐书为准。同样，考生在官员与学士中的口碑也应该算在内。基于此，范仲淹反对在考卷上加封条。这种做法本意是为了确保阅卷的公正。然而范仲淹以为这样做不考虑公众对考生品行和造诣的评价反而有
[115] 失公平。至于考生名字公开引起阅卷中的不公正的问题，可以通过主考官集体讨论来避免。[40]

科举制度的改革提议遭遇到了强烈的反对。一些通过现存的文学标准取得功名的一味追求名利的官员们憎恨此项提议，认为这是对他们个人的侮辱。还有些反对者，认为这样做很显然对范仲淹的追随者所代表的那一类儒家学者有利。反对者反驳道，各人对经籍的理解并不相同，很难判定文章的优劣，而以诗文的音韵格律为依据更容易给出客观的评价。他们还进一步诡辩道，这一科举制度从前在吸纳人才方面做得很不错，现在没有可变之理。[41] 这是恶意暗示，那些提倡改革的人既对古往今来的举人们瞧不上眼，对先皇们也大为不敬。一旦这场争论从政策层面退变为涉及人格的政治斗争，改革者就失利了。

这场争论同另一件事也有联系。富弼是范仲淹的同僚，

二人过从甚密。富弼认为在最后殿试中考生仅靠一天难以证明自己的真才实学，很大程度上有赖于皇上身边的大臣，那些人有可能施加不正当的影响力。因此他提议由礼部向皇上报告最后成绩，皇上恩准即可，不必再试。这一提议遭到反驳，富弼被诬蔑为藐视皇上。[42]

这些诽谤伎俩一再玩弄这样的模式：追名逐利的官员们以历朝历代和现今的皇上作为反对改革派的武器和他们自己的挡箭牌。换句话说，那些在现有制度下在权力结构中已牢固确立了自己地位的人们借重皇上的至高权力来反对变革。

□ 闸口盘车图，盘车是图中央的大型水车，描绘当时官营的水力制粉厂

尽管“荫子”的数量通过范仲淹的努力减少了，但科举制度仍无大的改观，不重典籍、历史和策论，也不取向理想主义的成分。

四、整顿地方吏治

[116] 宋朝中央集权的倾向使官员们都喜在京城做官，因为这样获得提升的机会比在地方为官要多得多。范仲淹认为这是一个严重的错误。“固邦本者，在乎举县令，择郡守”。只有有这样的好地方官方可“救民之弊”。[43]

范仲淹自己就是一位称职的行政官。他兴修的水利工程非常成功，连其政敌吕夷简也十分佩服。[44]经济上，范仲淹敬佩汉时的桑弘羊、隋朝的高颎、唐朝的刘晏。[45]一方面，他赞同重农主义的观点，认为商贾会鼓励奢侈浪费、从农业人口中获利。而另一方面，他主张通商贾，取消国家垄断，他自己在陕西为宣府史时在盐业方面就曾积极推行通商之法。[46]范仲淹对经济的关注也影响到了他对宗教的态度。对于佛教和道教的教义，范仲淹十分赞同，这可以在他的诗文以及他为宗教经文所写的序中可见一斑。[47]不过，他反对兴修寺庙和道观，认为这样做占用了很多人力：[48]

> 某观天下谷帛，厥价翔起，议者谓生灵既庶使之然矣。某谓生者既庶，自作者复众，岂既庶者为累哉！……兵多冗而不急，缁黄荡而不制……而皆衣食于农者也。如之何物不贵乎？如之何农不困乎？[范仲淹《范文正公集》文集第八卷]

□ 水都扬州

范仲淹还想出一套很现实的方法将宗教团体所持有的财富用于惠利普通百姓。[49]他在知杭州时，适逢大饥，他说服寺庙兴造土木，一方面利用了廉价的劳力，另一方面也提供了就业，这同现代以工代赈的做法颇为相似。

范仲淹那篇著名的改革奏章有一半与地方吏治有关。从第六条至第十条他力陈通过开垦、兴修水利、重农桑等方法提高和改善生产力；招募民俑并在农忙季节结束后对其进行 [117]
军事训练；切实贯彻赈济灾民减免赋税的特令；重新审查法令法规，减少由于错误、混乱和矛盾而造成的不公；通过并县减轻百姓徭役负担。不过最为重要的是地方官吏的任命问题，范仲淹在奏章的第四和第五条中着重强调了这一问题。

范仲淹认为地方官员的腐败部分原因源于不平等的俸禄级别。京官俸禄丰厚，较之前朝也有提高；[50]而地方官俸禄微薄。构成地方官吏收入一部分的职田往往大小不均，同职位不相称。于是肥缺人人想去，而被派到其他地方的官员们又怨声不迭。[51]这种情况十分严重，于是有人提出干脆废除职田。范仲淹反对取消职田，他同情那些俸禄微薄的地方官

员，这些人在物价暴涨之年会“失节堕落”。[52]他在《答手诏条陈十事》的第五条中对此给予了生动的描述：[53]

> 咸平以后，民庶渐繁，时物遂贵，入仕门多，得官者众，至有得替守选一二年，又授官待阙一二年者。在天下物贵之时，而俸禄不继，士人家鲜不穷窘，男不得婚，女不得嫁，丧不得葬者，比比有之。复于首选待阙之日，衣食不足，贷债以苟朝夕。到官之后，必来逼见，至有冒法受赃，赊举度日，或不耻贯贩，与民争利。既为负罪之人，不守名节，吏有奸赃而不敢发，民有豪猾而不敢制，奸吏豪民得以侵暴。于是贫弱百姓，理不得直，冤不得诉……[范仲淹《政府奏议》第一卷]

这在一定程度上解释了为什么许多知识分子出身的官员背弃了儒家的教诲，转而钻权营私，尤其在通货膨胀之时，这些人便落入高利贷者掌中。范仲淹主张均公田，按照地方官的职位分给他们相应的职田。[54]

地方政府的主要弊端不在薪俸微薄而在于官员素质低下。这是宋从五代承袭下来的一大特点。对此范仲淹早在1027年的奏章中就有过描述：[55]

[118]
> 某观今之县令，循例而授，多非清识之士。衰老者为子孙之计，则志在苞苴，动皆徇己；少壮者耻州县之职，则政多苟且，举必近；故一邑之间，簿书不精，吏胥不畏，徭役不均，刑罚补中，民利不作，民害不去，鳏寡不恤，游惰不禁，播艺不增，孝悌不劝。以一邑观之，则四方县政如此者，十有七八焉……[范仲淹《范

文正公集》文集第八卷]

范仲淹在同一奏章中还提出严格论功提拔，采取更多监督措施。对于那些不称职的官员不可心慈手软，否则为害百姓。郡长、县令之职必须由那些证明是有才能的人来担当。如果统治者眷顾那些不合格的当政者，至少也该将他们贬职去做参军，这样一来，一方面他们同百姓关系不太密切，为害也就不至太甚；另一方面，只要这些人仍在官场，他们也就无可抱怨。

范仲淹还注意到监察松懈。“虽转运使、提点刑狱职在访察，其如位望相亚，怨仇可敌，非至败露，鲜敢发明。”这就是为什么官官相护。较之宋朝开国时，对腐败惩处的很少，也不严厉。[56]范仲淹建议皇上应该派特使稽查各知州。“命御使严谕百僚与出使之官，绝书刺往还之礼，仍翌日首涂，以禁请托。”

1027年的奏章更多体现了幼稚的理想主义而不是成熟的实用主义。范仲淹在朝廷执掌权力后，准备进行一场更为具体的彻底改革。他在《答手诏条陈十事》的第四条中提出：（1）中书与枢密院应各举转运使、提点刑狱、大藩知州数人。根据随后的另一份奏章，中书与枢密院还应在朝廷大臣中再提三位举官，来担负为各个级别的地方官员作举保的特殊责任。这些举官也将根据被举人的政绩受到相应的奖惩。（2）两制（即翰林学士院与舍人院）、台谏院、三司、知开 [119] 封府、诸路监司各举荐知州、通判数人。（3）知州、通判各举荐县令两人。在所有这些安排中，获得各部门和官员举荐最多的候选人应优先予以任命。[57]

监察使是连接中央政府与地方政府的关键环节，所以对这一层官员给予了格外的关注。范仲淹不失时机地替换了许多不称职的地方官员。富弼认为这样对那些被解职的官员可能过于苛刻了，范仲淹反驳说留下这些人则对老百姓太苛刻。[58]范仲淹在另一份奏章中进一步要求应该给予诸路转运使、提点刑狱权力举荐自己的属下任临时职官。如果这些人能改善当地的情况，就应正式任命。[59]

范仲淹的提议有很多重要意义。第一，举官制制定了集体责任制度。第二，使选拔地方官员的权力（尽管集中于高层）得以分散，从而可防止某一个集团的高官们从中操纵。第三，按照举荐的数量优先任命类似于投票程序。这样朝廷官员当中的“公议”就有了一定的分量，最后，集体责任的原则会应用于地方各级。政治责任同举择属下的必要权力挂起了钩。

范仲淹的改革措施确实给地方吏治带来了改观。[60]但在朝中却激起了强烈的反对。改革和大批的解职令那些根深蒂固的官员们十分恐慌，他们玩弄手段，抨击范仲淹积极的领导才能为个人野心，将集体责任制同大搞朋党、任人唯亲混为一谈。这一争议不仅仅局限于地方政府的人事问题，一个最基本问题是是否应该对官场进行彻底的改革。

五、循例升迁与举官责任制度

[120] 追名逐利的官员看重的是自己的飞黄腾达，而真正的儒家理想主义者则希望能履行自己对国家社稷的责任。范仲淹对现行的制度十分不满，这一制度实际上是鼓励官员们保官保己，阻碍在政治上有所作为。他在1029年的上书中称：

> 朝受此职，夕求他官，直云假涂，相与匿祸。天下受弊，职此之由，岂圣朝之意乎！[61][范仲淹《范文正公集》文集第八卷]

一个职位的任期通常最短为三年。在即将届满之际，即对在任者予以“磨勘”，将其列入考虑升迁之列。[62]这一循年而升的程序几乎就是自动提升。范仲淹十分重视这个问题，他在改革奏疏中首先对此进行了抨击：

> 假如庶僚中有一贤于众者，理一郡县，领一务局，思兴利去害而有伟业，众皆指为生事，必嫉之、沮之、非之、笑之，稍有差失，随而挤陷。故不肖者，素餐尸禄，安然而莫有焉也。虽愚暗鄙猥，人莫齿之，而三年一迁，坐至卿、监、丞、郎者，历历皆是。[63][范仲淹《政府奏议》第一卷]

家庭势力为此弊政的另一原因。京城的一个空缺可能为好几个有势力的竞争者所觊觎，为了得到这一职位他们会用尽各种迂回的手段。要是没成功，他们也会暂时先领一地方职官的头衔。不过他们会一再推迟离京，有时会推迟一年多不到任，而一旦到任后又请求再获提升。有家族的势力，他们通常什么也没做就会升迁，更不要说做出什么政绩。

范仲淹提出四条建议改革升迁制度。[64]第一，政府应惩罚那些逃避责任无所作为的官员，提升奖励那些尽职尽责的官员。这样会鼓励更多的官员去地方政府任职而不是闲居京城，竞做京官。第二，范仲淹偏好保举制度，反对循例磨勘，他建议在各部任职的朝官和地方行政官按例任满三年后 [121]

方予磨勘，但必须有枢密院御史、诸路转运、提点刑狱、翰林学士等五人保举；否则需等五年之后方可考虑予以升迁。第三，稽考功过应严格按照一些具体的标准，如无腐败之劣迹、有佳谋妙议、能兴学、无刑狱不公、勤课农桑、惜费巨资等。由吏部进行认真评价。如果有异议，则将整个报告上呈皇上作最后裁定。每年审官院都需向皇上呈递考绩报告，列明功过。第四，为了吸纳更多有识才俊和贤能之士效力国家，国子监和各路巡查每年应推举这样的人才。

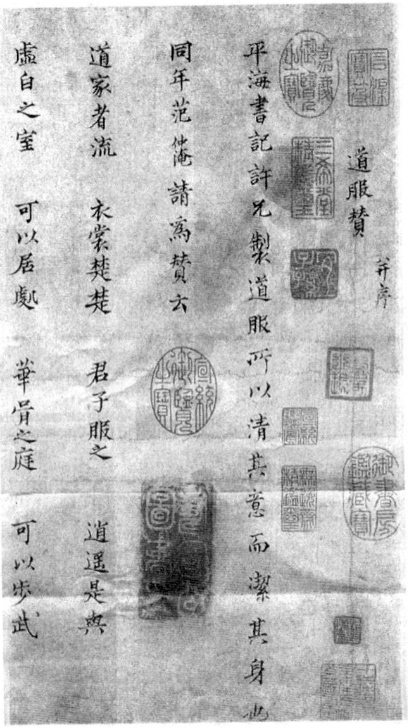

□ 范仲淹楷书《道服赞》

这些建议有一些相当平常，而尤其值得引起关注的是所提的举官制，它不仅仅是一项行政措施，还是范仲淹整个改革吏制计划的关键所在。范仲淹希望保举制度成为朝官与其被保举属下之间的一条被认可的、合法的纽带。举主们行使决策的领导权力，被举者执行其决策。他们政治观点一致、互相信任、关系光明正大，这样一种具有凝聚力的政治关系的出现会振兴整个官场。这种集体或同僚负责制让作为举主的上级为其所举保之人负责。在吏部对被举官员的实际政绩进行公开讨论的基础上，如果有必要还需面呈皇上当朝进行审议，决定他们的升降。

放开思路，我们会发现范仲淹所提议的举官制同议会民主制有相类似的精神。在民主制度中政党是在获得大多数选民或议会的同意后，或在有限的民主制度下获得统治者的认可后，承担政府权力和集体责任的正式组织。根据范仲淹的提议，举主与被保举者根据被接受的标准，在获得皇上的信任、官场中同僚的尊敬与同意后，也构成一种合法的关系，承担治国的权力和集体责任。在此并非要强调范仲淹的提议 [122]
是向民主化的迈进。官僚统治本质上排除了普通人民，而普通人民正是民主的实质。在此我仅想指出二者在精神上确有相似之处。

范仲淹改革尝试的重要意义在于他努力将一个无政治同质性的行政机制转变为一个富有活力的政治机体。只有这样才会形成一个负责任的管理层，有明确的施政纲领、有效的行动，才会对官员们的共识负起责任。这些就是儒家的理想。不幸的是，这一思想遭遇到顽固势力的反对。那些只顾自己升迁的投机者将这些改革措施贬斥为范仲淹借以提升自己的朋友、大搞朋党的外衣。他们批评保举制度助长了任人唯亲，因为这样一来官员们会想方设法请托朝中有实权的大臣们，[65]而对同僚负责制原则的重要性或好处则避而不谈、视而不见。

反对改革的势力越来越大，第二年范仲淹自请免职再次去陕西抚边。他希望自己的离去会平息这场政治风波。与此同时，继续留任的韩琦与富弼或许会尽力挽救其已经生效的新政措施。[66]然而范仲淹的政敌仍不肯罢休，因为他们的朋党之名还未打倒所有的改革派，他们又一次策划搅起皇上的疑忌，使其下定决心彻底结束这场改革。

六、皇权至上

官僚帝国的权力结构要求微妙处理君臣关系以保持一定的平衡。官员们所行使的衍生权力可能会扩展至干预皇上的终极权力的地步。以范仲淹为例，的确如此。早在他还未做参知政事之前，他就因三次冒谏皇上而三遭贬黜。1029年他越职诤谏皇上在殿前为皇太后拜贺生日。[67]1033年他又力谏皇上，反对废黜皇后。[68]1035年他再次遭贬，这一次不仅仅是因为他指责时任宰相的吕夷简任人唯亲，还因为他密谏皇上立其弟为王储。[69]这些挫折并未改变范仲淹，他依然抱定“公罪不可无，私罪不可有”的原则不弃。[70]

[123] 对终极权力的控制是历史上一个永恒的问题。儒家理想主义总是寻求将其置于意识形态权威的限制之下，置于一定礼制的限制之下。[71]在操作层面，意味着皇上应该听从富有抱负的知识分子官员的指点。1035年范仲淹还上呈皇上四文，论议正确行使皇权之法。[72]第一篇文章言君主的成败有赖于其品性德行与对贤相的信赖；第二篇文章恳请皇上选贤任能，听从真正儒家学者的忠告；第三篇文章论述学士们主张正义的道德权利。简而言之，皇权至上，但儒家学者具有独立的思想权威。分析的更透彻一些，即儒家学者比皇上更为重要，因为他们不必非得从政才可为生，而一朝想要长治久安则必须仰仗他们尽心效力。无独有偶，范仲淹之后的知识分子官员们在这一点上走得更远，如王安石与吕公著曾要求皇上恢复旧制——应该给在皇上面前讲课的学士赐座。[73]

范仲淹的第四篇文章《推委臣下论》尤为重要。范仲淹既不赞成权力集中于王者手中，也不赞成完全委予宰相手中。相比前代，宋朝时宰相的权力与威望已有削减。军权与财权已分交专门的部门。可是范仲淹仍然认为宰相在人事选拔上权力过大：[74]

> 当推委之际，进擢十人，上从其九，是九分之恩出于下矣。如此，则数年之间，左右前后皆权臣之党也。若黜辱十人，上从其九，是九分之威出于下矣。如此，数年之间，中外远近无敢忤权臣者。[范仲淹《言行录》卷三]

皇上须通过保留其绝对权力的基本功能从而维持自己与宰相之间的平衡，也就是“区别邪正，进退左右，操荣辱之柄，制英雄之命”。[75]此外，皇上还需依靠御使大夫、中丞、诤臣和门下封驳司、有权发表自己观点的翰林学士以及许多 [124]
官员的观点来重新调整平衡。因此，选择这些官员就须格外谨慎。皇上应依据各官员的意见确定其学识与立场，并通过殿试或专门的考试来予以验证。[76]

范仲淹认为皇上要与其执宰的权力形成平衡，异论与台谏十分必要。另一方面，按照范仲淹的安排，皇上的终极权力也因要依赖于异议和台谏而受到约束。[77]范仲淹还认识到异议的影响必须限于温和劝说。因此，他不愿举荐自己的朋友石介为台谏官，因为石介对皇上过于苛责。[78]然而如果谏议得到许多官员的支持，就会对皇上形成压力使其难以置之不理。1035年范仲淹被免职，许多官员提出异议。虽然皇上对他们的谏议不予理睬，可他还是心有不安地坦言：“现在范仲淹的朋友不停地举荐他，我们如何是好？”[79]这就说明，如果皇上对台谏和异议均不理会，那他就失去了意识形态的权威，就会发现实际上自己的终极权力已少了遮护，在政治上的力量也被削弱了。[80]

范仲淹对官员当中台谏力量的格外重视值得关注。儒家政治思想要取得成功必须以观点的形式渗透到官场。这正是范仲淹为什么希望办更多公学造就出富有理想抱负的人才，为什么提倡在科考中要强调策论，为什么提出在举官制中要依推荐者人数优先任命的原则。如果付诸实施，这些提议相结合顺理成章会产生的结果就是：在以有效的多数官员的意见为基础的原则上形成的政治凝聚力。这些提议将官员们的衍生权力组织起来，维持一种平衡来控制皇上的终极权力。本质上，整个官僚帝国的权力结构都会向着实现儒家理想的方向转变。

可是范仲淹深临进退维谷之境：这种新的权力结构的变
[125] 化必须脱胎于现存的权力结构。他的改革运动也就此失败。他的三项提议——兴公学、改革科举制度、实行举官制——都没能行得通。范仲淹认识到自己的困难，他向富弼坦言："如今我们在朝，可是有多少人同意我们的做法？我们也不能肯定圣上会转向哪个方向？"[81]

那些一心追名逐利的官员采取欺骗和恶毒的手段威吓皇上，皇上最后果然转而反对改革。老谋深算的夏竦挟私报复，伪造一封书信，称石介诈死，已向北潜逃辽国。诬称这封信是石介派人送给富弼的，督促富弼准备好军队，待石介从辽带兵来时好做接应谋反。[82]通常这类严重的叛国罪名没有确凿的证据是站不住脚的。可是范仲淹与其志同道合的朋友们的热忱，尤其是直言不讳的石介已让皇上心生疑虑。这一指控一出炉，范仲淹的其他政敌们，以王拱辰为首，对改革派强加别的指控，让皇上更生疑虑。[83]宋仁宗虽未全信，但为谨慎起见还是革去了富弼在朝中的官职，将范仲淹调离陕西的军职，还将其他身处要职的改革派予以贬谪。这些改革派们犹如鱼儿被“一网打尽”，而他们的反对者则“暗自庆贺”。改革运动也就此画上了句号。[84]

这场权力斗争遵循一个清晰的模式。那些一心飞黄腾达的官员抓住这一权力结构中最敏感的部位对改革派给予致命的一击。皇上惧怕危及自己，宁可听信这些莫须有的编织之词。他觉得还是同那些不提倡改革、不求扩展权力、不冒犯其至高权力的保守派在一起更为安全。

七、改革派与反对派

还有一个重要的问题有待解决：派别之争的两派是否均有大搞朋党、任人唯亲、求权为己之嫌？除了传统的历史传记所提供的标准，还有没有一些真正客观的标准使这些改革派有别于其对手？“宗派（faction）”或“党”无论是在古代汉语还是英语里都是一个贬义词。“宗派（faction）”在英语 [126]
中有挟公为己的含意。然而其字面意思是指一群支持某一领袖的原则和主张的人所形成的没有连续性组织的团体。[85]这个定义适用于此，也适用于英国历史上类似的情况，如在要求伊丽莎白女王有责任同枢密院商讨大事这一事件上曾形成两派。[86]

“党”在古代汉语中通常也是为人蹙额的词。孔子曰君子“群而不党”。[87]范仲淹多次对这一恶毒的划分表示憎恨。他曾愤恨地抱怨“举贤任能竟被诬为结党营私”。[88]不过在另一些场合他也不得不接受“朋党”也是一个政治现实。在

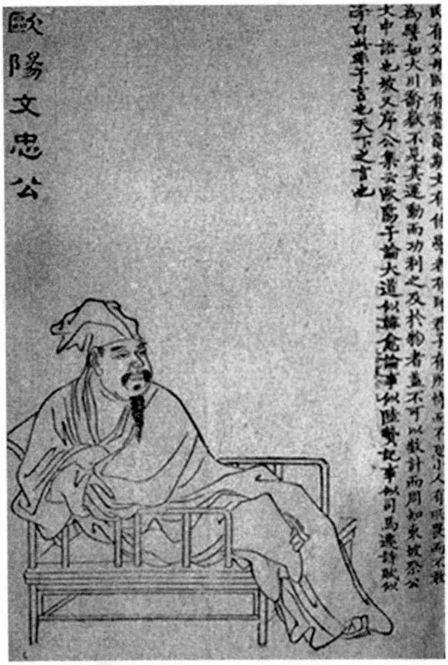

□ 欧阳修

一篇祭文中，范仲淹引用王质语“拳拳以追随”。[89]一次宋仁宗问及范仲淹对党派之争的看法，范仲淹答道：“邪正之党亦然，唯圣心所察尔。苟朋而为善，于国家何害也？”[90]实际上这种正邪对立的中国传统哲学思想可以追溯到《易经》，范仲淹和他的朋友们，除李觏外，均对此笃信不移。他们以“君子”自居，视其政敌为“小人”。[91]

客观地看，以范仲淹为首的一派的形成有几个因素。同任何其他政治上的团体一样，个人关系构成一个重要的因素。尽管因讳其会助长任人唯亲之风，师生之道在宋初为官方所不兴，[92]但范仲淹与晏殊、孙复与石介之间确实存在这种联系。胡瑗的众多门徒之间又存在同学之谊；有一段时期，礼部所举荐的人当中有一半曾就学于胡瑗。[93]另一联系是家族间的联姻。范仲淹一手安排自己的被保护人富弼娶了自己的恩人晏殊的女儿。曾同范仲淹一同遭贬黜的王质后来将自己的女儿许给了范仲淹的儿子。[94]

地方主义也是一个值得注意的因素。宋朝江南富饶发达，那里出了很多举人。发动党派之争的大多就是来自江南的这些举人。[95]

[127] 更为重要的社会因素是这些人非官宦出身的社会背景。

范仲淹本人因母亲改嫁而长成于朱姓人家。当年在山东一寺庙学习时，每日仅以两小块米饼和几片咸菜充饥。[96]后范仲淹又就学于由戚同文首创的睢阳学舍，一生布衣的戚同文讲授传播以关注普通百姓为精神要义的儒家经典，并言传身教于家人、宗族和乡里。尽管范仲淹到学舍时，戚同文刚刚去世不久，[97]但这一教育精神仍然影响了范仲淹的一生。他不允许自己的家人像一般的官僚家庭一样享用奢侈之物。[98]曾在关键时刻多次举荐范仲淹的晏殊也非出身官僚世家。范仲淹的许多友人，如学士胡瑗、孙复、李觏，政治家欧阳修、富弼等均如此，只有韩琦例外。不过都知道韩琦并未利用其大士绅家族的影响而是完全靠自己的努力一步步从下层升上来的。[99]

这些因素——无论是个人的、地域的或社会的——在"范党"一派的形成上都没有儒家理想主义这一因素更具决定性的作用。实际上，范仲淹和他的朋友们所拥护的儒家理念令其他的因素微乎其微。范仲淹给自己立下规矩：他不因为友人而荐，只荐可以为己师者。[100]范仲淹举荐曾因为自己而遭贬黜的欧阳修时特别强调他这样做是出于公议而非自己的好恶。即便如此，欧阳修仍辞而不受，他认为二人因为原则问题可以同退，不必同进。[101]范仲淹、韩琦、富弼同朝执宰时，也常常因意见相左而辩于廷上，公事与私交不能相搅。[102]

儒家理想主义在保持如此高风亮节上确有作用，但这也并不是说具有儒家理想的人就一定无可指摘。根据现代的政治文献，范仲淹也并非完美无缺。[103]在范仲淹的政友中也确实不乏品行不端和并非出于信念而是为一己私利支持改革的投机分子。然而，代表这一派主要精神的是其领袖人物，其 [128]

理想和抱负既体现在其各项改革提议中，也体现于其高尚的人品上。

他们不求私利，不能仅仅因为他们在党派之争中与另一派斗争激烈而与之等同。改革的反对派纠合一起，不是因为共同的政治理想，他们只是为了达到共同的政治目的而暂时联手。他们内部也不无敌意。吕夷简与夏竦曾互相指责；王拱辰攻击夏竦同攻击范仲淹的朋友一样不遗余力。[104]这些事实正好可以验证欧阳修的名作《朋党论》的论点：君子以同道为朋，小人以同利而暂引为朋。[105]

反对派也各有不同。他们的不同从其传记中关于他们的仕途及为官的具体内容可清晰辨明。比如，章得象，时任首相，城府很深，以沉默不语而著称。他反对改革，坚信改革会引发更多矛盾，于事无补。他的预言没错，可是其他的敌人更可指摘。[106]

吕夷简本非学士。他参加的考试只考了一些简单的类似于今天学校所采用的"客观型"问题。尽管连这些问题他也有些没能全答得上却仍然中了举。[107]他也不是什么"正人君子"，他结交宦官，皇太后当政时对其阿谀奉承。[108]为报私仇，他又鼓动皇上无故废掉皇后并贬逐据理上谏的官员们。吕夷简还是个最善察言观色、左右逢源的政客。当他看到虽屡遭贬黜仍不能阻挡范仲淹这颗政坛新星的上升时，为释去范仲淹对自己的敌意转而加入举荐范仲淹官员的行列。这一
[129] 看似慷慨之举不仅感动皇上、范仲淹本人、欧阳修和其他一些人，还有包括朱熹在内的许多后代学者。[109]

吕夷简是追名逐利的官员的典型代表。他为自己建立起的非常细致的规则而自得，称"从今往后即使是一个庸人也可担当起首相之职"。[110]另一方面，他又靠任人唯亲、见机

而动维持自己的权力。他把握的一条总则就是不兴事也就无所摘。[111]这正是他之所以能够在中书省在职长达20年之久并且三任宰相的原因。[112]他的许多曾担任过执宰的追随者，在这点上也颇像他。韩缜“一无是处”。[113]王随与张士逊二人“未建一议，未举一事”。[114]王举正“胆小避责”。[115]张观“政绩平平，无所建树”。[116]改革失败后接替范仲淹之职的宋庠亦落入同类。[117]他们均无任何理想抱负。

夏竦属另一类型——学识渊博但为人恶毒。他在文史方面均有造诣，曾受到范仲淹的竭力推荐。[118]可是他的学识与他的品行丝毫无涉。他为官腐败，极尽奢侈。[119]而且正是他借助伪造书信达到打倒改革派的目的。较之夏竦，像吕夷简及其追随者这样一些一心追求名利的人简直还称得上是正人君子，他们至少不会想到玩弄如此卑鄙的手段。

王拱辰则又属另一类。作为一个知识分子官员，他没有大的个人过失，同范仲淹的许多追随者几乎没什么分别。实际上，他同欧阳修有亲戚关系。既不能把他归入范仲淹一派，也不能把他算作站在政治樊篱另一面的唯一的因素是因为他的投机主义和胸无理想抱负。[120]

总而言之，从以章、吕、夏和王为代表的四类改革的反对派身上，我们可以看到一些共同点。无论他们自身是否学识渊博，他们都没有举才兴学。尽管他们的人品和政品各不相同，有可敬的，也有卑劣的，但他们同样都没能在改善吏治或官员质量方面做出显著的贡献。最重要的是，他们仅仅
将官僚机构视为一架行政机器。所有这些特点都可归咎于 [130]
他们缺乏真正的儒家理想，而这理想为改革领袖们所独有。传统历史传记坚持的这一具有重要意义的差别基本上是正确的。

□ 范仲淹墓

这并不是说那些致力于改革的理想主义者和知识分子官员就是圣贤，他们不会因个人、地域和社会关系等因素而心存偏见。也不是说这些理想主义者之间总是和睦无间，毫无个人抵牾、相左政见。[121]需要补充的是儒家思想，同许多其他的正统思想流派一样，依据自己的标准也暴露出相当明显的弱点。比如，其理想主义激情在宋朝发展为一大过失，到明朝尤甚，只因为学者们既不认真验证事实，胸中也无富有建设性的意见，仅为强调自己评议高超而热衷品评是非、指摘小过。[122]

八、结　论

本文的重点是宋初儒家理学的发展。然而，应该指出这一时期儒家知识分子的兴起有多方面的原因，理想主义只是其中之一。

儒家思想的复兴显然在一定程度上是由对经籍知识的专业性自豪而启发的。这种专业自豪感从广义的文化观点看，似乎过于狭隘。在读书人当中，这种自豪感导致了对宗教和艺术兴趣的减弱。

宋朝的知识分子官员们赞成强大的中央集权统治，这部分是由于国家政策和当时所处危急局势，另一个原因是基于他们自身作为官僚阶层一分子的既得利益。他们自觉或不自觉地希望得到更大的政治权力。在表达理想与抱负时他们并未非难宋帝国的中央集权制。

然而，作为儒学复兴一部分的理想主义在本质上与官僚帝国的权力结构是不相容的。这一官僚机构不可能被改造成一个高效团结的政治实体，主要是因为这既不符合那些追求名利的官员的利益也不符合王权自身的利益。在这两者之间，存在一种亲密的运行关系，这种关系双方都竭力追求，[131]
以使整个官僚机构维持在行政机制运行的限度内。无论如何，儒家理想的确给这一制度注入了活力。它确确实实提升了统治功能的水平，可是反过来，它也导致了理想主义信念与权力现实之间长期的紧张对立。

这些富有理想的知识分子官员希望达到的是一种“文德政治”（ethocracy），这种精英统治“以道德标准处于特别的地位和功能为特点”，[123]正如宗教价值观在神权政治（theocracy）中的功能。范仲淹所倡导的宋初改革主要以道德原则为动因。拿此改革与11世纪欧洲基督教改革作一对比或许会很有趣。后者，据权威人士的观点，也是因为虔诚的热情激发了对日耳曼贵族统治的愤而反抗。[124]虽然只是巧合，有意思的是二者发生在同一世纪。

关于这一权力结构的概念似还需进一步探索。应该指出，这还不足以完全解释为什么儒家理想主义不能实现其主要目标。要彻底回答这一问题还有待于对中国社会经济结构进行研究。比如，对知识分子官员职业的限制似乎使其行为局限于官僚机构和学校中。他们不能找到更大更坚固的社会经济基础。胡瑗的学生中有一个家财万贯的富商的儿子。[125]这些学者为什么想不到从商贾阶层寻求对学校的经济支持呢？范仲淹在家族组织中引入了两个机构。宋初其他的知识分子官员也对家族主义加以强化。家族主义的原则何以未能扩展至整个社会以形成与帝国中央集权相对应的地方自治呢？要透彻理解儒家理想主义丰富的内涵还有许多问题需要探索，这些问题远非本文所能涵盖。

（王 琼 译）

晚明东林运动

(The Tung-Lin Movement of the Late Ming Period)

贺　凯

(Charles O. Hucker)

一、导　言

[132] 在中国的帝王统治下，我们今天所熟知的政党是无一席之地的。的确，在那种体制下，党派就意味着分裂。因此，我们只是偶尔才会读到所谓的“党祸”，给描绘中国政治史的死气沉沉的史册增添一点活力。但是其对于研究传统中国社会的思想和政治制度之间的关系具有特别的关系，因为它们不仅代表与所接受的政治行为模式的背离，而且反映了哲学态度与政治行为的相关性。这些场景中最具戏剧性的一幕，即该论文的主题，就发生在明朝（1368—1644）的后期。其中涉及所谓的“东林运动”——这场运动在17世纪20年代知识分子官员反对臭名昭著的宦官魏忠贤专制的斗争中达到了高潮以致招来大祸。[1]

如果仅将东林运动视为一场知识分子官僚反对宦官专权的斗争，人们，至少西方学者，对东林运动或许没有多少兴趣。然而其意义远非止于此。反抗魏忠贤只是其后期的事，反对宦官专权的情绪一直到了17世纪20年代才凸显出来，居于主导地位。东林运动与魏忠贤的冲突源于明朝独特的统治结构所产生的体制冲突，而东林运动早于魏忠贤时期40多年就开始了，并迅速成长发展为具有哲学与政治两个层面的道德运动。其一个层面以聚集于现江苏东林书院的一群人为

□ 东林书院

代表，这些人多为在体制冲突时期被革职回乡的士大夫，他们认为当时社会道德趋于沦丧，因此致力于重树公众道德的哲学基础。在政治层面则以朝廷内一帮坚持名节卷入党派之争的官员为代表，因为他们同书院深相交结故被其政敌称为“东林党”。魏忠贤的历史作用是在东林运动看似在政治上就要取得成功之际将其彻底摧毁。 [133]

本篇论文尝试提出一个概要，但是是东林运动的有条理的叙述，从它起因的历史条件、制度条件、理性条件，得出事情的来龙去脉。

二、明朝晚期的中国

本文所涉及的年代跨越明朝最后四个皇帝的统治时期：

神宗，年号万历，统治时间从1572至1620年；神宗之子光宗，年号泰昌，在位仅一个月；神宗之孙熹宗，年号天启，统治时间从1620年至1627年；熹宗之弟，思宗，年号崇祯，统治时间从1627年至1644年明朝灭亡。从1572年至1644年这段时间中国文化经历了一个大繁荣的时期。特别是万历年间，其年号几乎变成了优雅与繁荣的同义词。然而这一时期也是中国朝政由盛迅速转向衰败的时期。[2]

万历年间的最初10年，君主尚幼，中央大权由首辅张居正把持，张居正是明朝历史上伟大的人物之一。[3]这一时期的统治以贤明著称，四海臣服，边疆安定，吏治有序，经济繁荣，国库充盈。但在1582年张居正死后，东林党兴起并发展壮大时期，国运开始衰退。

衰败在神宗皇帝年岁渐长后即显露了出来。脱离了他所敬畏的张居正的严厉指导和有时甚至是苛刻的教导，神宗很快变成了一个刚愎自用、自我放纵、奢靡浪费、不负责任的专制君主。他拒绝按例听朝议政。一度他甚至几年不见自己的阁臣。他渐渐地养成了一套干脆不理朝政的手段；他拒不回复奏请，将各种请求搁置于奏议堂。连官位都常常缺而不任。[4]神宗因宠幸一有野心的皇妃而卷入一场立储之争，他
[134] 居然幼稚地以拖延任何奏议为要挟。当有人反对他对谏议的官员惩罚太重时，他不仅惩罚那些反对的人，而且加重对原来谏议的人的惩罚，希望以此让反对者噤声。

张居正时期充盈起来的国库现在也逐年消减，一是因为皇室的奢侈无度，[5]二是由于一系列的战事。16世纪90年代神宗下令镇压蒙古人的反叛，支持中国的藩国朝鲜反抗丰臣秀吉统治下的日本的侵略。[6]

这些战事虽然耗资巨大，但还没有严重到危及大明帝国

安全的地步。但是也就是在万历年间，一场旷日持久的军事斗争就已经开始了，并最终导致明朝灭亡，中国的王权落入新的外来王朝手中。这就是当时的中国与满族[7]政权的斗争。满族为中国的附庸已历二百多年，一直占据明帝国最东北的边境，朝鲜的北部。这场斗争的领袖人物是满族伟大的酋长和组织者努尔哈赤，他在1583年第一次打破了安定的局势。经过许多征战和阴谋，努尔哈赤成功地统一了满族各部落并使其近邻臣服。1616年努尔哈赤自封为可汗，建立了新的王朝。两年后他发布七封讨伐书，声讨明王朝，准备出兵灭掉明王朝。

□ 定陵出土的万历皇帝金冠

1620年年仅15岁的熹宗意外登上王位，熹宗更是个昏君，还不如他的祖父神宗。[8]他除了消磨于木工手艺万事不理，听任其乳母宠爱的宦官魏忠贤胡作非为。他们先是操纵皇室，后又将权力扩张至中央政府、各省和边境。还在宫中组织并操练宦官军队，派宦官坐镇边防。政治风气跌落到了整个儒家传统的最低点。成百上千的官员们因得罪了魏忠贤或者是魏的党羽而被革职、剥夺其所享有的地位和特权、被捕、关进大牢，被折磨致死的也不在少数。谄媚的人和皇上都将各种荣誉集于魏忠贤一身，以至于人们都不知道究竟谁 [135]
才是皇上。

与此同时，中国继续遭受此起彼伏的内乱，[9]千疮百孔，满人又大举进犯。1627年熹宗的时候明王朝在东北地区的统治已被满清所取代。17岁的思宗[10]即位后，除掉了魏忠贤，并立志平息已使朝廷陷于瘫痪的党派之争；但他也是回天乏术，无力重振朝纲，应对现在所面临的危机。

□《大明律》书影，明王朝建立了一个摧残人权的制度

如今要计算出这期间中国的基本社会和经济条件恶化到什么程度不是很容易。但是文学、艺术、学术和文化总的来说没有受到多少影响，仍在继续发展。张居正时代耶稣会传教士首次进入中国，他们在中国的活动开阔了中国人的眼界。早已显露端倪的社会和经济动荡现在更是每况愈下。[11]赋闲的官员以及权贵们的亲戚与扈从恣意倚仗权势，利用文人们一直以来所享有的特权和豁免权。他们发现在统治松懈的时代通过强取豪夺、扰乱纲纪来盘剥百姓更容易；那些有责任心的地方官员发现由于自己的上级懈怠懒散、贪赃枉法，他们的种种努力往往无济于事。

文人享有特别豁免权，大地主普遍逃税漏税，导致赋税不均，而各种赋税又不断增加，普通百姓苦不堪言，不堪重负。16世纪90年代战争和宫廷大兴土木所花费的开支使得神宗派出宦官去监督税收事宜，横征暴敛。各种赋税——矿税、店税、船税等，名目繁多。由于抵抗满人进犯需要大量银钱，1618年提高了基本田赋。思宗时又提高了盐税和国内关税，之后为了筹措军费又设立了一系列的特别赋税，这些都转嫁到了老百姓头上。明朝一直就存在土地兼并的倾向，而长期存在的佃农和隶农现象由于小自由民的经济状况日益 [136]
恶化而越来越严重。

国民生活全面恶化，这种衰败的局面至1644年明朝统治垮台、思宗自缢而死、满人统治中国时达到了顶点。

三、16世纪晚期的体制冲突

现在的学生会很失望地发现在明朝晚期的历史纪录中看不出对军事和社会经济问题的格外关注，现在看来这些问题显然应该是当时的关键问题。而当代的纪录所关注的是本文所论述的官场之争，[12]那些不了解情况的人会觉得这似乎既没有多少意义，又有点不可思议。正如前文所述，这一纷争源于明朝政治结构所特有的体制冲突。[13]更为重要的是，这些祸乱同一个称为内阁的机构有关。

（一）明朝的统治结构

在明朝的统治结构中，权力分属两极，即中国人俗称的“内廷”和“外廷”。“内廷”泛指同皇家有密切关系的人，包括宫女、太监内侍以及侍读、侍讲、宣诏官等文职官员，这些官员大多同翰林院有联系。“外廷”泛指在京师行使行政事务的机构，它处于官僚结构金字塔的顶端，负责帝国上下的统治行为。要成为文职官员首先要通过省一级的考试，考试以儒家经籍为基础（取得举人资格），而后再参加京试（取得进士资格）。

□ 厂卫铜牌和锦衣卫印，秘密警察布满每一个角落

明朝的开国皇帝太祖（1368—1398年在位）基本上按照前朝的规制建立了外廷。最高一级的行政机构为中书省，统领中书省的宰相居文官之首，而且是整个官僚机构的公认的
[137] 发言人。中书省监督直接隶属的吏、户、礼、兵、刑、工六部的日常行政事务。与此行政等级制并排的还有武职官员等级制和一个由特别的政府监察分支机构构成的独立的文职等级制，以御史台和六个与各部平行的监察机构、六科给事中为代表。

在这一体制中按照规定或传统宰相被赋予很大的行政权力；在实际中他可以对皇帝的绝对权威构成很重要的制衡作用。太祖统治中期发现宰相实际上对自己的地位构成了威胁。他指控宰相图谋反叛，将其处死并废除了中书省，并将所有行政大权都集中到自己手中。而且他还下令自己的继任者永远不得再设中书省，如果有谁胆敢提议此事定斩不饶。

中国的史学评论家，从17世纪的黄宗羲[14]到当代的钱穆[15]，论及这一体制传统得出结论：宰相制的废除是明朝后来政治虚弱的缘起，而且，可能是明朝最后崩溃的一个原因。太祖废除中书省是基于所有的明朝皇上都能像自己一样勤勉而又有责任心这样的设想。所以，当事实上后来的皇帝如神宗和熹宗并未达到他的期望时，就造成了混乱，因为这种体制在制度上不允许由其他人来执掌权舵。

外廷无首导致的一大历史结果就是宦官权势的扩大。太祖在感觉到宰相的威胁的同时也感觉到了宦官权势的威胁。他只保留一小部分宦官，而且不让他们识字，不许他们干涉朝政大事，否则就是死罪。[16]他对中书省的禁律一直严格遵守到明朝灭亡，可是后来的皇帝对他对于内官的严谕并未太在意。或许他们觉得，由于内官的性质决定了他们在争夺王位的斗争中不大会赢得大众的支持所以格外地值得信赖。无论如何，皇上们开始启用宦官来完成各类特别的统治使命。

由于宦官们不必考虑公众舆论，除了尽力讨好皇上也没有必要关心其他事情，所以他们发现要赢得并维持皇上的欢 [138]
心并不是很难。而且由于皇上要获得个人的、每日的所需和满足都依赖于这些宦官，因此他们要接近皇上也不是难事。一个强硬的宦官最终会用尽各种机会主宰一个软弱的皇上。并且，碰上像神宗这样不愿听从大臣意见的皇上时，宦官们就成为维持皇上与官僚们之间即使是很疏远的接触的中间人。

（二）作为摩擦源头的内阁

废除中书省的另一历史后果就是一个名为“内阁”的非正式机构的兴起。旧式的中书省一旦消失，其先前所辖的六部就处于这一行政等级制度中的最高一级。尽管吏部在各部中居于首，但一般来说各部地位相等，只有皇上处在协调各部行为的位置上。各部在本质上只不过是个管理机构而非行政机构；大小事情均由皇上定夺。在这种体制下皇上的负担可想而知，据太祖统治后期的一份报告，八天内有1160份文件涉及3291件单独的事情呈交皇上裁决。[17]不用说，只有身体最强壮、最尽心竭力的君王才能独自承担起如此沉重的案牍之苦。

□ 明太祖朱元璋

太祖所制定的体制中在内廷人员中有一帮大学士，这些人本为翰林院成员，作为顾问和编纂者效力于宫中。太宗的意图很明显是希望这些人仅作为其私人秘书。但后来的皇帝们不堪政务负担之苦，很自然地就把越来越多的工作委托给了他们的秘书，这样这些人与非正式赋予权责的“内阁”就成为皇帝与外廷之间的缓冲。早在神宗之前就有由大学士先查阅所有呈送文件的做法，大学士们通过起草抄件提出建议，将抄件附在原文件上。这些文件最后呈送皇上阅读时，
[139] 他只在对那些大学士所提建议不满意的情况下才会认真予以考虑。这样有资历的大学士自然就会取得相当于从前的宰相所享有的权威。“内阁”甚至开始被大家称为“政府”。

然而，正如我们所说，“内阁”完全是从体制外演变而来的。从未规定、从未正式设立、从未公认其为高于六部的行政机构。“从书面上”并没有“内阁”这样的东西；只有大学士，他们名义上是翰林院的成员，地位远在中央政府各行政

机关的高级官员之下。这一表面上的不利地位通过同时实际上任命他们为各部的名誉尚书或副尚书而得到克服，他们的双重地位使得他们在朝廷上朝时地位高于各部的尚书。

可是管理者的助手永远也成不了助理管理者。大学士们并无正式的行政权力，他们的命运常常取决于皇上的性情。而且尽管他们名誉上在各部也担任职务，但本质上仍属于内廷成员，不能指望获得外廷的一致支持与合作。尽管有的大学士，通常与皇上宠爱的宦官联合，变得强大有势力，但他们似乎不可避免地会因为外廷官员的憎恨而被挫败或被除掉。问题在于如何在一个不允许宰相存在的制度下成为一名宰相。

张居正是最成功的大学士之一，他成功地在神宗统治的第一个十年中掌握了统治权。他成就了很多有价值的事情，但最终也腐败了——与其说是因为他的权力倒不如说是因为他的权力的不合法性。官场中对他的反对变得十分广泛。

（三）反内阁情绪的兴起

在张居正与他的支持者公开分裂的时刻，面对的一边堪称反内阁分子，另一边则是1577年张父之死。儒家传统要求 [140]
为官者必须离职在家守丧二十七个月，这也是一般的做法。张居正因此请求去职丁忧。可是时年十四岁的神宗皇帝诏令免除常规的服丧程序，张仍留任。当代或后世的许多史学家都认为这条旨意是出于张居正自己的意思。无论如何，张没有竭力反对，只是达成一个折中方案：允许自己在守丧的同时仍担当内阁首辅职责，只是不必上朝。

外廷的四位官员立即表示反对，认为这样“有悖人理”，指责张居正太看重自己的权力地位甚至不顾自己的父母。这些进谏者当廷受到了责打，并被关进了监狱，最后被贬充关。在刑部实习的一位新进士邹元标（后成为东林党领袖之一）上疏为他们辩护也同样遭责打和贬谪。[18]在此后张居正掌权期间，张居正的支持者们把持了外廷，张的权势甚大，没有人敢于公开表示反对。但是反对张居正的情绪并未减弱，只是表现的方式不是很公开，如顾宪成（后为东林书院的创始人）的同僚将顾的名字写在为垂危的张居正祈求健康的祷文的一份附件上的主持人名单中，顾公开将自己的名字从中除去。[19]1582年张居正一死，长期受到压制的谏官们就开始对他的亲信们发起攻击。随着年龄的增长，本来就对张居正的严厉约束感到不满的神宗现在接受了这些批评。张死后不到一年就受到羞辱，家产被没收。因丁忧之争遭贬黜的官员们也陆续被召回。

在以后的20年当中张居正的继任者们——主要有申时行[20]、王锡爵[21]、沈一贯[22]——常常被卷入到朝廷的纷争中。朝廷中产生了一系列的激烈争议[23]，这些争议包括文职官员的政绩考评、太监税使的活动，还有许多看似细小的事
[141] 件（反对者称其关乎“国本”）。“国本”一词指皇长子的储君地位。尽管外廷一再坚持，神宗在立皇长子为储君的事上反复无常，一再推延。一年又一年，几十名外廷言官因此事遭降职或贬黜；大学士们发现自己被夹在宫廷与外廷的交锋中而无能为力。

到1606年沈一贯在激烈的指责下去职之时，明廷争议的性质已逐渐发生了变化。这些争议不再只是内阁与试图阻止大学士们享有张居正所享有的权力优势的外廷官员们之间摩擦的表现。争议从一开始就带有道德伦理色彩，而现在这一体制阵营对垒，基本上是在外廷内部，有被具有明显道德内

容的新的斗争焦点湮没的趋势。使道德内容上升为主导地位的是东林书院的发展。

四、东林书院与东林党

从宋朝（960—1279）开始，私人创办的书院的繁荣就已经成为知识分子生活当中一个很引人注目的现象。[24]这些书院的作用主要是补充政府官学不足，为日后参加科举考试的年轻人提供学习机会，而且为不同身份的学者提供探讨学业论道的场所。明朝中期的哲学家王阳明（1472—1529）的思想对这类书院的兴起起到了巨大的推动作用。尽管张居正曾徒劳地抑制书院的发展，但到明朝晚期一股（可以称其为）书院狂潮席卷了知识分子的生活。

（一）东林书院的创立

东林书院[25]始建于宋朝，但后来长期荒弃，1604年得到重建。东林书院坐落于常州的无锡地区，即今天江苏省的一部分，位于上海扬子江内陆南部，这里的经济与文化历来都是中国最富饶的一个地方。今天已是一座繁荣商业城市的无锡位于苏州西北大约25公里，苏州是明朝该地区最大 [142]
的城市。书院位于无锡东部一条小溪边上，由一系列建筑物构成封闭的庭院，那里有一片

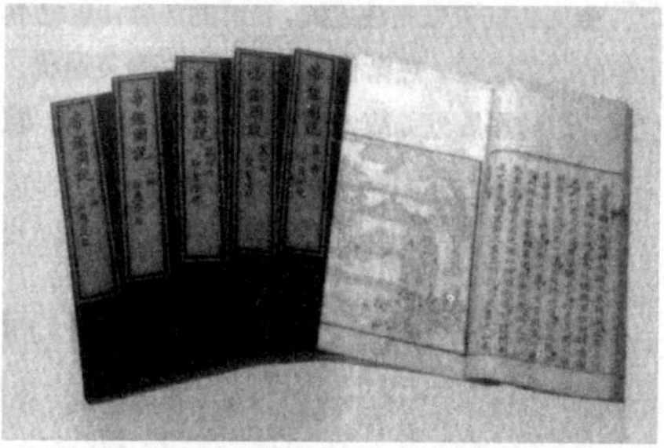

□ 张居正编写的《帝鉴图说》

□ 东林党领袖顾宪成像

矮小的柳树林，书院因而得名“东林书院”。[26]

重建书院是由一批生活在当地的学者官员发起的，他们差不多全都是在上述的朝廷纷争中被驱逐出政坛的，如：顾宪成，无锡人，1594年被革职；其弟顾允成[27]，1593年被贬职；高攀龙[28]，无锡人，1594年被贬职；史孟麟[29]，宜兴人，自1593年告假；于孔兼[30]，金坛人，1593年被贬职；安希范[31]，无锡人，1593年被解职；薛敷教[32]，武进人，1593年被贬职；钱一本[33]，武进人，1592年被贬职；无锡人刘元珍[34]，1605年因反对沈一贯而被解职后也加入了这一帮人当中。同这一时期的朝廷之争无个人关涉的东林领袖只有新近从南京离职的无锡人叶茂才[35]，以及常州人许世卿[36]，许虽为举人，但一生从未为官。

这一团体中有几位，还有后来与之发生关系的其他一些人，都是很重要的思想家，[37]而顾宪成则成为他们的精神领袖。在书院完工之际，顾通知当地各处的学者在当年农历10月9日、10日和11日举行一次大聚会，他还准备和分发了“会约”，[38]制定了这一团体的基本哲学目的与集会的程序规则。他提议每年春天或秋天举行三次大的聚会或哲学讨论会，小的讲会，除去一年中最冷的两个月和最热的两个月，每个月举行一次，主要为使附近的居民受益。这类讲会虽然可能没有完全定期举行，但至少持续到1621年。[39]

早期讲会的报告都印了出来，[40]这一团体迅速享誉全国。顾宪成一直在此讲学直至1612年去世，他也很快影响了周围的其他书院，北有武进，西有宜兴，东有常熟，西北有金坛。[41]他在这些书院巡回讲学，1608年他还到浙江省去讲 [143]
学。[42]顾宪成的去世未改变东林书院与其他书院的这种关系，因为此后他的高足、也是东林书院的一位创建人高攀龙保持了书院的哲学优势，高继续在这些附属的书院讲学或巡回讲学。[43]

这些主导东林书院的被贬出官场的官员们自然表现出对政治的关心。顾允成曾抱怨说许多当代学者只置身于哲学上的分歧，“凭是天翻地陷，他也不管”。[44]顾宪成要求学者们即便是在退隐赋闲之际，在潜心研道修身养性的同时也要时时关注世事。[45]我们发现东林学士们在讨论哲学问题之外，往往裁量人物，讽议朝政。[46]他们没有避世的倾向。正如中国人所言，他们的目的是“救世”。

尽管顾宪成也认识到他那个时代的政治斗争带有制度性的特色，[47]但是他认为这些斗争主要是道德问题。他和他的同志们认为所产生的政治分歧不是“内”与“外”之间的分歧，而是“善类”“正人”或“清议”与那些并非出于原则而是出于私心杂念的投机取巧、阿谀奉承、卑鄙无耻、挟私报复的人们之间的分歧。东林学士们将这一政治发展同哲学发展联系起来，他们认为哲学的发展败坏了整个传统道德。他们希望纠正当前的哲学错误，以此来复兴政治中的道德。[48]

（二）东林书院的哲学信条

从明朝之初，朱熹（1130—1200）在12世纪形成的新儒学就已成为正统的中国哲学。新儒学从本质上可以说是传统儒家道德的形而上学的理学，它提出得道为人的目标，道是宇宙的主宰，而要达到目标的
[144] 途径就是修，字面意思即通过对事物的研究获取知识。朱子理学相当具有权威性，他号召穷经博览，钻研蕴藏在古代儒家经典中的义理。

□ 明朝理学大家王守仁，所创学说主张：心即理、致良知、知行合一

16世纪早期十分受欢迎的哲学家、政治家王阳明给予新儒学一个新的思想方向。[49]王阳明反对先前儒学对“修”的强调，他强调“悟”；提倡依赖个人的本能，他认为心同宇宙之理是相一致的，其中正体现了道。王自己曾钻研佛教和儒教，他的悟的教义自然不可避免地表现了佛教的一个分支禅宗一直以来所宣扬的通过顿悟成佛的原则。1529年王阳明死后禅宗在中国极大地复兴，[50]他的一些弟子将王的新儒学与之相结合。到了万历年间哲学折中主义盛行，王阳明对个人本能认识的强调被发展为反传统的个人主义，具有独特的“现代”色彩。

后王阳明时期最著名的，如果不是最具代表性的，持反传统思想的人为李贽。[51]他本来是一名儒家官员，后成为一名信奉禅宗的佛教徒。李贽是一位自由的思想家，他彻底摒弃以孔子及儒家经籍为判定是非的标准，信仰个人“童心”的突然圆满，认为“私”与“利”是具有价值的动因，提倡

“自然”与“率性”。他斥责传统的儒家学者奴颜媚骨、卑躬屈膝，他热情地支持并研究为正统儒家所不齿的通俗文学，宣扬两性平等，提倡婚姻自主，他说儒教、佛教与道教在真理与价值上是平等的。他在为官时有时居然在寺庙里处理政事。他的著述十分流行，他所宣扬的观点在他的那个时代似乎已经得到广泛的接受。据说神宗皇帝自己在被催促给皇子们选择老师的时候说过，天生的禀赋而非教导才是最为重要的——对此李贽肯定会从心底里表示赞同。[52]对于那些信奉儒家传统伦理纲常，尊其为国家的根本的人来说宣扬如此教义的人定然是令人深恶痛绝的，李贽最后被斥责为宣扬异端邪说而被捕入狱；1602年他在狱中自刎身亡。而公开指责李 [145]
贽的陕西人张问达[53]后来在朝廷中站在东林党一派也就不足为怪。

东林书院的顾宪成多次抱怨李贽的思想和影响。[54]他本人是一名狂热的儒释道折中主义的反对者，[55]而且不无忧虑地感叹他同时代的人大多只是表面上的儒家，实际上心向佛家。[56]顾觉得当前的异端邪说皆源于王阳明的过失。然而他并不是彻底地反对王阳明；他自己正是王阳明的第三代弟子。他介于朱熹与王阳明之间，对二者均提出批评，但更倾向于朱熹。他说：

> 如果遵循朱熹的教义，缺点是过于“拘（conservatism）”；遵循王阳明的教义，缺点是过于“荡（recklessness）”。保守的人不会有所作为；而轻率放荡的人则没有什么不可做。保守的人，只要遵守自己的保守倾向，很容易同那些与人的性情相悖的东西决裂；而对于放荡不羁的人，让他们逆着自己的放荡倾向，同那些与人的

性情相投的东西决裂那可就难了。古时，孔夫子在讨论礼仪的坏处时说过“与其奢，宁俭”。因此，在讨论学术的坏处时应该说“与其荡也，宁拘”，这就是我为什么要追随朱熹的缘故。[57][译者注：此段为意译][顾宪成《小心斋札记》第二卷]

顾宪成认为，朱、王二人在“修”和“悟”上的分歧是对思想的两个方面的侧重有所不同的必然结果，即本体与工夫。[58]顾宪成显然认为王阳明依赖于通过心之本体而悟以达到“道”，没有认识到必须按照外在的标准通过孜孜不倦地苦修才能弥补人心之不同的必要性；然而朱熹依赖于通过用心来孜孜不倦地苦修，夸大了对事物外在的、客观调查的价值，可能没能认识到心的本体的功效，因此也没能认识到王所强调的“生知”。

□ 王守仁进士及第牌坊

简而言之，顾宪成在认识到修与悟二者的重要性的同时坚持修先于悟（看似与王相矛盾）但仍然坚持对物外在的察不是“修”本来的手段（看似与朱相矛盾）。“物”于他毫无兴趣；“事”才是他所关心的。因此，他坚持在先

前“修”的基础上通过“悟”实现“道”，对“事”而不是 [146]
对“物”的察才是修本来的手段，要察“事”则需彻底研究经籍中所包含的先贤哲人们的教诲，尤其重要的是在实际人际关系中勇敢地实践他们的原则。他认为王关于人性本恶的潜能的思想比朱熹的更惊人，顾宪成强烈地反对王以个人的心作为道德评判的基础的观点。

对于差不多所有的东林派哲学家来说，哲学问题的核心是人的本性的观念。东林精神表现在大力弘扬孟子人性本善的观点。顾宪成1604年“会约”的主要部分，东林学士们的宣言与信条，讲的都是这一问题。这一论点同王阳明的一段论述有关，王说“无善无恶心之体，有善有恶意之动，知善知恶是良知，为善去恶是格物”。[59]顾宪成认为这一观点不仅自相矛盾而且十分危险。他的理由如下：

> 心之本体与心之工夫密切相连不可分割。如果心之本体（即人的本性）既无善亦无恶，那人怎可以之行善去恶？如果人性既不善亦不恶的论点横行，那么不可避免地会助长对正确的人际关系与正确学习与实践程序的蔑视。难道不是这样吗？人性本善的观点是儒家思想的伟大源泉，而人性既不善亦不恶是佛家与道家的本源。如果将这些教义混合在一起进行不自然的妥协形成人性不善不恶的观点就是上善，尽管可以说这一新的“上善”观仅仅是孟子“性本善”观点的扩展与阐释，而事实上这种貌似而实非的命名隐藏了一个大为改变的事实，孟子所谓的“善”已经消失，由此而生的是华而不实的谄媚与离经叛道的遁世。[60][译者注：此段为意译][编者注：作者注明此段文字缩写自《东林书院志》第二卷]

这一哲学纲领实际上号召要增强道德气节的传统美德；号召要维护道德纲常。它的政治影响很大，这在很大程度上可能是因为顾宪成同在职的官员有广泛的书信联系。将这些哲学观点注入当时的政治形势使现在的读者觉得从1605年至
[147] 1615年的政治历史确实令人费解，因为清晰的政治或体制争端常常完全被个人的品性与道德问题所湮没。

（三）书院的政治影响力

顾宪成毫不迟疑地呼吁同情东林的官员们为了共同的政治事业而努力，因此所有同顾所倡导的政治事业有联系的人——无论是否直接受到顾的鼓舞——最终都被称为东林党分子。在1603—1604年的一场争议中，顾为救一位处境危险的朋友，试图在朝廷中获得支持，惹恼了时任大学士的沈一贯[61]，1607年顾再次发动了一场政治运动。

17世纪早期的那场争议之后，朝廷中派性气氛浓烈，而许多人认为沈一贯的态度昭然若揭，品行不端，不可原谅。1606年沈受到公开指责，被指背信弃义、贪婪成性，后被允许离职。这样朱庚[62]就成为唯一在朝的大学士了。大家都知道朱庚曾避免让1603—1604年的争议发展扩大为一场波及广泛的党祸，但由于他为人谨慎，总是充当居间调停人的角色，所以无论是东林一派还是反东林一派的人都不十分信任他。

1607年皇帝决定再任命几位大学士，东林派十分震惊。新任命的大学士有李廷机[63]、叶向高[64]，此外还召回了已退休的王锡爵。王在1593—1594年任首辅。叶向高一贯就以直言批评宦官势力日盛而出名，而且反对过沈一贯。叶会对东

□ 朱熹像

林友好，可是李廷机被认为是沈一贯的被保护人；而东林旧敌王锡爵的被召回则令东林的追随者们不能容忍。

在无锡老家的顾宪成这时写了两本小册子并将其广泛散布，顾在小册子中痛惜朝中道德沦丧，呼吁王锡爵不应返回内阁加剧事态恶化。[65]王最终谢绝了皇帝的诏命，并给皇上呈送一封私信恳请圣上多注意政府中的人事问题。顾宪成的老友淮安知府李三才[66]不知怎么得知了这封信的内容，李明显地歪曲了王的意思，在京城散布谣言说王诋毁监察院，说近来的谏议无异于乌雀啁喳、野兽呜咽。反对王锡爵的声音立时鹊起，[148]
皇上最后也没有再坚持召他回京。

与此同时，东林派的人又不断上书反对李廷机。1608年在多次请求辞职未果后，绝望中的李干脆将自己关在京城的家中，拒绝参政。可是对他的谴责从未停止，直到1612年在李廷机呈递了120次辞呈之后皇上才终于予以应允。虽然在名义上担任首辅五年，但他实际参政还不足九个月。

朱庚死后不久李廷机隐居，就只有叶向高一人独理内阁事务。正如所预料的，叶总的来说还是倾向于东林一派，但他不是一个激烈倡言之人，不能使皇上采纳他的提议。皇上对重召顾宪成、高攀龙等先前外廷英雄回朝的请求不予理会。反对派又不断地公开攻击东林人士。因为皇上对他们的奏疏不在意，对叶提出的惩戒的请求也置之不理，他们变得肆无忌惮。皇上不肯给东林党人澄清名誉，于是东林党人开始效仿李廷机，纷纷去职；有些人递交辞呈后不等皇上答复就回了家。

当时似乎有三股明显反对东林集团的党派。势力最大的是所谓的浙江党，主要由浙江人沈一贯从前在外廷的支持者组成。另外两派势力较弱，一派是由南京国子监的祭酒汤宾尹的支持者组成的宣派，汤为今安徽省宣城人；另一派是由顾的支持者们组成的昆山派，顾为苏州昆山人。后两派很快联合起来，构成浙江党、山东（齐）党与湖广（楚）党联盟，据说都处于汤宾尹的统一领导之下。[67]

[149] 东林党没有很明确的地域联系。在这些当时地位显赫的人当中，叶向高为福建人，王图是陕西人，[68]王元翰是云南人，[69]曹元汴是陕西人，[70]丁元荐是浙江人，[71]史记事也是陕西人，[72]孙居相是山西人。[73]有证据显示陕西西北的人在那些年同东林人结盟主要是出于同乡情谊，是为了对曾在先前的一次争议中支持过一个陕西人的东南方人于玉立表示感激。[74]于玉立，[75]史书称其为一名奸猾的政客，为金坛人，是东林书院的创始人之一于孔兼的同乡，而且很可能是本家。他曾在1612年参加追悼顾宪成的集会，很清楚地表明他同东林党有联系。[76]先前他曾直言批评过大学士沈一贯，在1603—1604年的争议中第一个被关进监狱并被革职。

东林追随者们对叶向高这些年来对他们保护的种种努力也不尽满意，明确地希望李三才也能够进入内阁。李三才是一位强硬的、结交很广、热衷政治的地方官，他一直是东林派的斗士，而且从16世纪80年代起就同顾宪成过从甚密。这再次反映了党派斗争的体制方面的问题，因为大学士一直以来都出自翰林院，出自内廷，而李三才只是在外廷和地方为官。为了预先阻挠李被提名，反对派们在1601年对李发动了猛烈的攻击，指责他贪污并坚决要求收审他。东林派立即联合起来力保李三才。顾宪成给叶向高书信一封，赞扬李三才并要求对指控进行彻底调查，一位朋友出于好意设法将这封信发表在“京报”（Peking Gazette）上。可是这封信非但没能帮得了李三才反而毁了他。反对派立即以此为把柄指责东林书院大搞党派阴谋。这是书院和东林的名字第一次公开地卷入到朝廷的党派斗争中。

□ 明神宗定陵

在1610—1611年的纷争中不仅仅李三才的命运处于危险之中，因为又到了对京城官员们进行政绩考核的时间了。为了这项工作，皇上召回了已退休的孙丕扬任吏部尚书。[77]孙 [150]
也是陕西人，曾是坚决的反臣辅人士。现在内阁只剩叶向高一人主事，吏部又由孙执掌，在汤宾尹一派的人看来这次考评定然凶多吉少。他们认为与其坐以待毙不如主动出击，于是他们除了抨击李三才还攻击东林党的其他几位重要人物。他们反过来也被指责妄图混淆视听，迷惑圣上，以影响即将到来的人员考核。

再者，在多层面的斗争当中反对派渐渐将东林书院拉入到公开的政治斗争中，公开谈论东林党。1611年一位谏官在给皇上的长篇奏疏中细数东林书院及其在政治斗争中所扮演的角色。他称那些不正当的哲学家们参加讲会，恫吓地方官员、欺凌当地民众；顾宪成通过广泛的书信联系和四处交游在东南各地扩展他的影响力；顾利用哲学讲会败坏学术，策划政治阴谋，而且与被指控贪污的李三才有勾结；他在京师的代理人现在又同孙丕扬联手利用政绩考评来达到他们的党派目的。[78]

（四）反对派的胜利

这次考评对三个反对派极为不利，两位反对派领袖汤宾尹与顾天均遭降职，十几位近年来一直公开威胁东林党的官员也遭到类似的贬斥。叶向高敦促皇上批准这一考核报告，皇上有些犹豫，最后还是批准了。可是这初时看似东林党的大胜利很快转而成为一场灾难。对李三才的攻击变得十分激烈，后来李未经皇上批准就自动退了职。年迈的孙丕扬身心疲惫，叶也自动离职以逃避还在职的反对派官员无休止的指责。许多其他东林成员亦纷纷效仿。到1614年叶向高
[151] 被允许退休的时候，东林派几乎彻底覆没。那之后只有方从哲[79]一位大学士在职，他与他手下的吏部尚书都不过是听命于佥都御使几诗教的工具而已。几为山东人，后成为山东党、湖广党与浙江党公认的领袖。与此同时东林集团随着顾宪成的去世也失去了其在学术上的领导地位。高攀龙继任书院的头领，可是他对时政的关注与兴趣远没有顾宪成那么强烈。

五、东林党与魏忠贤

（一）东林派的重新崛起

到神宗统治的最后几年三个反东林派的势力达到了顶点，几乎毫无对手，可是仍然不能完全阻止同情东林的新一代“善类”渐渐渗入朝中。这些可以称作是新“少数党的领袖们”成为东林的代言人：汪文言，于玉立的被保护人，同于一样也是一位很有策略的政治家；[80]杨涟，顾宪成与高攀龙的弟子；[81]还有左光斗。[82]1615年和1620年朝中发生三次大的争议[83]加剧了党派斗争。1620年神宗驾崩，光宗在位仅一个月就死去，十五岁的思宗登基，政治风向发生了变化。高攀龙、叶向高和东林旧人和英雄如邹元标（指责过张居正）和赵南星（1593年反内阁的受害者）[84]被召回朝中。

从1620年一直到1623年东林党在政治中处于主导地位。东林势力的扩大在很大程度上得益于一位名叫王安[85]的太监对光宗和思宗的影响。（王安之所以对东林友好据说是先前受到汪文言的精心点拨，汪对他教授了党派政治的复杂性。）在1623年赵南星主持的政绩考评中，东林党人先从山东党领袖几诗教入手，成功地将从前留在京城的许多宿敌清除掉。到了1624年初期朝中主要职位都由东林党人掌握。首辅为叶向高，赵南星为吏部尚书，高攀龙任左都御使。

然而东林党人在任何时候都没能完全控制朝政，而且他们已经遭受到了几次打击。一次是因为要在京城建立一个书 [152]
院以进行哲学讨论而引起争议所导致的。这项计划是由两位最受人尊敬的“善类”英雄邹元标与冯从吾倡导的。陕西人冯从吾曾做过顾宪成的学生，同邹一样他也因为直言谏议惹恼了神宗而闲居二十多年。[86]1622年，两人一个为左都御使，一个是副都御使在京城创办了首善书院，召集朋友会集于此。高攀龙与许多其他东林党人都参加了。然而东林党的敌人很快就对在京城集会举行哲学讨论的想法予以指责，并指责邹与冯加剧党争，两人都被批准离职。

（二）魏忠贤的兴起

然而更为不祥的是宫廷内太监魏忠贤权势日盛。魏为直隶人，万历年间自阉后被招入宫服务，他同熹宗的乳母客氏交往密切。1620年熹宗即位后魏忠贤与客氏均被授予各种各样的封赐和荣誉，进而成为皇室的主人。他们密谋反对魏从前的保护人王安，1621年先将王贬职后又将其杀死。自此以后魏忠贤的影响力无人能及。年少的皇上只对木工十分迷恋，逐渐对治理朝政感到厌烦，干脆让魏充当自己与内阁的中间人，听之任之。这些变化外廷并未马上察觉，因为无论什么时候外面的人都很难了解宫里究竟都发生了些什么。可是东林党人对他们知道的发生在宫里的那一点点事情也很不满意。

同宦官打交道对于明朝的官员来说，一直是一种被认可的做法，而且常常是不可避免的，这是挽救皇上摆脱不负责任的爱好或倾向，或至少同皇上保持联系的一种手段。东林党人同太监王安合作没有什么顾虑。据说后来他们还尝试再培植另外一个太监以与魏抗衡。[87]可是同魏忠贤这个人打交
[153] 道则是另外一码事。后来的事情毫无疑义地证明魏代表了邪恶。儒家思想也是这样评判的。魏的目的不是通过鼓励软弱的皇上履行他的职责保证政权的车轮正常运转，而是将皇上同他的大臣们隔绝开，扩大自己的权势。东林党人不会同魏

妥协。早在1621年就有人对客氏得到恩宠提出反对，结果是至少有三个人被驱逐出京城，还有许多人受到斥责。随着魏权势的增长，反对之声也越来越强烈，于是魏忠贤开始在外廷中寻求同盟以使批评者噤声。东林党人那个时候正忙着铲除“奸佞”，魏忠贤毫不费力就在反对派官员中找到了愿意帮忙的人，一些对党派斗争感到厌烦寻求中立的官员不自觉地成了魏的工具。

1622年和1623年是颇为不平静的两年。尽管东林党人掌握着重要的职位，他们还是常常受到魏忠贤与外廷不满分子联手制造的大量阴谋的挫败。1624年危机来临。杨涟上长疏历数魏忠贤二十四大罪状，罪行包括：专擅皇权、陷害忠良、操纵铨政、谋害宫中异己、强迫皇后堕胎、绝帝嗣子等。[88]结果杨涟遭到严厉斥责，于是有75份支持杨涟的奏疏呈送入宫。其中一位名叫万燝[89]的上奏疏的官员遭廷杖，几天后即死去。

（三）东林党罹难

就在这时，叶向高的一位被保护人鞭打了一个太监，他自知免不了要受到惩罚就藏了起来。魏忠贤怀疑此人藏匿在叶家，派出一小股太监军包围了叶宅。叶向高不堪凌辱辞职回家。对东林党人的大清洗接踵而至。赵南星、高攀龙、杨涟、左光斗皆愤而离去。那些曾受到东林压制和解职的人得到提拔或被召回。一份份以顾宪成、李三才为首包括从“国 [154]
本”之争开始在历次争议中站在东林集团一边的官员在内的长长的名单出炉了。这些名单被呈献给魏忠贤，作为他清洗东林党的依据。上了这些名单的人不下七百。[90]

负责提供这些名单的人中有一个叫王绍徽[91]的陕西人，

□ 第一个在养心殿办公的人是中国历史上最有名的大太监魏忠贤

他是东林党的宿敌。他在17世纪第一个十年曾任佥都御使，是汤宾尹的铁杆支持者，他在1610—1611年的争议中攻击李三才和王图。被孙丕扬分派到地方任职后，王引疾归，直到1620年才重又被启用。这时他又遭到强烈的谴责，尤以魏大中最甚。魏曾是高攀龙的弟子，又是汪文言的朋友。[92]王绍徽被迫告假回家。1624年对东林党人的清洗过后，王被召回接替左都御使左光斗，编撰了东林党人黑名单中最重要的一部分。

然而，不是所有成为魏忠贤一派活跃成员的人都是东林集团的宿敌，比如魏广微。[93]魏是过去反对内阁的斗士魏允贞的儿子，魏允贞在16世纪80年代因为惹恼了沈一贯而被降职，1593年又因为维护赵南星而被贬。可是魏广微是文职官员中最早寻求魏忠贤恩宠的人之一。1623年魏广微进入内阁成为魏忠贤的发言人。赵南星鄙视他，经常揶揄他。1624年他支持魏忠贤决意对杨涟施以惩罚，受到魏大中与李应升的弹劾，李是顾宪成的第二代弟子。[94]从此，魏广微同王绍徽一样一心开始罗织东林黑名单。

这一时期的另一敌对头目是崔呈秀，[95]他与魏广微是直
隶老乡。熹宗统治初年他就明显感觉到东林集团要掌权，为
了能从中捞到好处，他提议重新启用李三才。皇上没有理会
他的提议，监察院派他到各地巡视一年。他回来后魏大中与 [155]
高攀龙历数他在巡查中敲诈受贿，赵南星也加入其中建议将
他贬赴边关。在调查期间崔被停职。他向李应升求情希望李
能帮他，遭到拒绝，转而投靠魏忠贤，求魏救自己，还认魏
为义父。魏忠贤给崔呈秀恢复了职位，崔呈秀给魏忠贤准备
了一份东林黑名单供魏任命官员时作参考。

清洗还在继续。魏忠贤和他的跟随者们不再满足于仅仅将这些人革职了事。受害者受到越来越多的指控；死去的被剥夺了原有的荣誉；那些已被革职的现在被销籍；赵南星和其他一些人被贬去边关充军。就是这样还嫌不够。汪文言被捕入狱，遭廷杖、被革职；然后又被关入大狱，为了罗织杨涟与左广斗贪污的证据受到百般折磨，最后死于狱中。

尽管魏忠贤从汪文言那里没有得到想要的证据，1625年魏还是下令逮捕杨涟、左广斗、魏大中和其他三位东林党人。[96]这些人都被带到京城监禁起来，受到严刑折磨，除其中的一位自尽而死，其余都被折磨致死。第二年又下令抓捕了更多的东林党人。高攀龙自知逃不掉，为免被捕受辱自沉于家中的水塘。这一年包括李应升在内的七名东林党人在狱中被折磨致死。[97]

与此同时魏忠贤还下令编撰了一本大“白皮书”——《三朝要典》，围绕1615年和1620年发生的三大案诋毁东林党人；还下令毁掉了京城里的私人书院。[98]高攀龙在地方上的影响力一度还保全了东林书院的一些建筑，可是高自尽后东林书院彻底被毁。[99]

通过这样无情的恐怖手段，魏忠贤让所有的文官俯首帖耳，噤若寒蝉。先前的一些中立者对1625年和1626年的残酷行径深感不安，在帮助魏忠贤取得控制权后离开朝廷，就连魏广微和王绍徽这样的领袖人物也心存疑惧。1626年魏广微不安地退职回家。可是魏忠贤马上就找到了更为大胆的人来顶替他。自此以后，呈给皇帝的所有奏书都充斥着对这位权倾一时的太监的颂扬之辞，各地官员竞相给魏忠贤建生
[156] 祠、献祭礼保佑他长生不死。各种头衔荣誉集于魏及其祖宗头上；魏的亲戚被加官，继而封爵，进而至于加爵封侯。甚至有人提议以魏忠贤配祀孔子，而且谄媚地报称在山东出现了一只麒麟，麒麟的出现常常昭示有圣人出。内阁起草要皇上批准的诏书常常这样开始："朕与上公……"最后，魏忠贤的一个侄子居然代替天子祭太庙。看来，在中国皇权历史上宫廷政治与道德败坏到如此地步，恐怕没有哪个时期能够企及。

（四）东林党人溃散的后果

1627年秋孱弱不堪的皇上突然驾崩。是什么使中国免于蒙受太监篡权所导致的耻辱还不得而知。熹宗的一位弟弟，就是后来的思宗即位。渐渐地情况有了些许好转。思宗也不过17岁，显然还觉得不是很有把握或不很急于下令立即进行大清洗。在紧张地等待了几个月之后，这期间魏忠贤先前的支持者们小心翼翼地上奏批评魏忠贤以试探这位新皇帝的态度，思宗最后才将魏忠贤贬离京城。没有人提出异议。相反先前颂扬魏忠贤的那些人又急急忙忙加入了讨伐魏忠贤的行列，显然是希望以此洗刷自己。很快逮捕惩办魏忠贤的命令下达了，魏自缢而亡。客氏被打死。那些最臭名昭著的党羽

受到惩罚，他们的受害者，如还在世，受到举荐重被启用。

从那以后，朝中关于在魏忠贤把持朝政期间孰罪孰清争论不休，1629年一份“逆案名单”编制出来，刊布全国，定罪二百五十多人。[100]除魏忠贤与客氏外，另有二十五人被处死。

然而思宗并无意将政权转到残余的东林党人手中，他希望彻底清除党争，东林派的名字似乎与魏忠贤的名字一样令他厌恶。思宗统治期间朝廷纷争不断，各集团之间稍有分歧便互相指斥为东林或其他什么党，以引起皇上的不满。党派 [157]
纷争已成为一种习惯。

尽管可以称得上是名副其实的老东林党后继者的人这些年仍然活跃，但作为一个可明确界定的集团东林党似乎在魏忠贤压迫期间显然就已经不复存在了。因此，对于思宗统治时期极其复杂的政治历史本文将不再予以探究。

六、结　论

东林运动本质上是一场维护道德的斗争，在这一点上我与传统史学家是一致的，但我并非只是毫无原则地苟同。我将试图证明这样的判断是不可避免的。或许研究东林运动最好的理由莫过于东林运动最能说明在传统儒家体系中道德与政治是紧密相连不可分割的。

澄清东林运动对于我们理解东林运动是不无裨益的。对于现代分析家来说，这场运动一个最突出的方面是它完全缺乏一个具体连贯的政治纲领。这里没有像本书其他地方刘子健先生所讨论的宋朝范仲淹（989—1052）改革中围绕行政改革所引起的那些争议或王安石（1021—1086）改革中围绕“新法”所引起的争议。虽然晚明的争议在最初表现为体制上的摩擦，但东林集团并不是一贯反对内阁，没有提倡体制改革的特点。东林党人毫无保留地接受了这种体制现状，甚至连反太监党都算不上。那一时期大的社会经济动荡与军事威胁只是以最外围的方式卷入朝廷的纷争中。在所有这些“善类”参与的一系列的纷争中只有一件事十分清晰，那就是同魏忠贤有关的斗争，这很显然是一场道德斗争，不是政治斗争。

地方主义在中国传统关系中具有很大的影响力，人们倾向于支持地方集团，这或许能解释这里所讲的党派分裂。前文我们已注意到地域的因素在山东党、湖广党与浙江党如日中天的时候具有很重要的意义，但要说整个东林运动本质上是一个地方集团显然令人难以置信。最出名的两份东林黑名
[158] 单[101]提供了317个人的名字，这些人的籍贯都可考；在“逆案名单”上有213个人的名字（如魏忠贤及其党羽，大部分都是东林集团的一贯反对者），这些人的籍贯也同样可以确认。表一表示这些人的地域分布并比照晚明总的登记人口的地域分布。[102]从这些数字中可以看出东林人士在南方地区、陕西占有很大的比重而在直隶比重很低。相反，反对派别在直隶和浙江很具代表性而在南方地区和陕西同整个人口的分布很不相称。这些数据可以支持我们的预计：东林书院的影响力在本地区最强，魏忠贤的影响力在他的家乡最强；可是这些数据不能说明在这些敌对党派中具有明显的地域分布模式。

表一：明代人口和争斗的党人的地区分布

（括号中的统计数字表示占各自总数的百分比）

地区	人口（单位：百万）	东林党	反对派
南部主要都市地区（江苏和安徽）........	10.5(17.4)	89(28.0)	29(13.6)
江西	5.8(9.6)	37(11.7)	8(3.8)
山东	5.6(9.4)	19(6.0)	25(11.7)
山西	5.3(8.7)	29(9.1)	8(3.8)
河南	5.2(8.6)	15(4.7)	17(8.0)
浙江	5.1(8.4)	25(8.0)	30(14.1)
陕西	4.5(7.4)	33(10.4)	4(1.9)
湖广	4.4(7.3)	26(8.2)	9(4.2)
直隶	4.2(6.9)	11(3.5)	50(23.5)
四川	3.1(5.1)	4(1.3)	9(4.2)
广东	2.0(3.3)	11(3.5)	5(2.3)
福建	1.7(2.9)	16(5.0)	16(7.5)
云南	1.5(2.5)	2(0.6)	2(0.9)
广西	1.2(2.0)	....	....
贵州	0.3(0.5)	....	1(0.5)
合计	60.4	317	213

（译表：沈中明）

按党派成员的政治地位来分析更没有什么结果。没有证据表明这些争议代表某种形式的阶级斗争。早期反臣辅派与拥护臣辅派的成员都属文职官员，双方的领袖人物都是通过 [159]

科举考试进入仕途的举人。在同魏忠贤的斗争中，太监们自然开始变得很突出，还有武官，他们因为缺乏儒家思想的熏陶，对魏忠贤的专权可能不会像文官那样激烈。即便如此，从东林黑名单与“逆案名单”中做出的选样仍看不出他们在政治地位上的明显区别（见表二）。

表二：争斗的党人的政治身份

身份	东林党	反对派
文职人员，进入途径——		
进士…………………	140	167
举人…………………	8	13
翰林院庶吉士………	…………	5
买官…………………	2	…………
世袭…………………	…………	6
世袭贵族……………	1	1
军职人员……………	1	31
宦官…………………	1	8
妇女…………………	…………	1
实例合计……………	153	232

（译表：沈中明）

以在官场中的“世家”与“新兴家庭”的敌对来分析党派之分的尝试也同样令人沮丧。《东林同难录》[103]中包含一些在同魏忠贤斗争当中丧生的十七个人从祖父开始的直系家世情况。根据这一来源，这十七人中有四人的父亲是在职官员，这四人之中有两人的父亲、祖父和曾祖父都曾为官。然而，这十七人的祖先当中，只有三位是进士出身，另有两位至多是举人。十七人中有四位的祖先从未担任过任何官职，甚至连诸生（大致相当于其他时期的秀才）也不是。顾宪成家从宋朝起就生活在无锡，但不是什么官宦“世家”。顾的直系祖先中三代无人为官，只有曾祖父在当地的官学中就过 [160] 学。[104]高攀龙的家世不同，高的祖父中过举人，做过地方官，高的父亲曾就学于国子监。[105]因此，从现有的资料看没有一个一致的模式：东林党既不能被当作属于“世家”集团，也不能当成是“新兴家族”集团。

我们必须承认，要彻底解释清楚东林运动而不对朝廷中的反东林集团进行广泛的研究是不可能的。可是要摆脱充斥于中国史书中有关这些争议的偏见是很困难的，在这些文字中常常将反对派官员划归没有道德廉耻的恶棍，而不提供任何关于他们的有意义的情况。连地方志中也对他们缄口不言，不管他们的职位有多高。反对过东林党的人就一定是不道德的坏蛋，这种看法当然是错误的。然而申时行、王锡爵、沈一贯都是折中主义者。而且人们都认为沈一贯曾接受过贿赂。汤宾尹据说在家乡时与年轻学者们的老婆偷情，汤和王锡爵显然都在科举考试中舞弊受贿。方从哲为人懦弱缺乏决断。当然，至少从儒家思想来看，那些急于效力于魏忠贤的人似乎全然不顾自己的尊严。因此在许多情况下东林党人的态度，以及一般中国史学家的态度是可以接受的。

至于东林党人，说他们是党，尽管是为叙述方便，也是延续了其敌人对他们的诋毁。东林党人如顾宪成、于玉立和汪文言的活动显示出基本的党派工作的性质和明确的组织意识。顾自己就多次说到“吾党”。[106]但是东林领袖们强烈否认自己具有党派动机，而且那些陷入魏忠贤之手的人当中的一些人在具体问题上当然也是意见不一。左光斗与杨涟在

1620年的争议中意见极为不合，二人发生激烈争吵，左光斗痛斥杨涟，居然冲杨脸上啐了一口。[107]邹元标对赵南星在17世纪20年代早期的极端的党派态度，认为最好捐弃前嫌。[108]叶向高甚至反对方从哲[109]进行攻击，他和黄宗素[110]（后被
[161] 太监党处死）都认为杨涟公开谴责魏忠贤时机未到而且不明智。[111]黄宗素同那些后来与他命运相同的人常意见相左。他从心底里反对哲学讲会，从未参加过一次，[112]他还同魏大中有怨。[113]冯从吾尽管是顾宪成的弟子却坚持认为书院不是讨论政治的地方。[114]很有可能很多名字出现在东林黑名单上的人毫无党派意识，没有归属于某一党派团体的感觉。

尽管缺乏党派一致性，在那些最后触犯了魏忠贤的一大批人当中表现得尤为明显，东林的名称似乎代表了某种东西。因此，17世纪20年代早期，后来被魏忠贤处死的周顺昌[115]的一位朋友斥责他："你是个后来者；何苦急着要把自己同东林连在一起呢？"东林这个名字究竟代表着什么，从周顺昌的回答中清晰可见——周回答说这是一种由然而发的意气相投，而不是计算得失的党派之合。[116]最后阶段的斗争，即反对魏忠贤的斗争，很清楚地表明：这些被称为东林党的人具有基本一致的道德观，尽管在先前的争议中参与者们都有此暗示，只不过表现得不很明显罢了。无论是有意识的党派成员与否，他们一定早已认定彼此都是些有义有德的正人君子。

总而言之，现有的资料表明：(1) 从张居正时代起明廷的政治道德就每况愈下，逐渐堕落到极为败坏的程度；(2) 源于王阳明教义的宗教哲学折中主义与反传统的个人主义哲学在同一时期十分盛行；(3) 东林书院的领袖们认为朝廷道德腐败正是这些哲学潮流造成的，他们捍卫更为正统的哲学

思想，希望以此来恢复传统的政治道德；(4) 这些活跃于政坛被其敌人称为东林党的人一般来说在旧的道德标准方面具有共同点；(5) 从许多个别的情况来看这些人当中共同的使命所产生的感情又因为地域关系、朋友关系或师生关系而得以加强，所有这些都使得这一政治党派成员直接或间接地同东林书院的哲学讲会联系起来。

东林人士参与的是一场除了“铲除奸佞”再无其他纲领的权力斗争。他们所希望的——和他们达不到就不能善罢甘休的——仅仅是一个能允许正直的人与具有同样思想的君子 [162]
们为伍、清正为官的政权。他们以为这样国家所有的问题都可以迎刃而解。他们似乎觉得党派斗争中的失败、死亡，甚至是国家的覆灭都胜过个人道德上的妥协，无论这种妥协是屈从于一位不负责任的皇上还是让步于一个邪恶、道德败坏的太监。

东林党人的这场政治运动事实上壮烈地失败了。它的失败至少有一部分的原因是因为要求勇气与正义的传统儒家道德同明朝的权力结构在根本上的不相容性。这种权力结构，在神宗、熹宗这样的皇帝的统治之下，不允许任何人取得成功，除了那些毫无原则的人。

东林党人或许是些不切实际的堂·吉诃德式的人物，但他们是真正的儒家。

（王　琼 译）

从17世纪看中国君主专制与儒家理想

(Chinese Despotism and the Confucian Ideal: A Seventeenth-Century View)

狄百瑞

(William Theodore de Bary)

一、导　言

[163] 不久以前，无论是中国人还是西方人都倾向于将中国的君主专制统治看作具有漫长、沉闷历史而且必然没有前途的腐朽制度。旧的秩序土崩瓦解，而20世纪在这废墟上继之而起的无论是什么都不可能是一种崭新的、截然不同的东西。因此，我们不得不重提这些问题：中国对某些根深蒂固的历史倾向究竟克服了多少？历史的经验对未来会有多大的影响？这要求对其最为典型的特点进行重新的审视。[编者注：此段有删节。]

然而不幸的是，如果我们将注意力集中于中国君主专制的顽固特点，就会产生这样的印象：所有中国的历史和文明都带有挥之不去的压迫与集权统治的印记。这一危险困扰着我们，尤其是当我们在试图概括中国社会的特点的时候，可能会只着重强调那些靠近中心的、对于我们所讲的巨大的凝聚力有益的传统秩序的片段。比如“儒家政权”这一词，它一方面揭示出居于主导地位的知识分子传统与有统治权的官僚体制之间的历史联系；另一方面也可能将儒家思想等同于本来与它不大相干的独裁统治制度，因此强调其独裁统治的
[164] 倾向性。儒家思想的确完全负有政治领导的责任，即使是在最没有希望的情况下，它也不能完全逃脱历史对其追随者们

□ 黄宗羲像

一直谨饬维护的帝国制度的评价。不过在我们急于给出这样的评判之前，最好先来考虑考虑儒家思想通过坚持不懈的道德说教限制君主极权从而对中国君主专制统治以及改革统治结构本身会起到什么缓和、教化的作用。愤世嫉俗的人们可能会对道德说教在政治中的作用不以为然，对如此倚重道德说教的儒家思想不能给以它可能应得的尊敬。既然我们看到中国被剥夺了任何这样的中庸的影响力，看到专制统治权力赤裸裸的野蛮表现，通过比较我们或许能够更好地理解这种人道的教义和其大无畏的代言人是如何调和传统中国的专制统治的。

本文所要呈现的正是儒家政治思想在后期的一个杰出例子，试图分析现有的邪恶并大胆提出一个汲取了传统理想的新秩序。本文以作者对黄宗羲（1610—1695）的生平及思想的研究和黄宗羲的著作《明夷待访录》（我将其意译为《天子之道》——作者注）的注释译本为依据。在此对黄宗羲的思想仅止于泛泛而谈而且也较少引经据典。想要全面了解黄宗羲思想原旨，并对随注的出处感兴趣的人可参考译文本身。[1]

黄宗羲其人，对于汉学家毋庸多言，他们都知道黄宗羲是中国思想及学术史中一位杰出的人物。可是对于那些对中国了解不多的人来说，在此仍然有必要对他的生平与事迹予以简要的评介。黄宗羲的父亲是明朝的一位高级官员，因为反对宦官魏忠贤专权而死于狱中，距明朝覆灭仅18年。黄宗羲在明朝末年积极投身政治以前曾治学多年，主要师从一位王阳明派的杰出哲学家。他坚定地支持活跃于中国东南沿海的明朝逃难政权，积极投身南明的武装抗清斗争多年，漂泊不定，直到晚年才安定下来致力于严肃的学术创作。《明夷待访录》是他的第一部重要著作，写于1662年他52岁的时候。之后黄从政治及政治写作转入历史、文学与哲学领域，
[165] 留下了许多不朽的重要著作，其中最为世人所关注的是他对宋、元、明儒家哲学的概述（《明儒学案》与《宋元学案》）。他在生前就已经是一位声名卓著的学者，满清政权为笼络人心，抬高自己的声誉多次礼聘他，黄宗羲却辞却加诸己身的各种荣誉。在中国哲学史中，黄的重要性不在于他是一位具有独创思想的哲学家或某一新学派的创始人，他的重要性在于他将朱子哲学的博大精深与王阳明经世致用的哲学精华相结合。因此，尽管研习古典经籍，他比他同时代的大多数学者们更注重对近现代的研究，而其同时代的学者们越来越关注于古文物的研究。从这个意义上说，《明夷待访录》可以称得上是他最具代表性的作品了。

（一）黄宗羲作品的目的

《明夷待访录》，从字面上看不出这本书真实的意义。"明夷"具有多重含义。"夷"一般表示"和平与秩序"之义，因此，"明夷"从字面上理解，表示这本书的主题是"探究明治（之道）"。但是"明夷"也有"明晦"或"智抑"之义，是儒家经典《周易》第三十六卦中的卦名，《周易》本为卦书，后引起众多玄学与宇宙学思考。明夷卦代表宇宙循环中的一个时期，在这一时期黑暗主上，贤明存其贞，等待邪恶势力衰退。传统上人们认为此卦隐喻暗主在上，明臣在下，不敢显其明智，不得不韬光养晦。古代传说中的人物箕子就是这

样一个例子。箕子是商朝后期人，因为诤谏商纣王的腐朽统治而被捕，周武王灭商后将其释放，他拒绝仕周，认为武王是窃国者，但武王问以兴国大事，箕子授之以“大计”(Great Plan)，《史记》有载。因此，箕子的理想统治之道并没有因为他的辞世而绝世，而是在武王盛世时期得以保存并付诸实施。[2]

在这本书的题词中，黄宗羲自况生活在“明夷”卦所代 [166]
表的黑暗中，写下此理想治国“大计”，以泽被后世。他还提及先前的一位作家王冕，王曾写过一本这样的书，希望如果自己能假以天年，幸遇明君，就能以此为指导成就一番大事业。同箕子一样，黄宗羲是明朝的遗老，生活在其征服者的统治下，因此他说：“吾虽老矣，但也可为箕子之见访！”书名“待访”正是以箕子自况。

黄宗羲自比箕子让人们对他写此书的真实意图产生了一些争议。黄的传记作家全祖望的一位朋友在同全一道读罢《明夷待访录》后曾指出黄宗羲自比箕子将自己置于一种暧昧的境地。箕子别无选择只能回复武王的请教，而在满清征服明朝后仍忠实于明的黄宗羲怎么还会心存某个统治者——这个统治者很可能就是满清统治者——造访的希望呢？后来的学者章炳麟在许多问题上同黄有异议，抓住黄自比箕子这一点，以此为证据对黄是否忠于明朝表示怀疑，称黄其实是暗自希望满清统治者的“见访”。[3]

然而说《明夷待访录》是为满清人写的实在不足为凭。全祖望的朋友首次指出这个问题时他对于黄宗羲对明朝的忠心并不怀疑，只是将此作为一种无心的疏忽或表达欠准，这种失误即使是一位伟大的学者偶尔也难免。[4]全祖望也认识到了这一问题，但他明确地认为这对黄的名节毫无关碍，他以黄后来劝诫万斯同勿向清廷提供任何具有政治性质的建议[5]证实这一点，在全祖望给《明夷待访录》的跋记中又坚持此意见。而且，同样坚定地忠实于明朝的顾炎武在读完黄宗羲的作品后，马上致书黄宗羲，在信中对此并未透露出些许微词，这些似乎足以证明黄宗羲同时代的人并没有将黄自比箕子理解为与清廷合作的示意。

[167] 此外，这部作品本身的内容或许也可以作为佐证，说明一些问题。《明夷待访录》当然不会直言对满清人的仇视，这样会立即招致对作品及其作者的压制。在黄宗羲的原稿当中或许真有这样的篇章，可是正如全祖望在题跋中所言，作品中有些可能会引起责难的部分永远不会在出版的版本中出现，最终也就佚失了。然而我们所看到的书中仍然有暗示作者所设想的新秩序在满清统治下不会发生。例如，在论及皇都的最佳位置时，黄倾向于南京而不是北京，而按照中国各朝各代的传统，都城的选址非同小可，暗示着朝代的更替。[6]黄宗羲在书中提到汉时的注释家郑玄[8]时不避讳当时的统治者玄烨[7]的名字，这也能从一定程度上说明了黄宗羲的态度。

无论如何，《明夷待访录》意在保存过去的政治智慧，正如黄宗羲所设想的，以供未来的盛世所借鉴，而且我们会看到，这种新的秩序同古往今来各朝代的统治都大相径庭。[9]

（二）中国的复兴

《明夷待访录》是黄宗羲放弃积极反清复明的活动之后的第一部重要的文学作品。他曾亲身参与过反清复明的斗争，而且他的父亲曾是明朝的高官，有鉴于此，他在写这部书时，同其他许多失望的忠实于明朝的人一样一定怀有这样

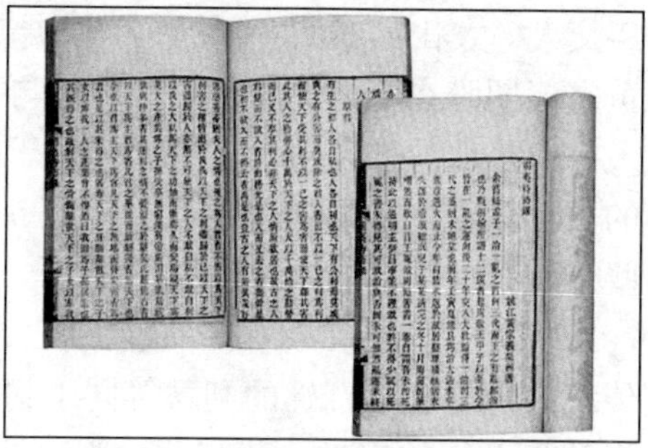

□ 黄宗羲所著《明夷待访录》

迫切的想法：明为清所灭究竟是什么原因？为什么堂堂的一个中华王朝——曾经推翻了蒙古人对中国的统治——现在又屈服于另一个无论是在数量上还是——在他们看来——在文化上都劣于汉人的异族的入侵？尽管黄宗羲从未明言这是他这部作品的主旨之一，但在谈论其他问题时他常常会转回到这个问题上。一个关于明朝灭亡的一个很普遍的观点——归咎于官员之间的党派之争以及在政治中各种流派相搅——尤其困扰着黄宗羲，正如他在《明儒学案》中为东林党的辩词中所
示。不过对于黄宗羲这样一个具有宏大历史观的人来说，要 [168]
回答这一问题不能仅仅局限于明朝衰败的诸因素，而要超越明朝本身的历史局限。黄宗羲的时代特征在历史上并非绝无仅有；这样的灾难曾经多次降临在中国人身上。

黄宗羲在该书的题词中首先对孟子“一治一乱”之言表示沉思。他问道，为什么自三代以下中国有乱无治，乱事不断，未曾有过和平安定的时期？根据孟子和前人对《易经》的解释，儒家学者们倾向于以轮转循环的观点解释人类的历史，这种观点认为宇宙中的阴阳之气交替着决定历史。在众多试图以数学的方法来探索《易经》的尝试中，黄宗羲援引14世纪作者胡翰的理论，对于黄宗羲来说，至少胡考虑到了中国历史的一个明显的现实：到目前为止衰退期还未让位于兴盛期。“起周敬王甲子以至于今，皆在一乱之运；向后二十

年交人‘大壮’，始得一治。”[10]根据胡翰两千年一变的推测，黄宗羲期盼在不久的将来中国能够再次兴盛。他的希望落空了，但是他的推理至少表现了他对于明朝灭亡的解释。明朝的灭亡只是一系列朝代倾覆的一个事例，他还进一步表明这些衰败都可以归结为同样的理由。

“天下之治乱，不在一姓之兴亡，而在万民之忧乐。”[11]传统的历史观将百姓的利益等同于朝代的利益，认为朝代的祸乱是百姓的灾难。黄与此大唱反调，认为自周（公元前3世纪）以后统治家族的兴衰给普通百姓的生活没有带来大的改变。他一而再，再而三地强调这一观点；中华文明随着秦帝国的兴起而经历了巨大的危机，而且至今未得以复原。一方面他指出这样的灾难有两个，其一伴随着秦朝的兴起，其
[169] 二伴随着蒙古人的征服，但他没有对此详加阐述，在书的别处也没有谈及蒙古人的统治给中国社会究竟造成了什么彻底或重大的改变。

黄宗羲的意思很可能只是说蒙古人的统治加剧了业已堕落的进程。在历史的进程当中，从远古的理想社会所传承下来的传统渐渐消失殆尽，这种缓慢的堕落——蒙古人的征服加剧了堕落的进程——或许可以解释为什么明朝比前朝更能体会这些邪恶的痛楚。然而就朝代制度的基本特点而言，黄宗羲将这些邪恶一一追根溯源至秦朝。明朝的弱点同前朝尽管程度不同，并无二致，据此，他分析道：“苟非为之远思深览，一一通变，以复井田、封建、学校、卒乘之旧，虽小小更革，生民之戚戚终无已时也。”[12]

在这一点上黄以新儒学，尤其是宋初以来的新儒学承继者自居，认为古之圣贤明君所建立的制度是解决他们时代的问题的唯一出路。同他们一样，黄宗羲将孟夫子所规划的、

古代经籍中所呈现的，尤其是《周礼》所描绘的整齐、对称的封建秩序视为样本。但是同其前辈一样，他一定是预料到了中国在其间的几个世纪经历的巨大深刻的变化以及使这些彻底的改革难以实现的条件。他一定也料到了这些提出要实现目的的早期倡议者的失败。实现远古理想不仅仅是汉唐的失败，也是宋朝以及随后的朝代的失败，这些失败挂在历史的风景中，挥之不去，令人窒息。与过去的一长串新儒学理想主义者相对的现在很可能是一大批数量至少相当的怀疑主义者，他们宣告要退回到古代的秩序中根本行不通。 [170]

我们不能说黄宗羲直接面对了他与他所要实现的目标之间的所有障碍；像许多理想主义者一样，黄宗羲令人信服地说明其他所有的方式都失败了，却不足以令人信服他自己的纲领不会遭遇同样的命运。尽管如此，他还是不得不回答宋朝的改革家们曾经面对的问题：古代的封建制度是否应该原封不动地重新建立起来？或者我们是否应该仅仅采纳蕴含在其中的根本原理或价值观，通过不同的方式实现同样的目标？黄宗羲自己的回答也不尽统一，但是他基本上还是接受后一种观点。正如上面的引文所示，仅仅是泛泛而谈时，他容易被自己激烈、富有隐喻的语言所冲昏，而坚持要完全恢复古代的统治制度。但是在逐一谈论各项具体制度时，黄宗羲立即意识到许多古代的药方并不适用于他自己所处的时代。因此他的“大计”总的来说，并不是孟子或《周礼》的副本，而是建立在古代原则上的一套新的统治制度。

那么，黄宗羲要捍卫的古代原则是些什么呢？对于黄宗羲来说，以及任何真正的儒家人来说，最基本的原则包含在统治之术中，因为儒家强调社会的一切进步，以及所有的社会的罪恶关键在于君王个人的榜样与影响力。

二、古代儒家统治的原则

（一）人君与暴君[13]

黄宗羲说原本并无君，人各自私，人各自利。这同道家所设想的生活本质上是一样的，但并不是他们所以为的理想的生存状态，因为没有人为天下兴福利。[14]最早的人君的出现正是为了救此弊端，他们不以一己之利为利而是为了天下受其利。这些人君教人文明之术，保证他们的臣民土地充足以使他们有饭吃有衣穿，规定风俗仪式以规范他们的交往，开设学堂以教化民众，建立军队以保卫大众。但是这些都是繁重的责任，没有几个人能够担当。因此的确有人——道教领袖们——拒绝担当此任仅仅是因为责任太重而不是道家所说的，因为要无为而治，不干涉别人的生活。正因如此，连
[171] 尧、舜等这些接受此位的贤君也乐于让位于有才能的继任者，而不愿将这一负担加在自己的儿孙身上。

这就是古代人君的本质。然而后来，尤其是秦汉之后，为人君不再被认为是一大重负而成为莫大的利益。皇上不愿服务于天下或与他人共同分享利益，因此废弃了封建制。封建制对于黄宗羲来说，代表了与人分享政治权利和财产的自然方式，也是通过君主关怀民生、为其提供所需的最有效的方式。随着封建制的废除，天下的土地尽归皇帝，由他直接抽税，这样他就通过中央对各省、各州府的集权管理为己谋私。自此之后，为人君者关心的只是自己莫大产业的完整，传之于子孙，不让其落入旁人之手。

黄宗羲将新秩序下统治者与被统治者的关系比作主与客。古代以天下即人民为主人，为土地的所有者，君主只不

过是表现端正的客人。然而自帝国兴起后，统治者成了主人，人民反倒成了客人，而且是自身一无所有的客人。从黄宗羲的阐述中我们看到，将君与民比作主与仆或地主与雇农比作主与客更能确切地表达他的意思。在中国以及其他地方，人们认为主人有义务愉悦客人、款待好客人，从这个意义上来说，这与黄宗羲所描绘的情形刚好相反。尽管如此，黄宗羲正是因为将统治者与被统治者刻画为主与客而闻名，后世的作家常常引用这一点作为他政治思想的要旨。

其实这一观点对于儒家来说并非是崭新的。孟子曾说过："民为贵，社稷次之，君为轻。"[15]另一位儒家代表人物荀子曾用过一个同黄宗羲的比喻同样生动但更为恰当的比喻："庶人安政，然后君子安位。传曰：'君者，舟也；庶人者，水也。水则载舟，水则覆舟。'——此之谓也。"[16]因此，如果黄宗羲只不过是重新强调了民本以及治国之道在于使被 [172]
统治者的认同的思想，那么就不值得向读者推荐他的作品了。黄宗羲对儒家思想真正的贡献在于他将这一基本原则推广至政治制度，而这一政治制度自孟子和荀子之后已经经历了根本性的变化。

（二）法律

秦汉专制统治的兴起代表了为儒家所痛恨的法家的胜利。法家思想为秦征服和统一中国提供了理论依据，法家强调统一法度，并通过严刑表明执法的必要。这一法律反映的是具有绝对统治权力的皇帝的意志。其目的是规范国家的统治、统一民众的行为、集中天下所有资源。而儒家的理想国是一个非中央集权的封建社会，在这个社会里统一的统治原则是统治者个人的、有操守的影响力，这个新秩序的本质是其非人格性与对高压政策的直接依赖。因此，儒家对法律一贯非常反感，认为秦统治的残暴法律难辞其咎，法律不过是残暴统治的工具而已。他们认为法律越少越好，因为这些法律的执行最终都有赖于统治者及其官员的道德权威。

黄宗羲也同早期的儒家一样谴责秦统治的目的和方式，他认为这种目的与方法在后世朝代中都有延续。但是他不接受将法治与人治对立起来的传统观点。帝国朝代的法律不是真正的法律，而是为统治家族一家的利益而制定的一大堆法。真正的法度是先贤人君为民众的利益而制定的，它蕴含在古代经籍所规定的统治制度之中。它不是由众多的条条框框构成，规定人们应该怎么去做，一旦违反任何一条就要受到什么样严厉的刑罚，而是简单笼统的一套制度，这些制度是维护正常的统治、为大众谋求福祉的基础。

黄宗羲认识到法的重大意义，这一点使他有别于大多数的儒家人物，对他的整个政治哲学也有着深远的影响。他
[173] 这一流派的人，或者近代朱熹、王阳明的追随者们，通常都将政治看作是好像只涉及统治者及其官员们对某些道德准则的坚守以及对儒家美德的修养。一个朝代的法律和制度主要是由其缔造者决定的，是不可更改的。剩下来要做的只是通过正确教育皇帝、选择正直的官员来保证既定法律的正常执行。[17]可是，黄宗羲却认为朝代的法律并不是不可违的。对自己安全的病态担心使得各朝加紧对人民的束缚，削减官员的权力，复杂的法律密网只不过成为无能者与狡猾之徒的避难所，而有才能的人则被剥夺了行动的自由。“自非法之法桎梏天下之手足，即有能治之人，终不胜其牵挽嫌疑之顾盼。”黄宗羲说“有治法而后有治人”，要有治理好天下的人必须先有治理好天下的法度。

因此，他解决了困扰儒家几百年的困窘。这不是人与法之间的选择而是真法与统治者不合法的限制之间的选择。必须有几条基本的法来替代现存的一大堆规矩和刑法。他所设想的法度与其说是具体的法律条令不如说更具宪法或统治制度的性质；这些法律维护的是民众的利益。只要符合道德法则，无须诉诸暴力、补充立法或无休止的诉讼就可以维持秩序。界定这些制度的性质就是《明夷待访录》的目的。

（三）廷臣

法家关于人臣的观点在法家自己早已淡出朝廷很久之后仍然一直居于统治地位。因为法家哲学强调统治者的绝对权威，因此鼓吹要剥夺人臣的权威以免会限制到皇权。官员们不过是皇帝的奴仆，仅凭对皇主有用与否获得赏罚。早期的一位法家韩非子曾这样说过，如果人君不同人臣分执绝对权威，百姓会认为这是一大幸事。他还建议统治者要揣测人臣的心思，剥夺他们的权力。人主应独擅权柄，并以闪电之速度、雷霆般的威势行使这些权力。[18]

令黄宗羲忧心的是后来不仅统治者接受了这一观点，连 [174]
其官员也对此表示默认。他们没有意识到自己是皇上的同事，同皇上一道分担权力以服务于百姓，却只是像宦官宫妾一般竭力揣摩皇上的心思，一味地试图讨好皇上。他们接受了这样的事实：自己同天下其他万物一样，都是君主的财产，任凭他驱使。他们率先神话君王，称其为“天父”，待之恭敬如父。如此，他们便不能给予人君最需要的——同伴关系与忠告。“君臣之名，从天下而有之者也，无天下之责，则吾在君为路人……以天下为事，则君之师友也。”[19]

黄宗羲没有设想笼统地回复到过去的封建秩序，将帝国划分为各个独立的诸侯，将权力分配给众多自治的统治者。然而在中央集权的政权里他的确希望能保持同封建社会一样的均衡或分布的权力特点。在这点上他和孟子的目标相似。孟子认为人臣或官员本身具有身份，应该得到君主的尊敬。他援引孟子关于周朝权力等级的叙述：在朝廷从天子到百官，在朝廷之外从天子到分封的贵族都有等级之分。在黄宗羲所处的时代，除了皇帝谁也没有身份和尊严，除非效仿封建理想社会的分级权力制，否则根本无法限制君王滥用权力。

毫无疑问这一问题在明朝尤为严重。明朝不仅承袭了长期沿用的朝廷传统，这些传统迫使朝臣完全屈从于皇权，而且还发展了许多贬损、威吓那些有独立思想的官员们的恶劣做法。其中之一便是当廷惩罚大臣。早期鞭笞官员与其说是一种真正的体罚不如说是一种形式，只是意在当众侮辱冒犯者。可是明朝建国不到一百年，鞭笞成为严酷的刑罚，有一次三十五位大臣一同遭笞，尽管他们穿得厚实，许多人仍卧
[175] 床数月才得以康复。具有讽刺意味的是就在名不副实的“正德”年间（1506—1522）第一次对官员们剥光了鞭笞。正德最后一年，那些规谏皇上不要去南方寻欢作乐的大臣们遭到无情鞭笞，许多人甚至被打死。[20]在这种情况下即使是最能干的人臣也不能很好地为民效力。

（四）置相

明朝统治者对其大臣的态度在明初开国皇帝废除宰相一职之时就已显露无遗。那时因为宰相密谋反叛被诛，为防止将来有人掌握大权窃取皇权，洪武皇帝朱元璋决定将宰相之职收归自己手中，直接同负责主要行政事务的各部尚书打交

道。黄宗羲认为这是明朝统治不善的根源所在。

设置宰相一职的基本原因有三：其一，宰相制认可了统治权力不独为皇帝一人所有而应该与他人分掌的原则，那些人也享有一定的地位。其二，由于各王朝都实行君主世袭制，过去的圣贤人君所遵守的有德者居其位的原则被废弃。自此，以个人德才为基础选拔出的宰相就成为对无能的王位继承人的唯一制衡。其三，治理国家、料理政务是一个繁重不堪的负担，皇帝一个人不可能担当起来。不任命宰相并不意味着宰相的职责可以有人分担，而意味着他的职责错误地落入旁人手中，这些人乱行其事。

明朝宰相的职责逐渐由皇上的亲近顾问内阁来行使，这是统治者不堪行政事务的繁重负担而必然导致的结果。但是黄宗羲认为内阁并不能替代宰相。因为官员们谁也没有权力主动承担领导责任，权力很快落入那些同皇上十分亲近、毫无官员资格的人——太监手中。为革除这一弊端，黄宗羲建 [176]
议恢复宰相制，这样权力和责任就落实在一位行政官手中。他同皇帝一道在商讨国事当中担任领袖之责，而且如果有必要，向皇上制定书面的决策。为协助自己行使好这些职责他应该建立自己的行政机构，这些机构将有利于六部的协调，保证百姓所有的奏章都能得到考虑，这样就会鼓励人们自由谈论政事。

这些建议同《明夷待访录》的整个基调是截然相反的。总的来说，黄宗羲赞成非中央集权的统治，彻底限制官员们的权力。但是他承认需要积极领导，而这是皇帝一个人所不能给的，在这个官僚体制内部他提倡要赋予宰相比中国历史上任何时期都更大的、更具体的权力。

（五）宦官

尽管黄宗羲将宦官留到书的最后才讨论似乎要表明他们在理想的秩序下的相对重要性，他在书中还是一再将宦官单独列出来，认为明朝以及前朝的许多罪恶都同他们有关。“阉宦之祸，历汉、唐、宋而相寻无已，然未有若有明之为烈也。汉、唐、宋有干预朝政之阉官，无奉行阉官之朝政。”[21]

黄宗羲认为宦官擅权有几个原因，其中最主要的一个原因就是因为“人主多欲”。如果皇上没有庞大的后宫，自然就不需要有那么多的太监侍应，这样太监数目少就不会构成问题。而同皇上的多欲相近的是他对个人权力的欲望。对权力的欲望让皇上把对家室的管理同日常内务分开，这样他就不必因为受到那些想限制他奢侈淫荡的大臣的干预而感到难堪。而明朝的宦官们无人管束，开始逐步侵夺治理国家的权柄。他们在幕后，向行使从前宰相职责的、现已不堪重负的
[177] 皇上施加了绝对的影响力，而且因为起草国家文书的程序复杂，他们能够在这一过程的关键时期将自己的要求强加进去。由于处在这样的有利地位，他们建立起了同文官机构平行的管理机构，操控着大部分的皇库收入、矿场以及一大堆的专营权力，名义上是供给宫廷，实际上操控的规模更大，还通过特务、刑狱制度控制司法，最后控制了军队本身。黄宗羲说他们实现这些目的的最有力的武器就是口称帝国所有的财产都是天子的私产，应该归皇宫直接控制。他们令皇上深信只有他们，而不是朝官，才会将皇上的利益放在心上，加上那些

□ 明朝宦官王振像

胆小懦弱奴颜媚骨的官员的鼓励，宦官们将本该由朝臣们行使的权力操在了自己手中，而朝臣们则差不多沦为了宫廷的仆役。

有人提议要限制宦官就应该将他们置于宰相之下受外廷的控制。[22]但黄宗羲认为这样还不够，或许还很危险。他说宫廷太监是从受宫刑的犯人当中选出来的，这些人奸邪顽劣，用这种方法是无法约束的。相反，由于他们数量庞大，同皇室的关系异常亲密，他们很快就会将宰相本人置于他们的控制之下。因此，唯一的办法是大幅度减少太监的数量，要做到这一点除非皇上能减少后宫嫔妃。有人对此提出异议，认为这样会限制皇室子孙的数量，严重危及朝代继承人问题，黄宗羲指出北宋最后一位皇帝倒有很多子孙，可最后都不过成为其征服者的“屠醢”罢了。

（六）学校与国家

在中国，国家一贯很重视教育，矛盾的是学校反倒因此受了害。因为学问是入仕的基本资格，所以学校在培养选拔官员方面极为重要，除此而外再没有其他的作用。尽管在京城和各省主要地方都有官办的公学，但其主要目的是培养那 [178]
些通过地方考试选拔最终入仕的学生，而绝大多数的人并没有接受过教育。除了那些通过选拔进入官学和太学的学生，其他人通过私人先生才能得到指导，而能请得起先生的人没有多少。因此国家对学问的重视并没有形成任何普遍教育制度。

尽管没有这样的普及教育或公共教育制度，中国的政权仍然对教育和思想实现了很大程度的控制，其操控程度堪与现代政权通过中央公立办学所实现的程度相比。这是因为在中国几乎所有的教育，无论是公办的还是私立的，都以科举入仕为导向。学习是成功入仕的门径，而在这样一个官本位的国家，做官又是发财得势的主要路径。统治者办学无须自选课程与教科书，只需规定考试要考的东西，就能决定那些热衷功名富有抱负的学生自己去学什么。

有了这样的背景知识，我们就能理解为什么黄宗羲如此重视教育改革。黄宗羲希望通过建立一个不仅仅是以培养官员为目的、功能更为宽广的普通公学制度来救治这两个弊端。他试图要表明在古代学校是所有重要社团、国家活动的中心；学校还具有一个重要角色，那就是它是议论公事、君主听取建议的场所。因此，理想的学校应该在两个方面服务于民：教化大众和作为公众发表言论的场所。同样，君主也相应地具有两重责任：为大众设学和通过学校使大众在治理国家中有发言权。在古代“天子亦遂不敢自为非是而公其是非于学校”。但自秦之兴起，“天下之是非一出于朝廷。天子荣之，则群趋以为是；天子辱之，则群擿以为非”。[23]

这些论调再次显示出儒家对已经深入后廷的专制统治教
[179] 条的法家学说的憎恶。韩非子曾说过：凡是人君以为好的官员和百姓就视之为好；凡是人君从未以为好的官员和百姓也不视之为好……[24]为秦国的建立负有主要责任的法家政治家李斯在压制言论自由上也坚持同样的原则：

> 今陛下并有天下，别白黑而定一尊。私学而相与非法教之制。闻令下，即各以其私学议之……夸主以为名，异趣以为高……如此不禁，则主势降乎上……[25][司马迁《史记·李斯列传》]

在黄宗羲看来，天子决定是与非这种观点的流行剥夺了学校最重要的功能，造成学校与国事之间不自然的分割。这样一来学校甚至连剩下的养士的功能也无法完成。因为心里只想着向上爬，一味地要顺从，所以教育的真正目的就失去了方向。有思想的人们为了得到真正的教育，越来越多的人开始就学于私办的学馆，这些私人学馆书院在宋朝和明朝成为新儒学思想的中心。而这些书院独立的、非正统的思想又一再受到国家的压制。这样这种将学校与国事专断地分开的做法以二者的公开对立而结束，对二者都十分有害。

□ 国子监二门——太学门

尽管黄宗羲为私办的学馆辩护，反驳那些认为明朝政治的失败私办学馆难辞其咎的观点，但是他真正的目的不是为强调独立的私办学馆的重要性。正是因为缺乏真正的官办学校这些学馆才具有了价值。根据儒家理想，开办学校是统治者的责任。黄宗羲提倡要建立普及的公共教育体系，这些官办学校由国家主办，但不受中央集权的操控。从京城到各个城市、乡镇甚至是很小的村庄都应设立学校，但是每一级学校管理独立，不受上一级的控制。郡县学校的主要管理单位，应由当地选出的学官，而不是中央任命的学官主持。这些人无须做过官或有资格居仕。他们不仅应该在包括选择经

师等一般的教育事宜上具有完全的自由，而且郡县长官要尊重学官，听取他们在关乎社会风气的各项事情上的看法。同
[180] 样，在京城中太学的祭酒（即校长）每月讲学，评议天下大事，天子及其大臣也坐在弟子的行列中听讲。此外，地方学官在社会生活的其他方面——公共仪式、家礼、对出版物的审查、公共娱乐——也有权威。“故入其境，有违礼之祀，有非法之服，市悬无益之物，土留未掩之丧，优歌在耳，鄙语满街，则学官之职不修也。”[26]

最后的这些规定提示我们，黄宗羲所提议的这一套制度尽管强调要脱离中央集权的统治和要求学术自由，但其本质上仍然脱离不了权力主义的性质。对于黄宗羲以及任何一个真正的儒家人士来说，关键是要将权力置于那些最有资格行使它的人手中，不是要鼓励无限制的言论自由，也不是以异论本身为目的。最后，黄宗羲坚信人民的利益和愿望同某些基本的必须坚持的价值观是一致的。因此他自然会认为对社会上的非公共机构，不能给予同公办官学同样的自由。和尚和尼姑应该还俗，寺院庙宇所占土地应该被没收，这样这些土地的收益可以用于资助贫困学生。[27]

（七）取士制

黄宗羲关于教育的本质的观点在其论科举取士的几篇文章中表达得更为完整清楚。科举制度几百年来一直是中国招募统治阶级的主要方式，其重要性如何夸大也不为过。黄宗羲尽管对这种只关注为科举取士做准备的教育体制所造成的后果感到悲哀，然而他认识到科举考试制度在决定被赋予管理帝国责任的人员的构成与思想方面发挥着至关重要的作用。他觉得明朝的政治失败同其取士制的种种弊端大有干

系。事实上，他发现这是明朝的制度比前朝更容易被滥用的 [181]
一个因素。

黄宗羲对明朝制度的批判可以总结为两点。一方面，他认为进入仕途的门径太窄，仅限于极少数的人，决定这些人资格的标准过于狭窄；另一方面，一旦这些官员得到录用，升迁得又太快，还没有证明自己的能力或取得足够执政经验就被委以重任。这种程序同《礼记》中所描绘的古代方法相反，过去吸纳青年才俊进入官场很宽松，可是他们要获得提升则要对他们在任上的能力进行严格的考察。甚至汉、唐、宋朝都比明朝更接近于这种古代理想，因此在黄宗羲所设想的制度中，它要求下级官员要经过一段实习期，在派任地方官之前需要通过连续三项称职测试。[28]

黄宗羲论述的第二点是关于考试的内容并且与第一点相关联。明朝选拔候选人的一个主要局限是科举考试只注重经籍，尤其是《四书》。这就意味着那些除此而外一无所知的人进入仕途，而那些在其他领域很有才能的人却无处施展自己的才能。黄宗羲开出的改变这种情况的药方有双重性。他提议通过在经籍科目之外另外增加三门科目来极大地扩大常规科举考试（如省里的举人考试和京城殿试进士考试）的范围。这些科目包含了更多重要的哲学论著，包括同孟子的著作有一样地位但还未高到被列入《四书》之内的孙子的著作；汉、唐、宋时的著名哲学家的著作；甚至还有被视为异端邪说的道家著作《老子》与《庄子》。另外还有一科涵盖从古到宋各朝各代历史的历史著作，以及有明的朝廷实录——的确是卷帙浩繁，令人生畏！最后一科考时务道，同上面所说的其他科目一样，这也是先前唐宋科考的一部分。十分具有讽刺意味的是，这些建议，同明朝狭隘的考试范围形成鲜明 [182]

的对比，基本上遵循大哲学家朱熹的提议。朱熹对经籍的评议为明朝所接受，尊为权威，可是他对考试内容的见解则全然被忽视。

对于改变取士只重经义的做法，黄宗羲的另外一个解决办法是不拘于常规的科考一途，应在其他标准的基础上采用其他方式选拔士人。在这些方法中，他建议采用举荐制：各地（每年）举荐一人，由宰相对其进行考察决定给以适当的官职。第二种方法是州县的学校将其最好的学生送至太学，太学接受他们但要对他们进行考试，待毕业后按进士一样的待遇给以官职。还要对高官的子弟给以特殊的照顾，准其进入官学或太学学习，但他们应该也要经过同其他学生一样的考试和升迁程序，这样无能者就不会通过请托侥幸而居要职。此外州县佐治之官应该由那些有前途的年轻人来做，这些人如果连续通过多次考试可以升入太学或补以京城官职。在宰相、六部、军事辖区及各省巡抚手下供职的属吏也采用类似的一套任用制度，拿职事给他们做，如果他们在各自任上表现出卓越的才能，就可以向上请报，使其成为正式的官员。除了这类以为政能力取士的方法，对于那些具有绝学的人，各郡县将这些人上报朝廷，进行考试并进入翰林院以待诏。那些向皇上上书或进献有特别价值著述的人应该给以官职。黄宗羲希望通过这些方式保证具有各种才能的人都能被录用或证明自己的才能，而且他多次强调这些人在担任官职后还要再经受考验。黄宗羲坚持宰相和其他负责实际行政职责的官员有选用、任命、提拔自己的属下的自由，从这一点也很清楚地表明他希望这些官员自己选择自己的助手，因为
[183] 他们比吏部更清楚谁担任什么职务合适，能更充分考虑特别的需要。这也再次证明了他避免中央官僚主义集权，增强负

责实际事务的官员的权力的主张。

黄宗羲对明朝取士制度评判的第三点是其以著名的“八股”文为代表的考试形式。他在论及取士制度时首先针对这一点并对其追根溯源至有明以前，展开长篇论述，这或许表明他认为这一条何等重要。在此黄宗羲让我们认识到他所讨论的问题是几百年来政治家与知识分子争议的核心。前面已经表明改革科举制度更重视对经义的理解是宋朝的新儒学领袖们所追求的目标。[29]黄宗羲对这一问题的讨论主要集中在宋朝为实现这一理想的最大胆的一次尝试：王安石所创立的考核六经“大义”的考试制度。

在王安石之前，进士考试最注重诗赋为文技巧，而考试经义的明经科目名声不佳，这是因为唐朝所设立的明经考试，后为宋朝所承袭，已经沦为考试的形式，只考记诵和注解，因此，达不到进士考试所要达到的展现考生文采的水平。王安石（以及黄宗羲细心地列举出的其他晚唐和宋朝的改革家）希望恢复明经的重要性，也为了改变一味死记硬背注疏的现象，要求考生表现出通晓六经大义。所以，王安石按照这些原则修改进士考试，可是他在这样做的时候又发现要使如此庞大的考试制度高效公正地运作必须引入一套标准。他所面临的问题，正是中国科举史中一个永恒的问题，类似于今天美国大学教师所面对的在考试中使用客观性或主观性回答

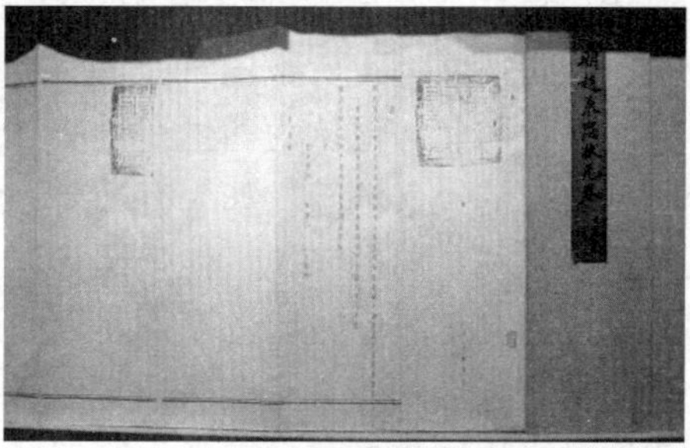

□ 明代状元赵秉忠殿试卷（1598）（局部），这是唯一留传后世的明代状元卷

问题形式的问题。过去的明经考试属于客观性质，考生只要回答出所引用的话或填出所引文章的注疏即可。这种考试只
[184] 要给出确切的答案就足矣，无须解释阐明，结果学生不得不死记硬背。可是如果废除此法而改为以论文答问，马上又出现另一个问题：这么多考生评判其答案的标准是什么？“什么形式的文章、对经义怎么样阐述才是可以接受的？”要取消标准化的注疏很容易，可是前提条件是先要确立其他有权威的经义的解释来作为评判的标准。王安石解决这个问题的办法是统一了六经大义撰写的格式并规定了自己对经义的解释，将其散发给考生作为指导。

明朝基本上也遵循了同样的做法。朱熹的注疏被确立为权威的解释，“八股”文成为必须遵守的固定格式。结果考生们不必再费力地学习其他人对经义的注疏，而且由于文章的形式已成死板的套用格式，他们逐渐养成了背诵先前已考中的考生的文章或公认的写“八股文”好手的范文。黄宗羲认为这种现存的考试形式所产生的后果反而使其本意要改革的弊端愈演愈烈。

黄宗羲解决这一问题的办法反映了他的基本哲学立场和他毕生的治学方式。他在其他著作中也提出读书要宽大气象、磅礴精微、无所不包，以求纠正有明以来泛滥的反学术的痼疾。因此，他认为考生在科举考试中，必须显示出熟知所有重要的经义注疏。如果有必要，记诵也比写些格式呆板的八股文强。总的来说，他强调知识与实际经验相结合，使所学成为真正属于自己的东西，因此他在此指出考生在写下其他权威人士的经义注疏后还应申明自己的理解。黄宗羲希望通过采用这种方法使得考生掌握经籍的精髓与要义，而且希望通过扩展科举考试制度的范围，使其包含其他对为官治

政有使用价值的科目，以保证有德有才的人都能被录用。

（八）胥吏

德才兼备的人——这是理想的儒家知识分子官员，只有这样的人才能被委以治理天下的权力。可是黄宗羲告诉我们，有明以来本应该由这些人来行使的职能渐渐被新兴的一 [185]
类小吏所窃取。对此王安石仍应负主要责任。宋朝王安石执政时废除了差役法，该法即通过课派民户，尤其是在地方，轮流供官府驱使执行众多繁杂细微的政府职能以分散这些负担。这些差役包括督收赋税的户长，掌管官物的衙前，逐捕盗贼的耆长、弓手、壮丁，供驱使的承符、手力、散从等，名目繁多。由于种种原因，负担最重的差役，或那些涉及巨大经济损失的差役开始压到那些最没有能力负担的人身上。为了改变这种现象，王安石改差役为雇役或募役，这笔费用从富裕地主和商人为免充役所出的雇钱税中抽取。尽管司马光废除了这一制度，但后来有的被恢复并为明朝改头换面后所沿用。

黄宗羲认为一旦这些小官吏获取了固定的有偿的职位后，他们就会自成一个阶层，具有既定的利益，而且在国家的日常事务中掌有不小的权力。这些人当中的有些人居然能取得本应由士人所担当的更高的职位。许多人成功地将其据为私人的产业，待自己退休后又将其传给子弟。在地方乡里，胥吏们同官府结为一体大胆妄为，为非作歹，压榨百姓。在省、京城官府的机构里他们“创为文网”，各衙署所设施之“科条”无不出于这些胥吏之手，尽管他们没有受过什么教育，根本不配行使这些权力。

黄宗羲希望通过在地方恢复差役和任用士人充任这些佐

吏所窃取的重要职位以彻底根除胥吏。实际上，他提议将各种差役并入里甲（或保甲）制度，由各家各户定期轮流当差。他相信乡户，尤其是负责人的百户长，不会像胥吏一样压榨邻里，因为如果这样，等轮到他们的邻里掌权后自己也会吃苦头。乡民们信任自己的同类而绝不会信任官府雇用的外来人。无论是朝廷的还是各府衙负有固定责任的高级职位，黄宗羲都希望由通过了科举考试的人或通过他所提议的
[186] 其他方法选拔出的人来担当。这也符合他要官员在被委以重任前需先经过在次要职位上实习和考验的设想。这种做法也剥夺了吏部——胥吏们的堡垒——对这些小官吏的任命权，这样就达到了他允许官员任用控制自己的手下从而增强百官职权的总目标。

（九）土地改革

1. 田地的保有与田赋——或许再也没有什么比田赋更让中国的统治者与老百姓都关心的了，几百年来，田赋作为国库收入给官僚统治输入了赖以生存的血液，与此同时，又常常剥夺了农民自己辛勤劳作生产出的维持生计的果实。正因如此，这也是黄宗羲之前的新儒家们所关注的一个问题，他们普遍认为苛刻的田赋是后来的朝代按照古代圣王们的规则统治而失败的又一个例证。可是有一位宋朝的前辈——苏洵，在研究这一问题后得出结论说，后代（三代以后）的田赋同古代比实际上并不高，问题在于农民们在交田赋的同时还要付很高的土地租赁费，而在秦废除封建制以前农民并不需要付土地租赁费。黄宗羲的结论与苏洵基本相同，不过他在论证时在许多问题上与苏洵观点不一，尤其是他花了很大的力气来证明后代的田赋并不像其表面上那么低。[30]

汉朝（前202—220）的田赋基本是十五税一，或三十税一。一些人认为这比三代德政时期盛行的什一税还要低，因此，即使将田赋提高至十税一也并不违古法。可是黄宗羲坚持认为汉朝的赋税实际上同三代的没有可比性，因为二者建立在不同的田地保有制上。三代以前没有私田；所有的田地都属于君王，君王将其按井田制授之于民，这样每个人都能养活自己。因此，他们向君王作为授田的回报上缴的贡赋 [187]
同后代虽为私田却要缴纳的税赋是不能相提并论的。（自秦朝）封建制被废除后，皇上不再给老百姓授田，他们必须自己购买或租种田地。在这种不再能保证耕者有其田的私有制度下，农民什么也得不到却被要求付给统治者同样多的东西，这是不合理的。而且，在古代，贡赋是根据被授田者手中土地的肥瘦来规定的，不按统一的税率，而是将土地划分等级，这样田地贫瘠所缴纳的贡赋也就少。什一税实际上是针对那些拥有最上等的土地的人的，其他人缴纳的则要更低。[31]

井田制废除后，汉朝对所有土地实行统一税率。在这种情况下，三十税一已是合理的——即使是田地最下等的农民也可以负担。可是什一税就是苛刻了，原因有二：其一，田地不是从皇上那里给予的，而且农民还要花钱购买或租用土地却课以什一税；其二，这是以最上等田地的税法为标准来对所有的土地征税。因为那些靠贫瘠的土地勉强才能生存的人，同样的税赋对于他们来说要更加艰难。

因此，黄宗羲称田地所有制与公平的税赋之间有一个基本的关系。他认为在田地私有制下三十税一或二十税一是合理的。然而如果恢复井田制，什一税是合理的。可是黄宗羲并不像有些主张恢复井田制就可解决所有问题的人那么乐

观。纵观中国历史，黄宗羲看到由于每个朝代以形势紧急需要增加税入为名而设置税项，赋税常常以隐藏的形式，有一
[188] 天天增多泛滥的趋势。在危机时征收的特殊赋税危机过后鲜有废除的。意在巩固现存税赋的田税改革实际上并没有减轻老百姓的负担，只不过为进一步课征税赋清除了道路。一代又一代民生凋敝困苦不堪，连他们自己也不知道合理的田赋是个什么概念。黄宗羲说，在他所处的时代，百姓以为十而税三都是轻的，十而税五或六才算是重的。[32]

因此，黄宗羲认为有必要从两个方面来解决这个问题：重新分配田地使耕者有其田；改革税制使拥有自己田地的人不会因为债务沉重而失去自己的田地。

2. 重新分配田地与井田制——自从秦汉建立了土地私有制度以来，土地集中的问题成为一个一再发生的问题，对此学者和官员们提出两个解决的办法。一是恢复据说古代所推行的井田制。这就牵扯到要废除私有财产所有制、没收所有的田地以充公、国家按照“九个方块”公式重新分配田地、永久禁止买卖田地等。然而，一些以此为理想的人，如汉儒董仲舒也认识到时代发展了，要完全恢复井田制是不现实的。于是他们又提出另一解决办法：就是限制私人拥有田地的数量，将超出限制的部分分配给需要田地的人，而且仍然保留私有制。早在公元前7世纪就颁布了一条体现这一提议的法令，但由于朝廷上反对势力太强大而从来没有能够实行下去。

黄宗羲认为这种简单限制土地所有制的做法是解决不了问题的，而且是不公平的。他认为一定要废除私有制和通过井田制“授”田于民。任何保留私有制的做法，即要人们必须购买自己的田地，可是却没收一些人的田地重新分给另一

些人势必会激起抵制，而只有通过武力才能实施。这是孟子所说的“行不义”，按照儒家的教义是不能以恶来行事的，即便是行善也不可，因此黄宗羲以为此法不可行。也是因为这个原因他同样反对另外一些人所提出的趁天下大乱、杀伐屠戮之后人口稀少、土地充足以恢复井田的主张。如果恢复井田制真的那么好而且又可行，那么何必要等到这样可怕的灾难造成这样的“有利形势”而后才实行呢？

这样问题就变为“井田制是否真的可行”？苏洵以为井田不可恢复。在苏洵那个时代主张实行这一制度的人太注重 [189]
以《周礼》为指导重建古代秩序，《周礼》对于河流河岸、水沟田埂、水渠渠坎、沟池界限、大路小路都有细致的规划，而这些规划的地方在划分井田时都要保留。苏洵认为这是难以实现的。只有“驱天下之人，竭天下之粮，穷数百年专力于此，不治他事，而后可以望天下之地，尽为井田”。[33]因此，同董仲舒一样，他认同限制私田的主张。

黄宗羲称“言井田不可复者，莫详于苏洵”，可是他以为苏洵所讲的不可克服的困难只不过是细枝末节，并不是什么大问题，只要恢复了井田制，这些问题都可以迎刃而解。另一方面，他还指出明朝的两位学士，其中之一是胡翰，[34]曾十分迫切地为井田制辩护，但黄宗羲指出他们没有能够提出实现恢复井田的具体方法。黄宗羲认为他自己正是要提供这样做的办法。胡翰曾建议先在一个地方推行井田制，而后可以将其推广至整个天下。可是黄宗羲发现井田制的所有基本原则其实都已包含在明初所建立的屯田制中并得到检验。每个屯垦的军士拨给五十亩田地，供给自己所需，而且使国家不必再从国库中出钱出粮。黄宗羲坚信这一制度可以推广至全国。黄宗羲根据他所得到的官方汇编的《明会典》的16

世纪晚期的统计数字，经过计算，他先指出实行屯田的耕地已经占了总耕地的十分之一，而后得出结论：在如此大范围的地方证明可行的方法推广至其他十分之九的地方也并不是难事。然后他又指出总耕地，如果按总户数分每户可分得五十亩，尚有余田，这样富有的人就可以稍微多占有一些。他相信这样富人也不至于强烈反对。

可是反对的意见显然还有。屯田制实际上证明并不是很成功，因为大批的屯田军士放弃了自己的田地，开了小差。
[190] 黄宗羲解释道这不是屯田制度本身的问题，而是由于管理不当和开小差的人思乡恋土造成的。身体强壮的军士没有足够的时间耕种自己的田地，结果田地的产出很少。而上面贪婪的武将对他们征以暴税，压榨剥削他们。可是，这些因素在民田中是不会有的。

3. 改革田税——黄宗羲要纠正的暴税之害主要有三："积累莫返之害"，即历代税额积累加多无法逆转的危害；"有所税非所出之害"，即以钱而不是以物为税的危害；"有田土无第等之害"，即田土不分好坏一律按亩数征税的危害。在讨论前两条危害时他回顾中国历代主要的税制的发展与演变，这表明他曾经认真研读过历朝历代的经济文献以及像杜佑的《通典》、马端临的《文献通考》和明朝的学者王琪（Wang Ch'i，音译）的续篇《明会典》（Ming Hui-tien，音译。原文如此）、章潢的《图书编》等这类百科全书式的中国社会制度历史著作。他在这些基础上又增加了他自己对当代发展情况的第一手观察。[35]在此我们只能触及其分析的要点。

在古代只有田赋，而且可以实物缴税。及至唐朝初期（624年）在以谷米为田赋外又增加了可以布帛折合的户口税和丁役税。然而到了唐朝中期，因为这些各种税目征收起来不仅繁杂而且效率低下，就将这些赋税合并为一年两税，这样丁口税就归并到田赋中去了，可以谷米折算。到了宋朝（960—1279）又增收新的丁口税，老百姓没有意识到因为同样的内容他们又被重复征了税。到明朝又实行“一条鞭法”的新税制，将所有现存的税赋归并到田赋里，为了征收简单，统统折合为银钱，这样又开始了在基本税赋的基础上重重加税的过程。先是征收单独的杂役税，到了明朝末年的时候为了供给帮助朝鲜攻打日本的军队和在北方抗击满清的军队又增加了专门的税赋。到明朝灭亡前的那一年，将这 [191]
些新的饷银合并到一条鞭去了。因此黄宗羲分析到这些简化税制的改革实际上只不过是常常在基本赋税的基础上增加了税赋，而且税税重叠累加无有止境。要改变这种现象，黄宗羲提出要废除所有自三代以后新增加的税赋名目，恢复到税赋积累以前的状态来重新制定税赋标准，未授的私田以二十税一为标准，授给百姓的井田以十税一为标准。[36]他唯一愿意保留的其他赋税是户口税，用作维持他在后面所提议的兵制。

这就产生一个关键性的问题：这么低的税率，国家的用度岂不会不足？黄宗羲的回答用意深远。他无意去估算国用应该是多少才够用，只是指出古代仁君统治时期国家的用度很少。根据儒家经籍的记载，在古代封建时代，税赋的很大一部分都用于地方政府，朝廷拿去的极少；而如今，他暗示许多先前诸侯所行使的功能都被中央政府拿去了，中央有权享有大部分的税收，而国家的总用度并不应该增加。他似乎承认中国虽然变了但并没有发展。国用的增加不是由于国家的职能扩大了，而是由于政治的腐败，表现为奢侈浪费、低效无能。

中国历史上税赋基本上都可以谷米或布帛相抵，只是到了唐朝实行了“两税法”才使得以铜钱为赋成为可与实物赋税相兑换的普遍做法。只有到实行了“一条鞭法”以后才规定必须以银钱为赋。唐朝著名的散文家陆贽曾抱怨，老百姓为了交税银将自己的产出兑换成铜钱损失太重。黄宗羲感叹道陆贽尚且“以为不可”，“而况以银为赋乎”？在某些时代，如果物品折合为银两于民方便或有利于民就规定缴纳钱赋。可是到了明朝，老百姓不得不以不利的汇率将谷物或布帛折合成银两从而损失很大，即使是丰年农民们也往往没有什么好处，因为他们的物品价格直落，而他们还得以银钱为赋。因此必须恢复古代“所供为所出”的制度而不是要求老百姓
[192] “所供非所出”，使百姓不至于太过困苦劳累。

最后，黄宗羲攻击了对田土不分质量好坏征收统一税赋的做法。实际上田土质量的好坏可以相差不止二十倍，对于肥田来说还算合理的税制对于那些贫瘠的田地来说则是毁灭性的。如果对于那些产出低的田地的税赋做些调整，瘦田就可以休耕一到两年，这样逐渐就能恢复地力，可是在现有条件下，官府没完没了地催租，农民迫不得已连年耕种以缴纳赋税。因此，黄宗羲建议恢复王安石曾试用过的根据田地的产出力来计算田地的单位面积从而计亩征税的方法。这就是所谓的“方田均税制”，将田分为五等，等级次第。这样既保持了统一的税制又使纳税的田亩大小有异，因此负担也相当。这样做最终会使下等田的税入增加，得到休耕，地力渐渐得到改善，产量也能提高。

（十）其他改革

我们不能将黄宗羲改革计划的全部充分地呈现在此，但

至少有必要指出他对于直接影响政治权力行使的其他经济和社会因素也有广泛的认识。保持健康的货币制度正是这样的一个问题，黄宗羲对此进行了细致的分析，表明过去国家没有能够认识到稳定和方便的交换中介对于整个经济的重要性；相反为了现实的利益操纵或控制货币流通，实在是目光短浅。因此他迫切地要求废除金银而以钱钞作为流通货币。

□ 穆宗“隆庆通宝”、神宗“万历通宝”、光宗“泰昌通宝”、熹宗“天启通宝”

《明夷待访录》还花了很大的篇章对军队的编制问题进行论述，因为黄宗羲认识到明朝的一些基本的弊病可以归咎于缺乏一个强有力的防御体制，而这对于整个国家的政治和经济生活都产生了灾难性的影响。他的基本论点是不能将军事权力交给专门的职业军人，而应该将军队的组织和任务纳入老百姓的日常生活和管理模式中。与此同时，黄宗羲还建议 [193]
在中国边疆地区建立自立有自治权的军事辖区——类似于分封地，使其作为抗击中国西部和北部边陲的传统敌人的缓冲区，这样朝廷也不必向这些边远地区派送兵民。这些军事辖区也可以对朝廷本身形成制衡，形成权力中心，使得朝中那些欲把持军权牟取私利的人鞭长莫及。

三、结　论

黄宗羲对于政治原则与中国的制度的讨论显示出某些

深刻的主题思想。其中最明显的一条就是他强调政府应该为人民的利益，而不是为统治者行事。如果仅以民本就够得上称一位思想家为“民主派”，那么毫无疑问黄宗羲当之无愧，因为他对于及至明朝发展到极点的中国暴君专制统治的分析及谴责比我们所能看到的中国历代文献中的任何分析都更为彻底、更为直白地捍卫了人民的利益。然而，我们对近来一种将黄宗羲同约翰·洛克（John Locke）与约翰·斯图尔特·穆勒（John Stuart Mill）联系到一起的评价不能苟同，该结论是：“三个人都是民主派，因为他们都相信国家为人而产生而不是人为国家而产生。”[37]的确，三者在这一点上确有相似之处，可是正如我们所知民主的意义不仅在于“民享”。黄宗羲所倡导的政治民主自然不同于西方的政治民主，这种民众制度旨在为人民提供自由表达意愿的手段，并以某种方式控制政府的行为。黄宗羲所倡议的“民治”的政府，正如他以及孟子所强调的，只是指人民有权推翻残暴的统治者，只是指在理想状态下那些被赋予政治权力的人应该体察民心民愿。然而除了作为代表的政府，黄宗羲对于立法机构的形式、选举、公民大会、政党等并未做任何规定。

他所设想的制度的确能够行使西方民主国家的作为代表的政府所行使的某些功能。比如，他对于法律的强调意味着类似于宪法性质的秩序，对统治者与其官员的权力做出了总的限制。这种宪法性质的秩序在他提出的要增强宰相的权
[194] 力、朝臣是人民的仆人、天子不能任意支配他们等主张中体现得尤为明显，这种秩序同英国现行的政府制度具有某些相似性。而且，他强调学校的重要性，不局限于与其直接相关的教育功能，还将其作为“清议”的场所，黄宗羲所设计的学校应该发挥同政党或议会同样的作用。的确，有鉴于中国

政治历史的大趋势，他具有这样的思想是很自然的。中国朝廷中存在的所谓的“党”同西方的政党十分相近，而且，只要这些“党派”按某些政治原则而形成结盟，而不仅仅因为对个人的忠诚而形成集团，他们就会同某些学校发生联系，比如在明朝晚期。毫无疑问，黄宗羲所设想的学校在政治领域中的重要性正是有感于在他所处的时代，学校因为发挥了表达政治观点的角色而招致了攻击。

为什么对于黄宗羲来说似乎只有学校才是最适合于作为公共舆论的代表，这个问题或许可以从中国传统社会的结构本身找到更为确切的答案。在西方，中产阶级为有效的政党体系提供了基础，而中国缺乏一个强大的中产阶级，所以要达到这一目的很自然就会转向某个同文人治国的统治阶层密不可分的机构。中央集权统治早已植根中国，政党根本没有真正的立足之地，也没有其所要代表的有组织的阶级或集团。在官僚统治及其地方代理人之下也没有任何具有足够经济实力、社会地位的一致的机构或自发的结盟来确立自己的政治权利使自己成为不可小觑的一股力量。只有广大的平民，而且大部分都是农民，他们既不善于表达自己的思想感情，也不习惯于政治活动，只会采取暴力的形式反抗暴政。在这种情况下，就只有学校才能提供表达——不是公共的，或许，只是个人的——观点的机制，因为学校本身同统治阶级不可分割。尽管学校常常受到控制要使其也屈从于统治者，这种压制本身也表明学校，尽管将学问摆在如此重要的地位上，仍然有可能成为一个国家危险的反对中心。[编者注：此处有删节。]

因此，如果我们能够领会到黄宗羲不得不与之抗争的势 [195]
力，那我们对于他会提出用不同于西方国家的民主制度的手段来实现同样的目的也就不足为怪了。不过即便是考虑到历史的情况，黄宗羲同西方“民治”的倡导者还是有一些根本的区别。尽管他强调法律和近似于宪法性质的秩序，但他提议给予大权的宰相与他所称之为人民的仆人的大臣们仍然是由天子任命的，而不是选举出来的。同样，尽管他反对“君主制不可违”，他的反对只不过意味着暴君可能被推翻，而不是应该抛弃君主制，选举统治者。当然，这或许也能解释为是历史的偶然性：他没有想到西方意义的选举或负责任的政府仅仅是因为他的历史局限性。可是我们有理由认为，选举即便同黄宗羲的基本儒家信仰并非不相容，至少不大可能是他们的手段。对于黄宗羲来说，天子和理想的圣王才是关键人物。仅就其著作的标题而言就很清楚，这一题目暗示了寄托于明主以实现自己计划的愿望——这是传统的儒家文人或官员的最大理想。黄宗羲的这本书是写给天子和知识分子官员的，而不是他在当中会播撒下基本民主种子的广大老百姓。改革必须自上而下，因为对于任何一位儒家的追随者而言，善政始于上传于下。圣君明主就是太阳，其德泽普照天下百姓。正是天子的道德权威与典范才能矫正所有的罪恶，维护社会的秩序。[38]

黄宗羲也不出这个路径。他置于天子权威之上的限制确确实实属于道德性质的约束。这些约束不是为了使他不为王而是要帮助他成为王。这也正是为什么说大臣与百官如此重要。他们不单单是王国的共同管理者，而且是天子的同事、道德导师，他们帮助天子成为真正的王者。不错，黄宗羲从中国朝代的历史中得出一个教训：他知道继承皇位的鲜有大
[196] 贤大德之人。然而，他没有提出要限制天子的权力，没有提出要把这些权力留给人民和他们的代表，相反他提出了一个

典型的儒家的解决方案。将那些能够弥补天子缺陷的有才德的人置于王权近旁，这样，与具有绝对权力的暴君不同，在暴君面前所有的人，即使是宰相，都不过是他的奴仆；在人君周围，扶助人君的是一个有才德的统治集团。正是出于这个原因黄宗羲要求皇上和他的大臣像学生一样坐下来倾听太学的祭酒讲学论道，这就等于承认太学祭酒的道德和学术权威。下面也一样，郡县的官员对当地的学官的美德与学识也要表示同样的恭敬，同时在每年当地举行的乡饮酒会上对于长者表示恭敬并听取他们的意见。这里没有群众集会、大规模的集会或者熙熙攘攘的社交集会。统治者不是通过与人民对话，获得他们的支持，而是通过就教于智者或有德者达到自己服务于天下的目标。

只要我们牢记这一基本原则，就不会将黄宗羲对于法律与清晰的政治体系的倚重错误地理解为与西方宪法政治的提议如出一辙。我们已经看到黄宗羲在鼓吹要恢复封建制的时候并不是意在一定要复辟某种封建的制度或关系，而是旨在分散中央集权或使得权力分散，这常常是近代宪制运动的目的。然而在此，我们仍然应该做一个本质的区分。黄宗羲设想权力应该分担，这样权力的行使权就能掌握在能干称职的人手中，他们有充足的自由来完成自己的职责。有时候这样的做法会导致重权落在某些个人的手中，如宰相、六部的尚书、地方长官、学官、边疆辖区的将军等。这样他所维护的封建制可以被称为是某种“人”治的东西。其目的是将有德能的人置于权力的位置上，使他们在行使职能的时候不受专断的约束。这样他们就能充分考虑到情势所需，如果有必要，还可以不因循常例以解决人民的疾苦。这在本质上还是儒家的精神和目的。 [197]

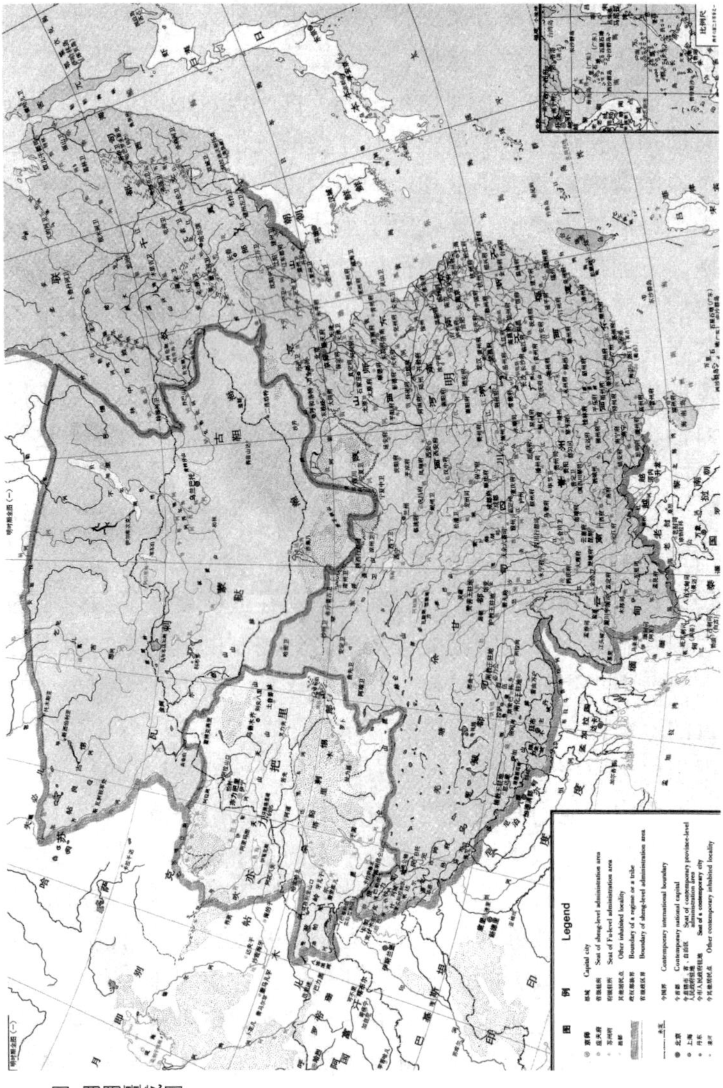

□ 明朝疆域图

如果我们再考虑考虑这种分散中央集权或权力分散有多少是针对维持权力平衡或制衡体系的，这种区别就再清楚不过了。的确，朝臣对于天子是个约束；学官对地方长官是个约束，边疆辖区的将军对于朝廷是个约束。可是除了边疆辖区的将军，这种理想并不是利益的平衡或互为制衡的权力之间的平衡。权力堂而皇之地属于统治者，不过只要他是个明白人他会主动听取大臣的意见。地方长官也一样，如果他不听忠告，黄宗羲所指出的唯一的办法是当地的居民群起而驱之。有的时候黄宗羲的提议所产生的效果实际上是要废除明朝统治制度中所包含的制衡，例如，为了所设想的公正、统一的取士制度，他希望剥夺吏部的权力，将任命权直接交给行政官员。同样黄宗羲也反对明朝军队中的分权制，更愿意将行政与调动权都集于文职当政的兵部。他不信任分权制，认为只有依赖于有德才的人的制度才是唯一安全的制度。

因此，在政治与统治上，黄宗羲并不向往健康的轮流执政。他的理想属于传统的儒家理想：以和为贵。善治是齐心合力共同向好的结果。因为这是为官者们理所应当的唯一目标，所以黄宗羲不追求互相斗争或竞争的利益集团之间的平衡或相互反对的政治势力之间的调和。他为学校的言论自由辩护，但是显然并不以为异议本身是件好事。在重大的问题上可以存在不同的意见，但是分歧本身不会产生结果。发生纷争时要做的不是通过投票或通过法庭来解决（这很可能是为什么在他所设计的体制中并没有高级法庭，如立法机构的地位），是与非最终由学校里的知识分子哲人来决定，因为他们是真理的守卫者，这个真理是唯一的不可分的，是由那些智者从那些圣德人君与孔子那里继承而后一代一代传下来的。

[198] 在追求这种社会和谐的理想的同时，黄宗羲寻求用更接近于现代民主的方式解决中国社会的许多问题。他提倡普及教育制度，这样人人都可以享受受教育的益处。遵循同样的原则，他的民兵制也希望能提供兵役，让人民的军队平等地分担国家防卫的负担，防止一再发生的军阀统治。在经济民主领域，黄宗羲的建议在某些方面超越了当代声音叫喊得最响的斗士们的要求。他看到田制改革的必要性，而且，尽管他的提议在实施起来还有许多不切实际的困难，但至少他深切地认识到仅靠均田地是不会让农民们摆脱苦难的。只要实行土地改革的统治者不减轻赋税，农民就会发现他们缴给国家的赋税比付给地主的地租要多。黄宗羲无意以一个冷酷的、强大的税收机器取代地方上控制佃农的地主。

近来的评价

尽管黄宗羲预见到了现代中国所发生的某些重大的经济和社会变革，可是他之所以成为最近一个世纪中国改革与革命运动中的一位重要人物确实因为其他的原因。这一时期或许是最有影响的作家梁启超承认黄宗羲的提议，如均田地、货币和军事改革、迁都至南京等，都同他自己所处的时代有联系。但是梁启超在说黄宗羲的著作实在是刺激19世纪末叶青年“最有力之兴奋剂”或当他说“我自己的政治运动，可以说是受这部书的影响最早而最深”的时候，他所指的并不是这些思想。[39]是《明夷待访录》中所坚持的政治原则让梁启超觉得黄宗羲就是早期的民主斗士，是土生土长的权威，改革者们可以从他那儿获得他们所希望从西方借鉴的民主思想和制度的许可。梁启超告诉我们正是因为这一点，在光绪年间（1875—1908）他和他的同志们将这本在乾隆年间（1736—1796）由于文字狱而遭禁的书挖掘出来，以此作为宣传“民主思想”的工具。[40]梁启超和谭嗣同“倡民权共和之说，则将其书节钞，印数万本，秘密散布，于晚清思想之骤 [199] 变，极有力焉。”[41]另一位启发了中国革命的知识渊源的创始人将黄宗羲刻画为现代民主和国民运动直接的创始者。“从历史的角度看，中国国民革命不过是晚明坚持反对满清征服者所开始的斗争的逻辑继续。”黄宗羲不仅是最重要的“反帝”哲学家，而且认识到武装反对满清注定要失败，他“设计了在国民革命的基础上，在中国重新组织秘密社团的计划”。[42]

对于这种将黄宗羲尊崇为中国革命的创始人的偶像崇拜，至少有一位思想领袖——章炳麟，颇不以为然。在其长文《非黄》中，他分析了《明夷待访录》的政治思想，对于他关于法度、宰相及学校的重要性表示反对。尽管他的批评多为过激之言而且有失公允，似乎出于根深蒂固的个人好恶，可有时对于黄宗羲的思想被当代民主和民族主义所用的评价也不乏真知灼见，给人启发。例如，他反对当时过于活跃的学生运动，有些学生运动的领袖从黄宗羲这里找到了学生干预政治的正当理由，[43]章炳麟批判这种认为幼稚、捣蛋的学生可以代表全体人民意愿的观点。[44]他还对黄宗羲被冠以立宪派的典范表示悲叹：“近世言新政者，其本皆附丽宗羲。”[45]他认为黄宗羲是一个三心二意、无能的依法治国的倡议者。黄宗羲给予宰相的权力过重、破坏取士制度，这些表明他的政府将会被某个政治领袖，而不是被法律所主导。在这一方面他发现黄宗羲的提议无疑会为西方的所谓的“宪法民主”的某些最坏的特点敞开大门，比如英国的内阁只不过是首相的一枚橡皮图章，美国的总统是强有力的煽动家，其

追随者会不顾一切使自己和自己的政党领袖们当选。[46]“举
[200] 世皆言法治，员舆之上，列国十数，未有诚以法治国者也。宗羲之言，远西之术，号为任法，适以人治乱其步骤。”[47]

尽管他长篇大论，把别的人将黄宗羲等同于西方民主中最好的方面一律等同于最坏的方面，然而他还是在无意中揭示出黄宗羲所设想的法治同当代政治民主的倡议者们所宣扬的教条之间存在的不同。后来对黄宗羲作品的评论没有能够遵循这一条。近代研究中国政治思想的一位权威人士——萧公权，对于几十年以前对将黄宗羲赞誉为民主和民族主义捍卫者的激情表示怀疑。他乐于承认黄宗羲是专制主义的死敌，如果他出生在19世纪他会毫不犹豫地站在民主主义阵营一边。但是，黄宗羲没有能超越君主政体的范围，因此其思想只不过是“蹈袭孟子之故辙”。而且，同章炳麟一样，萧公权也认为从黄宗羲对于满清和先前中国的外来征服者的态度来看，他没有能够树立一个合格的、坚定的忠实于中华民族大义的典范。[48]

然而，对于当今的马克思主义批评家来说，这并不是黄宗羲的一个缺陷，至少有一个人认为这是一种美德。[49]尽管他们对黄宗羲的评价都是以17世纪中国作为一个“封建”社会的武断观点为基础的，但是他们也同其他作家一样对于黄宗羲在政治上的重要意义难以达成共识。例如，一位评论家将黄宗羲与顾炎武和王夫之划为一类，称他们是摇摇欲坠的封建贵族统治的最后一道防沟的守卫者，他们试图从满清的失败中吸取某些东西，重整旗鼓，通过“自我拯救”的运动保留地主阶级的权势。这就有必要分析他们先前失败的原因，提出改革的措施来避免农民起义和彻底的崩溃。因此黄宗羲的“人本”思想只不过是为了安抚农民，防止他们推翻

“封建”地主的统治。黄宗羲的改革提议无不以此为出发点：田制改革不过是要诱使农民不要离开土地；税制改革意在阻 [201] 止农民反抗高额税收；取消金银旨在恢复以物易物的自然经济，同样是使农民们固定在土地上。当然，还有学校、方镇制，都不过是封建贵族统治阶级的工具而已。[50]

另一方面，一位著名的作家侯外庐[51]，虽然也认同这种将中国社会在黄宗羲所处的时代看作是封建社会[52]的伪马克思主义观点，却对黄宗羲作出了截然相反的评价：黄宗羲的思想早于自己所处的时代几百年，他摆脱了“中世纪教条”对自己的束缚，对于当代思想和社会变革中的大多数重大发展都有先见之明。他的革命学说虽然是以传统的形式表示的，但也具有西方现代先驱者的特点。实际上，他比西方民主的鼓吹者更是一个纯粹的民主传道者，因为他不仅看到了以人民利益为本的政府的必要性，也看到了经济平等的必要性。[53]因此，在他所提倡的经济改革中十分清楚地表现了他超前的现代观念：改革田制，同今天（1946—1947）东欧一些国家正在经历的那样使耕者有其田；[54]改革币制，废除“封建”货币制，实行可以刺激经济活动和发展的流通中介货币；改革税制消除税赋不均的极端不平等的现象。[55]在政治上，黄宗羲因抨击“封建”性质的朝廷官僚统治而独树一帜，因为他支持现代的内阁制，赋予按功绩选拔出的宰相很大的权力，他还捍卫学校的言论自由。[56]简而言之，黄宗羲在对待他所处的时代的知识分子和社会问题上，是“反封建的”“具有启蒙思想的”，而且，最重要的，是“正确的”。[57]

同属一派的人对黄宗羲评价不一，而不同流派的人又称黄宗羲属于自己那一类，这些并不足为怪。黄宗羲在《明夷待访录》中所坚持的原则——政府是为人民的利益服务的，为了达到这一目的应该对权力的形式加以制约，国家不能控制人们的思想，政治领导权应该托付给那些合格的人，国家最终必须担当起使经济和社会机构正常运作的、关乎民生大
[202] 计的责任——是普遍适用的原则，在某些方面能够为在其他方面分歧很大的不同的思想流派所接受。另一方面，因为黄宗羲也没有为自己的理论所限制，而是尽力表明这些原则如何适用于他所处的时代的具体问题，那些对于所涉及的历史问题观点相异的人对他著作中的许多地方会有不同的评价。在这一点上，似乎可以说黄宗羲对中国制度的总的分析同早期强调国家和官僚主导地位的中国社会制度的阐述最为一致，其次是同那些认为专制主义至少在明朝完全成熟的人，同将这些时代的中国社会划分为根本上属于封建社会的描绘根本不一致。

但是无论黄宗羲自己的阐述在以后的历史研究中是否会站得住脚，他所作的这样的分析尝试仍将是《明夷待访录》的主要贡献。当然也不能称之为中国政治理论上的新尝试，因为黄宗羲思想当中许多基本的东西都源于儒家学说的原始宝库，尤其是渊源于孟子的思想。当然，孔子和孟子都不必为中华帝国的问题而伤脑筋。他们之后没有几个人，如果还有这样的人的话，像黄宗羲这样如此系统全面地审视过这些问题，或者在批判传统中国社会制度的时候如此有力地运用了儒家主义的理想。

在他之前当然也有人做过这样的尝试，而且没有人比黄宗羲更清楚自己受惠于前人，这些人或有名或无名，都曾努力想要解决这些问题。确实，在某些时候，他的对某一问题的解决方案显然早已有人提出过。的确，与他同一时代的人有同意他的观点的。这些观点并不会被全盘接受，然而，在

□ 黄宗羲墓

那些承继了同他类似的知识传统的人当中，在面对当时的关键问题上是同样的儒家理想激起了同样的情感。这些人当中顾炎武就是一个十分突出的例子。他在读毕《明夷待访录》后致书黄宗羲，说他自己对于书中的观点同意“六七分”。读一读顾炎武的文章“郡县论”“钱粮论”，还有他的伟大著作《日知录》里面相关的文章能够证实他同黄宗羲在大多数重要问题上观点极为相似。[58]与黄宗羲同一 [203]
时代的其他人，如吕留良[59]和唐甄[60]，同样也是反对暴君、反对压迫制度、拥护民本思想的杰出人士。

无论如何，黄宗羲的著作依然是这一观点最雄辩、最全面的陈述。他将古往今来别的人曾经表达过但十分零碎、没有系统的观点加以吸收融合，尽管在讨论某些问题的时候有时不像其他人所讲的那样完备（这里比之顾炎武尤为适宜），但他的论述有总的原则、有历史实践，这种平衡为他的文章增添了很强的力量。正因为此，《明夷待访录》成为几个世纪以来最为不朽的、最具影响力的批判君主专制的儒家力作。

（王　琼 译）

条约下的共治

(Synarchy under the Treaties)

费正清

(John K. Fairbank)

一、外国势力参与中国政府

[204] 外族统治是中国政治传统中司空见惯的现象之一，它对现代的意义却一般被人忽视了。在过去的七个世纪里，超过半数的时间中国是被非汉族皇帝统治的——蒙古族的元朝（1279—1368）和满族的清朝（1644—1912）。不过这种异族统治在中国历史上并非什么全新的经验（前几个世纪里北方的北魏、辽、金就是见证），中国的社会文化主体并没有因此产生根本性转变，而是这些“征服王朝”以某种形式契合了中国的框架。总的说来，他们的皇帝以古老的儒家传统治国，“蛮夷”统治者作为执政者在中国起着不过是特殊的军事、政治作用，而中国人的生活仍然保持旧貌。因为虽然有100万的外族入侵者，就有1亿或更多的中国人，中国人和外族人的比例达到了100：1甚至更高；因此外族人也只能在中国人的帮助下才能统治下去。我们可以说，从表面效果上看，蒙古人和满族人只是“参与”了中国的统治，不过是处于最高层而已。

事实上，亚洲内陆的异邦民族总是以某种方式参与中华帝国的治理，因为就“帝国”而言一般包括中国和周边地区。从机构的角度来说，我们必须把以农业为主的中国和以游牧为主的亚洲内陆看作一个单一的汉—胡政治体。这个政

□ 元世祖忽必烈

治体在最大的融合与和平期既可以被汉族王朝（如汉、唐、明）统治，也可以被非汉族的王朝（如元、清）统治，但无论哪种情况，我们都应把这个地区看作一个单一密切联系的帝国区域。

东亚的历史贯串着这样的模式：有塞外和塞内的联姻关系，有人口密集的中国农垦区和周边人烟稀少的牧场之间不可分割的联系。历史关系如此长久，个中原因极其复杂，这无疑是学者们进行猜测的最佳话题，当然也是研究的难题。骑马的 [205]
猎手较抽丁的农民更具军事上的优越性；游牧民族对与定居地区的贸易往来有经济依赖；帝国边疆的造反者享有更大的政治机会（在相对和平的条件下他们发展起来更为有效的行政管理机制，而在中国内部的造反者被迫不停战斗，很少有机会学习如何管理国家）。所有这些都是更为广泛的汉—胡关系问题中一个个不同侧面，并形成了现代中国外交关系的历史背景。

这一漫长的历史传统的一个结果是，一个世纪前中国出现在国际舞台上时，已经存在让“外国势力参与”其政府的完善机制。在强盛拓展的中国王朝统治下，“参与和共治”表现为中亚部落的首领成为附庸，与中国皇帝保持进贡的关系。在非汉族王朝统治中国时，“参与和共治”表现为汉族与

□ 元《大驾卤簿图》。图为元帝舆驾行幸时大驾卤簿礼仪

非汉族共同组成的官僚的“共同行政管理”。

“共同行政管理”的现象，不用说，是极为多样化的。它包括了很宽的范围，从早期蒙古族统治下的胡人为主导的独裁形式到后期满族统治下满汉合作的平等形式。其间，很多微妙的因素发挥了作用，如语言、服饰、习俗中的文化要素，社会和经济利益，军事战略，政治理论，等等。我建议，把这种“在外族王朝统治下中国政府的汉—外共同行政管理”的精妙机制称作“共同统治”（synarchy）这一特别名称。这么叫倒并非是因为有明确的量化，而恰恰是因为对于这个领域我们的研究还基本上是未知的。[在本文随后的小节里，我们将定义什么叫共同政府；我认为这比“双重政府”（dyarchy）要好，因为后者意味着只有两方参与，而且已经有特别的含义，指英国殖民下的印度。]

到目前为止，我们对中国“征服王朝”里的外族统治几乎全是在现代之前中国帝王传统的框架下进行研究的。但沉思之后我们便意识到，在4至19世纪里北魏、辽、金、元、

□ 满载乐队的骆驼俑，西安市西郊南何村的鲜于庭诲墓出土

清时期非汉民族在中国的作用与19世纪和20世纪里英帝国和其他西方列强以不平等条约和随后的日本侵略者以他们的“共荣圈”的名义，甚至最近的□□□□□俄国所起的作用都有某种历史渊源。[编者注：空格处有删节。]

正如“共同统治”在 [206]
胡人征服王朝下成为可辨识的政治机制一样，因此我建议，1842年后的条约制度也应该看作具有“共同统治”特征的主要政治机制。

不过，正如我们即将看到的那样，这一机制在1842年前后出现了短暂连续的趋势，并且没有“汉—外”关系中政治理论上类似的连续性相伴。相反，与西方接触之后，中国产生了思想上的断裂，并最终葬送、摧毁了中国传统的政治秩序，这也包括内外两个方面。

为了检验我们的分析方法，让我们首先来看一看“共同统治”在理论和实践上的一些传统机制的特征，然后再谈一谈1842年后“条约体制”延续的证据，最后我们会提及作为与西方接触的结果，“共同统治”在理论与实践上的衰落。在这些猜测中，断言中国机制的唯一性（如有些汉学家由于

□ 散乐图。河北省宣化辽墓壁画

对其他地区无知而声称的那样）或强调其普遍性及与其他机制的可比性（这并不见得增加我们对中国的了解）都没有用处。问题在于，我们提出一些假说，从而更清楚地表明我们未知的界限并促进在这些方面进行进一步的具体研究。

二、共同统治作为传统机制

十年前一群日本学者尝试着对“征服王朝”进行整体总结。不过从本质上讲，他们的研究还是比较肤浅的，而且受到了战时时间紧迫的影响。[1]但是在一定程度上，日本学者还是细致地勾勒出来一个模式。这些模式和特征在北魏（386—556）、辽（907—1125）、金（1115—1234）的历史上就已经显现出来，而且在蒙古人和满人的历史上反复出现。

1．外族入侵者在前一个王朝行将崩溃、人们普遍需要统一和秩序时经过一段动乱时期在中国北方取得政权。

2．在开始进行征服的各项活动中，胡人不可避免地要寻求中国人（汉人）的意见和指导；而这些意见和指导，胡人能够轻易从边区的中国人（汉人）那里获得。

3．同样，中国人（汉人）的武装力量也被吸收到入侵者的队伍中。胡人的精锐部队仍然集中在骑兵里，因为适于放牧的大草原能够为更多更好的马匹提供粮草补给，而在中国 [207]（汉族）农业地区，这种补给是无法维持的。

4．取得对中国（汉族）领土的控制权后，入侵者会采取对中国（汉族）地方领导者施行恐怖打击与绥靖相结合的政策。外来政权首先要建立在中国（汉族）的上层社会之上，这主要是指地主和士绅。这些上层社会的人们经常组织本地的自卫队以维持地方秩序和乡村固有的社会关系结构。外族征服者的首要目标就是安抚这些人的利益，确保得到他们的支持。所以，必须以中国人（汉人）为领导来获得大批中国人（汉人）进行管理。

5．同样，总的说来，来自北方的入侵者都具有以下的特征：他们都明白不可能把自己的文化强加在中国（汉族）大众百姓的身上。当然，入侵者在人数上的劣势也使得这一点更加困难。因而，"征服王朝"在每种情况下都在一定程度上按照中国（汉族）当时的传统在中国人（汉人）的领土上施政。他们保留了中国（汉族）行政、社会和文化生活的传统形式，甚至在他们把自己统治的地区分成两部分时也依然如此。就像在辽国统治期间，其一部分在中国北部，而另一部分在长城以外，在长城以外，辽国的文化和生活方式得到了保留，而在中国北方则尊崇的是中国（汉族）的文化和传统。

6．因此，以中国人（汉人）的方式统治中国（汉族）的原则作一个推论，入侵者认为他们攻入中原以后最重要的是保证维系好自己塞外的故土。这样，他们就可以保持作为一个民族的独立意识，从而避免或推迟让汉人"吸收、同化"。这种西方式的观点非常时髦但流于肤浅，它认定"吸收、同

□ 明朝地理学者郑若曾编纂的海防书《筹海图编》

化”是征服中国（汉族）的异邦人无法逃脱的命运。

7．在中国（汉族）政府中保持中国人（汉人）的传统方式意味着，行政——至少在基层——应该是在外族征服者的监督下主要由中国人（汉人）来执行。混合使用两种人员是每个外族王朝进行行政管理的一个不可避免的特征。

8．此外，入侵者发现雇用其他外国人也有益处。所以，辽国起用了热河（Jehol）的蒙古族金人（His People），而金国在其政府中又大量起用了契丹族蒙古人。

9．一旦征服获得成功，胡人的下一个任务是通过储备军事力量来确保控制。他们必须建立起一支驻军，可以征用
[208] 中国人（汉人）并让他们完全效忠新的王朝。这支军队的分队可以驻扎在京城周边以确保京畿安全，或者驻守在一些关键据点，如长江三角洲等地。

10．同时，对于仍在中亚边境，滞留在后的人，“征服王

朝”采用的典型方法是“分而治之”的政策，使部落间互相争斗，防止在那里有竞争对手崛起，从而确保后方的安全。

除了以上几条，还有另一个因素在背后使劲，让外族的统治更加便利易行——这就是中国政治治国的理论。这一课题同样是烦乱而复杂，仍然有待深入研究，进行全面归纳。

总的来说，把中国皇帝作为一种政治体制在“儒家王制”的名下讨论最为方便。（“王制”在很多方面应归功于古时儒家的宿敌法家，而使用儒家经典中的思想似乎也说明可以使用“儒家”一词作为定语。同样，罗马天主教也比基督的言教在制度上要先进得多，但使用“基督的”一词似乎并无不妥。）“儒家王制”行使的是天子的普遍统治，天子在理论上是代表所有民众，其统治的范围也没有地域限制。中国皇帝的角色最好是简单称之为“天子”，而非任何种类的君主。根据孔孟学说，天子的影响来自德行。天子半宗教性的功能，以儒教为标志，帝王是其首脑，是以中国（汉族）为中心，但也可以认为对周边民族都有效用。因此，只要机缘得宜，理论上和道德上的优越感，甚至天子的实际

□ 武装的蒙古兵。图为15世纪明代的画作

□ 满文与汉文合璧的顺贞门匾额（故宫）

统治都应该扩展到亚洲内陆的胡弩人。中国天子统治的拓展在实践上受到塞外匈奴及其后继非汉民族的阻碍；但普遍兼容的“儒家王制”似乎为从匈奴的单于到所向无敌的成吉思汗的胡弩统治者树立了榜样。无论如何，当胡弩的征服越来越频繁，越来越彻底，中国（汉族）和亚洲内陆的帝王制度倾向于相互融合，相互接近，尽管两者在社会基础、经济和文化方面的差异依然存在。在其行政作用和东亚政治秩序中的理论地位上，胡弩的天子越来越像中国人（汉人）的天子。因而，在现代早期，蒙古人当中满族统治者和中国统治者可以使用分而治之的策略来对付蒙古。这实际上是从明朝继承来的；而在中国使用中央集权的策略，这又是明朝最初从蒙古人那里继承来的。

[209] 综上所述，其结果是儒家王朝变成了汉—胡政体。（中国民众默认的）天命既可以由中国人（汉人）也可以由非中国人（夷人/非汉人）来担当。争夺天命的人也是既可以来自中国之内，也可以来自中国以外。

“共同行政——共治”或在“征服王朝”下的共同统治在满族人的统治下达到高潮。行政上的双轨制在北京持续了几乎三个世纪。详细描述这种双轨制会不胜其烦，我们不妨按照时间顺序看一看构成其权力基础的方方面面。

（一）外在基础

中国胡人的威力在军事力量上表现得最清楚。他们始终使军事力量保持在备战状态，同时又储备了一定的军事力量，从而显示出自己有能力对付中国人（汉人）的武装叛乱。这背后实际上表明了胡人少数民族的社会和种族凝聚力。在“征服王朝”的统治下，征服者竭力保持自己的民族和种族意识以保障其特殊地位和随之而来的种种特权。为达此目的，在中国（中原）本土以外巩固自己的领土基地对他们来说是十分重要。在与中国北部汉族叛乱者的斗争中满族人占得上风，当针对满族人的叛乱慢慢消退时，他们在很大程度上认为这一胜利应归功于塞外的领土基地（大本营）。在那里，他们保持了胡人的长处，如军事力量，同时又效仿借鉴了汉人经济生活和政府职能中的许多特色。满族人成功的秘密在于塞外的大本营给了他们各种发展的机会，尤其是获得了中国（汉族）文职政府所需的管理技能。这种机会是中国内陆的叛乱者所没有的。我们不妨参看一下满人的竞争者李自成。他虽然强大到足以在1644年推翻明朝统治，但却招募不到上层社会的学者士绅帮他管理国家。[2]

（二）士绅阶层的利用

一旦夺取政权，征服者的第一要务是使中国（汉族）地 [210]
方长官的文职政府重新运转起来，因此，要确保地方士绅的合作，作为政府的必要辅佐和官员储备。无论我们认为学者士绅阶层的关键地位是基于土地所有还是基于地方经济、社会、文化和行政职能，我们一般都会接受由文人官僚组成的特殊阶层是使精英政府运转起来的中心要素。正是他们统治着政治上呆板木讷的广大农民阶级。正是官僚组成的统治阶级与学者、士绅、文人的互相渗透，使整个学者和官僚阶层拥有特权（私人关系、读书识字能力和以儒家思想的名义行事的能力，以及免于徭役和体罚的权利），使他们与农民大众区别开来。每个统治者的第一项任务就是成为文人的支持者和赞助人，维持选拔人才的科举考试制度，从考试的佼佼者中遴选官员。满族皇帝在这个历史悠久的传统过程中表现出了极大的能力。[3]

（三）国内控制系统

为了使文职政府运转起来，胡人王朝采用了一套行政管理的“控制系统”，这种控制系统也是汉人统治者发展并使用的。不论王权是属于汉人还是胡人，这种控制系统都与“儒家王政”密不可分。换言之，满族人征服的范围包括了夺得汉人的王权、在士绅阶级中确立领导地位以及使用这种控制系统。

□ 图为1685年清朝解除海外贸易禁令后各国的贸易船只停泊在广州港

满族人的控制系统在很大程度上只是明朝的一个延续。（明朝从蒙古人那里继承了哪些特征则是另一个有待深入研究的问题。）在这种控制系统之下，民众不仅受到驻军的钳制，而且主要受到村民间互为担保和连坐责任的“保甲制”的控制。文人则由科举制度严密禁锢起来。这一举措既达到招募人才又实现了给这些人才灌输思想的目的，使他们不会组织起来反对政府。在此之上，满族人还增加了对思想和文学方面的控制。审查机构向正统教育出来的官员提供了用儒 [211]
家学说来反对异端行为的机会。同时，习惯上一人多职或兼职的做法、每个职责都由多人兼职兼任，造成了官员间的平分责任或共担责任的状况，一个官员被迫要与另一个官员协商办事。地方官员不是通过京城各部而是通过奏折直接向皇上陈情的行政程序防止了中央权力的分散。“回避制度”规定一个人不得在其故土任职，控制了家族权势的影响。在权力的顶端，皇上不仅废除了宰相一职（如明朝所做），保留在行政程序中的决定地位，而且按照习惯是一个专制君主，不受任何控制和妨碍。他可以随意提拔和罢免官员，好像自己的绝对权威需要不时地表现出来。[4]

（四）文化作为中心的焦点

我想不必进一步描绘这个复杂而多样的政府体制。我们可以得出结论，这种体制加强了天子在普遍的、非国家的层面上行使中央权力。满族统治者对汉族学者士绅阶层的支持显示了传统的价值观，同时也认可了他们对蒙古部落、突厥和西藏大君主的地位。正如蒙古人曾利用阿拉伯人和其他西亚人、俄罗斯人及其他欧洲人一样，清朝也雇用耶稣会士，后来还雇用了西方顾问和文职官员。这种对政府的忠心的试金石与人的背景或种族是分开的。正是强调这种对儒家统治者与其汉族或外国奴仆的私人关系使得朝廷利用胡人对付胡人简单易行，与挑起汉族官员间相互争斗如出一辙，所有这些都在帝国的范围之内普遍存在。

结果是，儒家王朝有了一个文化基石而非民族基石。在这一基础之下，所有在儒家政体中占据适当位置的人都可以发挥作用。因为东亚是中国文化区域，中国类型的文字系统、官僚机构和精细农业为在从朝鲜到安南的定居区提供了共同的纽带。政治秩序的文化基础无疑是可以预料得到
[212] 的，不过儒家王朝的最大成就在于它有能力在同一政体下去拥抱亚洲内陆敌对的游牧部落，不论是统治他们还是被他们统治。把游牧民族纳入儒家王朝之下的能力无疑是一个巨大的成就。当然，游牧的征服者也做出了他们的历史的贡献：他们让沉静迟暮的中原大国经历了一系列动荡不安的异邦征服。

综上所述，作为“在异族王朝下的汉—外共同执掌政府”的共同统治不是一时的现象，而是确立已久的制度，它起源于东亚汉—胡政治经历的中心，是儒家帝王秩序不可缺少的方面。

三、条约制度的起源

英国在第一次鸦片战争（1840—1842）中显示了其优越的军事地位，并最终带来了一系列的结果——促成了海军、法律、行政和商业上相关和约和安排。为简便起见，我们姑且称之为“条约制度”。条约制度的最显著的标志就是“通商口岸”。这是两种传统合流的产物：外方（洋人）海上扩

张的传统和中方进贡关系的传统。这两种传统在中国沿海地区彼此接触已经有好几个世纪了，它们之间的相互混合并非突然之举。我们将首先涉及西方在海上扩张的一些特征，然后会讨论西方海上的扩张如何与进贡关系相适应。

（一）西方早期在亚洲的工厂网络

起初，欧洲的海外探险结合了对货物和人员进行海盗式的攫取和以货易货，而后者只是一个次要的选择。葡萄牙的扩张主要以奴隶买卖来支付绕过非洲的买路钱，以夺取阿拉伯香料贸易的集散地来穿越印度洋。[5]中国沿海早期的葡萄牙海盗与同时代更为可怕的日本海盗可以相提并论。后来，由于贸易比掠夺可以获得更多的利润，从17世纪起，各种合股性质的东印度公司纷纷在亚洲的贸易中心建立起自己的贸易机构（工厂）。荷兰、英国、法国的工厂带来了殖民帝国的种子，在亚洲
各国大肆实施垄断 [213]
特权。在洋人的聚居区，他们的公民只能按照自己的法律进行审判。在贸易活动中，各国还要以海军和陆军的力量保护其货物和人员不受伤害。总而言之，这些工厂完全是按照欧洲国家主权的命令在海

□ 英国东印度公司的贸易船，是鸦片贸易的元凶

□ 鸦片战争后的广州

外实施政府的职能。政府的特权和获取暴利的动机使欧洲的工厂在南亚和东南亚连绵不断的政治分裂中不断踏上危险扩张的起点。而在广州，可能会引爆的相同危险却给紧紧锁在了工厂里面，一旦中国政府面对欧洲列强丧失了地方军事优势，那么这种危险会随时爆发。[6]

（二）进贡制度下的中国工厂

从中国人的立场来看，列强的船队从海上到岸不过是有进攻中央大国的想法和初衷。当时中国人和亚洲内陆的游牧和骑射民族一样强大、一样可怕。由于早期欧洲的海上掠夺者行踪更加漂泊不定，再加上远隔重洋，因此中国人觉得自己的大本营几乎是无懈可击的。但是，当中国人依靠从海洋上获得的补给远远超过了他们依靠定期来往于亚洲内陆商队的补给，情况便发生了巨大的变化。贸易的差异越来越大，越来越明显，于是海洋贸易很快成为中国（汉）—外国（“野蛮民族”）之间的一种联系方式。和陆路贸易截然不同——而且从经济上讲，海洋贸易带来的交易量更大，价值更多；从战略上讲，只依靠军事力量和儒家个人关系这样一对双胞胎武器，那么海洋贸易则显得更不容易控制（尽管明朝庞大的海军力量早在15世纪初期就开始了海上探险，并朝着海上贸易的方向前进过）。

中国人解决海上贸易这个问题的办法是将欧洲商人隔离在他们自己的区域范围里，并将他们的工厂限制在广州，同时中国人还通过欧洲人来到中国最根本的动机控制他们——那就是对商业利益的渴望和贪婪。这个办法一直到19世纪都是奏效的，因为在自己的国土上清朝统治仍然非常强大，无可匹敌，而同时大清国又远离欧洲，因此很难遭到军事攻击。

西方贸易据点和海军基地的网络体系，被葡萄牙人猛然越过印度洋，由荷兰人、法国人和英国人编制得紧密坚固，然而等它到了中国，依然是破损不堪。像17世纪荷兰人占据福摩萨（Formosa，16世纪葡萄牙殖民主义者对中国台湾省的称呼。——编者）那样的小小的前哨，也许在亚洲其他地方可以将其扩展为自己的殖民帝国，但是在中国大陆和日本却根本没有可能让荷兰人继续自己积习已久的倾向。到了18世纪末，一直被限制在广东活动的英国东印度公司发现，国王陛下的海军舰队给贸易带来的与其说是帮助不如说是妨碍——要知道，为中—英关系带来主要激励的是在大清国政 [214]
治制度约束下的两国互利互惠的关系。E. I. C. 委员会（E. I. C Select Committee）在框架允许的范围内有限地停止贸易，而不让不列颠的战舰参与改变大清国政治制度，这样反而能更好地保护自己的利益。其结果是，欧洲在世界范围内的殖民扩张进程中，在中国出现的这种情况只是个别的、暂时的。但是这样的局面的确允许中国能在当时的情况下把西方

□ 图为1841年鸦片战争中国帆船式兵船遭英国蒸汽机推进式军舰“复仇女神号”的炮击而燃烧的情形

的工厂和自己进贡制度的框架结合起来。至少，在表面上中国是这么做的。

出于此种目的惯例可以追溯到很久以前。早在宋代，中国人就为阿拉伯人在广州和泉州的商业活动制定了条约。阿拉伯商人在这些通商口岸有自己的一隅，他们住在限定的范围内，领头人必须为自己团体的行动负责。阿拉伯人在自己的团体中，施行自己的法律，有自己的清真寺和自己的宗教信仰和仪式。之后历经元、明一直到清初，年复一年，这种帝国进贡制度得以发展。于是，在中国沿海和边疆居住的外国人中，也一直在实行这种形式的进贡。当中国人期待着亚洲内陆的商人，最后甚至连俄国人也包括了在内，将货物通过商队带到中国的内陆边疆，远的甚至要到玉门关和买卖镇（Mai-mai-chen），海上的商人们则定期由琉球来到福州，从暹罗来到广州，而他们却必须交纳贡奉才能使贸易活动进行下去。

在要欧洲人实行进贡制度的同时，广州十三行的外国商人要听命于自己选出的领袖，在自己的团体聚居区中遵从自己的法律制度和宗教信仰。同样，早期的传教士虽然获得了中国政府的同意，只要脱离和贸易有关的联系，就可以在内陆传教，但也只能限制在澳门开展活动。满族王朝的目的就是要阻止中国人和欧洲洋人之间的来往，除非洋人接纳了儒家体系的思想方法，同时还能按规定交纳贡品。葡萄牙人和荷兰人早期的朝觐，进贡使团的拜谒正是遵循了这样的原则。人们都小心翼翼地保证建立工厂只是为了经济上的往来，而且往来的关系必须限制在只能由懂得文墨的人担当。于是政府禁止在洋人中教授汉语，也不允许洋人获取有任何有战略意义的书面材料或文书。到了19世纪初叶，清朝已经 [215]
建立起各种制度完善的海关，从而使西方的蛮夷之族必须向传统的儒家王朝进贡。然而两方逐渐出现了分歧，出现了不协调的声音，其原因主要是这些欧洲的“野蛮民族”不像他们的前任——亚洲内陆蛮夷之邦一样——不愿意接受这种所谓的理论前提和政治实践。最终在广州一系列的冲突此起彼伏，在外交、法律、贸易上的种种不和一发而不可收拾。[7]

（三）条约下通商口岸得以按照传统继续生存下来

1834年以后，英国人终于用枪炮击垮了进贡制度的框架。这一框架当中包括对公行贸易的垄断以及对广州十三行的限制。在战斗的硝烟和谈判会晤都逐渐平息下来后，英国人和其他条约国成员得到的是五个通商口岸，而外国商人和传教士仍然限定在中国沿海几个有限的地区活动。具体来

□ 鸦片战争后广州的英军

讲，受限制的活动距离是当天进入到某个内陆地区而晚上必须要返回通商口岸的据点。这些洋人们仍然受自己“领头人”的管辖；现在这样的“领头人”被称为“领事”(consul)。洋人有自己的法律程序，有治外法权，要遵从自己的宗教信仰。尽管洋人咄咄逼人，不断提出各种要求，但是从1800年到1850年，他们寻求的只是条约规定下的权利。只要能获得这些权利，就已经让洋人在中国获取了利益而无须对这个国家担负任何责任。

从政治角度来看，早期通商口岸的制度延续了以前几个世纪的中—外关系。这种关系非常简单——甚至比19世纪西方人在中国实现的关系还简单。例如最惠国待遇条款，并不是像有人想象的那样单单是由西方外交家们发明的，而是涵盖了天子对所有野蛮民族的传统对待方式，其屈尊俯就的程度是一样的，主要是希望能够让他们相互牵制，起到敲山震虎的作用。

如果我们从传统儒家的角度（这当然绝非易事）来看待早期条约制度，我们也许会窥视到经历时间考验的中—外关系当中执着而顽固的框架和大纲；其中一些制度上的倾向性在1840年鸦片战争以后仍然半隐半现、半明半暗。我认为 [216]
这些战后的一些倾向，其核心是让西方参与中国事务的过程中，重心从已经弃绝的进贡关系的形式向共治，即向“中—外共同政府”的形式转移。这一倾向在通商口岸表现得尤其明显，西方列强在这些地方虽小但意义重大的地区，更多地参与到中国的政府事务当中。

（四）早期条约下的共同治理

这种根深蒂固的共治模式在早期条约期间多少影响了中—外关系，尤其是在施行制度方面的影响。在此阶段，清朝的官员仍然尚未受到西方民族主义思潮的影响，仍然紧紧抱着儒家对外关系上的原则不放，与共治制度和平共处。即在这20年间，洋人虽然对儒家思想依然无动于衷，但是他们还是感受到共治的价值和作用。

要进行相关分析，我们必须否定思想和制度之间任何仓促、鲁莽、随意的关系。这二者实际上是相互融合、相互依存、缺一不可的。二者之间的区别应当由观察家和评论家站在更高、更抽象、更全面的角度进行分析和比较。同理，人们给经济和政治之间下的通常的区别，虽然在大多数现代思想领域中已经不那么明显了，仍有其有限的作用。就中国19世纪的情况而言，许多经济决定论者断言对外贸易这样的经济因素起到了决定性作用。这样的观点是轻率的，但却影响整整一代人。人们主要从经济学的角度看待条约制度，却忽视了从政治角度（因素）着手研究这段历史的重要性。在我们的研究中，我们不必否认西方经济对中国的腐蚀侵害效果，也不必刻意对比英国改天换地般的工业化过程和无关痛痒的满族入侵中原的过程——所有这一切在本文讨论之后则都会豁然开朗。

鸦片战争之后，英国人建立起诸如自由贸易、国家平等等一系列新的思想体系。这些在条约制度中都有充分的体现。然而，英国人和其他洋人在条约规定的通商口岸并不是出现在中—外关系中唯一的演员。甚至当洋人获得了书面条约，同时又威胁施以强大武力之时，他们依然在和中国人的日常关系中没有掌握主动权，根本无法对中国发号施令。实
[217] 际上，对于中央大国的人来说，英国人推进的道路仍然是拘泥于西方方式的明智方法。作为英国商人的全权代表，英国领事经常会向自己国家身陷泥泞的各种形势妥协。[8]从1842年至1860年，这种现象持续了一段时间，后人敞开了大门，使得一系列条约规定的通商口岸的政策和制度得以发展，并隐约表现出中—外关系里共治的特征。

□ 清廷进入北京后不久颁布剃发令，图为路边的理发摊

从学术的角度看待这些倾向，我们应当把1840年前后英国刚刚打开中国大门之时和1640年的满族入关建国之时相比较。如果我们一开

始就承认这两种入侵代表两种截然不同的征服方式和社会力量，诸如时间上不同，背景上不同，而其中相同之处才是真正有意思的研究领域。至少这样的比较表明，二者在行动和政策上的相同性比理论和意识形态上的相同性多。

四、满族征服和英国对中国的入侵

1. 中国边疆的大本营——与内陆的叛乱不同，满族人和英国人在入侵中央大国之前都是在北京中央王朝政治统治领土之外的地区建立起自己的军事打击力量。在满洲，清朝政权的雏形在1644年已经建立起旗兵（当时共有169,000名士兵），其中有一半人是汉人和蒙古人。[9]

1840年，英国领土扩张始于印度。当时英国的中国远征军在当地军事武装中装备了相当一部分印度军队（孟加拉和马德拉斯的陆军、工兵、矿工）。[10]这种领土扩张一直延伸到新加坡。至此，英国政府官员已经习惯和越来越多的中国人打交道了。在马六甲，英国传教士率先建立起英中学院训练年轻的基督教徒。巧合的是，学院教给这些中国学生却都是英语和英国传统。[11]英国海外领土的扩张大多都是在海洋上扩张。其结果是——英国的战船控制了广州和厦门的水域。当时在这片水域里，广州和厦门[12]的中国帆船给这片水域提供了大量的经济活动，而且海盗活动也非常猖獗。英国人就是从这片中国王朝的力量照顾不到的地方，以其船队无比的活力和战斗力像满洲人一样，突然出现在中国的边疆，并表现出强大的军事优势。他们势如破竹，攻陷城池，击败 [218]
皇家军团。而满族人入侵中原的过程中尽数将明朝驱除出去，将自己的帝国从满洲扩张起来，建立了新的领地。与此

□ 广州的英国商馆

相仿，英国人在香港、厦门鼓浪屿（Kulansu）等地建立了自己的领地，还有舟山（上海以南，靠近宁波，在杭州外围）等地。

2. 守备力量的保证——一旦这两支力量获得他们的既得利益（当然，满族征服得到的远比英国人入侵得到的多），每一个入侵者都将军事力量分布在各个战略要地，从而能够很好地进行防御。满族人的旗人军团和在他们之后入侵中国的英国战舰一样，要么占据了通商口岸，诸如成都、福州，要么在长江上巡逻。两者拥有的军事储备可以向他们有意占领的地区立即派兵镇压武装抵抗。对满洲人而言，他们感兴趣的领土是整个国家；对英国人而言则包括一些通商口岸，以及沿海、沿江人口稠密地区以及后来水运经贸发展起来的江河沿岸地区。17世纪40年代和50 年代以来，英国人派出船队和英国海军多次在中国南海系统性地打击了中国海盗。但这只是地区性行动，与清政府1644年后根除李自成叛军的行动相比，英国海军打击海盗的规模和目的性都不是很强。但相同之处在于，双方都要寻求当地民众和官员给予支持和协助。1848—1869年这二十年间，英国海军为了在中国海疆进行这种治安维持的活动支付了丰厚的一笔钱，大约有149,000英镑。通常，“沿海各省的总督给官员派去英国皇家海军，这样就为英国人的活动打上了皇帝的旗号。”[13]

3. 征用地方协助——两个力量对中央帝国的入侵都不仅仅是军事事件。每个入侵者都试图协调与当地中国人的情绪，从而不仅获得当地人的支持，也获得一些中国专业人士的协助。不过，英国人对于中国当地的军事将领，像吴三桂这样的人并没有太大的需要。吴三桂曾帮助满人杀进山海关，并协助他们征服了其他地区。对英国人而言，和他们全方位的经济入侵结成盟友的是广州人。

最终满族人还是杀进了长城以内。据记载，当地的官员们大都以温柔的方式表现了臣服，而入侵者也慷慨地照单全 [219] 收。以1644年5月30日为例，满族入侵的军事力量在阜宁县（Fu-ning-hsien,音译）集结，准备向北京开进，当地府尹何宜光（Hou I-Kuang，音译）和同僚们率领民众前来欢迎清军。清军赐给他们官袍，命令他们继续履行职责，向百姓开仓放粮。[14]满族人在祭天仪式上宣称自己秉承了上天的旨意，使命是从内乱和无序中解放中国人，给中国人带来和平。满洲人在北京定都之后，起用了很多现存官僚制度中的汉人。同时，作为政权合法继承的象征，满洲政权在北京向上天叩首祈求为新近驾崩的明朝皇帝举哀。对于百姓，清朝皇帝也表现出一片赤诚，并向百姓免除了税务。

鸦片战争爆发之际，尽管英国人没有举行什么开战仪式，没有秉承什么上天的旨意，也没有以前托词的支撑，但

□ 英国在印度的鸦片储藏库

他们很快表现出自己只是攻击统治阶级的王朝，对于老百姓并没有任何恶意。甚至在两国交恶以前，英国在中国的代表，纳皮尔勋爵（Lord Naiper）于1834年在广州发表了一个声明，向老百姓表示，应把造成目前困难局面的缘故归到“政治的暴虐统治上”。同时还半明半暗的指出英国不愿和中国人民为敌。[15]1841年英国海军官员尽力“将交恶的关系仅限于中国政府的仆役和财产，不得伤害其他人等”。那时担任通事官的马礼逊（J. R. Morrison）和R. 勃姆（R. Thom）也认为，应当时常任用中国对英国友善之人，而本来这些人可能对英国深恶痛绝。那些中国人非常清楚应该如何去减弱其他中国人的恐惧，去安慰他们，让他们为英国政府出力。

其结果是，在广州的老百姓——尤其是在租界里的人——更多受到震撼的是英国人的优雅礼仪和优秀表现，而没有对英国的坚船利炮感到恐惧。中国人挤在河岸上、房顶上、小山上欢迎英国人，甚至还帮助他们清除河道。中国的农民也前来帮忙，有的甚至敢亲自登上英国的汽船。毫无疑问，令人欣慰的是没有一个中国平民受到伤害。从经验中学习，1841年10月，英国人在宁波得到中国人的帮助，中国人自告奋勇帮助英国人清除在城墙大门后的障碍。这之后，英国人把当地百姓的一些首领召集起来，并向他们保证英国人 [220]
打击的“是政府，而不是人民”。于是宁波的老百姓反而非常欢迎英国人的“保护”，一直到他们后来发觉，自己白白地让英国人征了税来作为拯救城市的赎金。[16]从英国人大量使用中国苦力的情形可以看到英国入侵者成功获得了当地中国人的协助。

另外，还有一些中国官员也让英国人笼络收买了，人们把他们称为“卖国贼”。这些人帮助英国的译员誊写书信，和当地中国官员协调。英国商人已经有自己的买办（compradors），[17]这些人在大部分的商业活动中给英国人提供了帮助，而鸦片贸易给商人和中国官员双方都带来了好处，使得他们为这种商业入侵提供援手。条约开始后的整整20年间，中国沿海兴建的外国企业吸引了各种各样的中国人，这些人中既有转信基督教的人(或类似的信徒，如太平天国创立者洪秀全)，有像理雅各（Dr. Jame Legge）博士的助手、翻译王韬这样的人，又有许多其他无名无姓，也不值得叙述的人物。他们做鸦片生意，召集苦力，或结成一些秘密团体，如“三合会”支派的代表。

很自然，回顾历史，满族入侵和英国入侵的相同点肯定比不同点少，而我们对二者之间的不同点的关注要重视得多。然而，不能因为这个原因就像目前存在的情况那样，忽视二者之间的相同之处。

4. 入侵者的特权和剥削者的角色——在现代中国，洋人一直享受治外法权和许多特权以及豁免权（这让西方人感觉在中国的生活总是非常愉快）。这是征服者传统特权的新版本。蒙古人在中国生活得像个封建霸主，满族人要求所有中国人剃光额头，留发留辫，下跪叩头，交纳进贡。满洲各旗军队在各大城镇自己的领地上依靠粮食补贴生存。到了1842年，他们已经变得衰弱不堪，贫困交加。但是从制度而言，他们建立起前所未有的先例，让外国人聚居区以不容侵犯的方式限制在条约规定的通商口岸，并逐渐发展起来。早在帝国主义开始现代贸易剥削之前的200年里，中国一直在向一些异邦统治者每年进贡。这些统治者的整个部落中所有的人都依赖中原贡奉的盈余生活。每年从长江运往北京的粮
[221] 船所带来的巨大负担要比鸦片贸易造成的任何影响都大（详细比较二者肯定会是一个很有意思的话题）。[18]

对于洋人在条约制度下享受的特权，人们已经将其作为西方帝国主义的一部分大书而特书，因此我们在这里没必要再一一赘述。然而我们依然认为有必要指出，这些特权中有许多仍然可以看成是列强蛮夷的征服和以现代方式共治的一种传统意义上的协调。因此从原则上讲，中国最终将其大部分海关收入用来支付外国的证券商人（请注意用的术语并不是进贡）或用大米支付钱款也就没有什么新奇的了。条约制度中通商口岸银行的财政力量的剥削性质完全可以和蒙古共治时期穆斯林行会的作用相比照。那时，中国人被牵扯进了蒙古帝国的国际贸易活动当中。

现在，强调帝国主义情形下的经济因素导致我们在回顾历史时可能忽略政治和社会等方面的因素。那些条约国家（尽管已经对治外法权表达出一种微妙的满意）其实没有真正意义上经历过贵族般的生活。不像这些国家，反倒是一些

□ 19世纪中叶的上海港

普普通通的西方人成了“大班”和“老板”。至少在19世纪通商口岸，他们尽量生活得像个“大班”。从“华人与狗不得入内”的牌子（可能属于伪造），我们不难看出洋人的优越性。这种优越性不仅体现在社会生活中，同样体现在政治上。晚清的中国官员对洋人的接受程度有时会成为他们事业晋升发展的一个重要因素。

5. 经济发展——建立起各自的分配体制之后，满族人和英国人都致力于建立自己的新体制，同时加强经济发展、繁荣的步伐。满洲的皇帝成了农业发展的支持者和庇护者。他们尤其致力于开垦新地、拓展开荒，给农民以各种政策建议和指导。而英国统治者在通商口岸却反其道而行之，他们大力加强国际和地区性的自由贸易。上海第一个领事就对广州的经纪人阿林（Alum）予以帮助。阿林不遗余力地以满腔热情将内地的丝绸和茶叶运到黄浦的新兴商业中心。[19]中国商人很快便在外国商行投资经营。正如广州行的商人浩官（Howqua）把钱投进了在波士顿的拉赛尔公司。英国人打击海盗的活动从表面上看似使沿海贸易受到阻碍，但是这不过是中国庞大有序的商业、轮船业、电报业和邮政业拓展中

的一小部分。像上海口岸，英国领事担任了港口主管的职位
[222] 还建起工厂，从而对一些航运活动提供帮助，诸如给航道标上水深等，这些努力最后使得上海吴淞口得以清淤。与此同时，上海一些新建的国际性租界也发展得方兴未艾，把上海带入了那个世纪全球最伟大的城市行列。然而遗憾的是，与满洲统治的秩序与和平一并发展的是中国以两三倍激增的人口。洋人的贸易和兴建工厂促使了一个巨人的成长，这就是上海。[20]

6. 共同管理——管理制度的发展涉及入侵者和当地政权一个共同的权力实施。这一点和表面上的相似性相比，对我们有着更为实在而重要的意义。我们似乎没有必要多费笔墨描述满洲—中国的统治制度，因为这一点在北京已经有人相当精心地加以平衡了。六部中的每个部都有一个满族尚书和一个汉族尚书。侍郎也是满、汉各有两个，如此类推。我们应当比较一下条约建立起来的制度。由于英国根本就没有想过要成为中国的统治者，这样一来，其共治的发展则更为惊人。共治的发展已经跳出了通商口岸的地区性限制，日益发展壮大起来，甚至可能要超出理论和政治活动的领域。

首先应当考虑的是，在第一次和第二次对华战争中，无论英军占领哪座城市，他们都会把中国地方官员留在职位上，以便对当地进行管理。英军最后占领的城市广州经历了四年（1858—1861）所谓联合政府共同治理城市，英法军官在精力充沛的巴夏礼（Harry Parkes）领导下，建立起现代的第一个傀儡政权。他们的玩偶是广东总督柏贵（Po-Kuei）。其结果是在广州地区虽然沿用的仍是中国传统模式，但是已经有了相当程度的中—外共治和共同管辖。

共同政府一个最惊人的形式是雇用洋人充当海关衙门的

高级督办（Imperial Maritime Customers Service）。中国皇帝雇用了外国的海关专员，全权由来自英国的海关总税务司（British Inspector-General）罗伯特·赫德（Robert Hart）管辖。这些督办和中国海关督察之间保持着一份小心翼翼的平行关系。19世纪这些海关督察仍然在管理各地的“国内海关”，在各个口岸征收海关税。在大多数情况下，中国的督 [223]
察是一些级别很高并代表“领土”主权的官员，诸如管理上海地区的道台，等等。[21]最早，赫德告诉这些外国专员把自己当成是中国官员的“兄弟官员”，或者从一定意义上讲，是看成中国人的同胞。赫德说，“外国官员可以帮助他们的中国上司收缴国捐”。这些督办和专员在必要时应当服务后者，应当担当督察官员的行政主官……担任这些官员的幕僚。“海关专员的行为或者建议一旦让上级主官陷入一种错误或站不住脚的地步，就会失去职位。海关专员不得独揽或僭越上司，把自己放在比上司更高的地位上，也不应当歧视政府官员的最后决定”。[22]

一直到清王朝末期，外国海关税务司作为合伙人的整个使命才最后终结。皇帝的洋人雇员虽然看到各项捐税得以收取和计算，但是在1911年以前他们自己并不能获得或支配资金。他们每月有固定收入，这笔钱是由当地海关督察给他们的津贴，督察始终享有权力，收取海关银行缴纳的绢税，并按照北京的命令支配这些钱财。这种双重考虑的安排证明是解决英国问题的最好的方案。从而为它的商业扩展建立起自己最为有利的条件和可靠的环境。

在上海而不是伦敦设立外国督察制度，这一点有着非同寻常的意义。这是因为1834年以后法令规定废除外国机构，而在此间的两年内，还没有一家外国机构扩展到其他口岸。[23]李泰国（Horatio Nelson Lay）和赫德两人创立了外国税务司制度，此时两个人却一道开始了新的事业，成为英国副领事和通事（翻译），于是不再直接代表英国政府。两个人都把自己看成了东方和西方之间的中间人，当然他们的确就是。

在上海双方共同管理的政府得以建立起来，此刻上海仍然是中国的领土，还没有发展为人们在1862年曾提出的“自由城市”。与适用于外国人身上的治外法权大相径庭，中国官员对中国居民“加以某些明确限制”。这些限制涉及了法律、治安、税收和立法。[24]虽然我们不会把盎格鲁－撒克逊人的实用主义的政府运作机制的光环一一抹去，但我们应当好好探求上海作为一个特例在中国和西方传统下的根源。尽
[224] 管许多众所周知的证据能够证明一切观点，我们将此作为共

□ 南京金陵机器局所制的大炮及枪弹

治背景下的分析仍然能够使我们深入了解条约制度。

五、民族主义使共治黯然失色

虽然在实践中，英国人已经被拽进了儒家传统的轨道，但他们还是未能接受中国的政治思想。人们从中国对外关系当中久远的共同传统中看到，英国入侵者一旦占据明显的军事优势，就会攫取帝国的权力，甚至企图取代满洲王朝。可以说这是“叛逆”之举成功之后，才能得到的丰厚奖赏（清朝档案中经常在战时将英国称为“逆”）。英国征服了印度，这对北京并不是秘密；甚至对一些美国人而言，像极端憎恶英国人常常为人们称颂的专员马沙利（Humphrey Marshall）[25]一直预言英国企图占领中国。然而英国人并没有把自己看成是敢于违抗上天旨意的人。满洲人使自己成为旧制度的新的管理者；而英国入侵者只是力图建立起一个新的制度，但却没有想成为这个新制度的管理者。因此，英国人是通过和清朝政府携手同行的方法，参与了中国共治管理，不过他们并没有取而代之的想法。

洋人想法的核心是把中国看成一个刚刚萌芽还稍显稚嫩的国家，他们总是以这样的态度来和中国打交道。不过这一点在条约中是含蓄、暗示的，因为双方都明确表态要将彼此看成是平等的国家来对待，其中一国同意向另一国施以单边特权。这样甚至当条约已经形成了不平等的局面，还仍然假定对所有国家都保证平等。不过，洋人们把这些不平等条约看成是暂时的、过渡性的，是中国最终朝着现代化、主权国家的道路发展的过程中的一种权宜之计。19世纪50年代，当日本也曾被迫强加于相同的条约制度，而最终在世纪末成功将这一不平等条约制度完全废除时，西方人也认为这是“正常的”。[26]

我们不妨把美国的发展和将“贸易门户开放”的思想扩展到中国的国家独立思想作为一个例子，来看看西方人对于中国“民族—国家”的观点。美国公众最终注意到“门户开放”的概念不是对中国商业剥削的过程中资本竞争者呼吁机
[225] 会平等的原因[这一观点在海约翰（John Hay）1899年第一批注释中提到过，并有过诠释和说明]，而是由于中国人对于“领土和领土完整”的概念（在海约翰1900年第二批文件中提出的解释比较模糊）。[27]毋庸置疑，赫德和副代表贺壁里（Hippisley）力挺支持的争取贸易平等条件的门户开放政策吸引了美国的商业利益。贺壁里曾帮助柔克义（Rockhill）草拟了第一批文件。事实上，中国的“完整”，作为一支帝国主义力量的国家独立，作为民族—国家的发展，都成为美国政策的陈旧习俗。

洋人的这些期望可以追溯到其悠久的西方思想体系，考虑到这个因素，就能明显看到西方人给中国带来的民族主义和实际上带来的工业主义一样是支离破碎的。同样，就像一个木楔子不断钉下去，这些同源同宗的民族主义和工业主义的发展不仅重塑了中国人的生活，而且也重塑了西方人和现代中国对于中国政治体制——包括共治制度的评价。如果我们很快浏览一下（a）1860年以后西方列强内部和中国—外国“合作”政策下外国人进一步参与到清政府的管理和经济生活中以及（b）中国知识分子对于外国势力的涌入是如何回应的，从这两点我们可以看到共治运作的过程。

（一）合作政策当中的共治因素

早期条约制度下共治倾向到1860年北京的“合作政策”阶段达到一个高潮，那时的清王朝已完全接受了条约制度。英国大臣卜鲁斯（Bruce）和阿利国（Alcock）在北京参加了各种旨在逐步加强清朝政权统治，实现其稳定、解决其问题的活动。[28]在卜鲁斯和赫德的帮助下，翻译学院——同文馆里也雇用了外国教习，给一群中国的西方问题专家提供培训。幸好，多亏有了卜鲁斯和美国传教士蒲安臣（Anson Burlingame），塞勒姆（Salem,美国地名）的好战冒险的华尔（F. T. Ward）军团和英国工程兵军官戈登（C. G. Gordon）成功组建起的“常胜军（Ever-Victorious Army）”，并率领军队在19世纪60年代早期保卫了上海，击退了太平军。同一时期，李泰国和阿思本（Sherard Osborn）上尉在英国外交部和海军的支持下逐步建立并壮大了一支由现代化舰船组成的舰 [226]
队，并在控制权和司法权谈判问题破裂之前来到中国。[29]曾国藩领导着一支长江上的大清军队，又从西方人那里买回了汽船并在洋人军队的协助下平定了叛匪。曾国藩和李鸿章加强了设在上海的江南机器制造总局，制造了大批外国武器、炮舰等。傅兰雅（John Fryer）就在江南机器制造总局工作，将西方的机械理论著作翻译成中文。在中外合作发展的最高峰，蒲安臣曾作为大清政权的特使游历了西方列强的首都。各项举措种类繁多，[30]不一而足，但它们都涉及中—外的合作，具体来说就是满族—中国官员正式或非正式的接纳西方官员和外国私人的个人行为的服务、政策及建议。

这么做的一个结果是：长江向蒸汽机船开放以后，中国主要的经济发展中心以及政治中心——即沿海和通往内地水

□ 李鸿章，清末洋务运动的中心人物

路上的通商口岸由外国司法和中国司法两重制度控制。这一举措的模式源自上海县衙。上海县衙一开始雇用中国人，后来发展为雇用混合成员，既有中国人，也有洋人。与此同时，厦门的鼓浪屿也兴建起外国人聚居地。

随着时间推移，外国人参与清政府管理的活动从海关延伸到了邮政和盐缉。与此同时，现代经济仍然由外国通商口岸银行所掌握，1896年以后，则由外国工业企业所掌握。只有在1872年中国轮船招商局建立之后，外国人在中国水域承运货物的现象才多少受到了挑战。中国轮船招商局从拉塞尔公司购得汽船，组建了船队。而拉塞尔汽船公司是利用中国商人的资金，由波士顿的克宁翰（亦作：柯银汉Edward Cunningham）建立的。[31]由政府赞助的教育也得到了一些外国人的支持，从而兴盛起来。这些洋人中包括丁韪良（W. A. P. Martin）。最后基督教传教学院为中国的教育事业加快了步伐，正式开展了由外国人管理的办学机构，并逐渐“分解”到中国人和董事会成员的手中。

洋人参与中国机构与制度的发展的活动如此之多，分支如此之广，以至于给人们的印象是洋人以个人身份大量参与到中国的社会生活中，然而却没有任何政治方向的中心和控

□ 1866年建造的福州马尾造船厂

制的焦点——许多西方人“参与”了，但很少有“共同管理”。当然这个说法也许过于简单化。19世纪后半叶西欧和美国的制度已然是高度多元化，各个欧洲列强在外国的活动中并不想扮演一个独裁垄断的角色，这一点和清朝官员在进 [227]
攻中原之后相应的一系列活动上所扮演的角色不同。教会的一些私人单位、贸易公司、通商口岸的一些企业主，以及方方面面的冒险家的活动要远远超过了西方列强的官方活动和项目运作。19世纪晚期西方在中国事务上的举措一定要放到更大的背景和环境中去看待，而不能够只放到西方官方的层面看待。李提摩太（Timothy Richard）虽是以个人身份参与政治活动，但仍然影响了不少清朝官员。丁韪良（W. A. P. Martin）尽管是来自美国传统教育的一家私立学院，但却在中国担任了中央政府学院的领导。华尔不过是来中国冒险的扬基佬（Yankee），却获得了政府授予的官衔。号召自由贸易的苏格兰人靠鸦片贸易令一大批清朝官员陷入腐败，外交部再也无法予以控制。尽管这些西方人在中国的众多个人行为很难发觉其有任何“洋人统治”的蛛丝马迹，超过了通商口岸和外国租界的限制，但是从中国方面看，清朝统治显然是受到了很大的影响和限制，甚至有时还受到来自方方面面的外国势力的影响和指指点点。因此，“中外共治”的可能只能是“单腿独立”——满洲—中国人经常被迫或愿意采用，而西方一方则从未将这一制度正式建立起来。“共治”从未能够达到羽翼丰满的阶段。

（二）中国知识分子日益强烈的民族主义回应

与此同时，中国现代民族主义的滋长无疑将意识形态和政治理想方面共治的潜力逐渐扼杀了。这一过程鲜为人知。首先是广州的百姓察觉了这一点，一些文官的著作中也多少能够看到。19世纪40年代里条约的实行在人们看来是权宜之计——是当时形式下最好的选择（faute de mieux），是将传统原则“对蛮夷先妥协再掌控”的最好运用。[32]中国人对此的反映是将这一灾难归咎于清廷的无能，而没有侧重强调外国入侵的因素。这一态度实际上是师承儒家的理念——即列强之入侵乃是由于国内的内乱，而国家之内乱乃是由于政权缺少充足的“能人”或“人才”。1862年曾国藩在日记中写道：“今求治之道，以修政事、求贤才，急以做炸炮、造舟等具下手功夫。”同年，他写信给李鸿章：“子曰：‘子帅以正，孰敢不正？’”[33]

在这个时代曾国藩和其文官——士绅同僚一直支持外族（满族）王朝的统治，也接受了外国（西方）军事力量来镇压中国叛乱（太平天国）。这一切都是从儒家的传统道义的政策出发。今天这些人蒙上了“叛国者”和“阴谋家”的
[228] 污点，而这些镇压叛乱的人不过是在实践儒家的“文化主

义（culturalism）”的原则。这个原则是他们忠诚的核心。然而一旦对国家充满了对吾国吾民的爱恋，以及使自己深深融入“祖国的山山水水”之时，这些人对于中国国家的概念还没有进入到现代的理念，仍然停留在保守、守旧的阶段。实际上中国松散、分权的社会结构，将众多的农民力量排除在政治生活之外，缺乏现代化的通信设施以及统一的信号系统，所有这一切仍然使中国低于19世纪西方民族主义的水平。最核心的一点是，在大多数发展成熟的民族主义国家，“全民参与”政治生活与传统的上流阶级垄断专行以及帝王、官僚、士绅统治政府的做法势不两立。19世纪60年代在合作原则的指导下，一些儒家背景的官员如曾国藩多少朝着中国士绅和外国入侵者的共同利益的方向迈出了一小步，这二者之间的共同利益，我们在上文中已经说明，构成了共治的特性。

□ 曾国藩像

与此同时，对于北京的满族领导集团而言，太平军的叛乱无疑是儒家体制内部的一个痼疾，而俄国人（“蚕食我国领土”）和英国人（寻求贸易利益但“不觊觎吾国吾民”）不过是更小的一些外部危险。1861年的政策是“先镇压太平军……后让俄国人臣服，最后解决英国”。[34]

从这个传统观点可以看到，英国入侵者和其西方盟友以及1860年后寄附在这些国家的一些团体、个人建立起来了具有战略意义的军事优势，尽管这一优势并不是无所不在。

这些国家可以用一个类比的方法来形容，它们所获得的地位类似于11、12世纪中国北方边境的一些契约盟国——辽和金的政权所拥有的地位。那时，虽然辽和金统治着一个分裂帝国的一个部分，在一些贸易和水路上，他们也占据了明显优势，但他们仍然和北京的天子缔结了和约。从传统意义来讲，19世纪60年代的合作政策意味着英国人和其他外国同僚
[229] 已经得到许可，进入了过去完全意义上是儒家治国的政治格局中。这个国家的统治基础尽管不一定有个明确的未来，但至少是暂时限制并稳定了国家政权。因此英国在其允许的范围内和清政府合作，镇压太平天国的决定是明智的。由于列强在海上前线已经得到了求和、妥协的承诺，英国因此获得许可，参与到一部分朝廷的事务当中，而同时朝廷又不必担心由此带来的威胁。在共治的观点和态度下面，这一点还是可能得到朝廷容忍的。而在现代民族主义的理论下则是无法容忍的。在以后的一个世纪里，这一点得到了证实。

给英国人和其他列强以一种稀释的方式参与共治加上堂皇的外衣，这一理论性的原则是来自中国古典哲学的概念——“体”和“用”。大约1860年冯桂芬首先将这个理论应用到中外关系当中来。19世纪90年代末期，这个说法通过张之洞的著作得到广泛流传。张之洞称之为“中学为体，西学为用”——即“以中国的做法为根本研究的核心原则，以西方的做法和成果作为实践应用”。[35]在这个二元论的指导下，满洲的天子和满—汉官僚以及中国文官—士绅阶层代表了基本原则，即“体”；而由西方人参与的整个现代化的过程，包括条约通商口岸贸易制度、海关关税、外国租界的管理等，都是一些实践应用，即“用”。

“体—用”二元分支从一开始就是不现实的。西方的

"用"如果没有相当一部分"体"融入进来，也根本不能单独引入。中国人的"用"一旦废除，那么中国的"体"也将无法生存。然而将这一著名的二元论看成官方行为甚至是政府政策的源泉，那也是错误的。恰恰相反，这一形式到了很久以后才广泛流行起来，那时对外关系已经变得残酷无情了。正是条约制度的来临，才使得人们试图以这样的二元论方式加以理性的诠释。如上文所述，这一形式主要出现在条约早期阶段，是为了尽力适应共治的，从而能够让洋人参与到儒家治国的政治秩序当中。遗憾的是，不加甄别地一概接受西方的东西不过是一个只有一个方向的棘轮，只能是把一个儒家国家拽离得更加背离自己的传统核心和本质。在广州，英国人要求废除"公行"的垄断，施行"自由贸易"，他们看 [230]
来不过是在向中国人展示一幅完全西方的图画（即"用"）。然而，最终废除公行的条款暗示：天子应当背弃传统的阶级制度，在这一制度中，商人的地位要远远低于官员的地位。这样一来，岂不是改变了儒家统治国家的意识形态的线路（或"体"）。同样，当贸易代表林则徐和同僚魏源一方面积极提倡使用洋枪洋炮（这是最为鲜明的"用"），而另一方面却建议中国主要发展自己的武器和军火工业，并应由此踏上工业化的进程，从而无疑最终会破坏传统的儒家统治、农业经济和税官统治的制度。一旦条约制度和外国联系一旦建立，一切就变得太迟太迟，无法去通过区分"体"和"用"来保住旧的秩序。这一"体—用"理论不过是对崩溃现象的一种无力的调整，是在通向现代化进程上只盖了一半的房子。

和西方民族国家继续保持不断的联系，最终导致民族主义，以国家组织的方式来解决现代世界当中的问题是唯一可行的形式。从仿效中学习，早在1861年颇具远见的中国官员就已经援引彼得大帝以及其他一些建国明君的例子以及土耳其的反面教材——这一主题一直持续到1898年及以后的时间。于是西方人认为中国无疑将会转入一个民主国家的断言由现代中国人实现了。在20世纪上半叶，从孙中山、蒋介石，甚至毛泽东，中国政治历史的中心仍然一直是致力于创建一个民主国家，在国际秩序中占据一席之地。

通过回顾我们可以看到，民族主义的思想感情和西方化或现代化有着千丝万缕的联系。早期清政府和西方军事抗衡一开始就是带有民族主义色彩的。至少现代化进程开始时是这样的。可是后来才发现中国这么做是毫无希望的，因为清政府既没有找到西方盟友以图能够和英国抗衡，也不能依靠西方的雇佣军。1840—1842年林则徐和魏源一直希望能够本着“师夷长技以制夷”的传统，指出“以夷攻夷”，然而他的继任、“列强研究专家”冯桂芬很快便声明：“无论语言文字之不通，往来聘问之不习，忽略以疏间亲，万不可行。”同
[231] 样，他的上司曾国藩和李鸿章也看到有必要邀请外国军官指挥现代化的中国军队。[36]总而言之，中国和西方列强之间的联系不会增加，除非中国在领土主权独立的原则下奉行民主的国家制度或者沦为列强的殖民地。这样看来，中国回应共治的“半殖民地化”越发显得反常。

在一定程度上始于19世纪40年代的条约制度，作为共治传统的一种变形，以其不慌不忙、步步紧逼、执着不懈、坚韧不拔的风格成为“分裂和削弱中国”的根本原因。正如蒋介石后来所评价的那样，[37]并随着时间推移，条约制度逐步损害了，最后破坏了旧的儒家秩序，也消灭了任何永久性质中—外共治管理国家的可能性。一开始，条约制度主要影响了中国的经济，而最终条约制度重塑了中国的政治思想。

这一与众不同的诠释使我们得出这样的结论：对于整个儒家帝国而言，共治无疑是其“阿喀琉斯之踵——致命之处”。与以往一样，列强的入侵再次影响了中国一系列的发展。一开始，共治的传统让中国人没有察觉到任何痛苦便欣然接受。然而当通商口岸的洋人开始欢迎共治的举措的时候，却否定了本应与共治一脉相承的儒家意识形态。终于，现代中国民族主义的抬头导致了“不平等条约”的废除。首先，1943年蒋介石废除了第一批不平等条约。其次，民族主义于1949年在毛泽东领导下打破了战后美国妄图参与大陆政权管理的期望。但是共产主义中国的意识形态和制度会在多大程度上显示出古代共治传统的印迹，这仍是个疑问。

（王　琼 译）

第二部分——

社会秩序中的思想与官僚

(Thought and Officialdom in the Social Order)

中国阶级结构及其意识形态

(Chinese Class Structure and Its Ideology)

瞿同祖

(T‘ung-tsu Ch‘ü)

[235] 这篇文章用周朝的原始资料和一些汉代作品来分析某些社会阶层形成的理论，这种社会分层对中国的政治生活产生了持久影响。自从周朝封建制瓦解以后，中国阶级结构随着历史发展而有所变化。所谓发展变化，主要指社会流动的程度和渠道，以及决定阶级属性和个人社会地位的因素。社会阶层的总体模式与传统意识形态的教义一样长期稳定，经久不变。

一、劳动分工和社会分层

儒家不承认有什么完全平等的社会。相反，它承认人与人之间存在智力、能力和道德上的差异。有人聪明有人笨，有人高尚有人坏，这是与生俱来的等级。所以社会上的人不可能都扮演相同的角色，也不可能一律被平等对待。

荀子说："好荣恶辱，好利恶害，君子小人之所同也；群居而无分则争。"[1]所以，社会组织要求以合理方式进行劳动分工和不同工作的分配。

主要有两种工作，劳心和劳力。农工商等是劳力者，其职责是生产货物或者提供服务。另外，还有一个不从事生产的群体，包括学者和官员，他们的职责是研究和学到德行。显而易见，劳力者不需要什么培训，一般的人都能从事；而只有那些更具有才能的人才有资格成为劳心者。后者被认为对社会做出了最大贡献，因而备受尊重。这一阶级的角色被称为“大人”“贵人”或“君子”，与“小人”形成对比。“君子”不仅地位高，而且期待着被“小人”尊崇和供养。这就导致了主从关系。下文的陈述在周代很普遍：

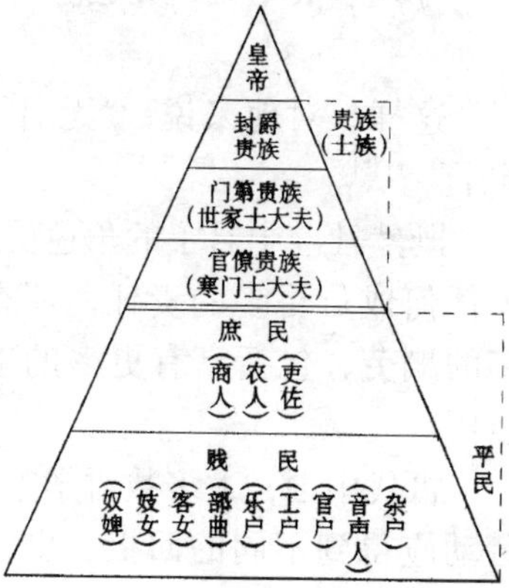

[236]

□ 中国社会结构图

君子勤礼，小人尽力。[2][《左传》成公十三年]

君子劳心，小人劳力，先王之制也。[3][《左传》襄公九年]

君子务治而小人务力。[4][《国语》第四卷《鲁语上》]

世之治也，君子尚能而让其下，小人农力以事其上。[5][《左传》襄公十三年]

庶人、工、商各守其业以共其上。[6][《国语》第一卷《周语上》]

此外，劳动分工被政治化地定位。劳心与统治相连，这一点孟子已鲜明指出，如下文这段就经常被引用：

有大人之事，有小人之事。……或劳心，或劳力；劳心者治人，劳力者治于人；治于人者食人，治人者食

于人，天下之通义也。[7][《孟子·滕文公上》]

这样，对他来说，“无君子，莫治野人；无野人，莫养君子”。[8]

既然社会中君子的角色更为重要，他们承担了比其他团体任何成员更多的责任，那么，很自然地，他们会得到更多的酬劳，包括享有更多的威望和得到更多、更好的物质慰藉。

古代中国，大多数哲学家和政治家仅仅主张两个群体的劳动应得到不同的回报。也许只有荀子一个人试图对于为什么在相同社会中消费应该区分开来这一问题做出系统解释——这一解释已经超出了按劳分配这一通常意义上的辩论。他认为无分则物不胜，就不可能养人之所欲。“欲恶同物，欲多而物寡，寡则必争矣。”[9]他还说：

人生而有欲，欲而不得，则不能无求。求而无度量分界，则不能不争；争则乱，乱则穷。[10][《荀子·礼论》]

[237] 所以，问题在于如何满足人的需求和保持社会稳定。荀子认为平等地对待所有人和分配事物并不能解决问题。在这种情况下，事物不足以满足所有人的需求。

分均则不偏，势齐则不壹，众齐则不使。……夫两贵之不能相事，两贱之不能相使，是天数也。势位齐而欲恶同，物不能澹则必争。争则必乱，乱则穷矣。[11][《荀子·王制》]

这样，养天下之本乃制礼义以分之，使有贫富贵贱之等。荀子一再强调“分则群”[12]的重要性。认为根本的事情是以某些方式确保社会中的每个人找到正确的位置，承担其责任，满足其愿望。[13]这就是礼的功用，目的在于使社会有明确的区分，并据其位规其欲。[14]荀子认为，只有建立这样一种社会体系，才有可能做到“以养人之欲，给人之求。使欲必不穷于物，物必不屈于欲。”[15]理想的社会中，劳动分工应该是其很好的有机体。荀子是这样描绘的：

> 夫贵为天子，富有天下，是人情之所同欲也；然则从人之欲，则势不能容，物不能赡也。故先王案为之制礼义以分之，使有贵贱之等，长幼之差，知贤愚、能不能之分，皆使人载其事而各得其宜。然后使谷禄多少、厚薄之称。是夫群居和一之道也。故仁人在上，则农以力尽田，贾以察尽财，百工以巧尽械器。士大夫以上至于公侯，莫不以仁厚知能尽官职，夫是之谓至平。故或禄天下而不自以为多，或监门、御旅、抱关、击柝而不自以为寡。[16]［《荀子·荣辱》］

二、以成就为准则

根据儒家提倡的以上理论，衡量社会地位的准则应该 [238]
是成就而非出身。帕森斯（Parsons）称之为“单一的成就模式”。[17]从理论上讲，只有博学和道德高尚的人才有资格从事劳心工作和担负管理任务。操行是任命官员的重要依据。孟子认为统治者应该“贵德而尊士。贤者在位，能者在职”。[18]对于荀子来说，“一个人的阶级必须与其德行相符，他的薪俸又必须与其阶级符合”。[19]并且，一个人越有智慧，越有操行，他的阶级和俸禄就应该越高。对此，孟子评价道：“天下有道，小德役大德，小贤役大贤。”[20]荀子则这样表述：

> 论德而定次，量能而授官，皆使其人载其事而各得其所宜。上贤使之为三公，次贤使之为诸侯，下贤使之为士大夫。[21]［《荀子·君道》］

在君主政体的国家里，“无德不贵，无能不官，无功不赏”。[22]另外，荀子认为，“如果一个人的德行不与其阶级相符，或者他的能力不与其官职相配，或者他的酬劳不与其功劳相称，这是最大的不幸”。[23]当有德之人富有而受尊重，卑劣之徒贫穷而遭鄙夷时，公正的社会秩序和良好的统治制度就形成了。在这样井然有序的社会中，贫穷和低微是卑劣和无能的表征，这样的事情令人耻辱。这就是孔夫子说“国有道，贫且贱焉，耻也”[24]的原因。只有当国无道时，富且贵焉，耻也。[25]

□ 孟轲的基本思想是民本主义的

然而，儒家提倡的这种理想模式总是与实际的阶层体系存在矛盾。如他们经常提到的舜，一位德行和酬劳的完美结合者，其高尚德行“必然使他应该拥有帝位、财富和名望，并且应该享用终身”。[26]然而，德高望重者并不总是能够享有这些奖赏。孔子可谓是一位圣 [239]
人，但其所任职位并不与其德行和能力相符。这样看来，无论一个社会多么有条不紊，都没有一种体制来保证品德高尚者拥有高位。这当然使古人感到迷惑不解，他们努力寻求原因，解释这种矛盾。汉代学者王符说：

> 所谓贤人君子者，非必高官厚禄富贵荣华之谓也，此则君子之所宜有，而非其所以为君子者也。所谓小人者，非必贫贱冻馁[困]辱厄穷之谓也，此则小人之所宜处，而非其所以为小人者也。[27][王符《潜夫论》卷一《论荣》]

汉代另一位学者王充对此持相同态度，他把这种出乎平常的矛盾归因于机遇：

> 操行有常贤，仕宦无常遇。贤不贤，才也；遇不遇，时也。才高行洁，不可保以必尊贵；能薄操浊，不可保以必卑贱。或高才洁行，不遇，退在下流；薄能浊操，遇，在众上。……进在遇，退在不遇。处尊居显，未必贤，遇也；位卑在下，未必愚，不遇也。[28][《论衡·逢遇》]

三、结构背景

以上理论表明阶层的形成是社会存在之必要条件。下

□ 经孔子整理编订并流传后世的部分著作

面，我们探讨这种意识形态的结构背景。

首先，应该指出，上文所提理论是在封建制度时期形成的，在这种制度下，封建领主和其他贵族的等级和领地是世袭的。平民与生俱来是平民，永远不能成为贵族。对此，管子这样评价：士之子恒为士，农之子恒为农，工之子恒为工，商之子恒为商。[29]这些理论强调君子小人之别和其存在的重要性，显然，它反映出了社会阶级结构：或者是对社会结构的解释，或者是统治阶级特权的合理化。

[240] 这里，我们遇到了意识形态分析中最难以解决的问题，因为我们无法确认合理化。除非提出这一理论的人加以阐明，否则，我们无法证明。然而，任何思想都有其存在的根由。[30]如果我们能够确定这种思想的社会基础并使之与理论相联系，我们就会更多地关注某些问题，否则，这些问题将被完全忽略。我们可以确定一个人的社会地位，看他是否以

其所属集团特有的思想来确认自己的等级，即他是否与其集团利益相一致。我们也可以通过研究诸如职业角色、生活方式、生产关系和权力结构等多种社会因素，确定它们是否与一个人的语言表达有关。

我们知道，《左传》和《国语》的所有表述及上文引用的其他经典都是由统治阶级（如刘子、知武子、严公[编者注：前文引语出自曹刿。]和内史过）或与其紧密交往的人（如孟子和荀子）提出的，故其社会地位很容易被确定。问题是：他们的思想表现了特权阶级的利益吗？其目的在于为特权辩护、巩固地位和权力还是使其对被统治阶级的剥削合法化？

顾立雅（Herrlee Glessner Creel）认为孔子并非封建制度的倡导者。然而，他又指出“孔子从不直接反对封建制度”。[31]此外，孔子则明确表明：“吾从周。”[32]他意在强调“正名”[33]的重要地位，认为它建立在“君君，臣臣”[34]的观念之上。他悲叹权力已由天子转到诸侯手上，又至大夫，再至陪臣，明白地表示深恶这种礼崩乐坏之时代，故而他提倡传统封建秩序的复兴。[35]孟子对“井田制”[36]和官俸世袭的拥护[37]也表明了他对封建制度的态度。

我们熟悉儒家提倡的国之有道。孔子说有教无类。[38]孟子认为：“民为贵，社稷次之，君为轻。”[39]他一再强调统 [241]
治者应该视己为民之父母，关心民生，减其税赋，轻其劳作，“则天下之民，皆悦而愿为之氓矣”。[40]他猛烈抨击“暴政”。[41]然而，这并不意味着统治阶级要放弃对人民的特权。儒家所强调的是民不应该受剥削以致无以仰足以事父母，俯足以畜妻子。[42]换句话说，剥削要适度合理。孔子认为“使民以时”。[43]同样，孟子强调“取于民有制”。[44]

应该指出，在封建制度下，任何主张统治阶级放弃其特权的理论都是不可能的。确切地说，封建社会的生产体制需要农奴制。否则，封建领主无人供养，下士所得不及力耕所获。[45]简言之，没有封建制度，统治阶级的生活方式就不可能存在。孟子的身世很好地说明了这一点：他曾经为齐国效力，但是如上文所说没有受到重视。然而，他毕竟与统治阶级密切交往。这种交往使他“游于各国之间，并依附于他们生活，其后是华丽的车辆和数百侍从”。[46]这种从下层社会分离出来的生活方式，如果没有某种解释和合理化就是不公正的。对此，甚至依附于特权阶级的人都会提出质疑，更何况无权阶级和被剥削阶级。孟子一门徒对其奢侈的生活方式感到困惑，提出一位没有做任何贡献的学者接受如此之厚待是否正当的疑问。对此，孟子回答：

> [孟子]曰：“非其道，则一箪食不可受於人；如其道，则舜受尧之天下，不以为泰——子以为泰乎？”
>
> 彭更曰：“否。士无事而食，不可也。”
>
> [242] [孟子]曰：“子不通功易事，以羡补不足，则农有馀粟，女有馀布；子如通之，则梓匠轮舆，皆得食於子。於此有人焉，入则孝，出则悌，守先王之道，以待后之学者，而不得食於子。子何尊梓匠轮舆而轻为仁义者哉！”
>
> [彭更]曰：“梓匠轮舆，其志将以求食也。君子之为道也，其志亦将以求食与？”
>
> [孟子]曰：“子何以其志为哉？其有功於子，可食而食之矣。”[47][《孟子·滕文公下》]

孟子又被另一门徒问及为什么君子无事而食。他回

答道：[48]

> 君子居是国也，其君用之，则安富尊荣；其子弟从之，则孝悌忠信。“不素餐兮”，孰大于是？［《孟子·尽心上》］

上文所引两则表述了孟子的理论阐释，即君子在社会中具有重要角色。我们可以通过理论产生的背景了解其动机，尽管这远远不是毋庸置疑的。我们可以想象，当权力受到质疑和挑战时，它必然寻求理由为自身辩护。在这种情形下，其合理化成分更为清晰，而在其他情况下其表述模糊。不管孟子有没有解释的意图，其理论很明显是捍卫上层阶级权力的。它们代表了特权集团的利益。

我们的讨论表明这些理论与劳动分工和社会分层密切关联，并且与封建社会结构相符；他们之间和谐一致。然而，社会结构和这些理论的某一方面存在着一点矛盾，即儒家提出的强调操行之重要性的成就模式与封建制度特有的出身模式发生冲突。如果人生而决定一切，那么地位和俸禄与个人资格和成就就没有任何关系。除非所有贵族都是高尚聪慧之人，否则，这些理论是不公正的。而情况并非如此。孔子和 [243]
孟子对统治阶级控制下的国家的评价意味着它与理想模式遥不可及。孔子及其门徒强调国家应该由最有德者管理，如尧舜。这是他们的乌托邦，然而，他们对此无能为力、爱莫能助。

另一方面，孔子促进了阶级结构和社会变动的一定变化，即给予平民接受教育的机会，迄今这仅仅是贵族的权力。他培养了一批平民并使之成为士，从而有资格跨入仕途。[49]孔子的大部分门徒出身卑微。[50]当贵族不再垄断知识时，平民就有了参与社会变动的机会。事实上，孔子的一大批门徒，或者成为贵族的管家或者获得了高官厚禄，如冉求、子路、子游、子夏、原思、子骞、子高、宰我和子贡。[51]在这一法则下，当一个人“学而优则仕”，[52]对君子操行和特殊培训的培养是有实际价值的，即提高地位改变角色。然而，他们进入的仅仅是下层政体。巨室豪族依然控制着整个社会。

处于战乱状态的周末时期发生了更为根本的变化。经过政治斗争的激烈活动，封建主义秩序如果不是完全被破坏也是被大大削弱。当拥有权力的封建领主和其大臣不再敬重封建制度体系时，上层政体就被颠覆了。同时，社会等级制度的最底层也发生了变化。一批杰出人才对不同国家的统治者产生影响，并进入了上层阶层。许多著名的知识分子被尊为统治者的座上宾或老师，如子夏、淳于髡、蓬蒙、荀子、邹衍和其他学者，尽管他们不是政府指派的官员，但是他们拥有高位厚禄。[53]其中，有些人能够成为高官，如范雎[编者注：原文作Fan Sui]、蔡泽、苏秦、张仪、吕不韦、孙膑、白起、王翦，而另外一些出身平民的人则成为国之将相。赵翼指出，出身低微的人到达如此高位，这在中国历史上是第
[244] 一次。[54]

这一空前的变革当然给成就和社会变动理论的合理性以新的基础。由于这一原因，荀子在一定程度上重新定义了这一状况。先前，孔子或其他人认为，君子或者是有德者，或者指有地位的人，或者两者兼有。[55]然而，荀子给出的新定义几乎完全忽略了地位因素，他着重强调操行这一方面，也就是指个人修身。在其作品中我们读到：

虽王公士大夫之子孙也，不能属于礼义，则归之庶

人。虽庶人之子孙也，积文学，正身行，能属于礼义，则归之卿相士大夫。[56]

汉朝再次发生变化。首先，除少数王侯外，多数官爵均非世袭。巨室豪族不能垄断权位。尽管还没有正式的公务员考试，但原则上，官爵都依照德才授予。学有所长的人不是被推荐进太学学习，就是被直接推荐做官。前一种情况，那些有突出学术成就的博学之士的学生被任命为官员；[57]第二种情形，学者分门别类地被地方政府和中央政府的官员推荐，如“德、智、义”，“纯孝”或者“杰出才能”等类别。[58]另外，享有特殊声誉的学者有时会因为特殊法令而被传讯。[59]正是通过这些方式，社会变动的正式渠道才得以建立。这些机遇过去是不为人所知的。

通过一套合理的考试体系，以形成一种有利于并规范“自由竞争”的机制，但是这一机制直到隋唐时期才建立起来。理论上说，这种机遇对大部分人是公开的。这是择优选能的最合理的措施。一般认为，能者都能够通过考试；反过来说，如果考试失败，说明此人还没有足够的资格和能力。这一普遍原则至少达到了一个目的：它使社会变动的实际程度和理想模式之间的差异最小化。

四、阶级结构：官员和平民 [245]

现在，我们来研究周朝以后的阶级结构。封建制度崩溃之后，以上理论继续在中国社会实际阶层中发挥重要作用吗？社会秩序在多大程度上受这些理论所限？阶级结构与理想模式很接近吗？两个阶级，即统治阶级和被统治阶级的理

□ 清代四合院中的一个家庭

论能够描绘出阶级结构吗？社会中只有两个阶级，还是有更多阶级？

几百年来，对劳心和劳力划分的规则已得到普遍认同，它在中国社会阶层中扮演了重要角色，成为决定一个人所从职业威望的标准。高度尊重劳心却鄙视劳力。可以说，劳力是一个被取消了资格的身份。

同时，统治阶级和被统治阶级之间明显的分界继续存在。官员是上等的，他们是统治阶级的中坚分子；而平民是低劣的。官员本身意识到其上等地位，平民也对之确认无疑。两个集团之间很少有社会联系，通婚也极为少见。

客观标准也能说明两个集团的差异。官员和其家庭成员的生活方式完全不同于平民的生活方式，所以，前者能够很明显地从后者划分出来。前者的生活方式不受经济条件的制约，这与现代资本主义社会的情况一致。相反，这种生活方式被禁止奢侈的法令合法控制。[60]这样，对特权集团生活方式的控制合法化：保证官员阶级享受奢华的生活，但不得威胁有产阶级。禁止奢侈的法令限制了经济权力的运用，在某种程度上，财富本身不能保证消费的权利。例如，庄子强调："虽有贤身贵体，毋其爵，不敢服其服。虽有富贵多资，毋其禄，不敢用其财。"[61]汉成帝的诏令也指出这一点："圣王明礼制以序尊卑，异车服以章有德，虽有其财，而无其 [246]
尊，不得逾制。"[62]

官员还被赋予其他合法特权。免除其劳役服务，没有君王的同意不能被逮捕和调查。[63]并且免受肉体惩罚，放弃官衔或交付罚金可以取消惩罚。这些程序在不同朝代的法典中有详细说明。[64]官员和平民之间惊人的不平等表现在这样一个事实面前：平民伤害官员所受的惩罚要比双方都是平民所受的惩罚严重得多。[65]

从以上探讨我们可以得出：官员和平民是两个不同地位的团体，这体现在威望、生活方式和法定的特权上。

然而，不能认为中国是由两个阶级构成的社会。只有两个阶级吗？答案一定是否定的。所有力图使统治阶级的特权合理化的理论都注重统治者和被统治者各自的地位和角色，而不关心被统治者内部的地位差异。从权力结构的立场看，士农工商都属于同一阶级，因为他们都是被统治者。然而，从社会学角度讲，根据社会分层他们不能属于同一阶级。首先，同一职业团体中的人有不同的地位。如富裕的商人和小店主、小贩之间有差异。农民也有类似的变化：地主、自耕农、佃户和雇佣劳动者，把他们归属为同一阶级当然会令人误解。此外，无数职业团体都像平民一样被分成等级。显而易见，他们的角色和地位都是相同的。然而，不同职业有不同程度的声望。传统秩序中士农工商的划分，其本身就表明声望是有阶层差异的。平民中士大夫的地位最高，因为他们是唯一劳心的阶层，是平民中的精英。农工商属于劳力，所以他们的地位卑微。在这种分类中，官员从平民中区别出
[247] 来，士又从平民中划分出来，这与佩瑞多（Vilfredo Pareto）的分类非常相似：一方面是管理和非政治精英，另一方面是非精英。[66]

在这些劳力者中，农民最具有生产力，所以其地位仅次于士。普遍认为，工商的成就很少具有生产性，所以，他们不受欢迎，为社会尤其是知识分子所鄙视。引用陆游《放翁家训》中的例子，他教导后代应该致力于以教学为生，成为农民也可以，但是不能当“小商小贩”，这对于家庭是莫大的耻辱。他也关注那些做了“商人或差役”[67]的后代的命运。在相当一段时期内，商人非常受歧视。汉代不允许他们穿丝衣和骑马。[68]唐朝对骑马的类似限制也是源于反对工商。[69]并且，这两个职业团体包括屠夫和术士时不时被禁止参加公务员考试或踏入仕途。[70]然而，上述描绘的分层秩序是一个理想模式。实际的情形要复杂得多。中国历史上商人的卑微地位常常被夸大。无论他们的阶级状况与其地位多么不符，[71]他们的财富的影响力是不能忽视的。这对他们的地位和生活方式必然有一定的影响。

政治家经常控诉巨富的商人违反了禁止奢侈的法令，他们享受了不该为他们所有的东西。汉代的商人被指责穿刺绣丝绸品。[72]唐朝法令也指出工商骑着令人厌恶的装饰堂皇的马匹。[73]以这种偏见，我们不难想象富有的商人在社会中的

实际地位是怎样的。尽管如此，如果特权阶级特有的生活方式不再为其独享，那么，法律秩序就已经受到了威胁。对法令的冒犯意味着商人已经分享了上流社会的荣誉，这种荣誉并非合法给予。商人和官员的亲密交往也能以文献为证。[74] [248]
与权贵结交大大提高了商人的社会声望。在这种情况下，我们很难想象商人在平民中处于低下的地位。富商经常高于农民，虽然后者应该有更高的地位，但事实上他们被前者剥削，这一点在汉代晁错的请愿书中有记载。[75]

所有这些事实使我们认为，商人受到歧视和排挤也许不仅仅是因为统治阶级轻视他们，而且是因为他们的经济实力对受法律保护的特权阶级构成了不断的威胁。可以将所有歧视和再三警告看作是社会中坚分子对商人介入其集团带来的威胁的回应。后者满怀戒心坚决捍卫其地位和特权。[76]

也要指出，商人的地位并不总是如此。在诸如明清时期他们享有更高的地位，这一时期，没有了令人不快的禁止奢

□ 清末《新正逛厂甸》图

侈的法令反对他们，商人获得了参加公务员考试的权利，大大增强其金融实力的工商业也得到发展。所有这些因素提高了商人的地位，增强了其社会活动性。

很明显，尽管平民作为一个团体在社会和法律地位上低于官员，但是他们之间还要细分。他们在职业声望上存在差异。此外，尽管财富不是中国社会分层的决定因素，然而，它在某种程度上影响不同职业集团的地位和同一职业集团中不同人的地位。不幸的是，我们只是片面地了解不同职业间的声望，有资料证明某些职业在声望上优于其他某些职业。[77]但是我们不能将不同职业的声望加以比较，不能按照分层等级重建一种职业声望的标尺。这样的研究要求根据已经达成一致的地位或者客观的自我分层，对社会中不同职业有客观

□ 太平天国的礼拜堂

的评价，而这种客观的评价在历史研究中是不可能获得的。

五、阶级结构："贱"民

最后，社会金字塔中有一个最低的社会阶层。这一集团 [249]
包括奴隶、妓女、艺人、侍从及一些地方性团体，如陕西和山西的歌手，苏杭和安徽的"乞丐"，浙江的"懒人"[78]，广东的船夫[79]和安徽省徽州、宁国、池州的"终身奴仆"[80]及其他。他们的职业仅仅是为别人服务，不具有生产性，对社会也没有什么贡献。所以，他们在声望比例中处于最低等，并被称为"贱"民。某些家族规定，任何决定当演员、妓女和侍从的家族成员都要从宗族中驱逐出去，因为从事这些低贱的职业是对整个家族的莫大的耻辱。[81]贱民与普通百姓之间的社会差距非常大。社会和法律都禁止两个阶层之间的通婚。其社会变动性很小。事实上，"贱"民形成了一个职业阶层而非一个阶级。

此外，"贱"民是无权阶级。他们不能参加公务员考试，[82]禁止其踏入仕途。他们的孩子同样被剥夺权利。[83]这样，他们无法进入社会流动的最佳渠道。在禁止奢侈的法令下，他们仅仅能拥有最低贱的生活方式。如果官员特有的生活方式给予其特殊的社会荣誉，那么，我们可以说，"贱"民特有的生活方式，如某些具体的颜色和装饰，则给其以社会羞辱。所以，他们不能与良民相混淆。例如，黑长袍[84]和绿围巾[85]是羞辱和卑微地位的标志。法律也不能将"贱"民与平民一视同仁。每一个朝代的法令都宣布，奴隶伤害或谋杀平民所受的惩戒比双方都是奴隶所受的惩戒要严厉得多，然而，平民伤害或杀害奴隶却受到很轻的处罚。[86]通奸也适用同样的原则。[87]

六、官僚政治的权力基础

[250] 显而易见，中国传统社会中的上下层关系以职业类别为基础。官员有最高的地位。士农工商和其他职业团体，如平民和良民在其次。他们又可以划分出下一层。社会最底层则是“贱”民。

权与位的分配密切相关。[88]换句话说，官僚政治是声望与特权的根源。进入官僚政治中的人都拥有最高的社会地位和最大的特权。士在平民中居最高地位，因为他们接受的训练是文官政府的基础。这样，他们就是潜在的官僚政治成员。这就是为什么在考试体制下拥有学位的学者比没有学位的学者在地位上要优越；因为他比普通的学者更接近权力机构。马克斯·韦伯（Max Weber）敏锐地观察到了这一点：“中国的社会阶层更多的是由公职资格而非财富所决定。”[89]“贱”民不像平民一样，至少在理论上大多数平民可以参加考试，进入官场，而“贱”民却被剥夺了这样的权利。根据政治权力，永久性禁止其踏入权力机构。所以，他们在社会中居最低劣的地位。毫不夸张地说，声望的区分与权力等级紧密呼应。如果不根据权力考察阶层体系，我们就不能理解和解释传统中国的社会分层。在这一意义上，“统治阶级和被统治阶级”二分法在中国社会和政治思想中是一个核心的概念，其社会学意义不容忽视。

（王妍慧 译）

中国科举制中的地区、家庭与个人

(Region, Family, and Individual in the Chinese Examination System)

柯睿格

(Edward A. Kracke, Jr.)

[251] 中国科举制在中国的政治理论和实际社会结构中都居于核心地位，也是最早吸引西方政治思想家注意力，激发其想象的中国制度。它代表了一种公职向天下开放，以德才取士的理想。但是科举制的理想与现实差距有多大还没搞清楚。瞿同祖博士在本卷中曾谈到中国社会关系的变化模式：引经据典常常掩饰了实际的变化，理想与现实的关系在发生变化，并不可避免地改变了中国思想里某些理想的本义。[1]要理解中国政治思想中科举的真实含义，必须追溯它数个世纪的演变历程。本文仅仅关注这一变化的一个方面——对自由机会这个概念的不同解释，以及种种解释对帝国各个地区的不同影响。

一、自由机会的理想及其实现

通过考试晋身仕途的思想基础源自孔子的理想。他认为只能将德才作为政府用人的唯一标准。儒学各派都继承了这一理想，如带有权威主义色彩的荀子和秉持自由主义、唐代以后大行其道的孟子都是如此。儒学认为人性本善，故而德才与出身无关，应当给予寒士以上进之路。[2]

我们不能把这种思想的内涵和西方类似的思想混为一
[252] 谈。按照儒学理论，一旦人们的品行、地位确定，那么他们

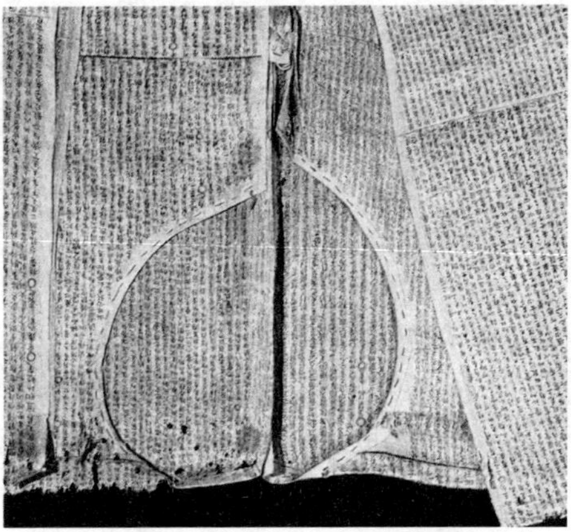
□ 清朝的夹带衣，科举考试时作弊用

就会产生不同的需求，会有不同的道德，所以享受的物质利益、特权、责任和自由也应有所不同。某些特定的行业——早期还包括商人和工匠——不能做官，因为从事这些行当的人德行不合格。个人的自由发展机会和鲜明的阶级区分完全是和谐的。对中国思想家来说，这一点也不矛盾。他认为社会比个人意志重要。为统治者效命不是个人的权利，而是他的义务；他要接受任命，而不能索求官位。[3]

但是，各个时代的实际条件改变了这个理论的运作。一方面，尽管儒家政治理论认为应该普及教育，但是即使在中国最富裕的时代，普遍设立学校也是不可想象的。经济发展不平衡致使各个集团和各个地区之间可用于教育的资源多少不均，所以机会就更加不均等了。考试方式和要求也对某些集团和地区有利。另一方面，在正常的年代里，受过教育的中国人也像西方人一样追逐官位，不管是把这作为义务也好，权利也罢。因为在多数时候，很少有其他职业能像做官那样享有特权。而考试逐渐成为晋身仕途的光荣大道，所以具有特殊的重要性。它们体现了因德才出众而受重用的原则，所以比其他方式更荣耀，但是它们并未完全取代其他晋身仕途的方式，也没有成为不受争议的理想制度。它们考察的只是能力，而没有考察品行，所以遭到了某些狂热的儒生的攻击，而且它们还必须和荐举、荫补、由吏转官、卖官鬻爵等方式相互竞争。各种方式的平衡当然和各个时代的政治动向密切相关。科举制的荣耀、其实际地位以及主管部门的热情和诚实程度都随着时代的变化而变化。科举制在某种程度上反映了官僚制度的变迁，但是我们对此进行的思考还远远不够全面。[4]

因篇幅所限，本文仅简要地讨论一下上述因素。文章重
[253] 点是现有的三类材料之间的关系：人口集中程度和变化、金榜题名者的地区性、中榜者纵向社会流动性的地区特性。关注的焦点时段主要从公元7世纪中叶到19世纪末，早期没有地区限制，所着笔墨较多。不言而喻，根据如此有限的资料得出的结论肯定是不全面的、尝试性的。本文只求抛砖引玉，希望对深化相关研究有所助益。

二、地区间自由竞争下的地方性代表(655—1279年)

考试最早源于汉代一种将被荐做官的人分类的方法。它们用了很长时间才成为主要的招人手段，最初每年通过考试的人非常少。即使在唐朝初年，在655年以前，每年通过考试的人也从没超过25人；当时年均中榜人数不足9人。(因为考试不定期，不管是在1067年采用了三年一考制之前还是之后，年均中榜者人数是唯一可加以比较的单位。)第一次大幅度增加是野心勃勃的女皇武则天篡权之时。她敏锐地察觉到可以利用考试为篡权服务。可以用它来起用东南地区的饱学之士，同时解除都城里盘根错节的精英集团的权力。这有

□ 唐代张萱的《唐后行从图》

利于巩固她的王朝统治。655年，她促成录取了44名进士。在她改朝换代前的7年里，每年平均有58人中榜。她或许是无意识地造就了考试这种招人方式在数量上的重要地位。同时，通过优待进士，新的方法成为获取权力的一条光明大道。从此有更多的人拥有了机会。[5]

武则天倒台后，复辟的唐朝皇帝沿用了她的科举办法，[254]
还曾短期内增加每年的进士人数。唐末以及后来的五代社会动荡，考试制度中断，没有关系的人就得不到机会。但是到了10世纪末，宋朝统治者重建了帝国，并采取新措施发展该制度。他们制定了一系列措施以保证判卷尽量公正客观。同时，他们还不断增加进士数量，最后每年的进士数量是唐朝年均进士数量的两倍。在宋朝统治期间，进士数量一直很多。通常每年都有200多人，有时年均达到240人。[6]

武则天利用考试篡权不仅仅让更多的人有机会参加政府工作。同时，通过起用东南地区的新人，她有意无意地平衡了地方集团和官僚机构的关系，从而巩固了帝国统治。从帝国各个地区公平地招收官员的好处还不止于此：它可以让地方忠心耿耿，防止失意文人生怨望之心；它可以保证所有地区都可以在政府中发出自己的声音；它可以鼓励受过教育的乡绅向中央任命的地方官员提供帮助。很难说统治者是否认识到了科举制这些好处，有充足的证据表明官僚机构中地区意识很浓厚，录用过程中存在的不平等受到了充分的关注。11世纪时司马光和欧阳修曾讨论此事。当时仍然存在地区不平等，但是情况与五个世纪之前有所不同。司马光的回忆录中谈到一些人物，通过他们可以了解当时的情况。这些人都与1036年、1038年和1040年的进士考试有关。他们在不同年份代表了不同的地区，但是其趋势非常清楚。首都地区每
[255] 百万户人口中就有170到270名进士。而北部地区、西南部地区（成都附近除外）和中南地区每百万户只有1—4名进士。繁荣的东南部和中东部等七个地区有多少进士文中没有谈及，但是估计每百万户有12名，这要比除首都以外的其他地区的比例高。这七个地区的人口占帝国人口的一半以上，但是所占地域的比重则要少得多。人口稠密的四川盆地和肥沃的长江三角洲也在此列。值得注意的是这些地区有全国最大的城市，其中包括东南沿海的贸易中心。欧阳修的文章认为东南部已经成为文化中心，足以和首都并驾齐驱，进士人数之多已经引起了中国其他地区的嫉妒。[7]

表一：北宋时期 1036 年、1038 年和 1040 年有进士考生资格的人数和中榜人数

辖区或行政单元	大约公元 1100 年的人口情况（单位：百万户）	考生人数			中榜人数		
		1036 年	1038 年	1040 年	1036 年	1038 年	1040 年
中南部：							
广南东路 ……	0.57	97	84	77	3	2	0
荆湖南路 ……	0.95	69	69	68	2	2	2
荆湖北路 ……	0.58	….	24	23	….	0	1
西南部：							
广南西路 ……	0.24	38	63	63	1	0	0
夔州路 ……	0.25	28	32	….	1	0	….
梓州路（潼川）…	0.56	63	….	….	2	….	….
北部和西部边境：							
京东 ……	1.34	157	150	….	5	5	….
河北 ……	1.17	152	….	154	5	….	1
河东路 ……	0.61	44	41	45	0	1	1
陕西 ……	0.56	….	123	124	….	1	2
利州路 ……	0.30	26	….	28	1	….	0
首都地区：							
开封府 ……	0.26	278	266	307	44	69	66
国子监 ……	……	118	108	111	22	28	30
其余七个辖区 ……	8.98	….	….	….	….	….	….
合计 ……	16.37	….	….	….	….	….	….

（译表：沈中明）

根据南宋两次考试的进士名录可以对此有更清醒的认 [256]
识。宋朝举行了一百多次考试，从中挑选出两次加以总结，显然是有点轻率，但是根据概率选出的考试是很幸运的。这两次考试一次在1148年举行，一次在1256年举行，分别位于宋朝在杭州统治的初期和末期。当时中国北方已经于1127年沦落到女真人之手。北方陷落后，南方也遭到了女真人的侵扰，但是1141年重建政府之后，又重新恢复了和平。随后的一个世纪里平安无事，宋朝文化繁荣昌盛，尽管1233年以后它遇到了很多经济难题，而且北方还出现了新的威胁。蒙古人1253年侵略了四川，并在1258年卷土重来。15年后，宋朝的防线被突破，抵抗者撤退到深山沧海继续斗争。1148年的考试正好在王朝大乱之后恢复和平之际，而1256年的考试举行时已经度过了长期的和平岁月，大乱即将来临。这两次考试的进士名单有很多共性，所以它们是具有代表性的；而且它们比较完整，提供了一份历年进士的参考样本，其价值不可估量。[8]

两张名单的一个惊人相似之处就是它们表明占优势的地区都是那些人口密集，拥有众多大都市，商业发达的地区。在当时全国的16个地区中，位于东南的福建和浙东拥有当时最繁华的商业都市，远胜其他地区，在这两年出身于这两个地区的进士占到总数的40%。出身于这些地区的进士甚至比这些地区在全国人口中所占的比重还要高。在这两年中，它们的百户平均状元数都高于其他地区。[9]

在其他地区，人口密集程度和进士比率之间的关系不是那么明显。或许进士越少，则偶然性因素越大，或许还有一些因素我们还没有考虑到。但是有一种关联还是很明显。当我们比较几个地区的都市发展情况时，我们再次发现大城市
[258] 越多，则人均进士数量越多。[10]

表二：南宋时期 1148 年和 1256 年中榜进士的人口和地区状况

地区和辖区	人口情况*（单位：千户）		中榜人数		每百万户的中榜人数		人口超过10万户的府县
	1162 年	1223 年	1148 年	1256 年	1148 年	1256 年	约 1100 年
东南部：							
福建路 ……	1,391	1,599	66	114	48	71	5
浙东 ……	ca.1,090	ca.1,080	52	82	45	72	7
浙西 ……	ca.1,150	ca.1,140	38	26	35	24	5
江南东路 ……	966	1,046	30	30	31	29	6
江南西路 ……	1,891	2,268	23	53	12	23	7
地区合计 ……	6,492	7,134	209	305	32	43	30
中南部：							
广南东路 ……	514	446	5	17	10	38	1
荆湖南路 ……	969	1,251	1	9	1	7	2
荆湖北路 ……	254	370	1	15	4	41	0
地区合计 ……	1,737	2,067	7	41	4	20	3
西南部：							
广南西路 ……	489	528	0	19	0	36	0
夔州路 ……	387	208	4	4	10	19	0
潼川府 ……	805	841	28	48	35	57	1
成都府 ……	1,098	1,140	35	34	32	30	3
地区合计 ……	2,779	2,717	67	105	24	39	4
开放的北部：							
利州路 ……	371	401	2	16	5	40	0
京西 ……	43	6	0	3	0	480	0
淮南西路 ……	52	218	0	7	0	32	3
淮南东路 ……	111	127	3	7	27	55	1

续表

地区和辖区	人口情况*（单位：千户）		中榜人数		每百万户的中榜人数		人口超过10万户的府县
	1162年	1223年	1148年	1256年	1148年	1256年	约1100年
地区合计	577	753	5	33	9	44	4
相关资料汇总	11,584	12,671	288	484	25	38	41
被占领的北方	....	....	26	1	....	....	......
皇族	....	....	16	76	....	....	......
缺乏有关数据的 ..	....	....	....	40	....	....	......
年度合计	....	....	330	601	....	....	......

* 因为全部统计数字的计算限于最接近千户的地区，所以地区和全国的总数在全部事例上不等于辖区计算出的确切总数。

（译表：沈中明）

显然，边疆地区和中部地区的差异在12世纪和13世纪依然存在，与司马光在11世纪时说的情况差不多。欧阳修曾经指出，人口众多的地区出来的进士胜出概率较高，是因为他们在地方考试中经过了更为严格的选拔。但是这一情况发生了两个变化。南宋的新都城杭州的优势地位远远不及北宋时的都城开封。西南部的四个地区的考生与其他发达地区的考生能力差距显著缩小。有证据表明当时各地区之间正逐渐拉平，尽管并未为这一目的采取什么正式行动。

三、地区间自由竞争背景下的社会集团代表

宋朝的考试名单表明了进士的地区分布情况，但是没提供多少关于进士社会背景的信息。只有一个集团单列了出来，他们就是有宋朝皇室血缘关系的那些进士。从宋朝建立之后，皇室子孙迅速繁衍。当时几位皇帝的直系后裔都有王爵名位，可以称得上是当时唯一的贵族阶层。皇室远枝后裔没有名号，但是仍然享有特权。他们不归地方政府管辖，而是由皇室机构统一管理。为了防止皇室子孙在考试中独大，对他们的考试单独进行；他们很可能借助这种方式躲过了很多考生都要经受的煎熬。根据我们的资料，在1148年的288 [259]
名进士中，皇室子孙占了16位，1256年484名进士中占了76位。1148年的所有皇室进士以及1256年的51位皇室进士的父亲、祖父或曾祖父曾经做过官。[11]

除了皇室后裔外，这两份名单就没有提供其他的详细情况了。但是它们提供了重要信息，说明有的进士出身官宦，有的则没有这样的背景。如果某位进士三代之内有人做官，它们往往加以载明，1148年还详细说明了哪些人没有官宦背景。不幸的是，没有关于旁系亲属的任职情况，即使有，也 [260]
过于零碎，无法用于比较。但是关于直系亲属的详细记载使我们可以把它作为一个标尺，来衡量官宦之家在不同时代和不同地区的影响。有限信息反映出的这种影响变化可以表明官宦之家的变迁。为了方便起见，我们将那些三代之内有人做官的进士称为“官宦人士”，而将那些没有类似背景的人称为“新人”。一定要记住，这些词的含义仅止于此。[12]

表三：南宋时期1148年和1256年中榜进士的人口变化和社会流动

地区和辖区	人口增长或下降的百分比		新人的百分比*	
	约1100-1162年**	1162-1223年	1148年	1256年
东南部：				
福建路………	31	15	70	52
浙东 浙西 }………	14	-1	{74 30	{62 62
江南东路……	-5	8	71	67
江南西路……	14	15	68	70
中南部：				
广南东路……	-11	-13	………	59
荆湖南路……	2	29	………	78
荆湖北路……	-56	45	………	53
西南部：				
广南西路……	107	8	………	84
夔州路………	57	-46	………	………
潼川府………	43	4	56	67
成都府………	24	4	54	50
开放的北部：				
利州路………	-17	8	………	75
京西………	-81	-86	………	………
淮南西路……	-93	320	………	71
淮南东路……	-80	15	………	57
被占领的地方……	………	………	30	………
皇族………	………	………	………	33
相关资料汇总……	-8	9	56	58

* 当一个辖区包括的进士总数是6个或少于6个时，不提供新人的百分比。

** 因1127年后固定辖区的边界发生变化，为了进行有效的比较，公元1100年的辖区人口计算不以那时人们生存的辖区的分界为准，而以1162年的分界为准。

（译表：沈中明）

"新人"唯一的共同特点就是先辈都没做过官，我们当然不能将他们视为一体化的集团。除此之外，我们上文曾提到，这些人的旁系亲属可能做官。其他不太完整的资料还表明，很多人出身书香门第。有些人的先辈曾通过考试，但是没有做官。有的人的兄弟或者表兄弟通过了考试，做了官。但是关于亲戚做官的记录太少，而且非常零碎。这只能说明宋朝的官宦人士和新人之间的区分是十分模糊的。[13]

新人比例变化很有启发性。[14]正如我们所想的一样，1148年考试中有23位原籍北方的考生，其中70%出身官宦人家。1256年则只有一例这样的情况，这个新人来自宋朝边境地带。在宋朝的疆域之内，新人比例较高的地区似乎有一些共同特点，与进士人数较多的地区有很大不同。这些地区的进士背景不同，但是新人可能出现在人口稀疏的地区，也可能出现在人口稠密、商业发达的地区。但是，人口变化和新人比例之间似乎有一定的关联。总体而言，长期的人口增长，新人比例也随之增长，而人口长期保持稳定甚至下降，则官宦子弟较多。1162年到1223年之间，有六个地区人口增长超过5%。因为人数太少会影响比例的准确性，我们可以将少于6名进士的地区排除在外。然后我们对1148年和1256年的个人情况分别加以分析，我们就会得到12个样本：有七个地区新人占了70%以上，三个地区新人比例接近全国平均水平或者稍高（57% - 69%），还有两个地区低于平均水平。另一方面，在那些人口稳定乃至减少的地区，我们会发现另
[261] 外八个样本：有一个地区新人占了70%以上，三个地区接近全国平均水平或者稍高，还有四个地区低于平均水平（包括成都范围的两个年份）。[15]

为了让情况看起来简单点，在地区间自由竞争的情况下，任何一个地区都可以归入以下某一类情况：

人口	稠密（增加）	稀疏（增加）	稠密（不增加）	稀疏（不增加）
人均进士数	多	少	多	少
新人比例	高	高	低	低
新人人数	多	很少	很多	少

人口增长和新人比例高之间的巧合，或许可以解释为新移民社会流动性大，他们在新家乡不但致富，还提高了社会地位。与此相关的是，三个新人辈出的东南部地区——浙东、福建、江南东——1256年都出现了一种现象：祖籍不是本地的人特别多。（关于这一点的资料对1148年是不适用的。）这些人可能是移民或者是移民的后代。这可能对宋朝社会产生了有趣的影响；还有一个与此相关的因素使其更为有趣。我们发现在宋朝有很多重要的地区人口稠密，而且不断增长，它们的新人比例特别高。这些地区包括两个人口最多、城市化水平最高的两个地区——浙东和福建。这两个地区1148年和1256年出的新人占了全国的三分之一。即使早在11世纪的时候，我们已经发现这两个地区出的进士就比较多。

考虑到东南部的城市化进程在不断继续，我们是否已经找到了影响宋朝文官机构社会流动性的关键因素了呢？在给出最终答案之前，有必要看看那些尚未加以讨论，但可能对不同社会集团参加考试产生影响的因素。教育设施的多少、考试内容、考试方法都会影响结果。经济发展潮流非常复 [262]
杂。但是我们毫不怀疑宋朝考试制度所提供的自由机会是当时两个因素相结合的产物。城市化和商业化比较发达的东南部沿海地区人口不断增长，而自由竞争则使得这个地区在整个考试中占据了绝对优势。

这些新人来自什么社会集团呢？如果社会和城市发展的确和官僚机构通过考试补充新血液相关，那么商人或其家庭有多少人考中呢？没有充足的证据来回答这个问题；看起来至少新人里商人所占比例不小。他们面临的社会阻碍小了，我们还知道有些人当了官。但是如果说他们中出了不少官，但是没有任何证据表明他们当官之后仍然保持了本集团的特性，或者对政府政策产生了什么重大影响。所以宋朝新进士的出身及其政治地位至今还是一个谜。

四、地区配额阶段

宋朝1279年灭亡在某种意义上标志着中国考试制度的一个时代结束了。全国一视同仁，考生不受约束，彼此竞争的制度让位于地区配额制度。除了角逐高位之外，考生主要与本地区对手竞争。在各地区间分配机会要服从政治决定。东南沿海地区丧失了其优势地位，新的因素开始影响新人的选拔。

我们已经知道，地区配额思想并不新鲜。司马光抱怨京城和东南地区的进士所占比例太高，并建议为了实现地区之间的平等，应该实施地区配额制度。该计划的重要特色是它不是根据人口而是根据合格考生的数量来制订配额。每10名合格考生应该得到一个名额，如果合格考生超过5名而不满10名，也应获得一个名额。这个建议一方面满足了考生素质
[263] 较低的地区的要求，另一方面又不至于过分歧视考生众多的地区。[16]

这一方案在宋朝未被采纳，但是地区配额的想法并未被人遗忘。蒙古统治者1315年决定重新举行停止已久的考试，并且为了自己的目的对配额制进行了改造。他们不得不利用中国人的行政才能来统治帝国，但是他们不相信中国人会忠心耿耿。他们小心翼翼地平衡政府内各个种族的关系。他们限制每年上榜人数，当时每年只有20多名进士，与宋朝的年均200多名形成了鲜明对照。考试在政府用人方面起的作用非常有限。名额在四大种族中平均分配。四大种族是蒙古人、色目人、汉人和南人。按照人口比例衡量，这种安排无疑对蒙古人和他忠实的外国合作者色目人非常有利，在中国人里，对北方人比对南方人更有利。因为蒙古、满洲、朝鲜、中国都在帝国疆域之内，所以蒙古人和外国的合作者人数要比中国人少得多。1290年的人口统计数字表明北方有200万户，而南方有1200万户。

被允许参加殿试的300名考生名额也平均分配给各个种族，每个种族75人，然后还要根据省份进一步分配。对东南沿海地区的歧视在此表现得更为清楚。这个地区——以前的福建、浙东、浙西、江南东——占了中国人口的48%。但是当地居民（所谓的南人）却只有28个考生名额，居住在当地的蒙古人和外国合作者却有15个名额。中国其余地区共有

225个考生名额。[17]

明朝驱逐了蒙古人，于1368年重新使中国获得了独立。它试图修改蒙古人的政策，但又不想完全恢复以前中国的老传统。地位不断上升的考试制度也反映了这一潮流。进士数目逐渐增加，到了王朝末期，年均人数达110人。（在满洲人统治时期，它继续增加到了120人。）明朝刚开始抛弃了蒙古 [264]
人的地区配额制度，但是东南地区迅速在考试中占据了绝对优势，于是1425年南北确定配额。后来配额分成三个部分，除了南北之外，又增加了一个中部地区。新的中部地区包括今天安徽长江以北的部分，以及四川、云南等在蒙古人统治下逐渐认同了北方的西南部地区。获得参加殿试资格的考生被称为举人，这种身份越来越重要。明朝和蒙古统治时期一样，给每个省都规定了固定的举人名额。

表四：蒙元时期允许参加进士考试的考生的地区配额

	东南部	中南部	西南部	北部	非汉族地区	合计
蒙古人……	8	3	2	47	15	75
外来合作者…	16	7	5	38	9	75
北方汉族人…	0	0	7	60	8	75
南方汉族人…	50	18	0	7	0	75
合计……	74	28	14	152	32	300

（译表：沈中明）

分三个地区分配殿试考生名额一直延续到明朝灭亡，只有很少一段时间曾暂停过。在满清时代，这一区分进一步细

□ 明清进士题名碑

化，将配额分到各省，而不是分到各地区。此外，还给汉族人、蒙古人和有意通过考试做官的满族人规定了配额。[18]现在还不是很清楚明清两朝是如何按照考生的数量分配配额的。按照地区总人口的标准来衡量，配额还是相当公允的。1426年南部配额区分得了55％的名额，中部10％的名额，这与当时的人口分布大致相当。尽管蒙古时代和明朝人口北迁让南方在明末占据了更大的优势。明朝举人的地
[265] 方配额以及清朝进士的配额（年年有少量变化）承认人口的变化模式。但是19世纪各省的配额则偏向那些人口稀少的地区，而牺牲了人口稠密地区的利益。[19]

但是按照人口分配名额仅是地区代表的一个方面。我们必须记住按照潜在考生数量来衡量的话，各个地区的待遇可能就很不公平了。因为考生准备程度不同，就更不公平了。各地教育水平不同，地区配额忽视这一点无疑将会导致考试激烈程度的差异。考生较少，素质较低的地区的人就比较占优势。正如我们所看到的一样，宋朝的考试名单证明大量素质较高的考生都来自人口稠密的地区。在这些地区，如果按照人口平均分配名额，那么竞争就会非常激烈。哪个考生会胜出呢？很可能是那些有家学渊源，有官宦背景的子弟。至

少在12世纪和13世纪，不是出身官宦人家的子弟多出现在考试名单的后面，这种情况一直持续存在。[20]所以在人口较稠密的地区，在其他条件都平等的情况下，不大可能出现大批新人。其他影响社会流动的地区环境可能对此产生影响，也可能使其影响放大。

表五：明清时期进士和有关人口的地区配额的百分比

	南部地区	中部地区	北部地区
1426 年配额	55	10	35
1393 年人口	64	8	28
1578 年人口	41	15	44
1889 年配额	49	16	35
1885 年人口	49	25	25

（译表：沈中明）

蒙（元）明两代没有数据资料来验证我们的结论。但是 [266]
研究清朝历史时我们就非常幸运了。华盛顿大学多年来已经从各种渠道收集了很多关于19世纪中国制度的资料。（这项工作的非常有意义的结果不久将发表在“官僚政治的社会背景”那一卷里，作者是C. L. 张博士。[21]）这些证据对于我们了解晚清的社会流动有很大帮助。19世纪和12世纪、13世纪的情况一样，几个地区的新人在有限时间段内保持稳定，但是实施配额制之前（1279年之前）和19世纪有很大区别。在后一个时期，人口密度较小的地区出的进士里新人较多，例如贵州、陕西、甘肃都是如此。广东、湖北等人口增长迅速，城市化水平较高的地区出的进士却不多，所以他们对全国的平均水平并不产生影响。我们很想找出一个例子来说明配额制度削弱了考试的社会流动性。但是目前对进士数目的研究还在进行当中，做这种推论还是小心为好。

殿试以下各类考试的上榜者可以与宋朝的进士进行更好的比较，尽管正常考试之外的其他因素也在发挥影响。新人在低级考试中所占比例远高于在进士中所占比例。还有其他一些不同。张博士指出有好几个因素影响了地区形态。[22]一个地区的行政重要性起了很大作用。边疆省份配额较多，这主要是为了鼓励它输送人才，协助处理边疆事务。清朝某些省份1850年后分得了更多的名额，所以新人辈出。这些省份或者曾镇压太
[267] 平天国及其他起义，或者曾慷慨资助国家捉襟见肘的财政。人口密度一般的湖南以及云南、贵州等边远省份就属于这一类。商业财富对于安徽、广东等地的新人出人头地也起了一定作用。商人得到了越来越多的考试名额。此外，功名还大规模出售，远超前代。安徽、广东等省从中受惠最大。买功名的人主要是商人。

□ 从地方官学中选拔文行兼优的生员贡入国子监，因入监方式不同有岁、恩、拔、优、副之别

从这一证据我们看出起义这一突发事件让大批新人通过种种渠道得到了重用，否则这些人根本就没有机会进入政府工作。考试仍然是国家政策的重要工具，但是从13世纪以来它的重点和目的已经发生了很大变化。或许受教育范围的扩大使得不分地区遴选合格人才的任务不再那么重要。德才标

准遭到了政治考虑的削弱。同时，我们还看到，新人还有其他晋身官场的渠道，而且这些渠道越来越重要。[23]

对地区重要性的权衡可能也对考试政策的变化产生了影响。从某种意义上来说，似乎经过了十二个世纪，钟摆又摆回来了。远离地区歧视的运动开始于唐朝，当时地位不断上升的南方成为制衡北方的因素。考试制度对南方人很有利，并且早在北方陷落之前就进一步巩固了他们在政治和知识领域的领导地位。[24]但是宋朝灭亡之后，北方重新确立了其政治地位，同时人口南迁的潮流被扭转。一个半世纪的分离和不同的体验无疑加大了原有的地区差异，加剧了以前的地区竞争。但是因为南方人的文学才能很难被超越，配额制就成 [268]

□ 国子监辟雍，为国子监的中心殿堂，皇帝到国子监讲学的讲坛就设在这里

为北方人确保执政影响力的利器。

所以通过本文对考试制度的研究，我们发现数个世纪以来，中国的主流意见一直是提供公平的考试机会。但是在如何定义“公平的机会”这个诱人概念的时候，不同时代的政治环境造就了不同的定义，强调的重点从个人平等到种族平等，再到地区平等。地区平等又分为行政区平等，同等人口规模的平等和潜在考生的平等。中国的政治理论家一直在引经据典，但在现实中却又能够不断根据变化了的环境改变传统。如果说儒家传统对政治实践产生了限制作用，那么正如本文所揭示的那样，这种限制是灵活的。

（王妍慧 译）

儒家思想与中国宗教的相互作用关系

(The Functional Relationship between Confucian Thought and Chinese Religion)

杨庆堃

(Yang Ch'ing-K'un)

[269] 本文讲述的是儒家思想和传统中国社会宗教之间关系的性质，以及使这种关系成为可能的主要因素，这个问题是宗教在中国社会生活和社会组织中的作用这个更为广泛的问题的一部分。

在这个讨论中“儒家思想”不仅指孔孟的观点，而且也指一直发展至现代的儒家学派的观点。在这里“宗教”只指人类与超人类和超自然力量之间的相互关系。[1]当然还有更为宽泛的定义，比如托马斯·卡莱尔（Thomas Carlyle）就认为宗教是人类与更大的世界的关系，也就是人类与他的职责和命运之间的关系。[2]卡莱尔和其他具有相似想法的思想家在理性主义上升的时期提出这种以及相似的宗教的定义，与宗教在欧洲的早期统治地位形成对比。但要评估宗教在中国这样具有传统社会秩序的国家中的作用，超自然的力量必须是要考虑的主要因素，因为它们在人们的宗教生活中占有统治地位。

一、儒家思想的宗教因素

（一）“理性的”儒家思想与宗教生活的事实

儒家思想和宗教的关系，以及宗教在中国社会的地位这个更为广泛的问题一直都是中国文化学者所关注的问题。

在就此问题发表的一系列观点中，我们可以发现一个主要观点，也就是关于儒家思想理性和不可知的特点。这种观点为许多西方学者［从伏尔泰（Voltaire）到理雅各（James Legge）］和现代东方学者（包括日本的铃木和中国的梁启超、胡适）所支持。[3]一些现代中国人甚至认为，由于儒家思想 [270]
在中国社会和政治秩序中具有的统治地位，儒家思想的理性化已导致中国社会的理性化，如果承认宗教存在的话，它也只在其中起一个不重要的作用。梁启超是最早倡导这种观点的人之一：

> 中国是否有宗教是一个值得认真研究的问题……孔子把他的注意力集中在现实问题上，他的观点与宗教问题格格不入……由于中国社会的本土文化不含宗教，中国宗教的历史也就主要是由引进到中国的外国宗教所组成的……佛教的禅宗是中国的产物，但它更适于哲学而非宗教领域……道教是中国本土唯一的宗教……但把它纳入中国宗教史实在是一种极大的羞辱……因为它曾屡次用它异教的巫术把人们引入歧途，扰乱了社会的和平与安宁。[4]

这种说法实在非同小可，因为它使普遍存在于中国现代知识界的态度显得空洞无力。中国现代知识分子似乎太过急于在更为强大和理性的西方世界面前为中国文明辩护，因为西方世界轻蔑地认为魔法和神秘主义正是落后和卑劣的象征。

虽然相当多的学者支持这种观点，但这种观点却与社会现实不易调和。即使是在现代，高度宗教化的历书在中国比“理性化”的儒家经典著作享有更大的市场。宗教渗透到了每个社会机构的观念和构成之中。占星术、占卜术以及许多其他形式的魔法和万物有灵论深刻地影响着普通大众对生命和日常活动的态度。[5][编者注：此处有删节。]

中国大地上星罗棋布的庙宇和神祠显示出宗教的强大影响。以河北的天津为例，1882年每个村子平均有7座庙，1928年平均有1.7座，1928年时每个村子大约有600人。[6]就家庭来讲，1882年每座庙平均供24个家庭使用，1928年为50个家庭。[7]虽然近几十年来有世俗化的趋势，但人口与庙宇的比例仍然很高。而且，这些庙宇和它们所供奉的神在功能上的分类表明了它们对生活各个方面的影响，从与自然的斗争、和平与战争问题、健康与疾病、财富与贫困，到公共与私人生活中的每个危机，可谓方方面面，无所不包。[8]

[271] 作为传统社会秩序的官方正统观念，儒家思想不可避免地与这种渗透到社会生活各个方面的宗教现象形成某种相互作用的关系；然而，如果把儒家思想看作纯理性原则体系的话，我们可能会问它是如何融入中国宗教生活的现实的。以下将从几个方面对儒家思想和其他传统社会生活之间的一致性及相互作用关系进行检验：(1)孔子的不

□ 陕西省西安城南郊约4公里处的唐大慈恩寺大雁塔，建于647年

可知论；(2) 儒家思想与上天、天定、天命，以及阴阳和五行理论之间的关系；(3) 儒家所倡导的祭祀和祭祖。下面将引用许多经典，它们在整个历史进程中对调整儒家思想所产生的影响是巨大的。在本文的讨论中，孔子和孟子真正的言论或其中的含义并不是十分重要，真正重要的是后代儒家学者所编纂的孔孟的言论，这些才是所有问题上最显著的权威。

（二）孔子不可知论的问题

西方和中国学者都曾多次引用孔子看似不可知的言论，来确立儒家思想不可知的本质，抛弃任何超自然的观念。这些熟悉的言论包括：

> 子不语怪、力、乱、神。[9][《论语·述而》]
>
> 未能事人，焉能事鬼？……未知生，焉知死？[10][《论语·先进》]
>
> 务民之义，敬鬼神而远之，可谓知矣。[11][《论语·雍也》]

四分之一世纪以前，顾立雅（Herrlee Glessner Creel）对这个课题进行了深入研究。他指出，中国宋朝之前，对《论语》中这些以及其他相似段落的评论无人认为孔子是不可知的，在宋朝及以后的中国评论中，也只有四段表明孔子是不可知的。顾立雅说，对孔子不可知的印象主要是儒家学派理性化趋势的结果。儒家学派把孔子的个人天命重新解释为“宇宙内在的……非人格性的指导原则”。[12]孔子的“理性化”在现代中国学者身上尤为明显，他们受到了西方理性主义和革命时期世俗化社会大趋势的极大影响。

[272] 不管对孔子的言论作何理解，应该注意的是，虽然这些言论赋予了人类知识以优先地位，但并没有试图证明超自然力量不存在。相反，孔子十分谨慎地认为超自然的力量是存在的。他劝诫人们“尊重神灵”，强调祭祀礼仪，以及他对上天和命运的态度，这些都表明他认为超自然力量是存在的。在孔子生活的时代中，虽然存在某种世俗化的倾向，但超自然力量在人们心目中的地位逐渐增强。[13]孔子本人不能完全逃避对超自然力量的关注，也不能忽视其在当时人类事务中的重要性，因此儒家思想为发展与超自然观念的相互关系留下了充足空间。

虽然专注于世俗事务，儒家思想仍不能被看作完全理性化的思想体系。它并没有试图把世界转变成摆脱魔法控制的、随意的机构，完全排除超自然的因素。[14]“理性的”儒家思想和宗教之间可以毫无矛盾地发展相互之间的关系。

（三）儒家思想与一些主要观念的关系

儒家思想与宗教之间的具体关系在于儒家思想对超自然观念的接受，包括上天、天定、天命以及阴阳与五行理论。近几十年，关于这些观念和儒家思想之间关系的辩论文章的数量在不断增长。[15]以下的论点有些过于简单化，但可以清楚地说明儒家思想和中国传统社会宗教制度之间的关系。

1. 上天和天定。首先应承认上天、天定、天命以及阴阳和五行理论自己形成了逻辑思想体系。这一体系从上天开始，上天是人格化的宇宙最高统治者，因此人们相信上天是人类命运的决定者，并且形成了天定和宿命论的观念。天命以及阴阳和五行理论都是用以窥探人类世界预先确定的秘密过程的方法，以帮助人类获得福祉并避免灾难，这是人类做

出的努力，以从上天和命运探得信息。与此密切相关的是，[273]
人类对自然界非同寻常的现象所预兆的事情的解释、[16]风水的概念（“风和水”，或者泥土占卜），以及这些努力所转变的其他较为低级形式魔法和万物有灵论。

在许多观点中，有一种普遍的看法是，在孔子之前的时代，上天被看作人格化的最高力量，统治着自然界和人类的事件，行使着奖惩的权力。[17]春秋战国时期，在知识界世俗化的大趋势下，把上天作为非人格的、自然的和自我运行的力量的趋势逐渐上升。这在孔子、孟子、荀子以及他们同时代学者的言论中都有所反映。[18]但是，这种把上天自然化的看法仅限于当时少数先进的思想家，并且接受的人也并不是很多。这种思想没有成为经验主义知识体系的中心主题，使“世界摆脱魔法的控制”，并使之转化为随意的机构。[19]孔子和孟子多次把他们的不幸和个人的怀才不遇归结于上天的安排。把“五经”作为孔子学说的基本组成部分首先就等于孔子赞同其中所包含的许多超自然的上天观念。

因此，汉代的董仲舒把儒家思想作为官方的正统观念是毫不矛盾的，他写了大量文章，在这些文章中，他把上天看作人格化的最高力量，如说人是“天地的产物”。[20]我们同样也很自然地发现，儒家学派全力支持国家的祭天仪式，直到今天，举行这种仪式仍有高度超自然的内涵。

人们认为上天是超自然的力量，这种观念的结果是相信命中注定，这在儒家思想中占有相当重要的位置。这种观念是早期中国文化的重要组成部分，到孔子时期，一系列的天定理论都已出现。[21]儒家学派对这种文化遗产的接受反映在孔子、孟子以及后代儒家学者关于“命”的言论中。人们最常引用的谚语之一是：“死生有命，富贵在天。”这句话引自孔子的《论语》。[22]孔子坚持认为："如果我的原则能被普遍接受，那是上天注定如此。如果不被接受，那也是上天注定如此。"[23]其中的两个短语"determined appointment"和
[274] "so ordered"被理雅各翻译成同样的中文"命"（"fate"或"predetermination"）。孟子更是经常明确地把上天看作人格化的预先决定者。他曾说："升迁一个人或者贬谪一个人是在其他人力量之外的。我不认为鲁国的王子能作君主，能信任我，把我的建议付诸实施，我有此发现是因为这些都是上天注定的。"[24]孟子还说过："但上天仍然不希望这个王国安宁祥和，秩序良好。如果上天希望如此，那么是谁导致了今天的局面呢？我怎么能满意呢？"[25]

两位大师上面以及其他相似的说法表明，他们认为上天是超自然的、人格化的，掌握着人类的命运。上述言论有着共同之处。他们两位开始都自命不凡，那么为什么他们作为人中豪杰穷尽努力仍然失败呢？他们世俗的理论不能给予这个问题答案。那么必定是在人类之外还有更高的决定因素：这就是上天安排的命运。也许正是因为如此，孔子在经历了屡次失败后，晚年开始求助于那本神秘的书——《易经》——也就不足为奇了。

近代以来，谁能在科举考试中金榜题名，谁会名落孙山成了一个老掉牙的故事，这些故事都把命中注定作为根本原因。[26]甚至现代的康有为都笃信天命。有个故事说，他有一次曾在脚手架下走过，这时有块砖头差一点就砸到他，但他泰然处之，说他的平安是上天注定的。

2. "知天命"。在命的概念之后，随之而来的是试图事先了解上天预先安排的事情，以使人类获取胜利、避免失败。这种"知天命"的问题显然吸引了孔子的注意力，因为

他把认识命运的能力作为圣人的必备品质。[27]他又说："卑微的人不知道命中注定的事情，因此不敬畏它们。"[28]孔子还声称他在五十岁的时候就知道天命。[29]但人如何能知天命？如果有秘密的话，孔子没有泄露任何一个，孟子是否创立了阴阳、五行学派作为探寻这些秘密的方法也是一个未得以解决的问题。[30]

还有一个难以解决的问题是《易经》。孔子试图从这本神秘著作晦涩的字里行间读出什么？如果我们相信传统记载的话，他为什么苦读此书，而使"韦编三绝"？答案在于对 [275]
此书性质的看法，而这点上有不同的解释。自然学派认为它是原始科学的，但也有在传统上把它用作占卜的，还有一种解释是这本书代表了简单标准地译出甲骨上裂纹排列组合的方法。[31]

除了在孔子心目中占据重要地位的《易经》之外，在"五经"的其他四本之中，天命也是一个经常出现的主题。天命是早期中国文化的一个重要特点，作为"五经"的一部分，"天命"观点在某种程度上被儒家思想继承，这可以解释为什么许多自传和传统故事中天命为儒家学者广为接受。

3. 阴阳和五行理论。作为"知天命"的一种方法，天命并非总是可靠的。《易经》也过于模棱两可，难以理解，甚至是孔子也希望能多活几年来研究《易经》，把它弄懂。[32]到公元前3世纪和公元前2世纪，阴（消极）、阳（积极）和五行（金、木、水、火、土）理论迅速崛起，成为译解上天秘密的方法。到了汉代，全部或部分地讨论这一理论的书籍占了《汉书·艺文志》所列全部书籍的四分之一到三分之一。[33]关于这个主题有23篇文章，占董仲舒所著《春秋繁露》所在类别中所有文章的一半。董仲舒是儒家思想的代表人物，他

□ 北京天坛圜丘坛

成功地使儒家思想成为国家的正统思想，他的成功显然与有效运用这一理论是密不可分的。

从汉代起，这一理论被儒家学者广泛地应用于“五经”的研究和解释。[34]从此以后，几乎没有一个儒家学者能逃避用这一理论来粉饰他们的思想。这种影响在孔子的五帝编年史中是显而易见的。[35]此外，孔子大量的用语，如“五种基本伦理”，“五礼”，“五罚”都带有从“五行”中得出的近乎神圣的数字“五”。[36]

[276] 早期的阴阳和五行理论是自然学派，[37]汉代之后发展起来的有效理论集中在超自然的“天人相应”主题上。[38]人类的行为可能会触怒或取悦上天，上天也就据此给予奖惩。阴阳和五行的每个因素都被赋予道德上的意义，由此可以建立参考体系，说明天、地、季节、庄稼、统治国家、朝代更替、生死、健康与疾病、贫困与繁荣、天命、看手相和相面术、占星术、占卜术、泥土占卜之中超自然现象背后的目的所在。从太阳、月亮的活动到个人生活中的私人行为都可以

用阴阳和五行理论来加以解释；这一理论渗透到了普通大众及大多数儒家学者的思想中。

这里我们不得不承认阴阳和五行理论作为独立的思想学派具有相对独立的地位，但它也与道教，在稍小程度上与佛教相融合。然而，对儒家思想来说，这个理论是上天和命运这两个超自然概念的重要结果，因此儒家思想和这一理论之间形成了密切的联系。

（四）儒家对祭祀和祭祖的强调

如果阴阳和五行理论被看作儒家思想主流之外的发展的话，祭祀却是儒家思想的一个有机组成部分，是中国文化中最为稳定的合成物，得到了孔子、孟子以及之后儒家学者的支持和发扬。

祭祀是人类对上天和神灵仪式行为的一种形式，目的是 [277]
获得它们的保护和祝福，这正是孔子之前的早期史料，如《书经》和《诗经》所载明的含义。随着春秋战国时期世俗化的趋势，祭祀的道德和社会意义更得以强调。作为这种趋势的一部分，孔子把祭祀作为礼（“ritualism”）的重要组成部分，以控制和规范社会行为。早期书籍如《礼记》和《国语》中含有许多讨论祭祀世俗作用的段落，比如培养孝顺，鼓励忠实以及“崇德报功”（“尊重有德之人，回报[杰出人物]的功劳”）。[39]近来，祭祀在培育社会积极价值方面的世俗作用也被现代儒家学者如梁漱溟所宣扬。[40]

祭祀的世俗作用是毫无疑问的。但为什么要用祭祀这种宗教仪式，而不是其他世俗方法来灌输社会价值呢？对这一点，即使是早期的经典著作中也有相当清晰的解释。《礼记》中说道：“学者尊崇[祭祀]，人们就会相信。”相信什么呢？

很有可能就是神灵和上天，他们是祭祀的对象。当地历史（《县志》）宗教部分最常引用的是孔子所作《易经》评论中的一段话："圣人以上天的名义给予指引，国家[的人民]就会顺从。"但荀子把它变得最为简明：

> 圣人明知之，士君子安行之，官人以为守，百姓以成俗。其在君子，以为人道也；其在百姓，以为鬼事也。[41][《荀子·礼论》]

自荀子给予这个解释两千年来，祭祀在普通大众看来一直是供奉神灵的方法，而理性化的儒家学者们则很可能认为这只是一种人类的行为。祭祀有两种原则，一种是对上层人物，另一种是对普通人。这使之很明确，即祭祀中超自然因素成为一种有价值的工具，可以推行社会价值，驯服百姓。无知的心灵难以逃脱对超自然力量的畏惧，参加祭祀宗教活动时，灯烛和纸钱的燃烧，供奉的食物和酒水、叩首、戒律、祷告以及其他行为都被谨慎地加以规定，以取悦于神灵。

忠实遵守祭祀规定程序的人很难逃避神秘力量的影响，即使他是上层人物 。《礼记》中有关于祭祀程序的描写段落：

> 致斋于内，散斋于外。斋之日，思其居处，思其笑语，思其志意，思其所乐，思其所嗜。斋三日，乃见其所为斋者。
>
> 祭之日，入室，僾然必有见乎其位；周还出户，肃
[278] 然必有闻乎其容声；出户而听，忾然必有闻乎其叹息之声。

> 洞洞乎！属属乎！如弗胜，如将失之……于是谕其 [278]
> 志意，以其慌惚以与神明交……[42][《礼记》第四十六卷《祭义》]

三天守夜，心里想着死去人的形象进行沉思以获得“恍惚的精神状态”，这是许多文化中应用的一种典型程序，以获得神秘经历，并与神灵和上天进行精神上的交流。[43]中国祭祀礼仪中使用酒的本意是否是为了达到上述“恍惚的精神状态”是一个有意思的问题。[44]

祭祀是祭祖的一个中心组成部分。祭祖是儒家用于联系亲属关系的方法之一，是实现儒家社会组织体制的战略出发点。祭祀的双重性质对祭祖也同样适用。祭祖的世俗作用是为了培养亲属观念，如忠孝、对家庭的忠诚，家族的繁衍，这些目标是一些儒家学者十分希望达到的。但对普通人来讲，逝去亲人灵魂的安宁是一个重要因素，迫使他即使在穷困潦倒时也要祭奠这些亲人。在这个艰难吝啬的世界上，希望得到超自然力量的帮助以及对超自然力量惩罚的惧怕都具有强大的影响力，使儒家构建的社会组织体制中的亲属体系得以稳定。

□ 祭天乐器。图示左为鼓，右为编钟

上述讨论应该足以表明，近乎理性的儒家观念含有使之与传统中国社会宗教因素相配合起作用的因素。这一理论中的某些超自然观念认为，神灵和上天在冥冥之中是有生命的，阴阳和五行理论渗入儒家思想的中心，祭祀仪式和祭祖成为儒家社会控制体系的重要组成部分，这些都注定儒家思想倾向于宗教事务。实际上，它们可以被看作儒家思想的宗教方面，使得儒家思想、道教和佛教在六朝得以并存成为可能。[45]它们也使儒家思想作为社会和政治秩序的正统观念发挥作用成为可能，因为这些宗教观念不只作为履行儒家原则
[279] 和价值的工具，它们也为现实世界和理想的儒家价值之间的诸多差异进行辩护，比如即使是最优秀、最有良知的人也偶尔会在道德上有失误。

二、道德和宗教的分离

许多文化中宗教的重要影响源于宗教对道德价值观的影响。中国文化中明显的不同在于儒家思想对道德价值观的重要影响，而宗教只是对儒家思想价值观进行超自然的支持，这给予儒家思想和宗教一个相互支持的作用。

为方便讨论，在这里辨明一般宗教与专门宗教之间的区别是恰当的。在世俗社会制度中，一般宗教从组织方面来讲是分散的，比如家庭祭祖，国家祭天，行会祭庇护神灵等。而专门宗教，从另一方面来讲，有独立的地位和组织，发挥专门的宗教作用，虽然它派生的作用也是多种多样的。佛教、道教、风水以及其他形式的专门魔法和万物有灵论，如妖术和占卜都属于这种类型。

道德和宗教的分离以及两者之间的相互支持在一般宗教

□ 祈年殿内藻井，上圆下方，分作三层，周施斗栱，中悬明珠

意义上是明显的。比如，祭祖神学没有从它超自然前提下演变出亲属道德伦理体系，但是却为儒家所设计的亲属集团观念提供了支持。再如，在祭天的国家仪式中，儒家价值观确定了政治权力的道德和社会含义，并且相信上天和相关的神灵会予以赞同和支持。天命是一张白纸，儒家学者们在上面写下了道德内容。正如没有独立的组织存在一样，一般宗教也没有独立的道德价值体系。

对于专门宗教，情况在某种程度上更为复杂一些，但上述道德和宗教之间相分离的看法大体上仍是成立的。中国占主导地位的专门宗教，如佛教和道教，都有它们自己的道德价值体系，有时也有与儒家价值观相冲突的趋势。但它们的

□ 敦煌石窟第257窟的壁画，佛传故事图

道德价值观作为一个体系一般只是由僧侣和信徒加以实践，而并非由普通人系统地遵守，因为这些普通人可能会受到一
[280] 种或多种宗教的影响。对于普通人来讲，这些宗教的主要影响更多的在于其魔力而非道德方面。普通的中国人遵守儒家道德，但同时他可能求佛祖保佑，或者请道士施法，以护佑身体或灵魂。

更为重要的是，儒家思想在世俗生活中拥有更为复杂、一致和实际的道德价值体系，这是中国任何传统宗教都无法相比的。比如说，道教的五条戒律和十种美德，[46]只代表了儒家和佛教价值观相当混乱的结合体。佛教的道德体系比道教更为详尽和连贯，但当应用于有亲属倾向的中国社会结构时，它在连贯性和实用性上仍比不上儒家体系。理所当然，儒家道德体系就在中国社会制度中占有了统治位置。

我们可能也会注意到，佛教和道教心照不宣地或明确地接受了许多儒家价值观，使得这些宗教成为儒家思想的支持来源。因此，虽然佛教摒弃亲属观念，但“光孝寺”（“以忠孝为荣的寺庙”）仍然成了佛教庙宇的普遍名称。忠孝居于道教十种美德之首，经常在道教真人的正式传记中得到宣扬。[47]

信奉魔法和万物有灵论对发展复杂的道德体系更是贡献不多，因为它们基本上不是教条式的宗教，没有强加为社会生活普遍承认的广泛的社会观念或行为模式。[48]然而，它们代表着对自然或人类力量实际控制的过程。

除了主要从儒家思想继承来的以外，风水没有自己的道德体系。中国大部分具有不同作用的神灵，如关帝（正义和勇敢之神）或娘娘（繁衍子孙的女神）是既有观念和理想的产物而非原因。因此，存在一种普遍趋势，也就是魔法和万物有灵的宗教是支持而非挑战现有价值观的，由此增强了宗教和道德两种不同体系之间的互相依赖关系。

三、中国宗教的结构特点

可以发现，虽然倾向于理性的儒家思想在中国社会和政治秩序中占有重要的组织地位，宗教影响仍渗透到了中国社 [281]
会生活的各个方面。这两种情况的并存是因为中国宗教组织上的弱势，这在中国历史的大部分时期便于确立儒家思想和宗教两者之间统治和被统治的关系，因此有必要检验中国专门宗教和一般宗教两者的组织特点。

（一）专门宗教

除了基督教和伊斯兰教有为数不多的信徒之外，中国主

□ 潭柘寺塔林，从辽、金到明、清，历时近千年

要的专门宗教都没有发展出有组织的教士职位体系或者是俗人中有组织的教众和教区。佛教和道教独立的基本组织单位是庙宇、寺院和尼姑庵。当地寺庙之间偶尔会有一些来往，但它们之外不存在高一级的权威，不改变单个寺庙的基本独立地位。所谓的道教真人——张天师——可能由于他的能力享有很高的宗教或魔法上的威望，如求雨和降妖，但他对全国各地的道教徒或道观不具有统治地位。[49]佛教的“高僧”也是一样。

直到近几十年，佛教和道教都没有宗教职位分类的中心体系。相反，却形成了寺僧或学徒体制，这一体制限制了宗教职位的扩大。事实上，清代法律只允许符合资格的僧侣或道士培训或任命一个学徒。[50]这种师徒关系是当地教士组织的一个中心因素，而且在规模上有所限制。方丈或道长死后，继任之人或者是他事先挑选的学徒，或者是寺院僧侣或道士们选出的某个人，或者是基于年龄或职衔的其他继承方法。有时，邻近的寺庙可能会参加这种继承人的选任。但在任何情况下，继承人都不是由上一级权力机关任命，因为这种上级机关根本就不存在。

另外一个重要特点是单个寺庙的经济独立。这些寺庙是 [282]
由以下四种主要资助建立的：个人捐助者，团体捐助者，政府，或集体组织（如党派）。控制资金来源的中心宗教权威机构也是不存在的。一旦建立，寺庙就要从经济上支持自己，其收入来源有寺庙财产的所得、“香油钱”、施主的特别捐助，以及提供宗教服务所得的报酬。

许多，也许是大部分农村小寺庙缺乏明确的宗教联系，由此反映出了这种缺乏权威机构的状况。如果有人问小寺庙的僧侣或道士，他的寺庙或道观属于何种宗教，答案经常是他不知道。[51]这表明这些寺庙是作为独立单位存在的，而不是宗教体系的组成部分。从某种意义上讲，当多种信仰的神灵出现在同一个寺庙中时，就很难辨别这个寺庙是信奉何种宗教了，而实际上情况经常如此。

如果宗教职位的组织体系很微弱，俗人的宗教组织就更弱了。除了少数信徒之外，世俗的信奉者和庙宇之间没有组织上的联系。[52]信徒可以在多个不同信仰的寺庙中祭祀，但却不与它们中的任何一个发生组织上的联系。一个人可以在佛教寺庙中祈求观音送子，也可以在道观中求药师（华佗）赐予健康，这些都取决于不同情况下所需要的魔力。他到寺庙中去，点上蜡烛和香，念诵祷词，祈求所需要的福利和祝福，烧纸，向僧侣（如果有的话）交“长明灯”的香油钱，

□ 敦煌石窟中发现的玄奘像

然后离开寺庙，不再有更多的义务。当有人请僧侣、道士或职业术士来祷告或在家里、其他地方施法术时，仪式结束时义务也就结束了。信徒和寺庙或僧侣的这种关系是“直接”交易，信徒可以在宗教市场上根据其兴趣和信仰自由买卖。

事实上，在广大的农村有无数没有僧侣的庙宇。庙里除了偶像空无一人，村民给予它必要的维护。只有在特别情况下，比如庙里主神的祭日，才有僧人来参加宗教仪式。[53]在这种情况下，也没有可以把单个信徒统一成某种组织的核心。

[283] **（二）一般宗教**

一般宗教可以被看作拥有有组织的信徒和宗教人员。祭祖既有有组织的宗教人员，他们是主持祭祀仪式的不同级别的长者；也有有组织的教众，这就是家庭或家族。但祭祖的主要作用在于统一和加强世俗亲属之间的关系，祭祖的控制权掌握在家庭世俗人员的手中，他们并没有宗教上的职衔。

因此，宗教集团企图得到家族控制权的斗争不会发生。而且，亲属集团从内在特征来讲也是当地组织，不会发展成为有力的大规模的集中体系，也不会对儒家所统治的社会和政治秩序形成任何威胁。因此，不管它的影响力有多广泛，祭祖作为分散于家族结构中的宗教只会成为儒家思想的工具，只有儒家思想才能统治家族结构。

对中国其他一般宗教也适用相似的分析。从一般分类来讲，一般宗教没有独立于家族结构之外的宗教人员或信徒，也没有它们所分散的世俗机构的成员。一般宗教本身在社会组织中不存在独立的结构上的重要性。

缺乏独立的、组织上集中的宗教人员和有组织的俗人使中国宗教在社会组织的大框架中没有重要的地位，这就使儒家思想在传统中国社会和政治秩序中起着中心的地位。同样地，组织上的弱势也使宗教只能在中国社会机构的运行中起到支持儒家思想的作用。儒家思想不担心宗教斗争，但如果中国宗教发展出强大的组织体系时就另当别论了，这就是儒家思想和中国宗教之间长期合作的特点。

四、中国宗教组织上弱势的一些因素 [284]

宗教和儒家思想之间的合作并不总是顺利与和谐的，它们之间的斗争在中国历史上曾屡次发生，并且一直延续至现代，但这些斗争的结果是儒家思想的持续统治。一个显而易见的原因还是中国宗教组织上的弱势，如果不是这样，宗教在历史上的从属地位将是不稳定的，因此有必要简单探讨一下引起这种组织上弱势的因素。在此可以提到两方面的因素，一方面是对宗教组织政治上的镇压和控制，另一方面是

□ 中国四大佛教圣地之一的五台山风光

中国主要宗教的特点影响了它们的组织力量。

（一）对宗教组织政治上的镇压和控制

在社会集团之中，有组织的宗教一直是政治统治最为持久的对抗力量之一，它与世俗权力集团的斗争和冲突在每种主要文明的发展进程中都有所体现。在中国，宗教和国家之间相对缺乏公开持久的斗争，这部分是由于世俗权力集团对宗教组织的不断镇压和控制。因此，中国宗教缺乏机会，建立组织并在社会中寻求发展，从而获得更为重要的组织地位。曾有一段时期，如六朝、隋朝，以及唐朝早期，宗教组织在社会结构中发挥了更为重要的作用，这是中国历史上大多数时期无法相比的。[54]但这种历史状况的出现只是在世俗政治力量与宗教相比毫无疑问地占有优势时，宗教组织的存在才得以允许，因为它们可以为统治集团的政治目的服务，至少不会对其安全构成威胁。如果不依靠帮助和对世俗政治力量的支持，专门宗教自身是不会在主要时期发展出强大的结构地位的。

对宗教组织的政治镇压在中国历史上的每个主要时期都发生过，如汉代的道教黄巾起义，唐朝夷平佛教寺庙，19世纪对许多宗教政治运动的镇压，包括太平天国起义。[编者注：此处有删节。]过去宗教团体获得政治权力不断斗争所导致的结果是，任何没有经过批准的宗教组织都被政府怀疑和敌视。[55]由于新宗教运动得到官方批准非常困难，压制政策的结果是，除了官方承认的寺庙之外，几乎所有宗教组织都是在秘密或半秘密地进行活动。虽然共和时期关于宗教的法律规定有所改变，传统社会状态在很大程度上保持至今。比 [285]
如在中国北部的定县，秘密仍笼罩着寺庙、基督教教堂和伊斯兰清真寺之外的大多数宗教组织。许多宗教团体的成员甚至不向自己的父母、妻子和孩子透露他们的身份。[56]宗教组织在传统中国社会的活动被迫转为地下。

这种压制的动机是实践上而非理论或神学上的，是为了去除任何可能对现有政治权力和社会政治秩序造成的威胁。宗教组织公开起义而引起的宗教镇压是十分明显的现象，无须多加解释。唐朝对佛教组织进行迫害，部分原因是这种团体的力量日益增长，另一部分原因则是大部分老百姓都信佛，主要是为了免除税赋和劳役，因此对国家的税收和自由劳动力的供应造成了威胁。从唐朝的韩愈，宋朝的朱熹，到《大清律例》（“清朝的法律和规章”）的评论者，在他们所处的时期，反对佛教的理论根据一直是佛教摒弃亲属关系和劳动生产力。这威胁到了儒家的社会组织基础、亲属体系以及经济秩序。除了这些实践根据之外，儒家学者很少与宗教发生争论，尤其当宗教支持儒家价值观时。在大部分历史情况下，儒家思想是不反对基于纯理论基础的宗教和魔法的。

要得到认可，宗教就不得不心甘情愿地成为世俗政治力量和儒家正统思想的工具。这在乾隆皇帝给道教真人颁布的许多法令中表现得很明确，乾隆皇帝要求他帮助管制持不同意见的宗教异教徒。[57]除了颁布法令和彻底镇压外，还有许多管制方法来确保宗教屈从于世俗政治权力。提一下其中几个，清朝及其早期的皇帝们对杰出的宗教人士和灵验的神灵授予尊称，[58]是为了表示世俗权力高于精神力量。政府对每
[286] 个宗教人员进行政府许可的旧制度也是为了对宗教人口的比例和活动进行严密的监控，[59]虽然这种制度在共和时期废止了。在共和之前的时期，即使是私人出资建寺庙也需要得到官方批准，以清除任何要颠覆官方正统观念的异教分子。[60]对僧侣、术士、巫师及占卜者某种程度上的社会和政治歧视（除了那些享有很高威望的以外）显然是由儒家所发起的。

但是压制和控制从未根除官方不承认的宗教组织或阻止新组织的产生。直至今天，秘密或半秘密的宗教团体都广泛

□ 攻掠南京的太平军

存在，这种情况的产生有很多原因。其中包括人类获得精神拯救的不断追求，而世俗的儒家思想甚至是现存的宗教都不能满足这一点。从组织上来讲，儒家思想在亲属体系之外未能为人类的社会需要提供亲密的兄弟般的情谊；因为，在亲属体系之外，在儒家控制之下得到充分发展的另一个唯一组织是国家，而国家不是一个亲密的团体，不能满足诸多个人的迫切需要。如果亲属体系未能起到兄弟般的作用，个人该怎么办？这是一个儒家社会组织机构从来不能充分解决的问题。

值得注意的是，天津信教的人主要是没有正常家庭的孤独的人，比如寡妇、鳏夫、单身以及没有孩子的已婚人士。[61]在发生大面积穷困或灾难而家庭不能为个人提供帮助时，秘密的宗教组织就应运而生，由此也就发生了叛乱和起义。宗教组织在物质和精神上为个人提供亲密的兄弟般的支援，这是家庭以外的兄弟情谊。社会上和经济上无依无靠的人遁入佛门大部分也是出于同样的原因。[62]但这经常要求这些人与世俗世界断绝联系，比如遁入佛门就是这样，但这即便对陷入绝境的人来说也很难。另外，寺庙终究有限，很难容纳这个充满苦难的人世。在这种背景下，秘密的宗教团体，虽然有某种政治和社会上的风险，可以使个人保持与世俗世界的联系并且在人数上的限制也要小得多。

（二）多神信仰也是削弱因素

我们很熟悉的事实是，中国宗教在性质上总体是多神论 [287]
和折中主义的，只信奉一种神灵不是中国的传统。在这里需要强调的是中国多神信仰的特点，这使每种宗教之间的界限变得模糊。普通的中国俗人相信所有的神灵，不管它们的宗

□ 太平天国年间的结婚证书

教身份如何，都可以友好和有秩序地共存。俗人的精神世界由许多成分组成，包括道教和佛教的神灵，祭天和与之相关的对阴阳和五行理论的迷信，祭祖以及许多本地的魔法迷信和万物有灵论。在这个广大的万神殿中，宗教之间的界限几乎不存在，神灵们也根据魔力被分为不同的等级。

在这种魔力概念的驱动下，中国的俗人今天祭道教的神，明天拜佛教的神，其他情况下又祭不同宗教的神灵，所有这些都是为了满足他的实际目的和方便。因此，任何一种宗教都很难在俗人中间发展出虔诚和组织健全的教众，因为许多宗教都可以同时声称同一个人对它们的忠诚和依附。正如上面提到的那样，甚至许多寺庙里的僧人都不能清楚地说出他们自己寺庙和供奉的神灵所属的宗教，这表明每个寺庙的独立地位，以及它们与任何广泛的宗教机构缺乏组织上的联系。如果一些受过培训的僧人都是这样的话，俗人辨别宗教之间区别的能力就更差了，因此他们与宗教组织之间缺乏联系也是必然的结果。

许多单一信仰宗教的组织力量部分在于人们只信奉一个神而不信其他的神，他们的虔诚没有被分割。也许可以说，如果一个团体能够被说服只信一个神，那么它也可以对一群神虔诚，这种论点被许多强大的多神论组织所验证，如西藏的喇嘛教。这一点似乎只有在神灵被组织成独立的体系时才成立。如果不同体系的神灵都混杂在一起，每个体系的独立特性都变得模糊，每个体系与它的教众之间的联系也就难以避免削弱的结果了。

这种多神信仰的另一个方面是中国主要宗教之间在神学上互相混杂。道教广泛地吸收了佛教的理论、宗教仪式以及 [288]
组织体系。佛教相反也吸收了许多道教的魔法概念与实践。两者，尤其是道教，都受到了阴阳五行理论的影响。从用词和概念判断，道教阐释阴阳理论的《太平经》也许就出自儒家学者如董仲舒的手笔。大乘佛教的宽容与孔子在《中庸》之中所说的是一致的：“所有的事物都是互相滋养，而不是互相伤害。季节、太阳和月亮都是各行其道，互不相撞。”[63]本文中儒家思想没有被看作宗教，但它折中主义的倾向影响了所有中国传统思想家，不管他们是信教的还是世俗的，这也许与中国宗教生活和思想的折中特性有关系。

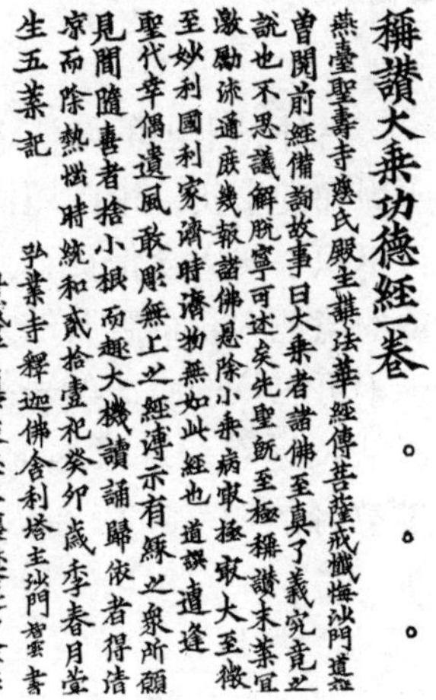
稱讚大乘功德經一卷
燕臺聖壽寺慈氏殿主講法華經傳菩薩戒懺悔沙門道[illegible]
曾閲前經備詢故事曰大乘者諸佛至真了義究竟之
說也不思議解脫寧可述矣先聖既至極稱讚末葉宜
激勵流通庶幾報諸佛恩除小乘病敦拯寂大至微
至妙利國利家濟時濟物無如此經也 道[illegible]遣逢
聖代幸偶遺風敢彫無上之經溥示有緣之衆所願
見聞隨喜者捨小根而趣大機讀誦歸依者得清
凉而除熱惱時統和貳拾壹祀癸卯歲季春月螢
生五蓂記
[illegible]業寺釋迦佛舍利塔主沙門智雲書
穆咸寧 趙守俊 李存讓 樊遵 四人共彫

□ 大乘功德经一卷

（三）魔法和宗教组织

在中国，迷信魔法的宗教团体广泛存在，但这些宗教团体通常是无组织的。这种广泛存在所引起的问题是，魔法是否是引起这些宗教团体无组织状态的因素，因为魔法的某些特性似乎不利于宗教组织体系的广泛发展。

例如，魔法有非人性的特

□ 董仲舒建议："罢黜百家，独尊儒术"

点，它的成功在于正确施行程序，以操纵和诱发超自然力量的行为，它不依赖于个人对超自然力量的信仰和虔诚。施魔法通常缺乏有力的联系，而这种联系在个人的、拯救类型的宗教与其教众之间是经常发生的，信仰者与神灵之间的关系是直接和专一的。在多神信仰的背景下，魔法的这种非人格特点，就像前面提到的那样，有助于促进中国宗教生活"市场状况"的进一步发展。

另外，中国的魔法迷信的本质令人难以置信也是一个众所周知的事实。中国魔法宗教的这种特点不时地吸引着那些目不识丁的大众信徒，尤其是那些备受困苦折磨，渴望从无望的境地中获得解脱的人；发生大面积灾难的动荡时期，基于不可思议的魔法的宗教运动兴起，使这一点得到了证明。但从长远看，这疏远了有知识的人，使魔法宗教失去了受过教育的领导阶层，从而很难发展成为永久的、日常性的
[289] 组织。

魔法不得不经常证明它的功效，以维持信徒对它的信任。魔法在功效上存在不可靠性，这部分说明了主要基于魔法的宗教团体影响的起落，这种性质似乎不利于发展稳定和

强大的组织。

上述各点假设基于的想法是，魔法是一个宗教团体的中心因素，没有更高理论或主义的支持。魔法只是达到目的的方式。如果信徒所寻求的目标是减轻个人或地区的疾苦时，魔法活动是按照无组织的，或暂时有组织的形式进行的，比如在干旱时求雨的“求雨游行”。[64]但当所寻求的目的是普遍的或关系到整个社会时，比如教义神学或拯救宗教所宣扬的目的，魔法就可能会变成组织目的的一个宝物，提供许多利益以吸引信徒，在信徒之间产生信任。非人格化的魔法可以服务于人格化的神灵，即使不能立即产生功效，另一世界不可证实的许诺也可以减轻这种失败。因此，许多大的、有组织的宗教有它们魔法的方面。而且，通过实现普遍的目的，中国历史上许多魔法宗教团体发展成了广泛的、有组织的宗教运动，白莲教就是一个例证。然而，在这种有组织的运动中，魔法不再是中心因素，而是成为获取更高目标的方式。魔法本身没有教义神学或更高目的的支持，在多神信仰的背景下，魔法看起来很难成为激发组织力量的因素。

五、结　论

儒家思想基本上理性的结构原则和道德伦理的价值体系在中国社会制度中占有统治地位。然而，宗教影响，在超自然的意义上，渗透到了中国社会生活的各个方面，但却没有在社会组织结构中发展成为占重要地位的因素。这种宗教影响对儒家的结构原则和道德价值观给予了超自然的支持，从而成为其运作的工具。

宗教和理性思想体系之间这种统治和被统治的相互作用

□ 元朝末年的红巾起义

[290] 关系之所以成为可能是由于：(1) 儒家思想中某些宗教因素的存在；(2) 道德和宗教之间的分离要求儒家思想和宗教之间进行合作；(3) 中国宗教组织上的弱势使宗教在社会机构中处于从属地位，从而阻止宗教成功地获得统治地位。这种弱势部分根源于对宗教组织不断的政治镇压和控制，也可能因为中国宗教的某些特点，如多神信仰和魔法。但也许最重要的因素在于一般宗教在中国社会生活中所占的统治地位，因为一般宗教没有独立的人员或自身的组织，是在它们所分散的世俗社会制度的不断控制之下的。

应该承认，基本理性的思想如儒家思想的统治以及宗教在组织上的弱势都没有使中国传统社会秩序成为“理性”的。宗教影响仍是普遍和强大的，中国历史上不断发生有力的宗教运动，以挑战儒家思想至高无上的地位。这种宗教运动不是突然由“理性的”社会基础产生的，而是源于已根植于中国社会的宗教根源。

（张晓丽 译）

“报”作为中国社会关系基础的思想

(The Concept of “Pao” as a Basis for Social Relations in China)

杨联陞

(Lien-sheng Yang)

[291] 中文“报”字作为动词有许多意思，包括“报告”，“回报”“报答”“报复”和“报应”。这些意思的中心是“回报”或“报答”，是中国社会关系的基础。中国人相信人与人之间行为的相互性（爱与恨，赏与罚），实际上是人与超自然力量之间的相互性，应该如因果关系一样确定，因此，中国人做事时，通常期望得到回报。为他人做的好事经常被认为是所谓的“社会投资”，希望为此得到不菲的回报。当然，几乎每个社会都要求接受互惠原则。[1]然而，在中国，这一原则的历史十分悠久，人们对它的存在高度感知，并且在社会制度中有着广泛的应用和巨大的影响。

孔子的经典著作《礼记》[2]中有著名的段落：

> 大上贵德，其次务施报。礼尚往来，往而不来，非礼也；来而不往，亦非礼也。[《礼记》第一卷《曲礼上》]

这段话被多次引用，成为谚语。在史密斯（Arthur H. Smith）的《中国谚语和俗语》[*Proverbs and Common Sayings from the Chinese* rev. ed.; 1902][3]中，他引用了《诗经》中的这段俗语：

> “你敬我一尺，我敬你一丈”，这句话就是说：互惠

性在理论上指一个人尊敬他人一尺，他人就会尊敬他一丈。“得人一牛，还人一马，一盒子来，必须一盒子去”，这句话的意思是：互惠性就是指给予一匹马就应该得回一头牛，赠别人一盒礼物，就应该得还一盒礼物。

在史密斯的同一本书中（第73页），下面四行是被引用和作了标记的诗，表示了互惠的必要性，阐明了友谊的真正作用，解释了中华帝国的基本原则之一： [292]

“天上下雨地上滑”：天下雨时地上很滑，每个人都会摔倒；

“各人栽倒各人爬”：每个人都要连滚带爬地挣扎着站起来；

“亲戚朋友拉一把”：你是不是希望亲戚朋友帮你一把呢？

“酒换酒来茶换茶”：别人给你一口酒，你就得还给别人一口酒，别人给你一杯茶，你就得还给别人一杯茶。

社会关系中的回报或报答并不总是马上要兑现的。例如，新年或其他节日交换礼物几乎是立即兑现的。但在其他场合，比如寿诞、婚丧嫁娶给的礼物只能在相似场合才能回报。当然，这种场合给客人提供的佳肴美酒可以看作已收受礼物的部分回报，如果礼物轻而招待丰厚，回报就已经太多了。普通情况下的普通招待也是以同样的方式按质量和数量计算的。

回报可以被推迟，因为中国社会关系通常是以家庭为基础的，家庭就像法人一样是要持续很长一段时间的。在两个建立了友谊关系的家庭之间，社会交易不需要每次进行，因为双方在短时期内都可以自由。这种自由友谊关系的中文短语是“过得着”，意思是“我们之间已经有了多次礼尚往来，可以自由一些”。然而，从长远来看，社会收支的单子是应该保持平衡的。尤其重要的是不能欠别人所谓的“人情”，不仅包括情感也包括社会表达方式比如表示祝贺、悼念或者在适当场合赠送礼物。为避免没有能履行社会义务而由此给他的家庭带来耻辱，考虑周到的一家之主可能会准备一个特殊的社会日历，[4]贴在他洗脸盆旁边的墙上作为每日提醒。在极端的情况下，穷书生会谢绝所有的宴请，只因为他没法做出适当的回报。[5]

什么是适当的报答与回报这一问题在儒家和道教哲学中
[293] 是不同的。孔子在《论语》[6]中写道：“某人说：‘以德报怨是怎么回事？’孔子说：‘那你以什么报德呢？以怨报怨，以德报德。’”短语“以德报怨”在老子的《道德经》中可以被发现。著名的中文经典著作翻译家理雅各（James Legge）指出:“孔子的提问者可能只向他咨询他自己听到并愿意同意的一个谚语……儒家伦理与基督教标准的差距在这章表现得十分明白，甚至与老子的思想相差甚远。”

理雅各的批评并不一定有道理，因为宽恕，或者“恕”（有时指宽，“宽大的”，或者有“量”，“宽宏大量”），当然在儒家体系中占据重要的位置。中国伦理劝诫君子忽略小的错误或伤害。帮助别人不求回报的最高理想被儒家思想所尊崇，但也被看作有些不实际。这里要强调的是正义不能被怜悯所侵害。

根据《礼记》，[7]孔子也允许“以怨报怨”。对孔子来说这个原则是否与“以直报怨”一样不是很清楚。如果孔子实际上同时赞成两种原则的话，他的观点被之后的儒家学者所

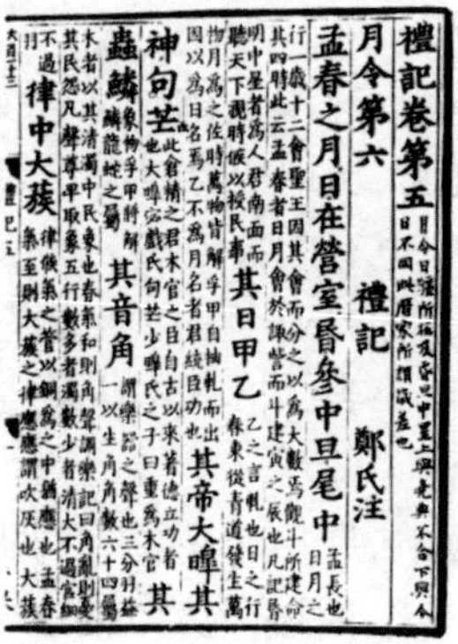
禮記卷第五
月令第六 禮記 鄭氏注
孟春之月日在營室昏參中旦尾中
其日甲乙 其帝大皞 其
神句芒
蟲鱗 其音角
律中大蔟

□ 宋抚州公使库于淳熙年刻印的《礼记注》

修正，他们认为君子谈以怨报怨是令人厌恶的。可能这个变化是在道教的影响下发生的。但如果这样的话，就不能认为道教的理想主义超过儒家的现实主义，因为儒家思想和道教都有理想和现实的方面，因为反对“以怨报怨”的论点既可以是现实的也可以是理想的。现实的论点是“冤冤相报何时了”，“如果以怨报怨，互相报复何时是个尽头”？这种对没有尽头报复的担心经常在政府禁止复仇或决斗的法令中有所体现。[8]它对非正义事件只能通过国家权力得以纠正的法律论点给予了补充。

不管怎样，“以怨报怨”的说法很少被以后的儒家学者们引用，他们肯定希望《礼记》中这部分文字有印刷错误。在 [294]
著名的宋朝著作《袁氏世范》，(或者《袁家的社会准则》)[9]中，我们发现下面的段落叫作“报怨以直乃公心”：

> 圣人（也就是孔子）说道，“报怨以直”。这是最实用的中庸之道。一般而言，以怨报怨当然不值得提倡。然而，有些士大夫希望获得优雅慷慨的名声，有时不对罪恶的人进行惩罚，因为这些人恰巧是他们自己的敌人。这是完全不自然，也不符合人类情感的。圣人所称的正义是，如果一个人是善的，他就不能因为是敌人而被拒绝，如果这个人是邪恶的，他也不能因为是朋友而受到庇护。在任何情况下，判断和决定都要与事实相一致。以这种方式报怨当然不会导致没完没了的相互报复。

这段话的作者很好地为正统儒家传统进行了辩护。然而，当他摒弃以怨报怨原则时，他明显忘记了孔子在《礼记》中也有此种说法。《礼记》中有这种说法的事实支持了现代学者如冯友兰的观点，[10]他认为《礼记》更与儒家思想的现实派一致，其代表人物是荀子，而不是与以孟子为代表的理想派一致。

另一个影响了“报”观念的传统是“侠”或“游侠”，这个词被译为“侠士”。这些人在战国时期首先被承认为团体。当时，旧的封建秩序解体，许多世袭的勇士失去了地位和称号。这些勇敢正直之人，和出生更为低微的人一起，散布于整个国家，靠能给雇主提供服务（甚至是生命）而谋生。侠士是完全可靠的，这是他们职业上的美德。司马迁在《史记》中描述：“他们的主语总是诚恳和可信，他们的行动总是迅捷果断。他们言必行，在别人遇到危险时把自己的安危置之度外。”[11]这是他们对有知遇之恩朋友的报答。侠士总是伸张正义，对那些希望复仇的人是最有帮助的。

[295] 中国在秦汉统一之后，政府企图阻止侠士的活动。这种政策主要基于的原则是，正义只能由向皇帝负责的法律机构来支配。之后各个朝代也进行了相似的尝试，总体上讲是相当成功的。自行报复的人被带上法庭，由于触犯了法律，他们也会受到相应的惩罚（除非是孝子对弑父母的人进行报复，他可能会被宣判流刑而非死刑）。

然而，古代侠士的勇敢精神没有死。《史记》中记载的榜样激励着后来人，不时地产生侠士传统的真假榜样。下面的故事[12]说明了侠士对“报”的思想所给予的强调。

唐朝中期，崔涯和张祜两人考进士落榜，在长江和淮河地区游逛。他们都嗜酒如命，互相吹捧对方为侠客。崔涯曾在醉酒时赋诗一首：

"太行岭上三尺雪"：太行山上的雪有三尺厚；
"崔涯袖中三尺铁"：崔涯袖子里有一把三尺长的剑。
"一朝若遇有心人"：如果有一天遇到了热血之人；
"出门便与妻儿别"：他就会抛开妻子和他一起离家出走。

这首诗和其他的夸夸其谈使两个人都十分出名。张祜也相当富有，一天晚上家里来了一位貌似高贵的勇士，那人腰间悬着把剑，手中有个袋子，里面装着血淋淋的东西。走进屋里，那人问这是不是张侠士的家。张说是并毕恭毕敬地招待了来客。就座后，来客说："我有个仇人，我向他复仇十年了也没有成功。今晚我杀了他，这是他的项上人头。"然后问道："有酒吗？"张给他斟上酒。饮酒作罢，来客说："离这儿一里地住着一个正直之人，我总想报答他的好心。如果我能做到的话，我这辈子的恩怨就都了了。我听说你为人慷慨， [296]
能不能借我十万贯，这样我就能马上报答他，了了我最后的心愿。从此以后，我会万死不辞，为你上刀山下火海，做牛做马服侍你。"张被这些话弄得晕头转向，在烛光下，他找出所有值钱宝贝，给了来人丝绸和其他东西总共差不多十万贯。来客说："太好了！真让人心满意足！"然后他把袋子留下走了，说他在天亮前会回来。张左等右等等到天亮，而那个勇士再也没有回来。家里放着装人头的袋子他很害怕，就命令仆人把它给埋了。那时他才发现袋子里装的只是个猪头。

根据真正侠士的道德准则，虽然自己完全会回报他人的好心，但在为别人做好事时却并不期望得到任何回报。他们很多人甚至会拒绝这种回报。这种美德叫作“义”，通常被称作“正义”，但这里它的意思很特别，指超越正常要求之上的任何美德。下面是冯友兰对“义”进行的分析：[13]

> 行侠仗义之人采纳的是自己的一套社会行为准则，有时要高于社会道德所规定的准则。例如，小说《儿女英雄传》（或《英雄恋人》）中，女主人公十三妹就是施恩而拒绝回报的。老乡绅安元外（后来成了她的公公）经常长篇大论地对她进行圣人和智者中庸之道的教育。这就是一个很好的例子。安说：“所有自称为‘侠义’之人，都有非凡的天赋，他们想在比圣人和智者更高的层次上行事。”圣人和智者“愿意采取中庸之道并以此为乐”，以遵循社会道德的规定。但要以比圣人和智者更高的层次上行事则是超越道德之上的。施恩不图报是道德的，施恩拒绝报答则是超越道德之上的。[冯友兰《新事论》（1940）第78页]

互相回应，或“报”的原则被应用于各种社会关系，首先是君民之间的关系，也就是“五伦”之首。即使在古代，“报恩”也已被认为是良好统治的基础。尤为清楚的是汉代学
[297] 者刘向在他的《说苑》中的话：[14]

> 孔子曰：“德不孤，必有邻。”[15]夫施德者贵不德，受恩者尚必报；是故臣劳勤以为君，而不求其赏，君持施以牧下，而无所德。故《易》曰：“劳而不怨，有功而不德，厚之至也。”[16]君臣相与，以市道接（即在严

格的商业基础上），君悬禄以待之，臣竭力以报之，逮臣有不测之功，则主加之以重赏，如主有超异之恩，则臣必死以复之。……夫禽兽昆虫，犹知比假而相有报也，况于士君子之欲兴名利于天下者乎？夫臣不复君之恩，而苟营其私门，祸之原也；君不能报臣之功，而惮行赏者，亦乱之基也。夫祸乱之原，基由不报恩生矣。[刘向《说苑·复恩》]

这段话第一部分描述了理想状态，“慷慨善良的最高境界”。但是接下来的“市场行为”则显得更为实际。鸟、兽、昆虫的对比使回报或报答成了自然界的普遍规律。董仲舒也有相似看法。这位汉代著名的理论家发展出了宇宙和人类秩序之间统一性的伟大理论。在他复杂的体系中，国家和社会的构成被看作与宇宙的结构是相似的。解释自然和人类报应时，他写道：

今平地注水，去燥就湿，均薪施火，去湿就燥。百物去其所以异，而从其所与同，故气同则会，声比则应，其验皦然也。……美事召美类，恶事召恶类，类之相应而起也。如马鸣则马应之，牛鸣则牛应之。帝王之将兴也，其美祥亦先见；其将亡也，妖孽亦先见。物故以类相召也。[17][董仲舒《春秋繁露》第十三卷《同类相动》]

根据董仲舒的看法，政府机构按照上天的模式构成是合理的。他所称的“四种管理方式”与四季是一致的：

[298]

天之道，春暖以生，夏暑以养，秋清以杀，冬寒以

> 藏。暖暑清寒，异气而同功，皆天之所以成岁也。圣人副天之所行以为政，故以庆副暖而当春，以赏副暑而当夏，以罚副清而当秋，以刑副寒而当冬。……故曰王者配天，谓其道。天有四时，王有四政，四政若四时，通类也，天人所同有也。[18][董仲舒《春秋繁露》第十三卷《四时之副》]

“天”对董仲舒和大部分中国思想家来说既指自然，又指主宰自然的命运，有时强调一方，有时强调另一方。[19]不管人格化或非人格化，上天被认为是由报应的规则所约束的。

这使我们相信自然或上天的报应这一在中国宗教中根深蒂固的传统。《书经》中写道：“上天之道是赏善罚恶”，“对行善之人，上天赐予所有的福佑，对作恶之人，他降临所有的灾祸。”[20]人们认为报应是以家庭为基础的。《易经》中说：“积德之家会有无穷的幸福；作恶多端的家庭会灾祸不断。”[21]中国古代的谚语说：“三（即多）代将军之家的子孙要遭殃。”西汉杰出战略家和政治家陈平曾说过：“我策划过太多的阴谋。我的子孙后代不会兴旺。”[22]

然而，经验并非总是证明这种因果报应的确定性。因而对此理论的质疑也不断被提出。比如，东汉著名自然主义思想家王充曾说道：

> 凡人操行，有贤有愚，及遭祸福，有幸有不幸。举事有是有非，及触赏罚，有偶有不偶。……俱欲纳忠，或赏或罚；并欲有益，或信或疑。赏而信者未必真，罚而疑者未必伪，赏信者偶，罚疑不偶也。[23][王充《论衡》第二卷《幸偶》]

关于这个命运不定理论，早期宗教思想家没有充分的答案，直到佛教使中国人相信因果报应和轮回理论。它们不仅 [299]
解释了一生的报应，而且解释了好几辈子的轮回。在这种天才的解释传到中国之前，本土思想家大多依赖的解释是，命运是由同一个家庭、家族的成员或居住在同一地区的人共享的。家庭或邻居的共同责任原则自古就适用于中国政府和法律。认为这一原则是得到上天和人类共同同意想法的是非常自然的。

这种命运的共享称为"承负"，在《太平经》中叫作"负担的传递"，[24]《太平经》包括溯及东汉时期的思想，由此可以被看作有关道教的第一本书。这本书中说，上天经常降临灾难是因为被人类的罪恶行为所激怒。一个例子是钻井，根据一般的信仰，认为这是刺进地球母亲的血管。这本书中举的另一个例子是扼杀女婴，据说这种做法把女性人口降低到如此低的数字，以致男人不可能娶两个妻子，实现一阳配两阴的原则。早期也许只有几个人犯过这种罪，但其结果却波及犯罪者家庭的后代和他们的邻居。（"承负"这个词在其他书中没有发现过。这段话的背景表明这个词的根源很可

□ 修炼成仙图——一件以《太平经》重要思想为题材的汉画像石

能在汉代。)

六朝(220—589)早期，自然主义复兴，对因果报应真实性的质疑也在某些知识分子中间变得强烈。这引起了关于因果报应的几次激烈争论。佛教的因果报应起初是对个人而非整个家庭起作用。轮回理论不仅包括人类而且包括所有生命。动物升至人类的层次是有违儒家传统的，因为儒家把人放在世界的中心位置。佛教不杀生的规定很难承认供奉牺牲是祭祀一种方式。经过一个逐渐交换意见的过程，新引进的报应理论与当地的传统相互妥协。[25]大约从唐朝，肯定是从宋朝开始，普遍认为因果报应是在家庭的基础上对几辈人起作用。与相当原始的《太平经》中的“承负”思想相比较，
[300] 这种经过充实的报应思想变得更为深奥。

另一个早期道教著作是四世纪的《抱朴子》，[26]强调报应的呆板的和数量的方面。《抱朴子》的基础是更早的道教作品，这些作品现在已经不存在了。《抱朴子》说：

> 天地有司过之神，随人所犯轻重，以夺其算。……大者夺纪。纪者，三百日也。小者夺算。算者，三日也。(一说一日)[27]……若算纪未尽而自死者，皆殃及子孙也。[葛洪《抱朴子内篇》第六卷《微旨》]

这本书中也有乐观的说法，使命运看起来似乎是可以改进的：

> 其有曾行诸恶事，后自改悔者，若曾枉煞人，则当思救济应死之人以解之。若妄取人财物，则当思施与贫困以解之。若以罪加人，则当思荐达贤人以解之。皆一

倍于所为，则可便受吉利，转祸为福之道也。[28][葛洪《抱朴子内篇》第六卷《微旨》]

上述想法大多被原封不动搬到宋朝著作《太上感应篇》中。几个世纪以来，“善书”是关于道德教育的书，它是善书中最受大家推崇的一篇，它的传播被当作宗教义务。20世纪早期所进行的评估中，[29]《太上感应篇》的版本甚至可能比《圣经》和莎士比亚作品的版本还要多。

另一个广为流传的宋朝作品是《功过格》，经常作为《太上感应篇》的附件，但也单独流传，里面有许多标准善恶行为表，以正负数字表示其价值。书的结尾为读者提供了空白，可以制作功过表格，填写双方数字的总和，以及功过正负平衡的结论。对标准表格进行的研究表明了对中国道德价值观的理解。[30]

完全世俗的社会关系也需要进行量化分析，多数情况下可以用金钱标准来衡量。从《笑得好》这本书中节选的一个笑话可以说明这一点，这本书是清朝早期扬州作者石天基所编写的道德系列丛书《传家宝》中的一本：

从前有一位慷慨大方、心地善良的老人。一天风雪 [301]
交加，他看到一个年轻后生在他家门口躲避风雪，顿生怜悯之心，就把年轻后生让进了屋。老人给后生倒酒驱寒，还请他在家里过夜。第二天仍是大雪纷飞，老人又请后生住下，一直到第四天雪后放晴。后生告辞之时，请老人借给他一把剑。后生手握利剑，对老人说：“我们素昧平生，你却对我恩重如山。我实在是感激涕零，只有以死相报。”老人惊诧不已，阻止他说“那你可就陷

> 我于困境了。”后生问老人何出此言。老人说：“如果有人在我家里毙命，官府或许会判我无罪，但即使是这样，我也至少要花十二两银子的烧埋钱，更不要说其他的各等杂费了。”后生说：“既然你对我恩重如山，就省去你的各等杂费吧。你给我十二两烧埋钱，我马上告辞离开。”老人勃然大怒，大声叫嚷着和他理论。邻居听到后，都跑来评理，最终后生得了六两银子，也就是他索要的一半钱，这场争吵就此平息。后生告辞离开时，老人叹了口气道：“我做梦也想不到，怎么遇到你这等卑鄙无耻的小人。”后生说：“你才是卑鄙小人呢，你只让我在你家住了三宿，无论如何也不能一晚上收我二两银子呀。”

石天基用这个笑话对我们进行道德教育，我们不能只嘲笑笑话中的年轻后生，也应该想想那些忘记父母养育之恩的儿子，背叛君王的官员，这种忘恩负义的人实在是不计其数。我们也可以用这个笑话来说明一个中国谚语“善门难开”。在美国，人们可能会想起类似的情况——搭顺风车的人杀害了好心搭他的司机。上面的故事给我们的启示是：好

□ 诰命是清代皇帝封赠官员的专用文书。清制，凡覃恩封赠五品以上之官员及世爵承袭罔替者，皆授以诰命。清代诰命用苍、青、黄、赤、黑五色或三色纻丝织成。由于各官员的品级不同，诰命封赠的范围及轴数、图案也各有不同

心留宿别人要收房钱。

“报”对中国制度的影响是多方面的。把这些影响分类可以采用现代学者对中国社会所进行的归纳。尤为引起注意的是下列三类：(1)家庭主义，(2)世俗的理性主义，(3)道德上的特殊主义（裙带关系）。前两个一般认为是中国社会的特色。因为前面已讲过，只需补充几句话。特殊主义和普遍主义的区别首先是由马克斯·韦伯（Max Weber）在他著名的《宗教社会学》(*Religionssoziologie*)中指出的。在美国，他的理论被塔尔科特·帕森斯(Talcott Parsons)清楚地阐明。然而，“报”的观念与普遍主义和特殊主义两个原则之间的关系仍需明确。

1. 关于家庭主义，从上述应该明显地看出，报应或曰 [302]
报原则是以家庭体系为基础起作用的。赏与罚、咒与福在一个家庭内部都是可以转化的。在政治和法律机构中，我们发现“荫”和“荫叙”的例子，指恩惠泽于官宦家庭的后代；“封赠一二三代”指荣誉可追溯至前面的一二三代；“移赠”指荣誉应官僚的要求从他自己转给他的祖先（而不是把荣誉加于自己身上）；“族刑”是指惩罚牵连整个家庭甚至是整个家族。[31]

互惠性的原则反之也强化了家庭体系。例如，孝的基本美德在报应理论中有着为其辩护的说法。儿子即使在严格的商业基础上也应该是孝顺的，因为他，尤其是在童年时代，从父母那里得到的太多。中国有句谚语：“养儿防老，栽树乘凉。”[32]另一个版本是：“养儿防老，存粮备荒。”[33]养孩子是社会投资的最常见方式。不孝的儿子也是奸商，他不能赔付父母的养老保险。[34]孔子说，在礼仪方面，为父母各服孝三年的原因是“儿子在出生三年后就不用父母抱了”。[35]

2. 世俗的理性主义规定了同样的天人理论，是把天带到人间，而不是把人带到天上。人们相信，上天的报应和世俗的报应是共同起作用的，前者是后者的补充。“报”这个词在感恩的意义上多次在《礼记》中使用，以解释祭祀的宗教制度。现代学者梁启超下面的看法[36]得到了中国经典著作的大力支持：

> 孔子在《论语》中说：“对一个人来说，祭祀不属于他的神灵是谄媚。”（子曰：“非其鬼而祭之，谄也。”[《论语·为政》]）[37]“属于一个人的神灵”和“不属于一个人的神灵”的概念产生的观点与西方不同，它只意味着神灵不能影响我们的命运，祭祀它们是尊崇美德，回报功绩。祭拜父母是因为他们生养了我们；祭祀天地是因为它们给我们提供了无数便利。父母应该祭拜；天地、山河、日月也应该祭拜。把这个原则扩展到人间，我们要祭拜所有为整个国家和地区抵御灾难带
> [303] 来幸福的人。[38]把这一原则扩展到生物界，即使是猫、狗、牛、马的神灵[也就是精神的代表]也应该祭祀。这个“报”的观念渗入整个祭祀[制度]之中。[梁启超《中国历史研究法补编》(1933)第201页]

然而，梁在说神灵不会影响我们的命运时把制度过于理性化了。这里他把受过教育的君子的道德强加于老百姓的心里，大多数老百姓肯定希望通过祭祀获得佑护。这点相当重要，它的意义在我们讨论了普遍主义和特殊主义后会变得更为清楚。

3. 根据韦伯和帕森斯的观点，现代西方社会秩序的基

础之一是道德普遍主义：

> 在很大程度上，我们的最高道德责任在理论和实践上“非人格地”适用于所有人，或者适用于他们中的大多数人，无论他们之间有何特殊关系……在这方面，清教徒的道德代表着基督教总体趋势的集中化。它极力反对裙带关系和任人唯亲。儒家道德与此形成鲜明对比。它在道德上认可个人与特定人之间的私人关系——而且强调这种关系。儒家道德所接受和认可的整个中国社会结构是“任人唯亲”的关系结构。[39][塔尔科特·帕森斯（Talcatt Parsons）《社会行为的结构》（*The Structure of Social Action*, 1949）第550-551页]

中国的报答原则为所有的社会关系都规定了互惠性，在这种意义上可以被看作具有普遍性质。然而，这一原则的作用趋向于任人唯亲，因为中国的社会报答很少是独立的单个交易，而是一个长的平衡单子的附加项，这个单子上写着两个个人或家庭之间的个人关系。在既存私人关系的前提下，某个特定的报答能够很容易地产生效果，至少是出现裙带关系和任人唯亲。

从普遍意义上讲，私人化的关系甚至有一种使社会机构特定化的倾向，而这些社会机构本来应该是以普遍主义的方式适用的。这样在传统中国，即使是在履行官方职责的情况下，如果碰巧对某个特定的人有益，他也会期望帮助的人对他心存感激。例如，科举考试是通向仕途的主要渠道，榜上题名之人和考官之间的关系甚为密切。这可以比作信徒或学徒与他们爱戴的师傅之间的关系。在中国的道德准则中，师

傅是最受尊敬的五种人之一，其他四种是天，地，主人以及父母。对这五种人，人们必须尊敬并感激他们，因为我们欠
[304] 他们太多，无以偿还。

下面这个故事[40]表明传统中国的主考官是如何通过他的职责进行社会投资的。19世纪早期，崔群是宰相，以清廉闻名。有一次他作了科举考官。之后，妻子劝他置些地产留给子孙，他笑着说："我在全国有三十处上好的庄子，周围是肥沃的良田，你还担心什么地产？"妻子十分疑惑，说她从来没有听说过有这样的事。宰相说："你记得前年我做考官，三十个考生榜上有名。他们不是很好的财富吗？"妻子说："如果这样，你自己是在陆贽当宰相的时候通过的科举考试，而当你做主考官时，你特地差人告诉陆的儿子不要参加考试。如果考生是肥沃的良田，陆家的一块地产就荒了。"听到这席话，崔羞愧难当，几日茶饭不思。

必须解释的是，崔不让陆的儿子参加考试是为了避嫌。这位清廉的宰相这么做是为了遵循中国君子的规则，也就是洁身自好，回避任何可能引起猜疑的情况。而另一方面，正如他妻子说的那样，他这么做会被指责为自私自利、忘恩负义，因为他没能报答考官和师傅对自己的恩情。这里重要的一点是，宰相把考生比作地产不完全是笑话。它指出了中国封建年代的普遍实践，就是考官希望在完成职责的同时得到丰厚的回报。

考官和考生之间的这种关系在传统中国被看作是正常的。但在现代西方很可能被看作裙带关系，因为这是不分公共职责和私人关系。某些行为是否构成裙带关系，贿赂或其他任何形式的腐败当然是程度不同的事情。另外，判断标准也取决于道德标准是高是低，是单一还是复杂。

这就引出一个有趣的问题，即儒家道德的双重标准，一个是对“君子”，另一个是对“小人”。儒家的理想主义宣扬君子之道，而儒家的现实主义也认同至少是容忍小人的行 [305]
为，认为小人的行为是正常的。由于中国儒家思想包含理想和现实两种因素，当然也允许两种不同道德标准的共存。我们以讨论这些双重标准和它们在中国思想史中的地位作为本文的结束。

孔子说：“君子喻于义，小人喻于利。”[41]因此，君子和小人对同样的挑战或鼓励有不同的反应。君子“严于律己，宽于待人”，[42]孔子又说。显然这是因为有的人是而有的人不是像他那样的君子。遵循这一古老的传统，《太上感应篇》也作了规定：“施恩不求报。给予别人，不要后悔或抱怨你的恩泽。”[43]普通的小人施恩图报。接受别人帮助而不回报的人甚至不如普通人。这种人是“小人”，不仅只是普通人，而且是恶人。普通的小人在给忘恩负义的人或恶人提供帮助后会为他的行为而后悔。

对君子来说，用孟子的话，“如果他对别人有礼貌，而别人不以同样的礼貌回报，那就要让他自省自己对尊敬的看法”。[44]换句话说，要确保他的礼貌是发自真心的尊敬。对这种内省，孟子冗长的解释可以归纳为：如果一个慈善守礼的君子被别人以反常和不合情理的方式对待，君子要首先自我反省，问自己是否不够仁慈善良，是否有失礼节，是不是没有倾其所能。如果他对自己的行为满意，而那个人仍以反常和不合情理的方式对待自己，君子会说：“这是一个完全迷失了自己的人！既然他这么做，那他和畜生有什么区别呢？我为什么要和一个畜生计较呢？”[45]

对小人来说，他的道德准则允许他以牙还牙进行报复。

这篇文章的开头谈到了侠士的美德，我们提到了十三妹：“他们的言语总是真诚可信，他们的行为总是迅捷果断。”同
[306] 样的描写也出现在墨子的著作中，在冯友兰看来，他的教诲与侠士传统是紧密联系的。[46]更为有趣的是，同样的话“言必信，行必果”在《论语》中也出现过，其中这种人被孔子称作“小人”，虽然他给他们定的级别是“可以”，之上的级别是“优秀”和“良好”。[47]这里我们注意到侠士的道德准则与孔子的道德准则是极为不同的。

这种不同来自于儒家学者反对描写“总是”这个词。孟子说明了这一点：“大人物不认为他的话总是真诚，或者他的行动总是迅捷果断。他的言行只是基于正义。”[48]“正义”这个词的意思就是“义”，也就是正义或经过深思熟虑的正确决定。比较“议”，这个词的意思是“讨论，考虑”，其中义，“正义”是一个音节，但也许也是一个重要的组成部分。

汉代儒家学者赵岐在评论孟子这段话时说：“大人物坚持正义，但不总是需要言语真诚和行动果断。前者的一个例子是，儿子也许会说谎以隐藏他父亲的偷窃行为。[49]后者的例子是父母在世时不能为朋友舍弃生命。”[50]这些例子都很好地说明孝高于真诚，普遍主义要被裙带关系所修正。

在侠士的行为准则中，报答原则是普遍的。他下定决心要以眼还眼，以牙还牙，不管别人是君子还是小人，是亲戚还是陌生人。然而，儒家君子拒绝与不理智的人争斗，认为他只是个畜生。这就是为什么在中国古代，儒家学者被称作“懦弱的人”，这就是“儒”这个词的原义。[51]

中国古代主要儒家学者中，孟子尤以宣扬“义”的原则而著名，也就是做正义之事的愿望。他以非常审慎和微妙的方式适用这个原则，这一点在下面的例子中有所体现：一个

邻国的君主，另一个国家的宰相，各自给孟子送礼物，孟子都收下了，但却都没有回礼。之后，当孟子到两个邻国去的时候，他拜访了君主但却没有拜访宰相。这种不同的回报令一个徒弟十分疑惑，就问孟子是否因为宰相只是个宰相，身份不如君主尊贵。孟子说“不”，并暗示说宰相给他送礼时不够尊重他。徒弟恍然大悟，作为国家的卫士，君主不能离开国家到别国进行访问。然而宰相却没有理由不亲自拜访孟子。[52] [307]

这种审慎和微妙的报答显然不仅要启发徒弟的思想，而且也是为了启发那些故事中的人。因为没有报答也是一种报答，如果一个人期待从君子那里得到回报，但却没有得到，那他就应该开始反省自己。由此，我们可以解释孟子的话，他拒绝教诲别人也是一种教诲别人的方式。[53]

这种审慎和微妙的回报方式不是现实主义者荀子的特点。荀子的说教强调生活中制度的方面，十分近似于普遍主义者，例如服孝期间和祭祀时要遵循的制度。我们在他的弟子中间可以发现法家学者韩非子，这种发现绝非偶然，韩非子宣扬全国要有统一的法制。这种“法”的普遍理念和儒家“礼”的观念之间有着鲜明的对比，这种观念包括，君子的生活方式（只适用于君子），[54]或者“义”的观念，即经过深思熟虑后认为正义的事物，也可以说是有偏向的正义。

这种道德准则的差异当然有其社会背景。周朝“君子”既指贵族，也指君子，“小人”既指普通人，也指小人，我们可以很容易得出结论，道德的双重标准来自于两个阶层的社会。周朝早期，有显贵地位和君子美德的人一般被看作同等的。同样情况也适用于普通人和小人。君子和小人都有自己的道德标准。随着周朝封建秩序的衰落，社会阶级和他们各

自的生活方式，包括道德标准都不再统一。这在孔子的时期
[308] 尤为明显，当时“君子”和“小人”有两个明显不同的含义。侠士自己可能就是贵族，但由于他们失去了旧地位，他们开始与普通人为伍，道德标准也与普通人相混同。[55]另一个可能的解释是，侠士贵族与君子贵族的道德标准是不同的，这导致了侠士与儒家学者之间不同的原则，但这不比孔子时期早，因为贵族之间这种社会区分或特定化的过程在孔子时代才刚刚开始。在周朝早期，“侠士”和“君子”指贵族。

周朝衰落之后，公元前221年秦朝统一了中国，帝王体系形成了中国社会的上层建筑，而家庭体系只是它的基本单位。因此对帝王和父母的义务逐渐得到重视。沿着这两条线的裙带关系开始更占优势，互惠原则也得到了进一步修正。这个时代的儒家思想倾向于把一个人的名声地位和作用，即“名分”置于现实之上。统治者和父母的地位保证享有从臣民和儿子那里得到尊敬和服务的权利。在极端的情况下，当一个忠臣无端受到惩罚时，他可能还要向君王说：“臣罪有应得，皇上英明。”[56]为了说明儿子要无条件地孝敬父母，儒家学者发明了用之四海皆准的原则：“世上的父母都是无过错的。”[57]不管父母或统治者是否仁慈善良，儿子或臣民总是应该受到责备的。

早期儒家学者对统治者和父母的态度是不同的。如果统治者暴虐，孟子赞成以背叛甚至是起义来进行报复。[58]暴君统治的存在被认为是合理的，因为统治者的统治如果暴虐的话，他就把自己变成了孤家寡人了。[59]如果父母犯了滔天大罪，孟子也允许孝顺的儿子大义灭亲，原因是如果儿子对父亲的残酷漠然视之，就会使他们之间的关系更疏远。[60]孔子也允许儿子反抗父母，虽然应以和缓的方式进行。[61]孔子对

统治者和臣民之间关系的态度与孟子的态度相差不是很远。[62]对孔子和孟子来说，后来的儒家学者所进行的修正似乎是十 [309] 分怪异的。

发展了裙带关系和继续了双重道德标准的中国在严格意义上不是两个阶层的社会。然而，“两个阶层的社会”可以在宽松的意义上适用，因为文人与普通人（有些作者更愿意用绅士与农民阶层）之间的对比十分鲜明。我们还必须记住，在传统中国社会的任何时期，小人物比君子的人数都要多，因为只有有限比例的人口才能受得起教育。对于那些没有受到良好教育的小人物，他们的道德准则仅限于谚语或其他形式的民间知识，互惠总是普通的标准。由于它也是儒家学者低层次但可以容忍的标准，这一原则为君子和小人提供了共同的基础——换句话说，为整个社会提供了基础。这里就是它真正的意义。

过去几十年中，中国社会经历了巨大变革，对中国社会生活的许多方面都产生了深远影响。然而，很难探明人们是否限制了互惠这一原则的广泛适用，是否失去了对这一原则存在的高度感知，如果是这样，程度如何。在现代西方道德标准影响下，这一原则似乎不可能以同样的方式起作用，虽然中国人也不可能愿意完全摒弃这一作为社会关系基础的原则。

（张晓丽 译）

士不遇：对一种类型的“赋”的注解

(The Scholar’s Frustration: Notes on a Type of “Fu”)

卫德明

(Hellmut Wilhelm)

[310] 汉代早期，“赋”作为一种文学体裁突然出现，学习中国文学的学生都对这种现象表示惊诧，因为它几乎像是从真空中出现的一样，在将近一代人中成为占统治地位的文学表现形式。从一开始“赋”就被赋予了某些特点，直到今天它都保留着这些特点。这些特点包括：相当严格的诗体学格式，如格律和押韵；从早期文学作品中，尤其是古典作品中大量引用的趋势；通常极为复杂的语言；显示作者才学的一般倾向；以及隐喻和象征的广泛应用。[1]如果有人注意到追溯到周朝晚期只存在一种“赋”的话，这种现象就更为令人惊讶了。[2]然而，随着汉朝的兴盛，“赋”这种写作艺术立即被广为应用，其光辉使所有其他的文学种类黯然失色。[3]在以后的时代，“赋”一直是一种广为接受的文学表现形式。“赋”在诗体学以及内容和目的上也经历了特殊的变化，然而它再也没有像在汉代那样在文坛占据过统治地位。

本文的目的不是分析汉“赋”的诗体学特征。“赋”的格律和押韵都有十分严格的形式，使它看起来近似于诗歌。实际上，它在早期文献目录中与诗歌归为一类，只是后来才被分在散文类中。“赋”曾被十分准确地翻译为“散文诗”或“韵律诗”。

虽然一些“赋”十分优美，令人回味，本文的目的也不是要评估“赋”的文学功绩，而只是想通过讨论使大家明白汉“赋”突然出现的原因。

实际上，只有很小比例的汉“赋”流传至现代，而且其中大部分只留下了很短的片段。因此对汉赋内容和目的的分 [311]
析仅限于有限的证据，也无从知道失传的“赋”是否能证实这里提出的看法。[4]

世纪	前6— 前4—	前2—	后7—	10—	13—	20—
体裁	诗经 楚辞	赋（汉赋）	诗（唐诗）	词（宋词）	曲（元曲）	自由诗

对汉代现存的“赋”进行详细阅读后可以发现，“赋”所讨论的题目和主题是相当有限的。同一时代或之后的作者多次选用同样的主题，不同作者选用的标题经常是一致或基本一致的。即使情况不是这样，汉赋也可以很容易分为几种有限的类型。所有这些类型有着共同的特点：几乎毫无例外他们都能或已经被看作批评的文字——这些批评是针对统治者，统治者的行为，统治者某些政治行为或计划，法官，皇亲国戚，通常是批评毫无区分地任用官僚。在语调上较为积极的几个“赋”的例子是推荐作者或他们的伙伴来做官，甚至包含具体的政治建议。简言之，几乎所有的“赋”都有政治主题。同时，几乎所有的“赋”都是有关统治者与官员之间的关系。

无须强调的是，在中国，“政治”主题不仅在汉代为纯粹文学提供了内容，其他文学体裁也被用于这个目的。周朝诗歌经常抱怨政治压迫和社会不公；许多唐朝诗人在诗中发泄他们对政府不良统治的不满情绪；在以后的时期，小说这种形式也被屡次用于极端的政治批评。然而，本人认为，只

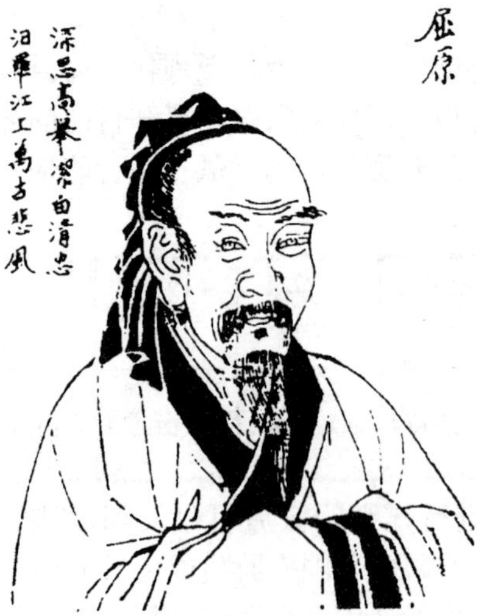

□ 中国历史上伟大的诗人屈原

有汉代的“赋”才专门用于政治目的，其他时期占统治地位的文学类型都没有起过这样的作用。而且，这样讨论的主题在其他任何时期都没有如此有限和具体。这些“赋”所讨论的问题不是政治压迫或社会不公，而是围绕一个中心问题：文人在政府中的地位以及他与决定他的地位的统治者之间的关系。在那个时期，这个问题似乎占据了文人的整个思想，除此之外，他们几乎不考虑其他任何事情，甚至不考虑纯文学传统上所写的许多主题。即使我们对这些作者所写的中国社会历史发展阶段一无所知，我们也不得不得出以下重要结论：这种占据了文人全部思想的问题反映了一种历史
[312] 状况，即中国社会结构，尤其是这个社会中这些作者所代表的团体的处境处于危险境地。

从现存事实可以得出另一个更为明确的推断，即“赋”是一种尤其适合作者目的的文学形式。对“赋”的前身进行研究可以使我们明白，为什么“赋”对我们前面提到的类型的政治批评是一种尤其适合的文学载体。把“赋”与楚辞流派文学（屈原[5]这个名字是这个学派的象征）联系起来在现在和过去的一段时期是相当广泛采用的习惯。这种习惯根深蒂固，反过来，楚辞流派的作品也被称作“赋”。[6]毫无疑问，

这个学派对“赋”的影响是十分强大的。这两种类型的作品有许多共同的文体上的特征，许多汉“赋”的写作是基于楚辞流派确立的文体形式。屈原是许多“赋”作者笔下的英雄，但也有人认为他是恶人，这取决于个人的政治倾向，但屈原的传说成了他们大多数人政治思想中的重要部分。然而，楚辞流派的灵感源泉之一，或许可以说是最为重要的源泉，是中国南方的宗教用语和广泛接受的传统。在楚辞流派几乎所有作品中，这些修辞手段经常被重新赋予新的解释，占了其内容的很大比例。

最后一点使我们产生了疑问，那就是楚辞流派对汉赋的影响是否像我们所相信的那样独一无二。这种结论事实上与最早对“赋”之前历史的讨论是相互矛盾的。

班固在《汉书》中“诗赋”部分的跋语中写道：[7]

> 传[8]曰：“不歌而诵谓之赋，登高[9]能赋可以为大夫。”言感物造耑，材知深美，可与图事，故可以为列大夫也。
>
> 古者诸侯卿大夫交接邻国，以微言相感，当揖让之时，必称《诗》以谕其志，盖以别贤不肖而观盛衰焉。故孔子曰“不学《诗》，无以言”也。[10]
>
> 春秋之后，周道浸坏，聘问歌咏不行于列国，学 [313]
> 《诗》之士逸在布衣，而贤人失志之赋作矣。大儒孙卿及楚臣屈原离谗忧国，皆作赋以风，咸有恻隐古诗之义。
>
> 其后宋玉、唐勒，汉兴枚乘、司马相如，下及扬子云，竞为侈丽闳衍之词，没其风喻之义。是以扬子悔之，曰：“诗人之赋丽以则，辞人之赋丽以淫。[11]如孔氏之门人用赋也，则贾谊登堂，相如入室矣，[12]如其不

用何！”[13]

> 自孝武立乐府而采歌谣，于是有代赵之讴，秦楚之风，皆感于哀乐，缘事而发，亦可以观风俗，知薄厚云。
>
> 序诗赋为五种。［班固《汉书·艺文志·诗赋略》］

班固在政治家学派部分的跋语中写道：[14]

> 纵横家者流，盖出于行人之官。孔子曰："诵《诗》三百，使于四方，不能专对，虽多亦奚以为？"[15]又曰："使乎，使乎！"[16]言其当权事制宜，受命而不受辞，此其所长也。及邪人为之，则上诈谖而弃其信。［班固《汉书·艺文志·诸子略》"纵横家"］

班固的这些言论当然不能只看表面。他说"赋"的传统目的在西汉"赋"作家的手里变了味道，这也许是他作为古文学派（Old Text School）的成员不想称赞这些作者，因为他们大多数是其他阵营的人。但他提到的一些问题值得注意。他首先强调"赋"的政治目的。作"赋"或诵"赋"的本领是和显赫的官位联系在一起的。同时，他还把它与诵"赋"这种礼貌的谈话习俗联系起来，以婉转地表达意思。[17]这个习俗在使节当中尤为流行，[18]这些使节传统上属于或至少严格地遵循着政治家学派的原则。尤为有趣的是，他说委婉地批评是"赋"的主要目的，为了达到这一目的，是有必要展示才学的。

其他说法更为明确地证实了班固的观点是正确的。邹阳是汉"赋"的创始人之一，司马迁把他的传记和鲁仲连的传记结合在一起，鲁仲连四处游说其政治观念，[19]班固在他的文献目录中把他归在政治家学派中。[20]

司马相如也许是汉朝早期最为有名的“赋”作家，司马迁在他为司马相如传记所作的跋中写道：

> 《春秋》推见至隐，《易》本隐之以显，《大雅》言王公大人而德逮黎庶，《小雅》讥小己之得失，其流及上。所以言虽外殊，其德合一也。相如虽多虚辞滥说，然其要归引之节俭，此与《诗》之风谏何异。
>
> 扬雄以为靡丽之赋，劝百风一，[21]犹驰骋郑卫之声，曲终而奏雅，不已亏乎？[22]余采其语可论者著于篇。[23][司马迁《史记·司马相如列传》] [314]

司马迁说明了他为司马相如作传的原因：

> 《子虚》之事，《大人》赋说，靡丽多夸，然其指风谏，归于无为。[24]作《司马相如列传》第五十七。[25][司马迁《史记·太史公自序》]

上面提到的论据表明，汉“赋”是政治家学派的遗产，是他们委婉地传达事情的艺术。实际上，政治家学派在汉朝前两至三代没有绝迹，虽然他们不再在宫廷上，而只是在那些相当独立的亲王的宫殿里展示才艺。[26]

非常不幸的是，这个重要学派的文学遗迹基本上已荡然无存，只有一个可能的例外当然是《战国策》，其中有许多极为巧妙地进行委婉劝谏的例子。但《战国策》的故事看起来非常小说化，只表现了政治家的艺术实践，而不是他们的理论。然而，有一本书，如果我们同意彼得·托伊

尼森（Peter Theunissen）的论点的话，[27]是政治家学派前辈
[315] 大师之一苏秦的作品，这本书的名字是《鬼谷子》。[28]即使我们不考虑这本书的作者和它具体的学派，它也与我们的问题有很大关系，因为它包含许多详细的指导劝谏的艺术，而这些指导是来自一些与《易经》和道教相似的观念。[29]其他为政治演说家提供的技巧方法也在这些学派的作品中出现，而这些学派与政治家学派有着密切的联系。我特别参阅了《邓析子》[30]一书中《转辞》一章，以及《韩非子》[31]一书中《说难》一章。《吕氏春秋》[32]中《顺说》一章也可以在此背景下作以参考。从所有这些作品中，可以明显看出，存在运用政治语言的原则，[33]这一原则的技巧是婉转地表达事情。正是在这种传统下，汉“赋”变得成熟，从技巧转变成了艺术。

汉“赋”与政治家学派的紧密联系似乎很快就被忽略了。之后的文学批评更注意“赋”的形式和文学价值，而非其主要目的。直至近代这种联系才又被大加强调。[34]一些现代作者接受了这一点或者独立发展出了近似的观点。[35]

如上所述，汉代占领文学思想的主要问题是学者在社会中的地位，尤其是他们与统治者之间的关系。自汉代起，学者的地位开始制度化，至今这已成了老生常谈。[36]实际上，不只是在汉代，学者地位问题有争议。早在春秋时期，大家已经同意至少要在一定程度上对这种地位进行思想上的保护。如果我们相信孟子，公元前650年的“葵丘之会”的戒令之一是：“尊重杰出人才，维护有才之人，区分有美德的人。”[37]从那时起，已经认识到只凭身份不能决定一个人的地位，学识、能力和才干是辨别一个人的方法。之后所

□《史记》的作者司马迁

有学派之间相互斗争，以产生有能力和才能的人即是为此目的。荀子就是儒家学派树立的榜样，颇负盛名，毋庸赘述。任何国 [316]
家都离不开学者的建议和服务，即使是专制的秦国也不能例外。

然而，“葵丘之会”的第二条戒令过于微弱，不能确认学者在社会或政府中的地位。它逐渐认识到了学者的重要性，但没有保证他们作为一个团体的安全。为加强自己的地位，儒家学派成功地在他们中间培养出了团结精神。[38]但即使这样，他们的地位仍依赖于自己的个人表现，以及统治者的个人喜好，而统治者的个人喜好则经常是变化无常的。虽然游说学者能够依赖王侯谋生，但不同学派产生的巩固学者地位和影响的政治哲学也离不开这一现实，即他们的命运任由君王宰割，没有受到任何保护，毫无安全可言。

到了汉代，学者们的伟大和令其兴奋的任务是，试图通过获得制度的承认，巩固他们的地位和影响。换句话说，他们希望确立自己作为新兴阶级的地位，也就是将在中国社会占统治地位的阶级。他们在很大程度上是成功的，但我们必须同时指出他们欢庆的成功是双刃剑。[39]他们的地位，从汉代开始，之后又得到进一步细致化，其基础是以对政府的依赖为前提，而且他们必须成为官僚。因此，即使穿着新外衣，他们发现老问题始终没有得到解决。

我们在解释学者在这种发展过程中的态度，但到目前为止，很少使用纯粹文学性的材料，但从这些文学素材中（如果解释合理的话），我们可以凭自己的洞察力推断出学者的个人反应，而不必阅读评注作品。作为例子，我想在此讨论一种类型的赋，即被称作“学者的失意”的赋。之后这种类型的赋被称作“士不遇赋”，这个名字来自于现存最早的赋中的一段，作者是荀卿，名字本身即表达了怀才不遇的心情。[40]荀卿谈到孔子时说：“他真是生不逢时。”[41]这一用语“生不逢时”自此成了“赋”的名字。

荀卿在他所作之赋的前五部分中，含蓄地说明了他做官的个人品质：了解社会原则，智慧，敏捷，努力，善于批评。这些品质的特殊之处得到了极为巧妙的阐述。在结尾，他哀叹自己生不逢时，并以史为喻：

[317] 我想起那遥远的地方，[42]
它是多么的傲慢！[43]
仁慈的人们遭受挟制，
狂暴之人四处可见，
忠臣身处危难，
谣言四起而人们却津津乐道。[44]
宝玉和珍珠，
人们不知如何佩戴。
布衣和锦缎，
人们不知如何辨别。
闾娵和子奢，[45]

无人会把他们相提并论；
嫫母和力父，[46]
他们的姻缘美满。
聋子耳听八方。
危险被称作安全，
幸运被当作灾难。
哎，老天爷，
我如何能与他们为伍？

［《荀子·赋》原文：
念彼远方，何其塞矣；
仁人绌约，暴人衍矣；
忠臣危殆，谗人服矣。
琁玉瑶珠，不知佩也；
杂布与锦，不知异也；
闾娵、子奢，莫之媒也；
嫫母、力父，是之喜也。
以盲为明，以聋为聪，
以危为安，以吉为凶。
呜呼上天，曷维其同！］

《旱云赋》是汉代最早的“士不遇赋”，作者是贾谊。[47]它充分地采用了《易经》中的象征手法，哀叹上天没有眷顾自己，结尾的几行是：

心中想起白云，
使我肝肠寸断！

它们不忘仇恨，一滴雨也不下，
这是完全不人道的！
它们布满[天空]却不撒向人间，
这实在是无法指望！
白云啊白云，你到底在憎恨什么？
我们应该做些什么？

[贾谊《旱云赋》原文：
念思白云，肠如结兮。
终怨不雨，甚不仁兮。
布而不下，甚不信兮。
白云何怨，奈何人兮。]

然而，这种类型中两篇最为重要的汉赋是由董仲舒和司马迁所作的。[48]（由于J. R. Hightower最近把这两篇都精彩地翻译了出来，在此就无须引用了。）

董仲舒的“赋”清楚地说明了当时学者所面临的困境。并且，他的赋表明了这种类型的“赋”的发展和进步，这一发展和进步与学者问题的发展是一致的。荀卿由于个人经历中的一件事而沮丧失意，虽然他乐于把自己与过去的英雄相提并论，但归根结底还是为自己的不幸而悲哀。在上面引用的贾谊《旱云赋》中已夸大了问题，且不只谈了自己的个人经历，而且还谈到了统治者和官员之间的一般关系。然而，
[318] 在他心目中，显然统治者是应该受到谴责的。董仲舒把问题放在更为广阔的背景下进行考虑，他不再攻击统治者个人，而是接受和强调荀子生不逢时的观点。由此，他把问题置于任何利益集团的意志之外。然后，他讨论了两个从情理上可

行的解决办法，但两个办法都是死胡同，因此他指出这个问题最终是无法解决的。[49]董的“赋”里面还有一点需要注意。（我不想过多地解释董的作品。他提倡学者之间应该团结，呼吁友谊，他的这种做法很可能是因为他也许并不希望指出可行的解决办法，而只是逃避现实。但注意到这一点仍是很有意思的。）

董仲舒“赋”的吸引力不仅在于他表达个人观点时十分亲切，更在于这种观点是发自于他本人，因为他毕竟是他那个时代最顶尖的政治思想家和哲学家。[50]如上所述，他是把学者最初制度化的人物，是儒家学派的创始人和领导人，[51]之后这一学派被称作“今文学派”（New Text School）。[52]大体来讲，这个学派一直是为学者的独立而斗争。从个人、地 [319]
区和社会角度来讲，古文学派学者们（Old Texters）却毫无保留地把他们的命运交给了中央政府。今文学派学者们（New Texters）斗争的武器是占卜艺术和《易经》的传统。[53]他们对《易经》的关注强化了他们认为社会和社会制度变化的信念，这些观念是他们从《春秋》和《公羊传》的评述中得出的。

在此背景下，董的“赋”对问题的解决似乎是一致和深入的。虽然基本上是哀歌，他的赋仍把“生不逢时”[54]作为问题发生的一个方面的原因，虽然问题个人无法解决，但如果学者作为一个整体，问题就不那么可怕了。时间终究是在变化，如果一个人命运不济，其他人就会时来运转。

司马迁的个人经历比上面提到的任何一位作者都要悲惨得多。他的生命哲学在某种程度上也与董的不同。他不为任何特殊的哲学或政治态度而战，他为在他看来“中国传统”的纯粹性而战。他认为的“中国传统”包含了很多非儒家学派的成分，几乎可以把他看作道家学派。然而，从本质上讲，他比董更具儒家学者的特点。他的骄傲使他颇具野心，自认为是上天选择的维护中国传统的关键人物。[55]

比董更甚，司马迁在“赋”中也把问题不能解决的原因归于命运。时间，时间的变化，以及生不逢时在他看来都是与个人无关的事情；而是琢磨不透的命运的表现。因此，对他来说问题似乎更难以解决。他的性情和态度之间的差异使他有时责备自己的志向，转眼之间又为自己辩护，由此使学者的抱负和作品完全无法调和。

司马迁了解，“赋”指明自杀是唯一合理的解决办法，他在为屈原和贾谊传记[56]所作的跋中直接提到了这一点，并在给任安著名的信[57]中长篇大论地进行了讨论。他在信中解释了没有选择这种办法的两个原因。第一个原因是非常害怕必须要经过的程序，这也使他心理上崩溃了，以致失去了对尊严的知觉；第二个原因是要保持对事业的忠诚。考虑到第一点的严酷现实和第二点至高无上的合理性，他在“赋”的结尾表现出来的道教的智慧看起来近乎做作。然而，虽然处于毫无希望的境地，它也表达了勇往直前的决心。这是孔子非常闻名的态度，“知其不可为而为之”。[58]正是这种态度使中国官僚制度的实现成为可能。

（张晓丽 译）

明朝和清朝早期社会的士大夫理想：绘画中的表现

(The Amateur Ideal in Ming and Early Ch'ing Society: Evidence from Painting)

约瑟夫·R. 勒文森

(Joseph R. Levenson)

孔子曰："君子不器。"

——《论语》

这些职责另一个平常但重要的特点是政治特点，它们不要求特殊的、专门的知识，但是要求有教养而且机敏圆滑……

——Étienne Balázs

"Les aspects significatifs de la société chinoise,"

《亚洲研究》(*Asiatische Studien*)，VI（1952），83。

一、前　言

[320] 外来的蒙古人统治中国之时（元朝，1279—1368），是儒家文人社会地位相对较低的时期之一。明朝他们的地位有所提高，因此，作为在社会中占统治地位的文人学士，他们自然十分珍惜社会的稳定，这是他们的理想。[1]其必然结果是，他们在品位上反对求变的思想，反对追求新颖。[2]文人们大多是古典主义者，如英国的乔纳森·斯威夫特（Jonathan Swift）。斯威夫特褒古贬今，认为人文科学优于自然科学，不赞成把物质实用性作为检验价值的标准，从他的这些观念中，我们可以十分清楚地看到文人文化的风格。[3]

斯威夫特在狂怒和精神错乱中死去。现代人在占领他的

秦本紀第五　史記五

秦之先帝顓頊之苗裔孫曰女脩

女脩織玄鳥隕卵女脩吞之生子大業

大業取少典之子曰女華女華生大費

□《史记》书影

世界，他知道这一点。科学、进步、商业和实用，所有这些都使他感到悲哀，而这些不久将是现代西方文化的主导理念。但在明朝和清朝早期的中国，也就是西方人入侵之前的四至五个世纪，科学被轻视，进步被否定，商业被贬抑（这也许越来越困难）；与这三点相伴而来的是斯威夫特迫切想得到的第四点，也就是存在于学习中的反专业的、追忆往昔的人文科学。艺术风格，对古代作品公认标准的了解，对“甜美轻快”的古典文学的热爱——这些都不是专门的、“有用的”技术培训，而是文人表达思想的工具，是掌握社会权力的关键。这些是国家考试测试的主要品质，金榜题名之人将受人尊敬，前途无量。[4]

简言之（如Étienne Balázs所言），是不允许社会精英们 [321]
“在专业领域中使他们的人格变得贫乏”。[5]明朝的风格是士大夫风格；明朝的文化是士大夫文化的顶峰。

二、明朝社会和艺术的风格

（一）社会风格

也许更多是在明朝时期，如明朝“八股文”极端审美标准所表现的，中国官员都是士大夫。他们受到了教育，但这种教育不是直接为了他要承担的具体职责服务；官府衙门当差的都只是受人雇用，不像儒家学者那样想谋得一官半职。官僚机构中受过高等教育的官员则是极为优秀的统治阶级，他们没有专业知识。官员的威望即在于此。学者只有纯文学修养，而没有直接的专业技术知识，这一点是基本的，他们不是凭技术能力履行职能（这正是所禁止的），而是使用文字来歌颂这些职责。

如果官员掌握的知识是专业的、技术的、“有用的”知识，那么这些知识就只能是专业手段，不具备美化官僚机构的内在品质。当官员能够代表高等文化和知识本身之时，也就是文明的最终价值时，做官显然要比其他任何社会作用更为优越。没有其他种类的成功（商业的、军事的、技术的或诸如此类的）能与赢得官位相媲美，因为这些成功都是基于专业知识体系的，而专业知识只是用来取得这些成功的方式。为了获得后面一种成功，也就是谋取官位，就要进行特别准备，要有独立的美学眼光，在逻辑上要与官僚目的毫不相干。如果不是从广泛的道德意义上，至少也要从专业和技术意义上，把这个目的当作生活目的。[6]

当然，在中国，由于其制度特点，知识的美学分支实际上是为了官位。但这是个象征性的，而不是符合逻辑的性质。要了解这种区分的意义，那就让我们把明朝与现代英国的情况作一比较，因为在英国，古典教育经常也是为了做官。最近，对一位英国政府官员进行赞扬的颂词首先称赞了
[322] 他一流的学术水平，然后，似乎是为了辩护，这首颂词又把他所受的古典教育与官职在逻辑上联系了起来：

> 他在莫尔文（Malvern）读了一些经典著作，成为人文主义者……1932年，如许多前辈古典学者一样，他成了本国的政府官员……他毫无疑问是个伟大的政府官员，而且我从不怀疑他的高尚品质来源于所受的人本主义教育，这使他在处理微妙的人际关系时能够做到温和有礼。[7][Kenneth Bradley, "Personal Portrait: Sir Andrew Cohen", London Calling, No. 745(February 11, 1954), P.13.]

他生活在一个高度专业化的社会，在这个社会中，士大夫们要在几乎所有领域向专家们屈服，实际上"士大夫"这个词的含义已演变为技术不纯熟，而不是偏爱，作者在此给我们的印象肯定是半辩解的（而在相似情况下，明朝古典学者不会这样做），他呼吁在古典教育中加入"专业"成分：他这么写好像是感觉到公众——一群实际的、有专业头脑的公众，对教育中的装腔作势不屑一顾——肯定是在怀疑古典学习与现代专业任务之间有无真正的联系。他不能简单地认为公众普遍接受古典教育和管理职位之间存在明显联系。确实，文学上的声望使英国高级官僚享有更高威望，而其他西方官僚则非如此。但是在英国——这里与中国不同——官僚机构虽然受到了鼓励，但却没有能够思考其辉煌的根源。因为，中国历史的社会事实使官僚机构成为权力中心，而英国历史的社会事实则使官僚机构为英国其他权力服务。从社会上看，"商业"开始兴起（这是令斯威夫特非常悲哀的），它是反传统、反人文主义的，它把官僚机构放在幕后，而在学术上则迫使古典学者走出了独自的辉煌。明朝把最高文化价值与最高社会权力进行了绝妙和象征性的结合，而在英国，

□ 苏轼像

我们发现官僚机构更多只是实用的雇佣机构，古典学者与权力残留着联系，在此意义上，他们只是为达到专业目的。

“文化,”“想到和知道最好的”（马修·阿诺德（Matthew Arnold）解释为“甜美轻快”的），[8]在实用主义者的世界里是不受欢迎的。当斯威夫特笔下“人面兽心的人”和阿诺德笔下“庸俗无知的人”统治社会时，对文化的辩护可能会倾向于庸俗低级的标准。士大夫对自由艺术的热爱和信仰可能会变得复杂化，

[323] 因为社会坚持认为有必要进行专业教育。但在中国，明朝和清朝早期在社会上有地位的人都不是文化上低级庸俗的人；他们人文科学研究中没有能够接受专门的专业训练。他们是完全意义上的士大夫，是激发人文文化的上层人物，对进步不感兴趣、对科学不加重视、对商业毫不赞同、对实用没有偏好。做了政府官员的士大夫们受到的是艺术上的训练，因此他们对艺术本身有自己作为士大夫的看法，因为他们的职业是政府官员。

很久以前，在宋朝，王安石（1021—1086）试图把科举考试变得更为实用，而不仅仅注重美学。王毫无疑问是个忠

诚的儒家学者，他试图使儒家学派恢复对政治科学的关注，与他同时代的杰出官员和学者们一开始大多与他志同道合，但最终都与他分道扬镳，普通儒家学者也从未原谅过他。他们是看到了他所推行的彻底改革不可行，是他经典注释中有争议的观点，是对他们所享有的特权形成的现实和物质上的挑战，还是他们也感觉到了儒家官僚机构的统治是士大夫们的统治，或者根本都不是呢？

苏东坡（1036—1101）是强烈反对王安石的人之一。他似乎是第一个谈到“士大夫画”的画家，“士大夫画”指绘画中“官员风格”，在明代与“士大夫风格”等几个词可以互相交换使用。[9]

（二）绘画

明朝末期，在绘画界有一个根深蒂固的规则：官员自己也是画家，他们最喜欢自己作的画，专业画匠是遭歧视的。明朝皇帝恢复了画院。提到画院，我们想到的主要是宋徽宗（统治时期为1101—1126，是北宋最后一个皇帝）和南宋皇帝。[10]但明朝的画院与宋朝不同，其差异在于宋朝画院只有有官衔的、受人尊敬的画家，而明朝时期画院的画家则是真正的专业宫廷画师。[11]因此，明朝画院，不像徽宗时期的画院，从未与翰林院平起平坐。翰林院是声名显赫的学者文人们云集之处，而明朝画院的画师无论如何也没有翰林院学士们的官衔或威望。[12]

文徵明（1470—1567）是个翰林，也是个名画家。他清 [324]
楚地表达了士大夫的信念。他说：“有教养的人，辞官隐退之后，经常以笔墨和画山水为乐。”[13]莫是龙是明朝晚期一位非常重要的批评家，他非常赞赏一些早期艺术家以绘画本

□《文会图》，北宋皇帝徽宗作。图中所绘为宫中人们的宴席场面

身为乐，而不把绘画当作职业。[14]他的朋友董其昌（1555—1636）同意莫的观点，赞扬14世纪元朝的一位大师是把绘画和绘画的乐趣当作艺术目的的第一人。[15]董自己是一位画家、书法家，也是他那个时代首屈一指的批评家，但他对自己的作品满不在乎。据说，如果一位有身份的人直接向他要他的作品，他会以任何东西搪塞这个人，包括在别人做的画上签上自己的名字或者题上一首他亲笔作的诗。如果人们想要董的亲笔画，他们就得学会从他家里的妻妾那里要，因为他闲来无事经常会为她们赋诗作画。[16]

董非常蔑视“专业”这个词。他认为“专业”的含义之一是对文化的狭窄化。真正的文人是业余的，他们热爱自然，对绘画和诗歌都有鉴赏力。[17]画家们经常不提自己的专长，认为自己是全面的人。16世纪的画家徐渭提到自己时（虽然批评家不同意）说，他的诗是第一位，其他文学作品是第二位，最后才是绘画。[18]清朝学者沈宗骞（全盛期大约在1780年）总结了士大夫对狭窄的专业的偏见：“绘画和诗歌都是文人倾心的。因此，一般来说，会写诗的人也都能作画。”[19]

士大夫对专业人士的轻视也有一个方面，即他们作为有身份的人轻视这些专业人士，认为他们都是贪婪的野心家，不是上流社会人物。学者们坚持认为，真正的艺术家对金钱是毫无兴趣的，这反映了他们反商业的情绪。米芾（1051—1107）是个有名的宋朝直觉主义艺术家，是明朝士大夫学派的杰出英雄。他写道："在书法和绘画上不能讨价还价，君子不能为金钱所动。"[20]此后很久，《芥子园画传》——画家的一本百科全书式的指导书——分几部分在1679年和1818年之间出现（虽然最早是在明朝晚期）。这本书也在专业和非文人文 [325]
化之间画了等号。它高呼："如果有人贪污受贿，那么他的画也是粗俗不堪的。"[21]清朝画家邹一桂（1686—1772）确立了一条规则：士大夫画家，"在这个世界上没有贪欲，专心致志，不羡慕也不贬低别人"。[22]

简言之，在明朝和清朝早期的士大夫文化中，作为批评家的官员把画家官员推荐给鉴赏家官员们。"王昱，字日初，号东庄老人，画山水，他们抓住了这位税务官员艺术的精髓之处。"[23]这样的话在当时看来是非常普通的，但在现代读者看来非常荒唐离谱。他非常生动地感觉到了文化的个人本质，而这是十分平常的。

三、画院反画院主义的自相矛盾之处

（一）绘画的"北派"和"南派"

绘画精英们既是知识界的领导者，又是社会上的领导者，他们形成了思想学派，也形成了士大夫联盟。到了明朝末年，美学用语"南画"与"文人画"和"士大夫画"同化了，这两个词在社会学意义上与"君子"绘画是相同的。反对专业的学者董其昌虽然不是创始人，但是他把南画和北画不同的风格作为鉴赏标准。董是明朝末年公认的资格最老的书法家、画家和批评家，是“艺术界的宗师”，他擅长于品评优美的作品，其名声远扬琉球和朝鲜。[24]

他把许多不同朝代的大师归为北派和南派，从唐朝的李思训（651—716或720）和王维（698—759）分别到他所处的年代。“北派”和“南派”不是指画家的地理分布，而是指唐朝佛教禅宗的两个学派，这两个学派的哲学原理据说是两种美学的基础。[25]然而，“禅画”是南派的风格，与北派的“院画”形成对比。[26]南派理想化的山水是由艺术家“突然的觉醒”
[326]（这个概念在西方通常被称作“心灵之顿悟”，其来源为日本的佛教术语）而激发的，现实的本质也对其造成了震惊。董认为这种风格的画比北派的画要好，因为北派的画是基于知识而非直觉，更为细致，更注重事物形式上的关系，而非它们的精神。他说：“真正的古典美不在于原样照搬和对于细枝末节的描述。”[27]

南派美学反对费力的、清醒的艺术，这是南派美学的第一条戒律。根据南派理论，文人画家事先不打草稿，把内心对山水的概念一气呵成涂抹在丝绸上。[28]自然而然、随心所欲是所有需要的东西，“气韵”是谢赫（全盛期大约在公元500年）著名绘画“六法”中的第一条，是南派绘画中的一个概念，指画家与事物进行直觉的交流，而文人学士的理解则是“画院式”的，是遭到轻视的。董其昌说：“气韵是天然事物的结果，技巧用得越多，气韵就越少。”[29]莫是龙则认为画院风格是精妙的，在别人看来珍贵的随心所欲，也就是“自然”是有缺陷的。[30]他说：“有一些画家把前辈当作老师，但谁要想取得进步，就必须把天地当作老师。”[31]“胸中逸气”

□ 明代董其昌的《葑泾访古图》

是“文人画”[32]中的格言——不是强调理性的知识，而是不知不觉的顿悟。

（二）儒家对佛教美学的选择

现在出现的问题是，对明朝文化的理解是否具有真正的重要性：明朝的儒家学者，也就是最有学识的文人，是如何保存他们有记载的智慧——这种智慧主要是指文明中的人际关系——这个群体是如何反对与学识相关的绘画理论，而赞成反知识、反文明的神秘理论的呢？有人也许会认为，儒家传统学者是希望在社会中对人进行潜移默化的教育，他们会与北派的画院美学产生共鸣，反对南派的禅画。毕竟，南派强调的是人类在自然中的突然觉醒，对儒家的整个生活和文化观念形成了挑战。

然而，逻辑上奇怪的事物 [327]
在社会学上是可以理解的。一种想法的意义不仅在于思想家肯定的，也在于他否定的。对明朝儒家学者来说，他们作为士大夫的学识认为，直觉主义的“禅”并不意味着——就像它不意味着咬文嚼字地保留知识传统——反知识；[33]“反专业”这个词就足够了。直觉的顿悟如果不是“自然”的话，那它就什么也不是了。专业画家作画都是循规蹈矩，他们如何能做到自然呢？画院派画家作画前一笔一画都有计划，作画时也是小心翼翼，他们如何能做到自然呢？“美术”这一特殊职业对神秘主义禅学和儒家文人来说同样令人厌恶：“自然”与“艺术”是相对的，而“艺术”有着令人不快的，专业的意味。[34]

南派美学在文人界占有重要地位，不是因为他们在哲学上注重灵感而非传统，而是因为他们在社会学上注重士大夫画，而非专业绘画。至少有一位作家曾表示，尤其是在清朝早期，正是现实的压力使官员们成为南画的热衷者。根深蒂固的文人文化是强制性的，而绘画只能作为士大夫的消遣排在第二位，学者们选择了直觉，因为对真正有活力的画家进行训练是不可能的。[35]这种观点无疑是不充分的——毕竟许多文人画家是颇有造诣的艺术名家——然而，由于象征（根本不是哲学的）而非现实的原因，反对画院的美学是士大夫们的普遍选择。明朝儒家学者的禅并不是很严肃认真。

佛教从总体上来讲对儒家文人不如宋朝时期那样重要。朱熹（1130—1200）是一个文人的复合体，作为儒家学者他反对佛教，作为文人的敌人，他直截了当地说出了这种观点；有组织的佛教——教会的、传统的，而且对君子官员阶层来说总是在社会上遭到排斥的——湮没在农民大众中间，最终失去了对文人曾经有过的诱惑力。禅的思想是反教会和反传统的，因此与反儒家的社会组织是分离的，它保留在君子的世界中，使山水画栩栩如生（佛教人物绘画曾经是中国艺术的一个重要分支，随着佛教寺庙的衰落和士大夫画的兴起，到明朝时几乎已完全没落了）。[36]但佛教最后的残留在儒家君子的环境中不是陌生的。明朝画家对禅的直觉自然崇 [328] 拜不是儒家人文主义的对立面，而是儒家人文文化中驯服的、博学的因素——不是对说教的大胆挑战，而是受过教育者的文化财产。

（三）直觉的惯常化

显而易见的佛教教义一旦被儒家精神采纳，它就会改变自己。明朝美学的真正矛盾之处不在于把两种互相冲突的信念统一起来，而在于它们其中一个是自相矛盾的。如果对手中有一方否定自己，那么就很容易得到和平。归根结底，传统上博学的士大夫画家们对南派的个人灵感感觉非常自在，因为南派有利用灵感这一传统的规则。反画院主义对士大夫来说具有重要的社会意义，但从知识上来讲是陌生的，它也被平稳地画院化了。

既爱又恨的矛盾心理根植于明朝直觉主义南派理论中，因为这不是直觉而是习得的理论。宋朝文人是明朝文人的先人，他们作为儒家学者驯服了佛教，并且已经宣布了基本的信条，称明朝为南派。模仿外在形式的无用性，即时观察与即时创作必不可少的整体性，学习“气韵”的不可行性（因为“气韵”只能来自于人类内在的知识）——所有这些都是宋朝对董其昌和他在明清时期的批评家同伴们的教育。[37]

宋朝之后是谢赫，他的六条原则流传至今（尤其是第一条：“气韵，生动”），这六条原则是为自由自在、不受限制的直觉天才们所规定的无法规定的、有约束力的规则。一篇明朝论文开门见山地说：“在绘画方面有六条标准……”[38]这是规则，其他所有的都是评论。王昱（全盛期大约在1680—

1724）庄重地宣扬不自觉的创作活动，但据说他的画背叛了他，因为这些画是“他人所作之画的寄生虫”。[39]他的美学是与老套传统相对的，但也只能是美学的老套传统；他的绘画与美学观点是一致的，虽然没有能够遵循他的美学观点。

南方士大夫文人自由、自然的思想之中充满了传统，这一点是我们无法回避的。据说董其昌十分热衷于临摹前辈大师们的作品（尤其是一位宋朝与他同名的人，禅学艺术家董源的作品），达到了茶饭不思，夜不能寐的境地。[40]一个明
[329] 朝晚期的资料转述，沈石田（1427—1509）是一位杰出的文人画家，他所作的一幅美妙的卷轴画是以真正士大夫的精神创作的，是他在旅行途中为朋友所作的礼物。这幅画完全是临摹董源的作品，之后成为著名鉴赏家的无价之宝。[41]显然，明清时期批评家是反画院的，绘画不会只因为它是复制别人的作品而失去赞扬，模仿古人是正确和合适的，因为古人是自然的。

这就是为什么在明朝和清朝早期，中国的君子—文人—官员是反专业的，但从来不反传统，反画院的含义与西方的远不相同。从定义上来讲，反画院主义在任何方面都依赖于对天才的共同理解：天才是一般品质，只有那些自然选择个人表达方式的艺术家才会享有。

> 一部好的艺术作品，mehr gefü hlt als gemessen……[42]
> [“应该用心去感受它，而不是用概念去套它”。（歌德）]
>
> ……他模仿神圣的《伊利亚特》，而不模仿荷马……[43]
>
> ……那些人以最简单的方式进行旅行，他们乘小马

车和“美国号”快艇，此时他们离雅典比较近，而那些把希腊庙宇用作各种用途的人，则离雅典比较远……[44]

对天才的这种观点似乎是在中国而非西方形成的。模仿《伊利亚特》而失去了荷马，1589年的一个进士王肯堂，对这一警告做了以下解释：“如果画山水树石时自由自在地用笔，这就不是老办法。”[45]恽寿平在17世纪写了直觉南派技巧“写意”，即思想和事物固有形式的表达方法：“据说在宋朝时期：‘如果有人像古人一样达到了无意识创作的境地，这就叫作写意……如果艺术家无目的地进行创作，那么他就能获得古人无意识的创造力。’”[46]欧阳修（1007—1072）也许正是恽所指的宋朝代表人物，他的一首诗以下面的方式开头：“在古画中，他们画意，而非形。”[47]由此说来，只要有一点直觉的顿悟，而不需要临摹家的技能，就能使艺术家接近古代天才的作品。

但在西方这些反思是先锋的论点，而在中国则是传统人士的观点。鉴于中国反画院主义的社会背景，它的知识成果遭到了扭曲。自然的创造力在两种社会中都是财富。然而，
在中国，它不是成为古代天才的方式，而是古代天才所要达 [330]
到的目的。赞扬中国古人“自然”的词语实际上是赞扬“自然”在古代的体现。在欧阳修的诗中，与“意”相对的“形”是由古画的“意”的形式来传达的。

在西方反画院主义中，对天才内在意愿的忠实使之放弃了古代的外形。在中国反画院主义中，是对外在意愿的忠实，即通过外观表现的古代意愿的忠实，由此证实了对内在意愿的忠实。难怪南派理论似乎陷入了怪圈，董其昌呼吁模仿大师的作品，他郑重地吟诵，天才是不能被教出来的。

明朝中国反画院主义是如何与西方反画院主义有着同样形式呢？在西方，艺术先锋们极力反对公众传统的品位，这些艺术先锋是知识界的一部分，他们在这个世界上是不安分的，但却没能在这个世界上占统治地位。在中国，知识分子（其中包括艺术家）占据了统治地位，作为君子——官员，他们不可能不尊重老人，重视百姓。西方反画院主义与年轻的个人主义很容易联系在一起，而这在中国是不可能的。当董其昌或其他任何南派批评家说，一个画家完全进入了前辈大师的灵魂深处，这便是他们给予的最高赞扬。[48]

他不应该直接复制大师的作品，那将是迂腐的，学究的，完全不合时宜。然而，像一位清朝文人画家郑重其事地说的那样，他应该以某种方式复制旧作品，正如文学学生必须彻底地研究过去流行下来的作品。[49]他复制的方法叫作“临摹”，是凭直觉推测代表作品的精神，而不是原样照搬。一位明朝批评家提到了四位伟大的画家，这四位画家研究了董源的一幅画，以“临摹”的方式复制，结果他们四个人的作品非常不同。这位批评家说，如果把这个任务交给“粗俗之人”（也就是专业人士而非文人），他们的作品都会和原作一模一样。[50]

这是为什么呢？毫无疑问，佛家的艺术直觉被儒家文人巧妙地从自然转化为艺术。专业人士仍是受到谴责的。根据南派原则，小心谨慎地复制事物表面形式是应遭受强烈谴责
[331] 的。但是与大师的交流（一个同类的儒家思想）超越了佛家与自然的交流。旧的山水主题没有表露出士大夫们反画院主义的信念。中国画家，从王维（至少是那些文人尊崇的）开始，断然放弃了主题中的个人主义，以点燃和展示他们的个人灵魂以及对现存优美事物的个人直觉。[51]但是关于传统主

题，明朝文人画家适用的是传统观点。画家“精神的和谐”（“气韵”）不一定是与山的和谐，而是与画山的古典画家的和谐。南派艺术家通过山水画接近自然，这不是禅学对文化的摒弃，而是儒家对文化的扩展。

一旦艺术被置于艺术家和自然之间，他就追求直觉的知识。除非认识的行为是直接经历的……否则那就不是直觉；认识唯一的一个其他形式，相关的关于……知识，是知识的，他破坏了南派美学理论上预见的整个经历。[52]（原文如此。——译者）对于“突然觉醒的”真正艺术家，艺术和沉思是无法区分的；他看到的不是外在的；他成为他所代表的。[53]这种觉醒的对象，是“事物本身”，是超越理智的现实；对于事物本身，非一时的理想是以直觉的理解来表达的，如康德所说，而且只能由“艺术自由遵守规则”所掌握。“把规则加在艺术上”不是直觉的，塞尚（Cézanne）完全肯定了这一点，他提出了一个有力的结论：“Les causeries sur I’art sont presques inutiles.”[54]（“对艺术的谈论几乎是没有用的。”）

但明朝和清朝早期是随笔盛行的时期，这种文学形式确实把一些规则强加于艺术之上。[55]在《芥子园画传》最后一部分（1818年）的序言中，画家手册强调运动，作者作出了宿命的承诺，就是天才是可以教出来的，“气韵”和“生动”是解释的精华部分。“由此他[读者]能进入‘天才的阶层’和‘技术熟练的阶层’，并且跟随像顾恺之和吴道子这样的画家的脚步。”[56]

序言中还有出自别人之手的一段话，它暴露了直觉过程中知识所起的腐化作用。这段对话中，提出了肖像画法的问题。为什么没有这种最难的艺术形式指南，而其他东西似乎

[332] 都有呢？答案是其他的所有东西——山，河，草，树，鸟，兽，鱼，虫——都有固定的形式。如果认真地对它们进行研究，就可以按照规则复制它们。但是人的面部形状万千，并非千篇一律，很难用言语传达。[57]

固定形式容易以言语表达。但固定形式是康德所说的事物本身，是生物表面下的理想。类型形式的概念与直觉理解的概念是基本相关的。直觉理解是说教的结果，是知识理解的对立面，这正是艺术家在《芥子园画传》中发现的。

当然，从其自身来讲，处理作画中的技术问题和研究解决办法的意愿不能阻止直觉的渗透。每种艺术都有技术语言，即使是最为个人至上的艺术家也是以这种语言进行交流，甚至是观察的。当技术变成自动时，就可以解脱手工劳动，也可以不用心观察，技术知识的编纂可以有助于这种解放。

因此，中国绘画技术的作用是以知识形式形成和传播的，有时可以与有创造力的音乐家的标准和和谐的乐器相比。[58]然而，大多数时期，明清时期画家的技术是他们艺术的一大部分，另一个音乐的类比例子可以说明这一点："当中国艺术家以他自己的风格复制前辈大师的作品或作画时，这不是抄袭，正如霍洛维茨（Horowitz）演奏勃拉姆斯（Brahms）的作品一样。"[59]这种说法相当恰当地消除了"临摹"的"道德"问题。但在问题的美学领域，如果把明朝和宋朝比作钢琴家和作曲家的话，那么明朝关于技术规则的知识，类型形式的词汇等不仅仅是创造力的前提，而是解释所创造事物的关键。后来山水画家的专门技术知识开辟了道路，不是直接从头脑到自然，而是从头脑到自然和心灵的突然交汇。对寂静的顿悟是音乐必不可少的，但这与对音乐的顿悟是不同的。

对上述做的总结是：明朝和清朝早期美学反画院主义在学术上是经常提到的。虽然对内不一致，但对倡导者来说是适当的，他们是占统治地位的社会阶层的一部分，是传统的、人文主义的，在根本上是反专业的。没有其他社会的美 [333]
学更有利于天才，也就是画院的敌人。其他社会更有可能实践所宣扬的东西——或者甚至是宣扬它所做的事情，这个社会自然地形成了反画院主义，不是从哲学意义上而是从社会意义上形成的，这个社会是权威规则和日常制度形成的地方，限制了天才，但却促进了传统学识的发展。马修·阿诺德（Metthew Arnold）引用了斯威夫特的话，斯威夫特是中国明朝期间没有成功的学者——君子，他把文化定义为“甜美和轻快的”，他说了明朝文人—君子—画家永远不能说的话，虽然实践中他们证明了文化的连续性取决于智慧，智慧是可以转移的，而天才则非如此，画院派兴盛即是依赖于他们的智慧。[60]

（四）官僚机构和老套美学：对其联系的否定

17世纪，三位怪异的画家很流行，他们自由地表达对禅的热衷，而其他普通南派画家是做不到的。他们的作品也不落俗套，与同时代作家的作品极为不同。他们是佛教僧侣石涛、石溪和八大山人。

据说两位姓石的是“散僧入圣者”，对于他们来说，摆脱僧侣身份达到圣人境界，这两者之间不存在任何时间的阻隔。[61]他们不是一步一步通过逐渐学习到达顶峰的画家，而是受到突然启发达到这个境界的。石溪在一幅画上写道：“我只能以这种方式画山水，好像我与大山交谈过一样。”[62]据说他从小就“天资聪颖”（佛家称“夙慧”），没有读过儒家书籍。[63]

“知识是第二位的，天赋是首要的，习得的天赋不是天赋。”[64]石涛写道，而且，“我是我，我中只有我！”[65]学校和模型对艺术是致命的。他渴望确立的是自然的绘画方式，这种方式十分自然，事实上就是没有方法可循。[66]

[334] 他与八大山人关系密切，称赞他是前无古人：“他书法和绘画的风格优于先人，他的目光敏锐，无人能及。”[67]八大山人出自明朝的皇室，1644年之后成了僧人。一天他在自家门上写了“哑”字，此后不再与任何人说话。“他的画笔自由洒脱，不拘一格。”[68]

这些自由之人的南派美学观点是率直的，他们起了领导作用绝非偶然。他们不是普通的文人学士，不是传统的儒家官员（如董其昌），也不是退隐的君子（如沈石田），他们对文化游刃有余，并把这归因于他们的官位。他们太阳神般的性情，几乎不能与他们狂乱的性情协调。如果他们的绘画理论和实践在逻辑上非同寻常的一致，他们自己也有着非同寻常的社会地位。作为社会和艺术离经叛道之人，他们证明了君子—文人的统治和士大夫（即没有得到承认的画院主义）之间的关系。

这些清朝早期的怪人在绘画界有着确定的影响，因为满族征服后并没有损坏士大夫和文人的社会地位。许多学者在第一代满族统治期间并未受到干扰和影响。一些明朝党徒，如八大山人的理想破灭了，他们逃离大千世界，在绘画中表现他们的隐退。但大部分文人接受了清朝统治，认为是正常的改朝换代，心态平和地继续着他们的事业，也保持着反专业和传统文化的思想，这对于南派绘画有着很大影响。

□ 八大山人（朱耷）的画

即使这些离经叛道的画家的独立性也可能被高估了。比如石涛，就非常像文人，他经常自己在画中题诗，引用的多是李白、杜甫和其他早期诗人的诗句。[69]如果他真的恢复了纯粹的南方精神，后代未受过影响的传统主义者却无法理解。一位19世纪早期的学者问："如果他[石涛]没有在心中和精神上吸取唐宋大师们的长处，他如何获得如此深厚的功力？"[70]

四、折中主义和鉴赏能力

（一）南北两派之间界限的淡化

董其昌对南派和北派之间所作的美学区分意味着直觉和知识、自然和书籍之间的对立关系。但南派直觉理论作出了一些妥协，因为那些信仰它的文人学士对社会作出了承诺，由此南北之间的紧张关系不可避免地得到了缓解。对所有支持南派的人来讲，董相信把北派和南派的绘画风格结合起来是可能的，这种现实在某种程度上不仅能做到，而且还能 [335]

□ 石溪的山水画

习得。“读万卷书，行万里路，胸中脱去尘浊，自然邱壑内营。”[71][董其昌《画禅室随笔》]

石溪是17世纪坚持支持南派的佛教画家，即使是他，也在一幅画上题了北派的词："我们心平气和地讨论佛家思想和[谢赫]六法的精妙之处。那些想发表意见的人必然得从书籍和历史中吸取大量的知识，必须登山远眺，追根溯源。”[72]恽寿平和他同时代的人也反映了调和直觉和知识的需要。他重复了倪瓒（1301—1374）的一句话，倪是元朝的四位大师之一，是南派的主要人物。倪曾说道："绘画就是画出一个人内心自然的感受。”恽继续说，“这句话非常精妙”——在屈从于公认的直觉理论之后——“然而，还必须与鉴赏家们交流。”[73]

这种理论上的灵活性与某种程度的天主教趣味是相配的。董其昌非常欣赏徽宗的一幅卷轴画，徽宗是宋朝画院主要的北方创始人。他发现自己的偏好超越了原则，感到颇为窘迫，于是对其性质提出质疑。[74]但莫是龙与董一样作出了严格的区分——同样是区分南北两派的设计师——有时坦率地承认自己在品位上基本是折中的。理论上，他反对北派；

实际上，当他面对被称为北派画家，如宋朝的李唐和明朝的戴进的作品时，他只有赞扬他们。[75]

但明朝和清朝早期美学争议的降温不仅在于南北两派的区分有所缓和，而且还在于两者的融合。比如，蓝瑛（全盛期大约在1660年）总是被归为浙（浙江）派画家，他使宋朝画院北派传统永存。据说他与沈石田非常相似，沈是吴（吴县，现代的苏州——可以扩大到江苏南部）派的伟大文人画家，完全可以被归为南派画家。事实是蓝瑛，像其他派别的画家一样，逃避严格的分类。南北两派的划分，是由于美学以外原因而强加于中国绘画史的形式上的分类，可用以辨别 [336] 不同的风格，但不能适用于每个艺术家个人的作品。事实上，蓝瑛的作品从浙派到吴派都包括，从抽象的南派标准来看，他和许多其他画家一样都是折中的。[76]

比蓝瑛更为著名的是他的前人仇英（全盛期在1522—1560年）和唐寅（1470—1524），他们也通常被看作画院派的，但有时也支持南派，[77]可以依次被称作北派、南派和两者兼有。仇英尤其具有“临摹”的天才，他把这一手法特别用于重新解释著名颜派作品的代表作。据说唐、宋、元朝著名画家中，不管他们倾向于哪种风格，他都能抓住其本质。[78]他不拘泥于风格，作了一本十六幅画的画册，对唐诗进行图解，其中展示了各种绘画方法。根据后世批评家的标准，他既展示了北派风格，也展示了南派风格，如专家所称，他的线条有时“粗犷混浊”，有时又“纯净优雅”。[79]唐寅也是根据情绪变换方法和形式。[80]吴派是南派的据点，文徵明普遍被看作吴派的中流砥柱，他的画笔十分随意，尝试了宋元的各种风格，据说掌握了全部风格。[81]

然而，折中主义不意味着既忠实于北派风格，又忠实于南派风格，而是指在个人作品中把两者融合起来。比如，仇英在他的唐诗图解集中有一幅画，这幅画描绘的是皇帝驾临一座新建的府第，这幅画右面的前景是以细致的画院风格描绘的，而在左面的后景中则是以雾蒙蒙的淡墨山水表现含义，使画面逐渐接近南派气势恢宏的风格。[82]这种风格的混杂是常见的。明朝后期画家盛茂烨（全盛期大约在1635年）被鉴赏家们称作在南石和南山中以细致的风格画北松。[83]

□ 明代唐寅《山路松声图》

把这两种风格相结合的运动到王翚（1632—1717）时期达到了顶峰，他有生之年被称作“画圣”，之后被称为清朝早期“六个大师”中最伟大的天才。把所有流派和派别的问题置于一边，王毫无疑问是位极好的画家，是艺术史上最为令人羡慕的人物之一，但他很早得到欣赏的原因更多地说明了他所属年代的特点，而不是他对
[337] 艺术的个人掌握。这个

原因是“绘画中有北派和南派之分：而王把两者结合在了一起”。[84]大家公认他是个折中主义者，作画时吸取了许多前辈大师的长处，他最喜欢的榜样是他之前多面的折中主义者唐寅。[85]

唐寅的折中主义是过渡的，是在浙派［领导人是戴进（全盛期大约在1446年），“现代的马远”。浙派受到明朝早期皇家的青睐，因为它恢复了南宋皇家画院的风格］和吴派分别占统治地位的中间时期，其中吴派是士大夫们的堡垒。[86]如果唐寅是这样的话，王的折中主义是不同的，有着特别的意义。唐寅真的应被看作不知不觉，在一种风格和另一种风格之间经历着质变的人物。王则只能被看作一位有思想、复杂的人物，把第一种时尚融入第二种中去，有意识地为和谐而斗争，并且结束了冲突（不管如何非精神化），否则将会导致这一过程的继续，甚至是变化。

（二）艺术家和鉴赏家

调和主义从定义上来讲（毫无疑问王不是这样）不是艺术能力的来源。当然，可以把用于不同目的的技巧结合起来，以表达真正的美学感悟。但明朝晚期——清朝早期的调和主义，一般来讲，不是来源于早期技巧所适应的新的顿悟，而是来源于艺术家对技巧的迷恋。

调和论者拼凑的绘画技巧首先是分别存在的，因为画家以某种方式看待他的主题，以设计好的方式用画笔进行表达。17世纪折中精神在中国绘画界占有统治地位，然而，对绘画作品本身的兴趣超越了对主题的兴趣，这一主题是绘画作品所要实现的美学形象。对鉴赏家来讲，各种笔画成了一种重要的价值标准，批评家既要分析每种笔画，也要对作品

□ 明代仇英《仙山楼阁图》

的整体进行思考。他们用模棱两可的语言表达他们进行的细致区分（“他的画风极为优雅流畅，精妙紧凑，但不够强劲有力”），好像是表达他们审美的微妙
[338] 之处。[87]

这种折中的鉴赏标准的精神——不管原则是南派的，北派的，还是折中的——在于中国传统的遵循前辈模式的倾向。我们观察了仇英是如何把画家的注意力从推测自然的精神移转到推测以前绘画的精神。实际上，没有固定的绘画风格成了一种美德；所有的风格都很自然，其本质是天才试图捕捉的。董其昌的言论是标准的，他使“拟古”的风气极为盛行，他对折中主义者的方法表示赞同，因为他们试图通过结合不同大师作品的细节来创作代表作。[88]这是艺术家的任务和鉴赏家的乐趣。

画家强调对模型的忠实，而不是对视觉的忠实——而正是视觉感动了的人创造了模型——过去形成的各种技巧没能融合不存在风格或美学上的原因。因此现代画家可以把所有的东西混合在一起，那些在美学上严肃的人设计的技术成分，是用于达到技术方式背后的某种目的。到了清朝末年，画家的目的是展示他们掌握的方法。风格成了艺术家自我展示游戏中的资本，而君子—文人—官员和他们的同伴们则自我欣赏，认识到了规则，了解了奥秘。[89]

五、结论：现代化对士大夫理想的侵蚀

（一）对“没落”判断的相关性

艺术史学家有时把他们研究的主题置于他们自己的世界之中，变化的原则似乎对艺术来讲是内在的，而不是由艺术家的决定所支配的。因此，我们确信17世纪荷兰的风景画与Breughel是没有相似之处的，因为到17世纪Breughel行为主义风景画的传统已消耗殆尽。[90]我们知道这是重复，如果这样，当它“达到风格的极限”时艺术就“注定将灭亡”，“最后的花儿也谢了”指“无能为力”——因此，18世纪欧洲伟大的行为主义和19世纪的浪漫主义运动都消逝了。[91]

美学价值是如何被取代的？这种事情是原因的展示，是 [339]
问题的答案，但是问题仍然没有得到解决。对中国绘画来说，在清朝中期之前，对折中的艺术家和鉴赏家的崇拜，以“内部的”标准衡量，达到了风格的极限而且最后的花儿也谢了。过去的价值保持了几代，然而对模仿的恐惧，创造力需要艺术家目的新颖的想法，这些对中国人来说都是陌生的。王翚非常高兴地就他1692年画的山水画写道，它是对宋朝原作的复制品进行的复制。[92]他的同事，恽寿平（1633—1690）是画花的画家，一位清朝的编者赞许地称，恽寿平回到了11世纪徐崇嗣“瘦笔”的画风，他的画就是以徐的风格创作的[93]（事实上，恽经常在他自己的作品上题“徐崇嗣的

瘦笔花鸟画”）。[94]邹一桂是另一位花画的画家，致力于为其艺术寻找传统，他的一篇文章以下面的辩解开头：

> 昔人论画，详山水而略花卉，非轩彼而轻此也。花卉盛于北宋而徐[熙]、黄[荃]未能立说，故其法不传。[邹一桂《小山画谱》][95]

从中国的这种经验中得出的教训是，如果实践的人认为一种艺术形式“耗尽”了，那么它就是“耗尽”了。一种迂回的解释是站不住脚的——他们认为是这样，不是当一些客观的“耗尽”发生在艺术本身，而是当外界的情况，在纯粹美学内容领域之外，改变了他们主观的标准；否则，如何解释不同的公众需要不同的时间来忘记那些过时的形式？对中国现代绘画能力的怀疑，对传统学徒关系的窘迫（而不是欣然接受）只是从19世纪后期才在中国出现。当时中国社会在西方压力下开始沿着西方道路发生变革，现代西方价值判断——如对“创造力”的赞扬——由此必然会施加其影响。我们已经看到早期现代中国文人——官员阶级的士大夫信念是如何把中国绘画带到明朝晚期——清朝早期的环境中的。对这种环境进行的重新评估一直没有到来，直到官僚阶级的作用、受的教育，以及一般流传的士大夫理想开始发生变化。

[340]

（二）民族主义：文化的变革和官僚机构的专业化

在现代早期，西方入侵之前的中国，绘画界来自于并反映了一系列社会风俗。在士大夫画家和南派批评家背后是反专业的官员，他们在社会上的显贵地位是他深受尊重的人本主义文化的标志，而不是标志着他们有专门的技术。当然，儒家道德尤其适于政府机构，因为管理更多的是靠榜样而不是法律。然而，官员的教育未能使其专业化，这种教育不是专业的，其重要原因是：他所学的不仅对官职有用，而恰巧是他所学的知识体系，即包括艺术的也包括道德的，其本身是有价值的，对考试，展示美学上的才能来讲非常有用，但对实际的执行就不是这样了。官僚机构及其掌握的非专业高级文化之间的密切联系，在现代西方的压力以及随之而来的中国民族主义之下崩溃了。

随着中华民族取代中华文化成为中国人民忠于的中心，[96]变革的呼声日益高涨，最终要求取消科举考试制度。士大夫全盛时期，"君子不器"的教育神圣不可侵犯，它越来越多地遭到批评，到19世纪末期，这种教育被认为太过文学化——没有能够赋予官员们用于国防的专业的、有用的知识。[97]中国在变革，从一个官僚文化盛行的世界变成一个需要对其官僚机构的教育目的进行改变的国家。它意味着"美学价值"和儒家"高尚之人"的自信的结束，这与清教徒—资本家—"专业的"是相对立的（就像韦伯所看到的）。[98]

在现代西方工业主义（以及那些相伴的观念——科学、进步、商业和实用——在明朝文人文化中，我们发现这些观念是不受尊重的）对中国社会和中国人意识的压力下，科举考试中的形式主义被摧毁了，科举考试所支持的文人理想也破灭了。但客观上，这种非难开始之时，科举考试与明代与清代早期一样注意形式，"八股文"在今人看来如此丑陋，但当时却非常完善并有许多规定。思想变了，不再是以前的思想，士大夫的精神也消逝了。 [341]

只有那时（几乎，只有现在），学者——官员强调文人绘画和文人文章的形式，强调风格的细致，而忽视内容。直到现代西方指责中国，攻击君子—文人—官员的地位，他们设计了艺术表现的形式，就像确定税收和租金的比率一样——直到那时“士大夫”的观念才转变成了类似今天的“专家”，曾经对传统主义者和古典主义者极为珍贵的东西对充满科学和变革的新世界的青年人来说似乎都极为矫揉造作。

（张晓丽 译）

编者注：

1. 本文中的德文引语mehr gefühlt als gemessen,原书gefühlt误为gefüllt，承北京大学黄燎宇教授指出并代为翻译，谨此致谢。

2. 本文中的法文引语（塞尚语）承世界知识出版社钱苹编审代为补译，谨此致谢。

注　释
(Notes)

NOTES

NOTES TO THE INTELLECTUAL HISTORY OF CHINA

1. *K'o-hsueh yü jen-sheng-kuan* (Shanghai, 1923), Preface by Ch'en Tu-hsiu and Hu Shih.

2. Karl Mannheim, *Man and Society* (London, 1940), Parts IV and V ("Thought at the Level of Planning" and "Planning for Freedom"), pp. 147–381.

3. *Reconstruction in Philosophy* (New York: Mentor Books, 1950), p. 44.

4. See Herbert A. Hodges, *The Philosophy of Wilhelm Dilthey* (London, 1952).

5. The reference is to the central thesis of C. P. Fitzgerald's book, *Revolution in China* (New York: Praeger, 1952).

NOTES TO THE POLITICAL FUNCTION OF ASTRONOMY AND ASTRONOMERS IN HAN CHINA

1. Th. W. Danzel, *Magie und Geheimwissenschaft* (Stuttgart, 1924) and *Der magische Mench* (Potsdam, 1928).

2. K. A. Wittfogel, "Die Theorie der orientalischen Gesellschaft," *Zeitschrift für Sozialforschung*, VII (1938), 90–122. See also E. Erkes, *China und Europa* (Leipzig, 1947), pp. 11 ff., and J. Průšek, in *Archiv Orientalni*, XXII (1954), 1–2 ("Ce sont surtout des bésoins spéciaux de la société chinoise, comme la lutte contre les inondations et la sécheresse, la construction de digues de canaux, de voies de communication et de greniers publics ... qui ont provoqué la création d'un état centralisé puissant, administré par des fonctionnaires lettrés ...").

3. See H. Franke, "Das Begriffsfeld des Staatlichen im chinesischen Kulturbereich," *Saeculum*, IV, No. 2 (Munich, 1953), 231–39, and H. H. Dubs, "Chinese Imperial Designations," *Journal of the American Oriental Society*, LXV, No. 1 (1945), 26–33.

4. The definition of "despotism" used here and in earlier publications is not "one-man rule" (É. Balázs, in *Pacific Affairs*, XXVII, No. 1 [1954], 75) but "unlimited rule of an autocrat who does not feel himself bound by laws nor the consent of the ruled. Typical for the despot is that he rules by personal decrees, that he exercises the administration not by offices with responsibility of their own, but by persons (often favorites) who depend upon him, and that he relies less upon forces of tradition and upon the native elite than upon military power, often foreign mercenaries. By these points despotism differs from monarchy" (*Der Grosse Brockhaus* [16th ed.; Wiesbaden, 1953], III, 121). (My translation.)

5. K. A. Wittfogel, "Oriental Despotism," *Sociologus*, III, No. 2 (1953), 96–108, especially p. 97 ("A hydraulic economy was probably a prerequisite for the origin of Oriental despotism"). É. Balázs, too, seems to regard the Chinese emperors of the Ch'in and Han periods as despots (cf. *Études asiatiques*, Nos. 3/4 [1953], p. 163).

6. As Wittfogel ("Oriental Despotism," *op. cit.*, pp. 104–5), Balázs (*loc. cit.*, p. 163), and J. Průšek (*loc. cit.*) seem to assume. A clearly different position is taken by D. Bodde ("Authority and Law in Ancient China" in *Authority and Law in the*

Ancient Orient [Suppl. No. 17 to the *Journal of the American Oriental Society* (1954)], p. 54), who speaks of "benevolent paternalism" and of "government as the particular
394 preserve of a small ruling elite"

7. Cf. B. Sinogowitz, "Die Begriffe Reich, Macht und Herrschaft im byzantinischen Kulturbereich," *Saeculum*, IV, No. 4 (1953), 451 ff., and M. Hellman, "Staat und Recht in Altrussland," *Saeculum*, V, No. 1 (1954), 61 ff.

8. G. E. von Grunebaum, "Islamic Studies and Cultural Research" in G. E. von Grunebaum (ed.), *Studies in Islamic Cultural History* (American Anthropological Association Memoir No. 76 [Menasha, Wis., 1954]), pp. 5–6.

9. The following societies are selected, because they are sometimes grouped together as "Oriental societies."

10. A. Coomaraswami, *Spiritual Authority and Temporal Power in the Indian Theory of Government* (New Haven, Conn., 1942), pp. 12, 16, 69.

11. See *Bulletin of the Ramakrishna Mission Institute of Culture*, Vol. IV, No. 5 (1953), and H. Hoffmann, "Die Begriffe 'König' und 'Herrschaft' im indischen Kulturkreis," *Saeculum*, IV, No. 3 (1953), 334–39.

12. H. Frankfort, *Kingship and the Gods* (Chicago, 1948), p. 36, and J. A. Wilson, "Authority and Law in Ancient Egypt" in *Authority and Law in the Ancient Orient* (Suppl. No. 17 to the *Journal of the American Oriental Society* [1954]), p. 1.

13. Frankfort, *op. cit.*, p. 39.

14. *Ibid.*, p. 51

15. *Ibid.*, pp. 51–52. See also E. Lüddeckens in *Jahrbuch 1953*, *Akademie der Wissenschaften und der Literatur* (Wiesbaden, 1945), p. 182.

16. Frankfort, *op. cit.*, pp. 58–59.

17. *Ibid.*, p. 245.

18. *Ibid.*, p. 277.

19. *Ibid.*, pp. 252–54.

20. E. A. Speiser, "Authority and Law in Mesopotamia" in *Authority and Law in the Ancient Orient* (Suppl. No. 17 to the *Journal of the American Oriental Society* [1954]), p. 13.

21. *Ibid.*, p. 12.

22. We do not include a discussion of the Shang period here.

23. Wittfogel, "Oriental Despotism," *op. cit.*, p. 98.

24. K. Bünger, "Die Rechtsidee in der chinesischen Geschichte," *Saeculum*, III, No. 2 (1952), 198.

25. *Ibid.*, p. 203.

26. *Ibid.*, p. 199, n.

27. *Ibid.*, p. 209. Bünger points out that the legitimacy of succession of a new ruler or a new dynasty to the throne was regarded as extremely important by the Chinese from the Han period on. This is another sign of the importance which the law had in ancient China (*ibid.*, p. 214); it also indicates that a ruler felt bound by the law and could not arbitrarily create law.

28. This term seems to have been in use during the Han period (cf. *Hou-Han-shu*, chap. 112*a*, p. 3*a; Shui-ching-chu*, Vol. V, chap. 30, p. 67, quoting an event of the first century B.C.; *Shui-ching-chu*, Vol. VI, chap. 34, p. 18, referring to Sung Yü), while the term *t'ien-shen* seems to refer to uncanonic deities or non-Chinese deities (*Hou-Han-shu*, chap. 80, p. 1*b*, and chap. 119, p. 3*a;* commentary to *Hou-Han-shu*, chap. 117, p. 1*b*).

29. This term is, according to Karlgren, never used in Shang documents (B. Karlgren, *Yin and Chou in Chinese Bronzes* [Stockholm, 1936], p. 32). It was never an official term.

30. Such stories and legends were probably little believed by the scholars of the time; they served in the main to legitimize claims of clans and families to the accession to the throne (W. Eberhard, "Geschichte Chinas bis zum Ende der Han-Zeit," *Historia mundi*, II [Bern, 1954], 557–68). An interesting parallel is the stories of the deceased in the "Book of the Dead," *Odyssey* ii.

31. A number of examples, but by no means all, are enumerated and discussed by E. Erkes in "Der Chinese und das Tier," *Sinologica*, I (1948), 278–83. Professor Erkes' explanation differs from mine.

32. The tradition of the second century B.C. at least attributed similar ideas to K'ung-tzu, who was credited with the development of a theory of dynastic change. In general, cf. Ku Chieh-kang in Lo Ken-tse (ed.), *Ku-shih-pien* (Shanghai, 1938), II, 137.

33. See Tjan Tjoe Som, *Po Hu T'ung*, I (Leiden, 1949), 218. The *Shuo-wen* (chap. 12*b*, p. 1*a*), on the other hand, still expresses the older view that the holy mothers of antiquity "sensed" Heaven and got children by this; it is for this reason, the *Shuo-wen* says, the term "Son of Heaven" is used.

34. This may have already taken place in the fourth to third centuries B.C. In general, cf. Bodde, *op. cit.*, pp. 47–49.

35. References in W. Eberhard, *Beiträge zur kosmologischen Spekulation der Chinesen der Han-Zeit* (Berlin, 1933), p. 72.

36. *Han-shu*, chap. 99*b*, p. 3*a*.

37. Mentioned, e.g., in *Chuang-tzu*, chap. 10, p. 3 (R. Wilhelm trans., p. 70), and in *Lü Pu-wei*, chap. 19, p. 5 (R. Wilhelm trans., p. 333).

38. Found in Korea; see *Museum Exhibits Illustrated*, Vol. VIII (1936). In Tun-huang documents, however, other forms, such as finger marks, were preferred.

39. Parallels to this concept are still alive among China's neighbors (cf. L. Schram, "The Mongours of the Kansu-Tibetan Frontier," *Transactions of the American Philosophical Society*, N.S., XLIV, No. 1 [1954], 48, and Rintchen in *Acta orientalia*, III, No. 1 [Budapest, 1953], 25). It is of great importance for our problem that during the T'ang period imperial princes, empresses, and imperial concubines, as well as high officials, used seals of offices, not personal seals (Noboru Niida, *The Critical Study on Legal Documents of the T'ang and Sung Eras* [Tokyo, 1937], pp. 79–80). Seals were also used against evil spirits and prevented them from doing harm to men. For the *Hou-Han* period, see J. J. M. de Groot, *The Religious System of China* (Leiden, 1892–1921), VI, 1048.

40. Described in *Han-shu*, chap. 98, p. 7*a*–*b*.

41. A general history of the imperial seal is given in *Yü-chih-t'ang T'an-wei* (*Pi-chi hsiao-shuo ta-kuan* ed.) (Shanghai, n.d.), compiled by Hsü Ying-ch'iu in the sixteenth century, chap. 27, p. 16*b*. See also *T'ien-hsia Monthly*, X (1940), 9–22. On Han seals see also *Nen-chen-tzu*, chap. 3, p. 3*a*–*b*. A case of forgery, the earliest known to me, is reported in *Hou-Han-shu*, chap. 78, p. 7*a*. This report is similar to the report in the *Neng kai-chai man-lu*, chap. 3, p. 5*b*, a Sung text, which clearly describes the seal as the symbol of the legitimacy of the dynasty because it is used in sacrifices which the emperor has to perform. It is significant that the first seal was made by the "First Emperor" (Shih-huang-ti). This seal was lost in the early fourth century A.D.; the Sui made a new one which was lost by the Hou-T'ang

rulers of the tenth century; the Sung seal was made by the Hou-Chou ruler. In al cases a dynasty with clear imperial aspirations created the new seal.

396 42. The last act before this ceremony is often the investment with the "nine bestowals" (*chiu-hsi*). It is interesting that these bestowals have great similarity to the privileges of the Tarkhan among Turkish and other Central Asian nations (enumerated in Han Ju-lin, "Le Titre official darhan de l'époque mongole," *Studia Serica*, I [1940], 171). The Title Tarkhan occurs for the first time among the Juan-juan (*Yü-kung*, VII, No. 8 [1937], 86–88, but it is possible that earlier references, from A.D. 300 on, are hidden behind names of non-Chinese from Central Asia. The nine bestowals seem to be mentioned from the Han period on. They played an important role for the first time in connection with Wang Mang (*Han-shu*, chap. 99*a* [H. O. H. Stange trans., pp. 71–73]).

43. We consciously ignore here some passages in Mo Ti and other early writers, in which a kind of "selection" of the worthiest is mentioned for the beginning of an organized state and society. These passages would seem to belong to "sociological theory" only.

44. Speiser, *op. cit.*, p. 8.

45. On the role of astronomy see H. Bielenstein, *The Restoration of the Han Dynasty* (Stockholm, 1953), pp. 150, 156.

46. Cf. H. Reichenbach, *The Rise of Scientific Philosophy* (Berkeley, 1951), pp. 32 ff.

47. A general discussion of this problem and its history in the West is given by B. Sticker, "Weltzeitalter und astronomische Perioden," *Saeculum*, IV (1953), 241–49.

48. Modern scientific philosophy has begun to pay more attention to this phenomenon on the basis of new discoveries (see Reichenbach, *op. cit.*, chap. 16).

49. Eberhard, *Beiträge zur kosmologischen Spekulation*.

50. In "An Interpretation of the Portents in the Ts'ien Han Shu," *Bulletin of the Museum of Far Eastern Antiquities*, XXII (1950), 133.

51. This analysis was done for me by Professor Duncan McRae, to whom I want to express my gratitude.

52. Lo Chen-ying, *Une famille d'historiens* (Paris, 1931), p. 43 ff., and H. H. Dubs in *Isis*, No. 111/112 (1947), p. 63.

53. O. Franke, *Geschichte des chinesischen Reiches* (Berlin, 1930), I, 308–9.

54. For detailed analysis see Eberhard, *Beiträge zur kosmologischen Spekulation*.

55. Cf. W. Eberhard, "Beiträge zur Astronomie der Han-Zeit," *Sitzungsberichte der Preussischen Akademie der Wissenschaften, phil.-hist. Kl.*, 1933, Part II, pp. 22–45; and "Neuere Chinesische und Japanische Arbeiten zur altchinesischen Astronomie," *Asia Major*, IX (1933), 601 ff.

56. See further Ku Chieh-kang, "Wu-tê chung-shih-shuo-hsia-ti chêng-chih ho li-shih," *Tsing Hua Journal*, VI, No. 1 (1930), 191–208. Already *Hou-Han-shu* (chap. 66, pp. 4*a*–7*a*) remarks that the *Tso-chuan* is in agreement with the apocryphal texts. These texts are typical for the first century B.C. and the early first century A.D. See also Bielenstein, *Restoration*, p. 156.

57. E.g., the first phenomenon recorded under Emperor Chao in *Han-shu*, chap. 26.

58. E.g., Sui Meng in 78 B.C.; see *Han-shu*, chap. 75, p. 546*c*–*b*, and many other cases.

59. "Historians" means not the chairman of the final editing committee or the

final editors but all their predecessors, beginning with the man who made the first rearrangement of the data recorded by the archivist.

60. See Eberhard, "Astronomie," *op. cit.*, Part II, pp. 36 and 39. It might be remarked here that a correct understanding of the *Shih-chi* and the *Han-shu* can be reached only when the connections of both books with the *Ch'un-ch'iu* are recognized. In Han times the *Ch'un-ch'iu* was (*a*) a book which contained a collection of precedents of political behavior (*Han-shu*, chap. 78, p. 4*a*, and chap. 76, p. 6*b*), and (*b*) a collection of abnormal phenomena and their relations to human political action (*Han-shu*, chap. 75, p. 7*a;* chap. 62, pp. 3*b* and 4*a;* chap. 81, p. 7*a;* chap. 97*b*, p. 2*b;* chap. 21*a*, p. 8*b*). In Han times it was generally known (see *Han-shu*, chap. 62, p. 5*a*) that the *Shih-chi* came to an end with the capture of a *ch'i-lin*, exactly as the *Ch'un-ch'iu* had come to an end centuries earlier. Behind both appearances of the *ch'i-lin* lie astronomical speculations (see W. Eberhard, "Contributions to the Astronomy of the Han Period III. Astronomy of the Later Han Period," *Harvard Journal of Asiatic Studies*, I [1936], 229–30). The structure and diction of the *Shih-chi* and *Han-shu* were deeply influenced by the *Ch'un-ch'iu;* this influence was strongest in the annalistic parts of both books.

61. On the office which discussed the advisability of political action see Yen Keng-wang in *Ta-lu Tsa-chih*, IV, No. 8 (1952), 1*b*.

62. The office proposing political action (*ibid.*). We do not discuss here *when* the Han system was changed.

63. These parts have been translated and analyzed in my "Astronomie," *op. cit.* Please refer to this publication for all details, including details of individual phenomena.

64. Although it might seem logical to bring together a sufficient number of such casually linked portent-events and develop standards by which safe inferences might be made when the link is not explicit, the great imprecision of the "explanations" does not warrant such a procedure. If the link is not explicit, we can only "guess."

65. In some of the official histories, such as the *Chiu Wu-tai Shih*, the annals (*pen-chi*) are indeed not much more than lists of promotions or demotions of officials and lists of other court activities. The *pen-chi* of Han times could perhaps be regarded as collections about important activities of the ruler, to be used as guides for political behavior based on ethical principles. The posthumous name of each ruler, such as "the warlike Emperor" or "the peace-loving Emperor," given to him after his death and upon evaluation of all his actions, would then serve as a "caption" to help those who might want guides for behavior in special situations. Here we see another system of checks upon the ruler: How will posterity paint his picture? How will he stand in history? We do not discuss this system of checks here but want to point out that this same consideration still motivates many contemporary rulers.

66. The fact that the "biography" of Emperor Wu was compiled from data to be found in other parts of the *Shi-chi*, mainly the chapter on the *Feng* and *Shan* sacrifices, does not alter this. Other rulers of the Earlier Han dynasty, for whom we have *pen-chi* in the *Shih-chi* and *Han-shu*, show similarly different character traits, although less explicitly. A comparison, from this point of view, of those annals for which we have an older and a later official history (*T'ang-shu*, etc.) might prove interesting.

67. O. Franke, *Studien zur Geschichte des konfuzianischen Dogmas* (Hamburg, 1920).

68. Cf. Eberhard, "Astronomie," *op. cit.*, Part II, p. 39, where one such case is discussed. Bielenstein (*Restoration*, p. 159 ff.) has not taken into account that the
398 increase in portents under Emperor Ch'eng and his successors was regarded by the historians as a bad sign for the Han, but actually most of the portents were at the same time lucky omens for Wang Mang. It is only logical that the omens should decrease when Wang actually came into power (from A.D. 6). Like Emperor Kao of the Han, Wang Mang had omens before his accession, but after the accession both rulers were given a "chance." The omens against Wang Mang, i.e., the omens in favor of the coming dynasty of the Later Han, begin only toward the end of his government. The relatively low number of portents in the early part of Wang Mang's regime compared to the high number before his accession, therefore, does not mean that the last Han rulers were extremely bad and the beginning of Wang Mang's rule was very beneficial.

69. They are connected with periods of discussion about a change of basic dynastic symbols and can be regarded as signs initiating a "new beginning."

70. A list of recorded and calculated eclipses is published in Eberhard, "Astronomie," *op. cit.*, pp. 88–89; a similar list was later prepared by H. H. Dubs, *History of the Former Han Dynasty*, Vols. I, II (Baltimore, 1933–44), appendixes. Bielenstein has used Dubs's list.

71. This invalidates argument 3 of Bielenstein in "An Interpretation of the Portents in the Ts'ien Han Shu," *op. cit.*, p. 143. If it were possible to use modern science to check upon the other reported portents, the number of "falsifications" would certainly be much higher.

72. *Han-shu*, chap. 9, p. 312*a*, as one example out of many.

73. Ching Fang was already dead at this time and is quoted from his writings.

74. And in such cases it becomes questionable to assume that the phenomenon itself was reported to the emperor; he certainly would have asked the reporter for an explanation.

75. *Han-shu*, chap. 27*a*, p. 405*d*.

76. *Ibid.*, chap. 36, p. 451.

77. *Ibid.*, chap. 9, p. 312*c*.

78. *Ibid.*, chap. 4, p. 301*a*.

79. *Ibid.*, chap. 36, p. 450*c–d*.

80. Even if, in cases like the one discussed above, the different explanations offered for the same event may have been dictated by political considerations only, it is often clear that different schools had different techniques of explanation—but these schools at the same time also represented different political constellations. In this field, further work can be done.

81. In the Sumerian world-view, too, a clear cause-effect relationship seems not to have existed; Speiser (*op. cit.*, p. 10) therefore states that "divine and human societies interfused," asserting that cause and effect could work both ways.

82. *Han-shu*, chap. 4, p. 301*a–b*.

83. The assumption of Bielenstein (*Restoration*, pp. 150 ff.) that a very large flood had occurred as a result of a change in the course of the Yellow River between A.D. 2 and 6 but was not recorded because at that time no one wanted to criticize the emperor, young Emperor P'ing, seems, therefore, to be very bold. There are a number of portents reported in these years, all of them of little real importance if compared with a catastrophe which, if it occurred, would have killed and dislocated millions of persons. On the other hand, we know of examples from later

periods that certain events on which the court historians had data were omitted in the later compilations of the history because the chancellor objected to reporting "a national shame" (*Chiang-lin chi tsa-chih*, chap. 1, p. 6*a*, for the Sung period).

84. Wang Mou, who in his *Yeh-k'o ts'ung-shu*, chap. 4, p. 1*a* discusses this, disagrees with Chang Fu.

85. Analyzed in Eberhard, "Astronomie," *op. cit.*

86. Some materials on popular calendars are collected in W. Eberhard, *Lokalkulturen im alten China* (2 vols.; Leiden and Peking, 1943).

87. Fragments of Han calendars have been published in Lao Kan, *Chü-yen Han-chien k'ao-shih* (4 vols.; Nanking: Academia Sinica, 1948), and in Bruno Schindler "Preliminary Account of the Work of Henri Maspero concerning the Chinese Documents on Wood and Paper Discovered by Sir Aurel Stein on His Third Expedition in Central Asia," *Asia Major*, N.S., I (1950), 222. We have fragments of popular calendar books from 760 (Lionel Giles, "Dated Chinese Manuscripts in the Stein Collection," *Bulletin of the School of Oriental and African Studies*, IX [1937], 15; text S. 3824), 877 (*ibid.*, p. 1033; text p. 6), 882 (*ibid.*, pp. 1036–37; text p. 10), 926 (Liu Fu, *Tun-huang To-so* [3 vols.; Nanking, 1931–34], 88/3247), 945 (Giles, *op. cit.*, X, 343; text S. 560), 956 (*ibid.*, XI, 154; text S. 95), 978 (*ibid.*, p. 162; text S. 612), 982 (*ibid.*, p. 166; text S. 1473), and 986 (Liu Fu, *op. cit.*, 89/3403).

88. Similar to our "nautical almanacs," the Chinese in later periods had a book containing the basic tables from which to calculate the details for the popular calendars without the necessity for taking actual observations. The name of this book was *Po-chung-ching* (*Cho-keng-lu*, chap. 29, pp. 13*b*–15*b*). In the late T'ang period an "Indian" calendar, the "Calendar of the Seven Luminous Stars" ("Ch'i-yao Li"), was introduced and used unofficially among the people until the middle of the tenth century (*K'un-hsüeh Chi-wen*, chap. 9, p. 10*a*). The name indicates without doubt that this calendar was influenced by Mazdaist speculations. It may, therefore, have been a solar calendar, practical for farmers.

89. Ku Chieh-kang, "Wu-tê chung-shih-shuo-hsia-ti chêng-chih ho li-shih," *op. cit.*, pp. 104–5.

90. *Ibid.*

91. All details have been discussed in my *Beiträge zur kosmologischen Spekulation.*

92. See W. Eberhard and R. Müller, "Contributions to the Astronomy of the San Kuo Period," *Monumenta Serica*, II (1936), 156.

93. We agree here fully with J. Needham, *Science and Civilization in China* (Cambridge, 1954), I, 9.

94. These books are mentioned in *Hou-Han-shu*, chap. 45, p. 1*a;* chap. 45, p. 4*a;* chap. 53, p. 2*a;* chap. 58, pp. 1*a*–3*a;* chap. 59, p. 5*b;* chap. 60*a*, pp. 1*a*–2*a;* chap. 78, p. 3*a;* chap. 84, p. 7*b;* chap 87, p. 6*b;* chap. 87, p. 7*b;* chap. 60*b*, pp. 4*b* and 10*b;* chap. 66, p. 2*b;* chap. 65, pp. 2*a* and 4*ab;* chap. 83, p. 4*b;* chap. 84, p. 9*b;* chap. 87, p. 6*a;* chap. 89, pp. 5*b*–6*a;* chap. 109*a*, p. 3*a;* chap. 109*b*, p. 2*b*.

95. Details on this school are in my article in *Harvard Journal of Asiatic Studies*, I (1936), 227 ff.; in Eberhard and Müller, "Contributions to the Astronomy of the San Kuo Period," *op. cit.*, pp. 149–64; and especially in my "Sinologische Bemerkungen zu den Türkischen Kalenderfragmenten," in G. R. Rachmati (ed.), *Türkische Turfan-Texte* (Berlin, 1936), VII, 83–99; and *Lokalkulturen im alten China* (Peking, 1943), II, 438–39.

96. The books were officially prohibited in A.D. 267 (*Chin-shu*, chap. 3, p. 1084*a*). This, of course, refers only to that sector of this "science" which publicly was known
400 in the Later Han times.

97. Cf. E. Rousselle, "Konfuzius und das archaische Weltbild der chinesischen Fruhzeit," *Saeculum*, V (1954), 5.

98. Eberhard, *Beiträge zur kosmologischen Spekulation*.

NOTES TO THE FORMATION OF SUI IDEOLOGY, 581–604

ABBREVIATIONS.—References to the "Dynastic Histories" are to the photolithographic edition of the T'ung-wen Shu-chü, 1884.

HKSC	The *Hsü Kao-seng Chuan*, by Tao-hsüan, completed shortly after 645. *Taisho*, Vol. 50, pp. 425–707.
KHMC	*Kuang Hung-ming Chi*, also by Tao-hsüan. *Taisho*, Vol. 52.
LTSPC	*Li-tai San-pao Chi*, by Fei Ch'ang-fang, who was an ex-monk, returned to lay life by the Northern Chou persecution of Buddhism. Completed 597. *Taisho*, Vol. 49, pp. 22–127.
PCL	*Pien-cheng Lun*, by Fa-lin (572–640). *Taisho*, Vol. 52.
SS	*Sui-shu*, compiled between 629 and 644 by an imperial commission headed by Wei Cheng.
T	*Taisho Shinshū Daizōkyō* (55 vols.; Tokyo, 1924–29).
TC	*Tzu-chih t'ung-chien*, with Hu San-hsing's commentary, punctuation by Yamana Zenjō (Tokyo, 1882).

I am grateful to the Guggenheim Foundation, which made possible the year of research during which the draft of this paper was written. I am deeply indebted to the hospitality and learned assistance of Professors Miyakawa Hisayuki, Tsukamoto Zenryū, and Yamazaki Hiroshi. I have profited, in my revision, by the criticism of my conference colleagues and by the comments of Professor Étienne Balázs.

1. Cf. Étienne Balázs, "Le Traité économique du 'Souei-chou,'" *T'oung Pao*, XLII (1953), 2–4 (hereinafter cited as "Balázs"). This brilliant study of the institutional and social background of the Sui unification is the most important Western language work on the period.

2. The testimony of the Japanese monk-pilgrim Ennin significantly alters the picture of the great Buddhist persecution of 845 as given by the dynastic histories (cf. Arthur Waley, *The Real Tripitaka* [New York, 1952], pp. 154–59). Yet for a full understanding of the impact of this measure on communities all over China, one should take account of local histories, inscriptions, and Buddhist chronicles.

3. Ideology, in the sense in which I shall use it, means the sum of assertions, in words or in ritual-symbolic acts, of ideas and principles intended to sanction and justify power and elicit the consent or support of various social groups. An ideological measure means a single assertion with such an intent.

4. My friend, Shunsuke Tsurumi, observes that the working principles of American advertising resemble the Chinese view of symbols. The belief in the potency of certain compact reiterated symbols to produce—directly and immediately—certain desired behavior is shared by both. There is surely a similarity between the point of view of one who fills an office with signs reading "Think," in the expectation of

inducing this process, and the Chinese householder who has the character *hsiao* displayed in every room, in the hope that it will produce filial behavior.

5. Cf. Étienne Balázs, "Entre révolte nihiliste et évasion mystique," *Études asiatiques*, Nos. 1/2 (1948), pp. 39 and *passim*.

6. In current academic usage the words "Confucian" and "Confucianism" are employed with so many different meanings that a major effort to specify and clarify the variant meanings is now urgently necessary.

7. See Arthur Waley's essay on the fall of North China to the Huns in *History Today* (London, 1952). This is particularly valuable because it makes use of the third-party, privately directed observations of the Sogdian merchants whose letters have been reconstructed.

8. For simplicity I shall use the word "South" for the area south of the Yangtze; this was the term which northerners and southerners at the time used to refer to the regimes centered at Nanking. Of course, in terms of China's present geography, the area referred to is Central China.

9. Cf. *Chin-shu Chiao-chu* (Peiping, 1928), chap. 105, pp. 8*b*–9, text and commentary.

10. SS, chap. 24, p. 2; Balázs, p. 131 and n. 21.

11. Cf. W. Eberhard, *Das Toba-Reich Nordchinas* (Leiden, 1949), p. 73. The ethnic origins of the Yang family are not established beyond doubt.

12. SS, chap. 1, p. 1; TC, chap. 117, p. 1; P. Boodberg, "Marginalia to the Histories of the Northern Dynasties," *Harvard Journal of Asiatic Studies*, IV (1939), 253–70 (hereinafter cited as "Boodberg").

13. SS, chap. 1, p. 1*b*. The temple, in 584, became one of the officially supported *Ta-Hsing-kuo Ssu*. Cf. HKSC, chap. p. 26, 667*c;* PCL, chap. 3, p. 508*c*.

14. HKSC, chap. 26, p. 667*c*. This account adds certain further facts as well as considerable pious embroidery. It states that Chih-hsien was born in the Liu family of P'u-fan (southern Shensi) and that she became a specialist in meditation. Instances of her wonderful clairvoyance are not greatly different from those of people of other persuasions who claimed to have predicted a man's rise to the imperial position. But the fact that Yang Chien was brought up under Buddhist influence is not disputed. That the nun's supervision continued until he was 13 *sui* is also attested by the *Sui K'ai-huang Ch'i-chü Chu*—an official compilation which the court chronicler Wang Shao wrote under imperial orders. The relevant passage is quoted in Tao-hsuan's (596–667) *Chi Ku-chin Fo-tao Lun-heng*, chap. 2; T, chap. 52, p. 379*a*. The *Ch'i-chü Chu*, originally in 60 *chüan*, had disappeared by the time of the writing of the *Hsin-T'ang-shu*, save for 6 *chüan* covering the first year of K'ai-huang. Cf. *Sui-shu ching-chi-chih k'ao-cheng* (hereinafter cited as "SCKC"), chap. 15, p. 264*b*. I am inclined to rule out the possibility that the eminent Buddhist cleric Tao-hsuan doctored or fabricated this quotation from a work which was probably known to many of his contemporaries.

15. *Ch'i-chü Chu*, *loc. cit.*, and HKSC, chap. 26, p. 667*c*.

16. *Ibid.* This incident is to be viewed with skepticism but is perhaps not to be altogether ruled out.

17. SS, chap. 1, p. 1*b*.

18. *Ibid.*

19. Cf. the references to his governorship (*tz'u-shih*) in northwestern Anhwei (*ibid.*, chap. 69, p. 4*b*).

20. *Ibid.*, chap. 36, pp. 4–6; PS, chap. 61, p. 8. The empress' mother was Chinese, née Ts'ui (*Pei-shih*, chap. 61, p. 9). On the important Tu-ku clan of the Toba cf.

Eberhard, *op. cit.*, pp. 323–24. Eberhard suggests (p. 324) that this family was descended from the ruling house of the Hsiung-nu. On the powerful Chinese gentry family of Ts'ui cf. *ibid.*, pp. 66–68.

21. On the contrast between northern and southern women cf. *Yen-shih Chia-hsün*, chap. 1, p. 18, and Moriya Mitsuo, "Nanjin to Hokujin" ("Northerners and Southerners"), *Tōa Ronsō*, VI (1948), 54 and *passim*.

22. SS, chap. 36, p. 5*b*.

23. *Ibid.*, p. 5.

24. *Ibid.*, p. 4*b*.

25. *Ibid.*, p. 5.

26. *Ibid.*, chap. 41, p. 4*b*.

27. She received the vows from Fa-shen, one of the monks favored by the imperial house (cf. HKSC, chap. 18, p. 575*b*–*c*). Her participation in the munificent imperial donations to Buddhism is recorded in the edict of January 5, 594 (eighth day, twelfth moon, K'ai-huang 13) (cf. LTSPC, chap. 12, p. 108*b*).

28. SS, chap. 69, p. 5; Boodberg, p. 268, n. 179.

29. *Pien-cheng Lun*, by Fa-lin (572–640), *Taisho* 52, chap. 3, p. 509*a* (hereinafter cited as "PCL"); HKSC, chap. 30, p. 701*b–c;* the life of Fa-ch'eng recounts his participation in the daily sutra readings at the palace; it also remarks that the auditors took advantage of breaks in the readings to ask questions on the meaning of the sutra. For another monk's participation cf. HKSC, chap. 18, p. 572*c*. Cf. also *Ta T'ang Nei-tien Lu*, chap. 5; T, chap. 55, p. 279*c*. These texts are discussed in Yamazaki Hiroshi, *Shina Chūsei Bakkyō no tenkai* ("The Development of Medieval Chinese Buddhism") (hereinafter cited as "Yamazaki, *Chūsei*") (Tokyo, 1942), pp. 283–96. They are all written by Buddhist authors, and there is no doubt that they invariably make the most of manifestations of imperial piety. But the variety of references to these palace observances and the wealth of circumstantial detail argue for the credibility of these accounts. Further the Confucian historians do *not* record—as they do for other successful rulers—that he enjoyed reading or discussing the Chinese classics and histories; rather they repeatedly mention his lack of taste and learning in the Confucian tradition.

30. Yamazaki, *Chūsei*, pp. 291–94, discusses the Buddhist affiliations of the imperial princes. All five of the sons had such affiliations, but this does not mean that they were devout believers. Their heavy-handed parents demanded such observances. However, Chün, prince of Ch'in (571–600) asked his father for permission to become a monk and was (as he had expected?) refused (SS, chap. 45, p. 11*b*). According to TC, chap. 178, this occurred in 597.

31. The most concise statement of Wen-ti's attitude is found in SS, chap. 36, p. 30: "Kao-tsu was a steadfast believer in Buddhism and was contemptuous of the Taoist adepts." J. Ware, "The Wei-shu and the Sui-shu on Taoism," *Journal of the America Oriental Society*, LIII (1933), 249, misses the meaning of this passage.

32. Boodberg, pp. 255–56. Boodberg's account of the fast-moving complex events and the crises of Yang Chien's route to supreme power make Chao I's observation that Yang Chien's rise was of unprecedented ease seem fatuous. Cf. also Yamazaki's discussion of this (*Chūsei*, p. 274).

33. Boodberg, p. 255.

34. *Ibid.*, pp. 258–59. The sequence of these two events follows TC, chap. 174, pp. 2*b*–3.

35. Cf. Boodberg, p. 260 and n. 133. TC (chap. 174, p. 5) and SS (chap. 36, p. 4)

(different wording) both attribute this to his wife. SS (chap. 78, p. 4) has him using the saying in a consultation with the diviner Yü Chi-ts'ai. It would hardly be surprising, from what we know of their relationship, if Yang Chien was, in the second instance, quoting his wife.

36. Boodberg, p. 262. On Kao Chiung's role see below.

37. *Ibid.*, p. 264. The child ex-emperor of Chou died, presumably murdered, on July 10, 581.

38. *Ibid.*, pp. 264–65.

39. For a good statement of his views cf. TC, chap. 175, p. 5–5*b*. The empress also favored such a policy (cf. SS, chap. 36, p. 5).

40. Balázs (p. 222, n. 159) takes the view that Su Wei was the third most important counselor of Wen-ti, after Kao Chiung and Yang Su. My present impression is that Yang Su is more important as an executor of policy than as a formulator, but this view may well be modified through further research. Professor Yamazaki, in a conversation of May 6, 1954, expressed the view that Su Wei was the dominant figure of Sui officialdom. Yet about 592 Yang Su regarded him as *mieh-ju*, a non-entity (cf. TC, chap. 178, p. 2).

41. Eberhard (*op. cit.*, pp. 45–46) gives the history of two branches of the powerful Kao family which had become rich as colonists in Korea and served as high court officials in the Northern Wei.

42. Kao Chiung's biography (SS, chap. 41, pp. 1–6*b*). It was probably at the time of the order for Chinese to take Hsien-pi surnames, in 549, that Tu-ku Hsin allowed the Kaos to take his name. Wen-ti called Kao Chiung "Tu-ku." Was this to suggest their kinship by marriage and adoption through the empress? After her father's death in 557, the future empress was in the care of Kao Chiung's father (cf. *ibid.*, p. 1).

43. *Ibid.*, p. 6*b*.

44. Balázs, p. 155.

45. Cf. *T'ung-tien*, chap. 7, p. 42, and Kanai Yukitada, *Zui no Kōkei no saijutsu to Tsūden no shokkaten* ("Kao Chiung's Statecraft and the Section on Economics of the *T'ung-tien*"), *Bunka*, Vol. III (1937).

46. On Su Ch'o, cf. Balázs, pp. 281–302, and Chauncey Goodrich, *Biography of Su-ch'o* (Berkeley, 1953).

47. The Six Articles are translated by Balázs, pp. 284–302, and by Goodrich, *op. cit.*, pp. 16–36.

48. On Kao Chiung's relation to Su Ch'o cf. Kanai, *op. cit.*, p. 424. Kanai's argument, especially on the influence of Su Ch'o on Kao's economic policies, is persuasive, but further study of the sources is necessary. Kanai maintains that Kao Chiung's repeated efforts to resign his posts in favor of Su Wei reflected Kao's reverence for Su Wei's father.

49. Cf. Balázs, *Le Traité juridique du "Souei-chou"* (Paris, 1954), *passim*.

50. SS, chap. 75, p. 2*b*.

51. *Ibid.*, chap. 41, p. 4*b*.

52. Cf. HKSC, chap. 16, pp. 559*c*–560*b*: chap. 10, p. 505*b*–*c*: chap. 18, p. 573*a*. Wei Shu's (d. 757) *Liang-ching Hsin-chi* (p. 15) records Kao Chiung's donation of a residence which became the *Hua-tu ssu* (and p. 16) his wife's building of a nunnery on the site of her family's mansions. Collected fragments of this work are found in *Yüeh-ya-t'ang Ts'ung-shu*, Part II, Sec. 12. Yamazaki (*Chūsei*, pp. 295–96) discusses the Buddhist activities of leading Sui statesmen.

53. SS, chap. 41, pp. 7–13.

54. *Ibid.*, p. 7*b;* TC, chap. 175, p. 4.

55. TC, chap. 175, p. 4*b*.

56. *Ibid.*, p. 6*b*. Cf. also Balázs, *Traité juridique*, pp. 160–61.

57. Cf. *Pei-shih*, chap. 63, p. 18*b*. This is the only source that mentions the offensive phrasing. The text and the precise content of the "five teachings" are unknown. I am inclined to believe that they were some form of restatement of the five traditional Confucian norms of behavior and that it was the insulting phrasing and the forced memorization which enraged the southerners. It is interesting to note that Su Ch'o had forced all Northern Chou officials to memorize his Six Articles on pain of dismissal (cf. Balázs, p. 283). When the southerners disemboweled Sui officials, they said to their victims, "The better to memorize the five teachings" (*Pei-shih*, chap. 63, p. 18*b*, and TC, chap. 177, p. 15–15*b*).

58. He enjoyed retiring to a mountain temple to read (SS, chap. 41, p. 7). He is said to have received religious instruction in his leisure hours (cf. HKSC, chap. 18, p. 573*a*). Su Wei's *tzu* was Wu-wei (Sanskrit "abhaya"), a Buddhist epithet meaning "dauntless." Su Ch'o had written a *Fo-hsing Lun* in collaboration with the monk Ming-tsang. For a guess as to its contents, cf. *Sui-shu Ching-chi-chih Pu* (*Erh-shih-wu Shih Pu-pien* ["Supplements to the Twenty-five Histories"], Vol. 4), chap. 2, p. 9b.

59. The data on Wen-ti's behavior are sufficient for systematic psychological analysis, but the situation at present is that the historian lacks the skill and the psychologist lacks the interest to attempt such a study.

60. Boodberg's suggestion (p. 266) that the Turco-Mongol custom of gerontoctony influenced Wen'ti's relations with his sons has still to be followed up.

61. Cf. the memorial relating dynastic and social decay to literary refinement (SS, chap. 63, pp. 2–3). Wen-ti had this promulgated throughout the empire (TC, chap. 176, p. 2). Note the similar views held by Su Ch'o and his royal master (Balázs, p. 284; Goodrich, *op. cit.*, pp. 7, 36, 44). When the educated Confucian official Li Te-lin protested Wen-ti's plan to liquidate the Northern Chou princes, the emperor, enraged, called him a "bookworm" (*Shu-sheng*), and thereafter Li was not promoted (TC, chap. 175, p. 3).

62. Wen-ti was morbidly fearful of the withdrawal of Heaven's favor, but he was also sensitive about his public reputation. When, after their estrangement, he was advised to execute Kao Chiung, he recalled his recent executions of other high officials and said, "If, on the top of these, I execute Chiung, what will the empire say of me?" (SS, chap. 41, p. 5*b*).

63. Boodberg, p. 266.

64. SS, chap. 69, p. 8*b*. TC (chap. 178, pp. 6*b*–7*a*) adds that it included a fortunate interpretation of the names of the Yang family. The SS describes Wang Shao's interpretation of these symbols but does not say that this went into the book. I am not certain what the "texts" of the *Lo-shu* and *Ho-t'u* may have been at this time.

65. SS, chap. 69, p. 8*b*.

66. Cf. *Han-shu*, chaps. 99*B* and 100*A*. Pan Piao, the great historian, was ordered to compile the work justifying Wang Mang's usurpation. The *Han-shu* accounts of this "classic" usurpation have been translated by Burton Watson and will appear in Columbia University's volume of readings in Chinese thought. Wen-ti was hyper-

sensitive to criticism that hinted at any resemblance between himself and Wang Mang (cf. TC, chap. 177, p. 14).

67. *Chou-shu*, chap. 5, p. 19*b;* J. J. M. De Groot, *Sectarianism and Religious Persecution in China* (Amsterdam, 1903), p. 35. Cf. also Tsukamoto Zenryū, "Hokushū no Haibutsu ni tsuite" ("On the Northern Chou Suppression of Buddhism"), Part I in *Tōhō Gaku-hō*, XVI (1948), 29–101. Part II appeared in *Tōhō Gaku-hō*, XVIII (1950), 78–111. "Hokushū no Shūkyō Haiki Seisaku no Hōkai" ("The Failure of the Northern Chou Policy for the Suppression of Religion") appeared in *Bukkyō Shigaku*, I (1949), 3–31. These important articles will be referred to by sequence as "Tsukamoto, *Pers*" I, II, or III.

68. Cf. *Li-tai Ch'ung-tao Chi; Tao-tsang, T'ung-hsüan Pu.*

69. Cf. *Liang-ching Hsin-chi.*

70. Described in Sung Min-ch'iu, *Ch'ang-an Chih*. Cf. Adachi Kiroku, *Chōan Shiseki no Kenkyū* (Tokyo, 1933), pp. 200–201. See also Yamazaki Hiroshi, "Tsūdōkan to Daikeizenji oyobi ni Gentokan" ("The T'ung-tao-kuan, the Ta-hsing-shan ssu and the Hsuan-tu kuan"), *Shigaku Zasshi*, Vol. LVII (1948).

71. Yamazaki, "Tsūdōkan . . . ," *op. cit.*

72. The branches of T'ung-tao kuan learning are not directly known. The inferences on which this is based are given in A. F. Wright, "Fu I and the Rejection of Buddhism," *Journal of the History of Ideas*, XII [1951], p. 38. Tsukamoto (*Pers* II, p. 103) sees it as a device to pacify Taoist and Buddhist believers by the token preservation, under official auspices, of some of the traditions of the two faiths.

73. Cf. TC, chap. 176, p. 1–1*b* (year 581), and Yabuuchi Kiyoshi, *Zuitō Rekihō no Kenkyū* ("A Study of the Sui-T'ang Calendar") (Tokyo, 1944), p. 8. The Taoists' virtual monopoly of calendar-making in the period of disunion is well known. Cf. Yü Hsun, "Tsao-ch'i Tao-chiao Cheng-chih Hsin-nien" ("Political Beliefs of Early Taoism"), *Fu-jen Hsueh-chih*, X (1942), 133–36.

74. Cf. Tokiwa Daijo, *Bukkyō to Jūkyō Dōkyō* ("Buddhism, Confucianism, and Taoism") (Tokyo, 1930), p. 617.

75. TC, chap. 175, pp. 4*b*–5.

76. SS, chap. 69, p. 7. Wang Shao maintains in one of his memorials presenting the prognostic rationalization of Sui power that the era-name coincides with that in the sacred Taoist work *Ling-pao Ching* (on which cf. Ware, *op. cit.*, p. 222). The Buddhists made a distinctly forced effort to show that the era-name symbolized the revival of Buddhism (cf. LTSPC, chap. 12, p. 102*a*).

77. This is the edict establishing Buddhist monasteries at the sacred mountains (see below). Text in LTSPC, chap. 12, p. 107*b;* PCL, chap. 3, p. 509*a–c*.

78. Cf. Ware, *op. cit.*, pp. 218–19. A thorough study of Taoist inscriptions from the period of disunion would be rewarding. Two inscriptions, of 587 and 592, reproduced in Omura Seigai, *Shina Bijutsushi Chōsōhen* ("History of Chinese Art: Sculpture") (Tokyo, 1915), pp. 419–20, are from votive images erected to Lao-tzu. They show a fusion of Lao-tzu devotion and the family cult which parallels the fusion found in so many Buddhist images.

79. Cf. Hsueh Tao-heng, "Lao-shih pei," and Introduction, *Ch'uan Sui-wen*, chap. 19, pp. 6–8*b*. Wang Shao made much of the fact that Yang Chien had once been governor of Hao-chou and reported a large number of miraculous occurrences at the Lao-tzu shrine which signified that Wen-ti's rise was a fulfilment of one of Lao-tzu's prophecies (cf. SS, chap. 69, p. 4–4*b*). This is paralleled on the Buddhist

side by solemn arguments that Wen-ti's rise is a fulfilment of one of Buddha's prophecies.

406 80. Cf. Tokiwa, *op. cit.*, pp. 511–15; Ware, *op. cit.*, p. 221.

81. SS, chap. 40, p. 8–8*b;* TC, chap. 176, p. 5*b* (583). In 598 Taoist adepts in Szechwan encouraged the subversive designs of Wen-ti's fourth son, Prince Hsiu, and this must have strengthened the emperor's antipathy toward the adepts (cf. SS, chap. 45, p. 16–16*b*, and *Fa-lin Pieh-chuan*, chap. 3; T, Vol. 50, p. 208*b*). This man's biography is rich in materials on Sui Taoism.

82. TC, chap. 178, p. 3 (593). I suspect that Fu I, serving a Sui prince as official diviner, had the use of such texts (cf. *Hsin T'ang-shu*, chap. 107, p. 1). It may have been to control the distribution of these texts as well as the activities of their interpreters that Taoist adepts had to receive official permission to practice their profession (cf. Wright, "Fu I . . . ," *op. cit.*, 39).

83. In 583 he made a progress to a Taoist temple, where he saw a painting on that popular theme of Taoist polemics, "Lao-tzu Converting the Barbarians"—a graphic representation of the argument that Buddha had been Lao-tzu's disciple. The emperor, it is said, was greatly astonished, ordered a discussion between Buddhist monks and Tsoist adepts, and appointed a committee of officials to investigate. From his general outlook and from his other actions, we may infer that he found for the Buddhist side of the argument. The influential cleric Yen-tsung presented the Buddhist case, "exposing the arrant heterodoxy of the Taoists" (cf. HKSC, chap. 2, pp. 436*c*–437*a*).

84. It is usually said that his official nomenclature marked a return to Han and San-kuo Wei precedents, but as in all other aspects of Sui institutions the real—as distinct from the avowed—derivations are far more complex.

85. SS, chap. 75, p. 2*b*.

86. TC, chap. 174, p. 14; Boodberg, p. 264.

87. TC, chap. 175, p. 1–1*b;* Boodberg, p. 264.

88. TC, chap. 175, p. 2–2*b;* SS, chap. 7, pp. 12*b*–13.

89. TC, chap. 176, p. 10*b*, and Hu San-hsing's commentary.

90. Cf. TC, chap. 177, p. 15; chap. 178, p. 3. See also SS, chap. 69, p. 7, for Wang Shao's rationalization of the Five Virtues of the Sui. On the Five Elements and the five emperor-virtues cf. Kano Naoki, *Dokushō Senyo* (Tokyo, 1947), pp. 63–132. Liu Hsiang and Liu Hsin are usually credited with the dynasty-element succession theory, and it was their view that the Han ruled by the virtue of fire. The Later Chao and the Liang had both ruled by the virtue of fire, but in both cases the "virtue" had not been long sustained.

91. SS, chap. 8, p. 6. The Northern Ch'i tradition was in fact authoritative in the decisions of the commission.

92. TC, chap. 178, p. 3; SS, chap. 6, p. 18*b*.

93. SS, chap. 6, p. 19. Cf. also SS, chap. 68, pp. 2 ff. Yü-wen K'ai, the leading engineer of the Sui, was the principal designer (cf. Balázs, p. 221, n. 155). Despite his copious references to the prescriptions of canonical texts, Yü-wen K'ai's design called for a twelve-storied *ming-t'ang*—one story for each month—and this was a daring innovation. W. E. Soothill's *The Hall of Light* (London, 1951) is an unsatisfactory history of the *ming-t'ang*. The sections in Marcel Granet, *La Pensée chinoise* (Paris, 1934), which deal with the *ming t'ang* are a brilliant statement of its symbolic ramifications.

94. Cf. Édouard Chavannes, *Le Tai Chan* (Paris, 1910), pp. 158–69.

95. *Ibid.*

96. SS, chap. 2, p. 5*b;* TC, chap. 177, p. 11*b*.

97. SS, chap. 7, p. 17; TC, chap. 178, p. 6*b*. Chavannes (*op. cit.*, p. 169) translates the passage from *Chiu T'ang-shu*, chap. 23, on these observances.

98. SS, chap. 2, p. 10*b;* TC, chap. 178, p. 7.

99. SS, chap. 7, p. 17; Chavannes, *op. cit.*, pp. 120, 169. A further deterrent may have been another kind of superstitious dread. In popular Buddhism the mountain T'ai-shan had been fused with the Buddhist hell called T'ai-shan, where evildoers suffered the most violent torments. Cf. Tsukamoto, *Shina Bukkyōshi no Kenkyū* ("Studies in the History of Chinese Buddhism") (Kyoto, 1942), pp. 307–8.

100. SS, chap. 24, p. 11*a–b;* Balázs, p. 152. I take the latter two categories of virtuous people in a somewhat narrower sense than does Balázs, who translates "les époux équitables et les épouses chastes."

101. SS, chap. 2, p. 16. This information is from the emperor's disillusioned review of his efforts at Confucian education (see below).

102. See text above and Robert des Rotours, *Le Traité des examens* (Paris, 1932), p. 37. In the T'ang, the provincial scholars were escorted and presented, along with "tribute," by the provincial representatives on their annual trip to the capital.

103. As late as 603 Wen-ti was still ordering special measures to get qualified people from the provinces, suggesting, as does his own review in the edict of 601, that the regular arrangements had not been effective: "Select the worthy and the wise, choose all those who have a clear knowledge of the ancient and the modern and a comprehensive grasp of the basis of government and of chaos, those who have comprehended the fundamentals of political doctrine, who have a full understanding of Rites and of Music" (SS, chap. 2, p. 20*b*).

104. TC, chap. 175, p. 8–8*b*. Although this account is placed under the year 581, it is included by Ssu-ma Kuang to illustrate the working of government in the K'ai-huang period, 581–600. There is interesting evidence of improvement in the condition of the Yeh area in SS, chap. 30, and in Balázs, p. 315.

105. TC, chap. 175, pp. 8*b*–9.

106. *Ibid.*, chap. 176, pp. 11*b*–12.

107. *Ibid.*, p. 11*b;* SS, chap. 2, pp. 1–2*b*.

108. SS, chap. 41, p. 3.

109. Tsukamoto (*Pers* II, p. 102) analyzes the groups disaffected by the persecution: (1) secularized clergy whose way of life had been abruptly changed and who were at a disadvantage in lay society; (2) lay adherents of all classes who had supported clergy, temples, the copying of scriptures, etc., in the hope of salvation; (3) military and civil officials whose loyalty to the throne was shaken by oppressive measures against their personal religion; (4) the vast numbers of artists, artisans, copyists, provisioners, and others, who depended for their livelihood on serving Buddhist establishments. I would add those who profited, directly or indirectly, from the tax-free, corvée-free status of Buddhist lands. Summarized from Wright, "Fu I . . . ," *op. cit.*, p. 37, n. 7.

110. PCL (chap. 3, p. 509*b*) says that 230,000 monks were ordained in Wen-ti's reign. This would hardly create a clergy-ridden society in an empire that a few years after his death had a population of at least 46,000,000 (cf. Balázs, pp. 308–10).

111. Tsukamoto, *Pers* III, pp. 10–12. The Ting-hsien inscription of 585 reprinted

in the *Ting-hsien Chih* of 1934 is discussed by Tsukamoto Zenryū in his *Nisshi Bukkyō Kōshōshi* ("Studies in Buddhist Intercourse between China and Japan") (Tokyo, 1945), p. 43; it piously states that Chou Wu-ti died of jaundice (*Chia-mo-lo;* Sanskrit *kāmalā*) as retribution for his suppression of Buddhism and that the era-name Ta-hsiang, chosen in 579, symbolized his son's remorse for his father's acts and the new emperor's vow to build a "great [Buddha] image." There is naturally also a Taoist interpretation of this era-name based on the *I-ching* (cf. SS, chap. 69, pp. 2*b*–3). On Cheng I cf. SS, chap. 38, pp. 5–8*b*.

112. HKSC, chap. 8, p. 491*a*. Tsukamoto (*Pers* III) gives good reasons why the date in this passage should be emended to Ta-hsiang 1. See also KHMC, chap. 10.

113. Tsukamoto, *Pers* III, pp. 9–10.

114. *Ibid.*, pp. 15–18.

115. HKSC, chap. 19, p. 581*b;* Tsukamoto, *Pers* III, p. 18; Yamazaki, *Chūsei*, p. 285.

116. *Chou-shu*, chap. 8; TC, chap. 174, p. 5*b*.

117. E.g., Yen-tsung and T'an-yen. Cf. HKSC, chap. 2, pp. 436*b*–439*c;* chap. 8, pp. 488*a*–489*c*. See also Tsukamoto, *Pers* III, pp. 20–22.

118. The elaborate Sui system of state controls of Buddhism has been studied in Yamazaki Hiroshi, "Zuidai Sōkan Kō" ("Study of the Sangha-Officials of the Sui"), *Shina Bukkyō Shigaku*, VI (1942), 1–15, and in "Zui no Daikeizenji ni Tsuite" ("Concerning the *Ta-hsing-shan ssu* of the Sui"), *Shichō*, Vol. XLII (1949). The administrative machinery of control was centered in the Chao-hsüan ssu in the capital, which was staffed by a bureaucratic hierarchy of monks headed by the Ta-t'ung. There were branch bureaus of Buddhist affairs in the provinces and districts (*chou* and *hsien*), known as the Sha-men tsao (cf. SS, chap. 27, p. 8). These institutions were adopted, with minor changes, from those that had developed under the northern dynasties.

119. *Liang-ching Hsin-chi*, p. 2*a*.

120. Based on the descriptions in the *Liang-ching Hsin-chi*. Cf. Tsukamoto, *Pers* III, p. 30. The social status of donors of Buddhist establishments of Sui date compiled from data in the *Liang-ching Hsin-chi* shows this distribution: high officials (including in one instance a wife)—11; members of the imperial family—7; palace ladies of Northern Chou and Sui—4; merchants—2; eunuchs—1; emperor's physician—1; commoner—1; T'u-ch'ueh dignitary—1.

121. Cf. HKSC, chap. 16, pp. 559*c*–560*b*. On this movement cf. Yabuki Keiki, *Sankaikyō no Kenkyū* ("Study of the San-chieh Chiao") (Tokyo, 1927), pp. 68, 90, and *passim*, and Tokiwa Daijo, in *Shina Bukkyō no Kenkyū*, I (1938), 179–98. For a critical estimate of sources cf. Tsukamoto Zenryū, in *Shina Bukkyō Shigaku*, I (1937), 57–74, 96–110.

122. LTSPC, chap. 12, p. 107*b;* PCL, chap. 3, p. 509*a*–*b*.

123. Cf. Chavannes, *op. cit.*, pp. 3–9. For many instances of Taoist sacred writings received on mountaintops cf. Ware, *op. cit., passim.*

124. Buddhist monks had from very early times been the rivals of Taoist adepts in dealing with the unseen forces of nature (cf. Wright, "Fo-t'u-teng, a Biography," *Harvard Journal of Asiatic Studies*, XI [1948], 324–27). I have found one case of Wen-ti's use of monks for rain-making and expect to find more (cf. HKSC, chap. 21, p. 660*b*–*c*). Provisions of 594 and later, for the cults of the mountains and the seas, involve the use of Taoist nuns and shamans. In addition to Buddhist monks? Cf. SS, chap. 7, p. 17*a*–*b*.

125. Evidence on the date, which is conflicting, is reviewed in Yamazaki, *Chūsei*, pp. 287–89. According to PCL (chap. 3, p. 509*a*), Wen-ti built an official temple in each of the *chou* through which he had passed in the years before his accession.

126. LTSPC, chap. 12, p. 108*a*. In 603, on his own birthday, Wen-ti ordered that on this day throughout the empire there should be a suspension of all killing, this on behalf of his father and mother (SS, chap. 2, p. 18)—an interesting fusion of the cult of imperial ancestors and Buddhism.

127. LTSPC, chap. 12, p. 107*c*. For the edict of the eighth moon cf. LTSPC, chap. 12, pp. 107*c*–108*a*.

128. Such claims had earlier been made by Liang Wu-ti. For canonical statements on the role and destiny of a Čakravartin cf. *A-yu-wang Chuan* ("Aśoka Avadana"), translated *ca.* 300 (T, chap. 50, p. 100*b* and *passim;* also Jean Przyluski, *La Légende de l'EmpereurAçoka* [Paris, 1923], p. 233 and *passim*).

129. The author of LTSPC, chap. 12, p. 108, regards this action of Wen-ti as unprecedented. In China? Cf. Jules Bloch, *Les Inscriptions d'Açoka* (Paris, 1950), p. 30, and Rock Edict XIII, pp. 125–32. Bloch (p. 30, n. 1) points out that T'ang T'ai-tsung in 630 set up seven temples on battlefields, and he cites another instance in Northwest China about the year 800, recorded in a Tun-huang document. Wen-ti's son, after the disasters of the second expedition against Korea, in 614 ordered decent burial, a Buddhist temple, and services on behalf of the war dead (SS, chap. 4, p. 8). Cf. also Yamazaki Hiroshi, "Zui no Koguryō Ensei to Bukkyō" ("The Sui Expedition against Kao-chü-li and Buddhism"), *Shichō*, LIX (1953), 1–10. I have not yet found the precise textual link between Aśokan precedent and Wen-ti's act. Neither Chinese version of the *Aśoka Avadana*, despite their apparent relation to Wen-ti's other acts, specifically mentions battlefield monuments. This is part of a larger problem I hope to investigate: the parallels between the problems facing the two monarchs, their respective policies and achievements. As the historic Aśoka emerges from the work of many scholars, these parallels become ever more arresting. *But* Wen-ti, as far as we know, knew only the Aśoka of the pious Buddhist legendary accounts and apparently could have known little of the historic Aśoka, whose temporal problems and achievements so closely paralleled his own.

130. Order of 585 providing for regular Buddhist services at the palace (PCL, chap. 3, p. 509*a*).

131. Edict of 583 (*ibid.*, p. 508*c*).

132. Edict of 584 (LTSPC, chap. 12, p. 108*a*).

133. Edict of 585 (PCL, chap. 3, p. 509*a*). This was accompanied by an order for the large-scale amnesty of prisoners.

134. Cf. the letter of transmittal of the *Chung-ching Mu-lu* dated 594 (T, chap. 54, p. 149*a*).

135. LTSPC, chap. 12, p. 107*b*, quoting the *Te-hu Chang-che Ching*. Other canonical texts are quoted by the author of LTSPC to support the idea of Wen-ti as the Buddha-ordained monarch. The author gives a special interpretation of the "extinction of the dharma" referred to in Buddha's prophecy. According to him, this referred to the Northern Chou persecution.

136. Cf. *A-yu-wang Chuan* (T, chap. 50, p. 99*c;* Przyluski, *op. cit.*, p. 228). The long and widespread persistence of Aśoka legends in China—centered in the so-called Aśoka pagodas—would indicate a popular basis of belief on which such an appeal might be posited. On the Aśoka stupas in China cf. Alexander Soper in *Monumenta Serica*, IV (1939), 638–79.

137. This contrast, which dates back to the early fifth century, is admirably reviewed in Takao Giken, *Chūgoku Bukkyōshiron* ("Essays in the History of Chinese Buddhism") (Kyoto, 1952), pp. 37–53.

138. Tsukamoto Zenryū, "Zui no Kōnan Seifuku to Bukkyō ("The Sui Conquest of the South and Buddhism"), *Bukkyō Bunka Kenkyū*, III (1953), 2–3.

139. HKSC, chap. 10, p. 501*c*. According to this passage, "fifty-odd tens of thousands" were ordained, and Tsukamoto ("Zui no Kōnan . . . ," *op. cit.*, p. 3) makes the reasonable inference that this order at this time, plus the resulting sudden enlargement of the clergy, is to be explained only as a measure directed at the south.

140. Wen-ti told the greatest of southern Buddhist clerics, Chih-i, at the beginning of 590, that he, Wen-ti, had vowed to revive Buddhism after the Chou persecution and that the conquest of the south had been accomplished out of reverence for the true law and the desire to bring peace to all creatures (*Kuo-ch'ing Pai-lu*, chap. 2, par. 22, quoted in Tsukamoto, "Zui no Kōnan . . . ," *op. cit.*, pp. 7–8).

141. LTSPC, chap. 12, p. 108*a*. The concentration of "unity" terms in the Chinese text creates a still stronger effect.

142. *Ibid.*, p. 108*b*. It is this edict that contains the passage which, misconstrued, led to the belief that printing existed in the Sui (cf. Paul Pelliot, *Les Débuts de l'imprimerie en Chine* [Paris, 1953], pp. 9–10).

143. Boodberg, p. 267. As Boodberg points out (n. 175), Buddhist seers predicted he would not live beyond 599 (SS, chap. 41).

144. SS, chap. 2, p. 16. The Kuo-tzu hsueh in the capital, with a quota of seventy students, was retained. SS, chap 75, p. 2*b*, says seventy-two students.

145. KHMC, chap. 17, p. 213*b*.

146. *Ibid.*

147. The tireless collector and interpreter of portents, Wang Shao, compiled a *She-li Kan-ying Chi*. This is quoted from the more circumstantial section (KHMC, chap. 17, p. 214*b*).

148. *Ibid.*

149. *Ibid.*, p. 217*a*–*b*. Some sources say fifty-three localities.

150. HKSC, chap. 21, p. 611*c*.

151. Sasaki Kosei, "Jinshu Sharitō Kō" ("A Study of the Reliquary Pagodas of the Jen-shou Era"), *Ryūkoku Daigaku Ronsō*, CCLXXXIII (1928), 62–71; Yamazaki, *Chūsei*, pp. 333–36.

152. Sasaki (*op. cit.*, p. 71), having surveyed the geographical distribution, points out (*a*) that the effort was empire-wide; (*b*) that the missions were more numerous in the north than south of the Yangtze (in my view reflecting differences in population density); (*c*) that there was, notably in the third distribution of 604, a strong emphasis on the old capitals of the Northern dynasties—centers of vigorous Buddhist communities; and (*d*) that there was a strong concentration of enshrinements at places which already had centers of religious interest. Yamazaki (*Chūsei*, pp. 333–36) has identified 101 out of the 111 sites at which imperial reliquaries were built; the map (Fig. 1) showing their distribution is reproduced, with his kind permission, from the one which appeared in *Chūsei*, opposite p. 444.

153. Sasaki, *op. cit.*, pp. 73–75. Yamazaki (*Chūsei*, pp. 333–36) has identified a total of 95 participants, but has not traced the connection of all of these with the Northern Chou persecution.

154. Prince Hsiung's compilation is found in KHMC, chap. 17, pp. 216*a*–221*a*,

where the accounts of wonders by the historian and omen specialist, Wang Shao, also appear (*ibid.*, pp. 213*b*–215*c*).

155. *Ibid.*, p. 217*c*.

156. Cf. *A-yu-wang chuan*, p. 102*b*, and Przyluski, *op. cit.*, p. 244.

157. Cf. *A-yu-wang chuan*, p. 102*a*, and Przyluski, *op. cit.*, pp. 242–43.

158. HKSC, chap. 18, p. 573*c*.

159. This relationship is thoroughly analyzed in Tsukamoto, *Nisshi Bukkyō Kōshōshi*, pp. 1–47.

160. Wang Shao, *She-li Kan-ying Chi*, KHMC, chap. 17.

161. Cf. Bloch, *op. cit.*, p. 31. Toynbee, reflecting on the period of disunion says: "The contrast between this political failure of the Mahāyāna in Northern China in a post-Sinic Age and the success with which the Christian Church seized and harvested its corresponding opportunities in Western Europe in a post-Hellenic Age brings out the fact that—at any rate by comparison with Christianity—the Mahāyāna was a politically incompetent religion. The patronage of the parochial princes in Northern China during the best part of three centuries . . . was of no more avail than the more potent patronage of the Kushan Emperor Kanishka had been" (*A Study of History* [London, 1954], IX, 40–41). I hope to show in a later paper that one of the principal reasons for the political incompetence of Buddhism was that it was not a "church"—a fact which Toynbee implicitly recognizes by his choice of words in this quotation.

NOTES TO AN EARLY SUNG REFORMER: FAN CHUNG-YEN

1. The composition and the operation of the Sung bureaucracy are well discussed in a definitive work: E. A. Kracke, Jr., *Civil Service in Early Sung China, 960–1067* (Cambridge, Mass., 1953). The basic source materials are found mainly in *Sung Hui-yao Chi-kao* (Shanghai, 1936), especially the sections under the headings *Hsuan-chü* ("Recruitment and appointment") and *Chih-kuan* ("Organization and operation of the Government Offices"). One may consult for convenient reference the *T'ung-k'ao* and *Hsü T'ung-chih* (*Wan-yu wen-k'u* ed.; Shanghai, 1937), under the same headings as above.

On the social background of the bureaucrats see E. A. Kracke, Jr., "Family vs. Merit in the Chinese Civil Service Examination," *Harvard Journal of Asiatic Studies*, X (1947), 118–24; also his essay in the present volume.

2. Hsiao-t'ung Fei, *China's Gentry* (Chicago, 1953), p. 58; see also a review by Arthur W. Hummel in *Far Eastern Quarterly*, XIII (1954), 333–34.

3. Several theoretical works are helpful to the study of the power structure. They begin with Max Weber, *The Theory of Social and Economic Organization*, trans. A. R. Henderson (London, 1947), and *The Religion of China*, trans. Hans H. Gerth (Glencoe, Ill., 1951). Talcott Parsons has gone further than Weber in theoretical analysis (see his *The Social System* [Glencoe, Ill., 1951]). Harold D. Lasswell and Abraham Kaplan, *Power and Society* (New Haven, Conn., 1950), is a systematic study of power by different theoretical approaches. Numerous new theoretical aspects are raised by more recent researches, which are conveniently found in a collective work: Robert K. Merton (ed.), *Reader in Bureaucracy* (Glencoe, Ill., 1952). For the clarification of basic concepts, one may consult Robert M. MacIver,

The Web of Government (New York, 1947). Bertrand Russell's *Power* (New York, 1938) is rather superficial but makes certain penetrating points.

4. The power structure approach has been applied to a limited extent by Wang Yü-ch'üan, "Central Government of the Former Han Dynasty," *Harvard Journal of Asiatic Studies*, XII (1949), 180–85.

5. Cf. Weber, *Religion of China*, p. 68, and Kracke, *Civil Service*, pp. 190–98. However, both neglect to discuss the political significance inherent in administrative reforms.

6. This classification of bureaucrats has been suggested by Ch'ü T'ung-tsu.

7. The importance of Confucian idealism has been ably pointed out by W. Theodore de Bary, "A Reappraisal of Neo-Confucianism," in Arthur F. Wright (ed.), *Studies in Chinese Thought* (Chicago, 1953). The practical utilitarian spirit and active political interest of the revived Confucianism during the Sung period are emphasized in Hsiao Kung-ch'üan, *Chung-kuo Cheng-chih Ssu-hsiang Shih* (Shanghai, 1946), II, 143–45.

8. See article by Charles O. Hucker in this volume.

9. See article by W. Theodore de Bary in this volume.

10. Fan Chung-yen, *Fan Wen-cheng-kung Chi* (1910 ed.), NP, p. 18*b*. For the sake of brevity, the contents of this primary source are indicated by the following abbreviations: CFTI (*Cheng-fu Tsou-i*), CT (*Ch'ih-tu*), H (*Hsü*), ICKC (*I-chuang Kuei-chü*), NP (*Nien-p'u*), PC (*Pieh Chi*), PHC (*Pao-hsien Chi*), PP (*Pu-pien*), WC (*Wen-chi*), YHL (*Yen-hsing Lu*).

The present essay has been completed for some time. For factual information on Fan Chung-yen, a lengthy historical study is now available: J. Fischer, "Fan Chung-yen (989–1052), das Lebensbild eines chinesischen Staatsmannes," *Oriens Extremus*, 1955, pp. 39–85 and 142–56.

11. Fan, H, p. 1*a*; Huang Tsung-hsi and Ch'üan Tsu-wang, *Sung Yuan Hsueh-an* (*Wan-yu Wen-k'u* ed. [hereinafter cited as "SYHA"]), chap. 1, pp. 96–97.

12. Fan, CFTI, chap. 1, pp. 1*a*–15*a*; cf. a short summary in De Bary, "Reappraisal," *op. cit.*, p. 93.

13. Ch'en Yin-ch'üeh, *T'ang-tai Cheng-chih Shih Shu Lun-kao* (Chungking, 1943), pp. 59–62.

14. Fan, H, p. 1*a*.

15. Yeh Meng-te, *Pi Shu Lu Hua* (*Ts'ung-shu Chi-ch'eng* ed. [hereinafter cited as "TSCC ed."]), chap. 1, p. 41; Fan, PHC, chap. 1, pp. 18*b*–19*b*.

16. Fan, PHC, chap. 5, p. 14*a*.

17. SYHA, chap. 1, pp. 25 and 31; Hu Ming-sheng, "*An-ting Hsien-sheng Nien-p'u*," *Wen-shih Ts'ung-k'an*, I (1932), 19–35; De Bary, "Reappraisal," *op. cit.*, pp. 88–91 and 94.

18. SYHA, chap. 1, p. 66; De Bary, "Reappraisal," *op. cit.*, pp. 91–93; Fan, WC, chap. 18, p. 6*a*–*b*, and CT, chap. 3, pp. 4*b*–5*a*.

19. SYHA, chap. 1, p. 96; De Bary, "Reappraisal," *op. cit.*, p. 92.

20. Fan, PHC, chap. 5, p. 19*b*; CFTI, chap. 2, pp. 22*b*–23*a*; YHL, chap. 1, p. 4*b*; SYHA, chap. 2, p. 24; Hsiao, *Ssu-hsiang Shih*, pp. 145–49.

21. Fan, WC, chap. 19, pp. 4*a*–5*a*; Feng Ch'i, *Sung-shih Chi-shih Pen-mo* (1874 ed. [hereinafter cited as "*Pen-mo*"]), chap. 18, pp. 8*b*–11*b*.

22. Fan, PHC, chap. 5, pp. 15 ff.

23. Chao I, *Nien-erh Shih Cha-chi* (1934 ed.), pp. 274–75; Ssu-ma Kuang, *Su-shui Chi-wen* (TSCC ed.), chap. 15, p. 163, records how courteous Fu Pi was toward scholars.

24. Fan, PHC, chap. 5, 18*b*.

25. *Ibid.*, chap. 2, pp. 11*a*–14*a*.

26. This quotation is found in "Yueh-yang-lou Chi" (Fan, WC, chap. 7, p. 4*a*), which Fan composed for his friend T'eng Tsung-liang in 1046, after both had fallen from power. Cf. Ssu-ma Kuang, *Su-shui Chi-wen*, chap. 9, p. 101; Fan Kung-ch'eng, *Kuo T'ing Lu* (TSCC ed.), p. 5. The popular impression that Fan uttered this quotation during his youth is due to an erroneous assertion by Chu Hsi (see Fan, PHC, chap. 5, pp. 17*b*–18*a*).

27. Fan, WC, chap. 7, p. 4*b;* SYHA, chap. 1, p. 2 and chap. 2, p. 5; *Hsü T'ung-tien* (*Wan-yu Wen-k'u* ed.; Shanghai, 1937), p. 1453.

28. Ch'ien Mu, *Kuo-shih Ta-kang* (Shanghai, 1947), chap. 2, pp. 573–79.

29. Fan, NP, pp. 37*a*–38*a;* CT, chap. 1, p. 2*a;* ICKC, pp. 1*a*–3*a;* PP, chap. 1, 17*a*–*b;* PHC, chap. 4, pp. 7*a*–9*b;* Hui-chen Wang Liu, "An Analysis of the Chinese Clan Rules" (Ph.D. thesis, University of Pittsburgh, 1956).

30. Fan, PHC, chap. 3, p. 2*b*.

31. Ch'ien, *Kuo-shih,* chap. 2, pp. 569–70.

32. Wang Ming-ch'ing, *Hui-chu Ch'ien Lu* (TSCC ed.), chap. 2, p. 82.

33. Fan, CT, chap. 1, p. 7*a*.

34. Ch'ien, *Kuo-shih,* chap. 2, p. 611.

35. Chao, *Nien-erh Shih,* pp. 329–30 and 332–33; Fan, WC, chap. 7, pp. 9*b*–10*a;* chap. 8, p. 16*a;* and chap. 13, p. 4*a*.

36. Fan, CFTI, chap. 1, pp. 4*a*–5*b*, 37*b*–40*a;* cf. Kracke, *Civil Service,* p. 74; *Hsü T'ung-tien,* p. 1452; *Hsü T'ung-chih,* p. 4117.

37. Ch'ien, *Kuo-shih,* chap. 1, p. 354.

38. Fan, WC, chap. 9, pp. 1*b*–2*b*.

39. Ting Ch'uan-ching, *Sung-jen I-shih Hui-pien* (Shanghai, 1930), chap. 9, p. 379.

40. Fan, CFTI, chap. 1, pp. 6*a*–7*a;* CT, chap. 1, p. 7*a*.

41. Feng, *Pen-mo,* chap. 38, p. 3*a;* Fan Chen, *Tung-chai Chi-shih* (TSCC ed.), chap. 1, p. 6.

42. *T'ung-k'ao,* pp. 289–90; *Hsü T'ung-tien,* p. 1214.

43. Fan, PP, chap. 1, p. 16*a;* WC, chap. 8, p. 5*a*.

44. Fan, WC, chap. 9, p. 22*a*, and chap. 11, p. 13*a;* Fan Chen, *Tung-chai,* chap, 3, p. 19.

45. Fan, WC, chap. 9, p. 17*b*.

46. *Ibid.,* chap. 8, p. 10*a;* chap. 9, p. 19*b;* chap. 12, p. 11*a;* YHL, chap. 1, p. 6*a;* CFTI, chap. 1, pp. 49*b*–50*a;* chap. 2, p. 11*b*.

47. Fan, WC, chap. 8, p. 21*a;* CT, chap. 1, pp. 1*b*–4*a;* PC, chap. 4, pp. 1*a*–2*a*.

48. Fan, WC, chap. 8, pp. 8*a*–9*a*.

49. Fan, NP, p. 38*a*–*b*.

50. Chao, *Nien-erh Shih,* pp. 330–31.

51. *Hsü T'ung-chih,* p. 4089.

52. Fan, NP, p. 10*a;* PP, chap. 1, p. 1*a*–*b*.

53. Fan, CFTI, chap. 1, p. 9*a*–*b*.

54. *T'ung-k'ao,* p. 592; Fan, CFTI, chap. 1, pp. 41*a*–42*a*.

55. Fan, WC, chap. 8, pp. 5*a*–8*b;* Wei T'ai, *Tung-hsuan Pi-lu* (TSCC ed.), chap. 3, p. 19.

56. Chao, *Nien-erh Shih,* p. 327.

57. Fan, CFTI, chap. 1, pp. 8*a*–*b* and 19*a;* YHL, chap. 3, p. 3*a*–*b*.

58. Fan, NP, pp. 31*b*–32*a*.
59. Fan, PP, chap. 1, pp. 15*b*–16*b*; *Pen-mo*, chap. 29, p. 16*a*.

60. Wei, *Tung-hsuan*, chap. 3, p. 19; Chang-Lui, *Ming-tao Tsa-chih* (TSCC ed.), pp. 21–22.
61. Fan, WC, chap. 8, p. 16*a*.
62. Kracke, *Civil Service*, pp. 86–88.
63. Fan, CFTI, chap. 1, pp. 1*b*–4*a*.
64. *Ibid.*, pp. 3*b*–4*b*, 21*a*–*b*, and 42*a*–44*b*; cf. Kracke, *Civil Service*, p. 114.
65. *Hsü T'ung-tien*, p. 1230.
66. Ch'en Shih-tao, *Hou-shan Lu* (TSCC ed.), chap. 18, pp. 5–6.
67. *Pen-mo*, chap. 24, pp. 2*b*–3*b*; Fan, NP, p. 9*a*–*b*.
68. *Pen-mo*, chap. 25, pp. 1*b*–3*b*.
69. *Ibid.*, chap. 29, p. 6*a*.
70. Ch'ao Shui-chih, *Ch'ao-shih K'o Yü* (TSCC, ed.), p. 14.
71. Weber, *Theory*, p. 301.
72. Fan, WC, chap. 5, pp. 10*a*–16*a*.
73. Yeh Meng-te, *Shih-lin Yen-yü* (TSCC ed.), chap. 1, p. 9.
74. Fan, YHL, chap. 3, p. 7*a*; WC, chap. 5, p. 4*a*.
75. Fan, WC, chap. 5, p. 13*a*.
76. Fan, CFTI, chap. 2, pp. 26*b*–27*b*; WC, chap. 5, pp. 14*a*–15*a*; K'ung P'ing-chung, *K'ung-shih T'an Yuan* (TSCC ed.), chap. 4, p. 94.
77. Fan, PC, chap. 2, pp. 5*b*–6*b*; WC, chap. 20, pp. 9*a*–10*a*.
78. Fan, YHL, chap. 1, p. 6*b*; Wei, *Tung-hsuan*, chap. 13, p. 98.
79. Fan, PP, chap. 2, p. 10*b*; *Hsü T'ung-chih*, p. 5231.
80. Russell, *Power*, p. 97.
81. Fan, NP, p. 31*a*.
82. *Pen-mo*, chap. 29, pp. 16*a*–19*b*; SYHA, chap. 1, pp. 96–97 and 103; Fan, NP, p. 33*a*.
83. Wei, *Tung-hsuan*, chap. 4, pp. 23–25.
84. Fan, NP, p. 35*a*; *Pen-mo*, chap. 29, pp. 20*a*–23*a*.
85. MacIver, *op. cit.*, p. 209.
86. Conyers Read, "Factors in the English Privy Council under Elizabeth," *Annual Report of the American Historical Association*, I (1911), 109–19.
87. Kracke, *Civil Service*, p. 130, n. 43.
88. Fan, WC, chap. 17, p. 7*a*.
89. *Ibid.*, chap. 13, p. 4*a*.
90. Fan, NP, p. 32*b*; compare with Kracke, *Civil Service*, p. 130, n. 43.
91. Derk Bodde, "Harmony and Conflict in Chinese Philosophy," in Arthur Wright (ed.), *Studies in Chinese Thought* (Chicago, 1953), pp. 41–43; T'ang Yung-t'ung, "Wang Pi's New Interpretation of the *I-ching* and *Lun-yü*," *Harvard Journal of Asiatic Studies*, X (1947), 124–61; Fan, WC, p. 5 and *passim*.
92. Chao, *Nien-erh Shih*, p. 310.
93. SYHA, chap. 1, pp. 26–29.
94. Fan, WC, chap. 10, pp. 4*b*–5*a*, and chap. 13, p. 5*a*. Wang (*Hui-chu Ch'ien Lu*, chap. 2, p. 77) mentions that the Sung high-ranking officials usually married their daughters to promising young officials.
95. *Pen-mo*, chap. 37, p. 16*a*; Ch'ien, *Kuo-shih*, chap. 2, pp. 415–17.
96. Fan, NP, p. 3*b*.

97. Ch'ien, *Kuo-shih*, chap. 2, p. 397, corrects the mistake in SYHA, chap. 2, p. 4, which alleges that Fan studied under Ch'i himself.
98. Fan, YHL, chap. 1, p. 2*a*.
99. Wang, *Hui-chu Ch'ien Lu*, chap. 2, p. 82.
100. Fan, YHL, chap. 1, p. 3*b*.
101. Fan, WC, chap. 18, p. 3*a–b;* YHL, chap. 3, p. 1*a*.
102. Fan, YHL, chap. 1, p. 3*b;* PHC, chap. 5, pp. 3*b*–4*a*.
103. Yeh, *Pi Shu Lu Hua*, chap. 1, p. 33.
104. *Sung-shih* (*Po-na-pen* ed.), chap. 318; K'o Wei-ch'i, *Sung-shih Hsin-pien* (1557 ed. [hereinafter cited as "*Hsin-pien*"]), chap. 86.
105. *Pen-mo*, chap. 29, pp. 7*b*–8*a*.
106. *Sung-shih*, chap. 311; Ting, *Sung-jen I-shih*, chap. 7, p. 260.
107. *T'ung-k'ao*, p. 283; Ch'ien, *Kuo-shih*, chap. 2, p. 416.
108. *Pen-mo*, chap. 24, pp. 6*a*–9*b;* Ssu-ma Kuang, *Su-shui Chi-wen*, chap. 5, p. 45.
109. Fan, PHC, *passim;* Ting, *Sung-jen I-shih*, chap. 8, p. 310.
110. Ssu-ma Kuang, *Su-shui Chi-wen*, chap. 3, p. 31.
111. *Pen-mo*, chap. 29, pp. 13*b*–14*a*.
112. *Sung-shih*, chap. 311; *Hsin-pien*, chap. 39.
113. *Hsin-pien*, chap. 100.
114. *Sung-shih*, chap. 311.
115. *Ibid.*, chap. 266.
116. *Hsin-pien*, chap. 90.
117. *Sung-shih*, chap. 284.
118. Fan, YHL, chap. 2, p. 9*b*.
119. *Sung-shih*, chap. 283; *Hsin-pien*, chap. 86.
120. *Sung-shih*, chap. 318.
121. Yuan Chiung, *Feng-ch'uang Hsiao Tu* (TSCC ed.), chap. 2, p. 28.
122. Ch'ien, *Kuo-shih*, chap. 2, p. 429.
123. Lasswell and Kaplan, *op. cit.*, p. 210.
124. Talcott Parsons has made some observations, though only in a general way from the viewpoint of structural conflict, on the Chinese bureaucratic empire and on the victory of the medieval church in the eleventh century (*op. cit.*, pp. 178–80).
125. SYHA, chap. 1, pp. 54–55.

NOTES TO THE TUNG-LIN MOVEMENT OF THE LATE MING PERIOD

No attempt has been made to burden this paper with the extensive bibliographical impedimenta that a full-scale study of the Tung-lin movement would require. Major sources for various parts of the paper are listed, but citations of sources for specific statements, and especially sources of biographical information about individuals, are reduced to a minimum.

In 1955, after the conference for which this paper was prepared, Father Heinrich Busch published a study of the Tung-lin Academy, its leading philosophers, and some of the political controversies with which it was associated, together with an extensive bibliography, under the title "The Tung-lin Academy and Its Political and Philosophical Significance," in *Monumenta Serica*, XIV (1949–55), 1–163. Working independently over substantially the same sources, Busch and I have arrived, perhaps not surprisingly, at similar conceptions of the Tung-lin movement, though we differ somewhat in approach and emphasis.

I have not undertaken in this paper to explore the problem of contacts between the Tung-lin movement and Jesuit missionaries. That there were significant contacts is suggested by Henri Bernard, "Whence the Philosophic Movement at the Close of the Ming?" *Bulletin of the Catholic University of Peking*, No. 8 (December, 1931), pp. 67–73. That contacts existed but that they were peripheral and of little significance for Tung-lin history has been shown in a still unpublished article entitled "Tung-lin Tang Yü T'ien-chu Chiao," written in 1937 by Fang Hao and kindly made available to me by the author, now on the faculty of National Taiwan University. Cf. Busch, *op. cit.*, pp. 156–63.

1. *Ming-shih* (*T'ung-wen* ed. [hereinafter cited as "MS"]), chap. 305, pp. 18*a*–28*a;* Ku Ying-t'ai, *Ming-shih Chi-shih Pen-mo* (*Wan-yu wen-k'u* ed.), chap. 71; T. K. Chuan, "Wei Chung-hsien," *T'ien Hsia Monthly*, III, No. 4 (November, 1936), 330–40; biographical notice in A. W. Hummel (ed.), *Eminent Chinese of the Ch'ing Period* (Washington, D.C.: Government Printing Office, 1943–44).

2. No over-all study of the decline and fall of the Ming dynasty has yet been published, but surveys can be found in most modern general histories of China, especially those in Chinese and Japanese. Standard references are Ku Ying-t'ai (*op. cit.*) and the annals and biographies in MS. An excellent modern bibliography of late Ming historical materials is Hsieh Kuo-chen, *Wan Ming Shih-chi K'ao* (Peking, 1933).

3. MS, chap. 213, pp. 14*a*–25*a;* Ku Ying-t'ai, *op. cit.*, chap. 61; Chu Tung-jun, *Chang Chü-cheng Ta-chuan* (Kaiming Book Store, 1945 [reprinted 1947]). A long review of the latter work by Shih-hsiang Chen, entitled "An Innovation in Chinese Biographical Writing," is to be found in *Far Eastern Quarterly*, XIII (November, 1953), 49–62.

4. MS, chap. 218, pp. 15*a*–16*b;* Li Wen-chih, *Wan Ming Min-pien* (Special Publication No. 23, Academia Sinica Institute of Social Sciences, 1948), p. 10, n. 1.

5. When Shen-tsung married, the ceremonies cost the state an estimated 90,000 taels. Celebration of the birth of a daughter in 1577 required 100,000 taels. The investiture of various princes involved the expenditure of more than 12,000,000 taels, and the marriages of imperial princesses required another 120,000 taels. When the reconstruction of burned-down palace buildings was undertaken, expenditures on wood alone are reported to have amounted to 9,300,000 taels; and similar construction work within the palace during the reign of Hsi-tsung required 5,950,000 more taels (Li Wen-chih, *op. cit.*, pp. 1–2).

6. Ku Ying-t'ai, *op. cit.*, chaps. 62–64. These "three great expeditions of the Wan-li era" required total expenditures by the central government of an estimated 10,000,000 taels (Li Wen-chih, *op. cit.*, pp. 1–2).

7. For general information about the Manchu conquest of China see Hsiao I-shan, *Ch'ing-tai T'ung-shih* (Shanghai, 1927), Vol. I; Franz Michael, *The Origin of Manchu Rule in China* (Baltimore: Johns Hopkins Press, 1942); and Hummel, *op. cit.*, especially under biographical notice of Nurhaci.

8. See Hummel, *op. cit.*, under Chu Yu-chiao.

9. Ku Ying-t'ai, *op. cit.*, chaps. 69 and 71.

10. Hummel, *op. cit.*, under Chu Yu-chien.

11. Li Wen-chih, *op. cit.*, pp. 1–14; Wang Te-chao, *Ming-chi Chih Cheng-chih Yü She-hui* (Chungking, 1942).

12. An abundance of literature concerning late Ming political struggles is available in Chinese. The narrative given in this paper is based on a variety of standard sources written soon after the events, which primarily include: Wen Ping (1609–69), *Hsien-po Chih-shih* (2 *chüan*, *Chieh-yueh Shan-fang Hui-ch'ao* ed.); Wu Ying-chi (1594–1645), *Tung-lin Pen-mo* (3 *chüan*, *Kuei-ch'ih Hsien-che I-shu* ed.); Liu Hsin-hsueh (1599–1674), *Ssu-ch'ao Ta-cheng Lu* (2 *chüan*, *Kuo-hsueh Wen-k'u* reprint, 1937); Ku Ling (fl. in the 1640's), *San-ch'ao Ta-i Lu* (*Kuo-hsueh Wen-k'u* reprint, 1937); Chiang P'ing-chieh, *Tung-lin Shih-mo* (*Hsueh-hai Lei-pien* ed., identical with Ku Ying-t'ai, *op. cit.*, chap. 66).

Events within the palace are described by a eunuch observer in Liu Jo-yü, *Cho-chung Chih* (24 *chüan*, *Ts'ung-shu Chi-ch'eng* ed.). Also see the *Ming Shih-lu* (1940 photolighographic reprint) for the reigns of Shen-tsung, Kuang-tsung, and Hsi-tsung; Ku Ying-t'ai, *op. cit.*, chaps. 61, 65, 66, 67, 68, and 71; and biographies of the individuals concerned in works such as MS; Ch'en Ting, *Tung-lin Lieh-chuan* (24 *chüan*, 1711 ed.); and Tsou I, *Ch'i-chen Yeh-ch'eng* (16 *chüan*, 1936 Peking reprint). The most comprehensive modern survey is Hsieh Kuo-chen, *Ming Ch'ing Chih Chi Tang-she Yun-tung K'ao* (Shanghai, 1934 [reprinted 1935]). Also see Wang T'ung-ling, *Chung-kuo Li-tai Tang-cheng Shih* (Peking, 1922 [reprinted 1931]), pp. 173–211.

Sketches of some of the partisan controversies are given in Lin Yutang, *A History of the Press and Public Opinion in China* (Chicago, 1936), pp. 65–73; and E. Backhouse and J. O. P. Bland, *Annals and Memoirs of the Court of Peking* (London: William Heinemann, 1914), pp. 46–78.

13. The following discussion of Ming governmental structure is based primarily on MS, chaps. 72–74; Ch'ien Mu, *Chung-kuo Li-tai Cheng-chih Te-shih* (Hongkong, 1952), pp. 76–101; and Chou Ku-ch'eng, *Chung-kuo Cheng-chih Shih* (Shanghai, 1940), pp. 183–91. Hsieh Kuo-chen has also discussed the relationship of governmental structure, and particularly of the censorial organs, to the partisanship of the late Ming period in his *Ming Ch'ing Chih Chi Tang-she Yun-tung K'ao*, pp. 1–7. Also see Tilemann Grimm, "Das Neiko der Ming-Zeit, von den Anfängen bis 1506," *Oriens Extremis*, I, No. 2 (1954), 139–77.

14. Huang Tsung-hsi, *Ming-i Tai-fang Lu* (*Wan-yu Wen-k'u* ed.), pp. 5–6. Cf. W. Theodore de Bary's study of this work in the present volume.

15. Ch'ien Mu, *op. cit.*, pp. 79–85.

16. MS, chap. 304, p. 1*a*.

17. Ch'ien Mu, *op. cit.*, p. 79.

18. MS, chap. 243, pp. 5*b*–11*a*. Tsou Yuan-piao (*chin-shih* 1577) was recalled to service after Chang Chü-cheng's death but was soon degraded by one of Chang's successors and went home on leave. He became a famous teacher at his own academy in Kiangsi Province. Recalled in 1620, he retired after being denounced by opposition partisans and died at home in 1624. In 1625 he was posthumously erased from the civil service rolls by order of Wei Chung-hsien.

19. *Ibid.*, chap. 231, pp. 1*a*–5*a*. Ku Hsien-ch'eng (*chin-shih* 1580) was degraded in 1587 and finally erased from the rolls in 1594 because of his anti-administration activities. He was the guiding spirit among the philosophers of the Tung-lin Academy, of which he was master until his death in 1612.

20. *Ibid.*, chap. 218, pp. 1*a*–4*b*.

21. *Ibid.*, pp. 4*a*–9*a*.

22. *Ibid.*, pp. 9*a*–14*a*.

23. For data on some of these controversies see Lin Yutang, *op. cit.*, pp. 64–68. I hope to publish separately a detailed analysis of the Wan-li court controversies, which space limitations prevent dealing with here.

24. A handy survey of the history of Chinese academies is Sheng Lang-hsi, *Chung-kuo Shu-yuan Chih-tu* (Shanghai, 1934).

25. The basic source of information on the academy is *Tung-lin Shu-yuan Chih* (22 *chüan*, 1881 rev. ed.). Also see Busch, *op. cit.*, pp. 27–42.

26. *Tung-lin Shu-yuan Chih*, chap. 1, p. 2*a*–*b*. The academy included a front hall, an assembly hall, and a temple, erected amid trees behind a large front gate. Books and sacrificial utensils were housed in rooms added as wings to the temple, and verandas extended from the temple wings at the rear to the front gate, enclosing the academy compound. Study rooms for individual scholars were eventually built along the verandas. Adjoining the academy compound was a temple dedicated to the Sung dynasty Neo-Confucian Yang Shih, who had taught at the site and remained the patron saint of local academicians.

27. MS, chap. 231, pp. 6*a*–8*a*. A *chin-shih* of 1583, Ku Yun-ch'eng had repeatedly denounced current abuses, had been erased from the rolls and then had been restored, and in 1593 had gone home on leave after being degraded. He died in 1607.

28. *Ibid.*, chap. 243, pp. 15*b*–19*b*. Kao P'an-lung (*chin-shih* 1589) had left office after being degraded in 1594 for denouncing the Grand Secretariat's evaluations abuses. His fame as a philosopher was second, in the Tung-lin group, only to that of Ku Hsien-ch'eng. He was recalled to court in 1621 and helped Chao Nan-hsing root out opposition partisans. He left office when denounced for partisanship, was erased from the rolls in 1625, and in 1626 committed suicide.

29. *Ibid.*, chap. 231, pp. 16*b*–18*a*. A *chin-shih* of 1583, Shih Meng-lin had almost immediately returned home on his own initiative after denouncing the administration. Recalled, he had denounced monopolization of power by the Grand Secretariat in 1592 and had been active in controversies in 1593. After living at home on leave for many years, he was subsequently recalled to service in time to participate in a controversy in 1615. He was promptly degraded. Under Hsi-tsung he was restored to office but soon died.

30. *Ibid.*, pp. 14*a*–16*a*. Yü K'ung-chien (*chin-shih* 1580) had been degraded in 1593 and never again took office.

31. *Ibid.*, pp. 19*b*–20*b*. An Hsi-fan (*chin-shih* 1586) in 1593 had protested against successive removal of honest officials by the partisans of Wang Hsi-chueh. He died when he was about to be recalled to service under Hsi-tsung.

32. *Ibid.*, pp. 18*a*–19*b*. A *chin-shih* of 1589, Hsueh Fu-chiao did not again take office after his degradation in 1593. He had been an intimate friend of Ku Hsien-ch'eng and Ku Yun-ch'eng since his boyhood, when his grandfather, Hsueh Ying-ch'i, tutored the Ku brothers.

33. *Ibid.*, pp. 8*b*–13*a*. A *chin-shih* of 1583, Ch'ien I-pen had bitterly criticized Shen Shih-hsing's monopolization of authority and had demanded prompt enfeoffment of the heir apparent. He never took office again after having been erased from the rolls in 1592.

34. *Ibid.*, pp. 21*b*–23*a*. A *chin-shih* of 1595, Liu Yuan-chen was degraded in 1605 after an evaluations controversy. In 1620 he was recalled to service but soon died.

35. *Ibid.*, pp. 23*b*–24*a*. A *chin-shih* of 1589, Yeh Mou-ts'ai did not again enter

service until the opposition factions were in power, and he promptly retired under attack. Under Hsi-tsung he was repeatedly summoned, but he did not respond until the Wei Chung-hsien partisans were about to take control, and he promptly took sick leave in disgust. He was overlooked in the partisan disaster of 1625–26 and died in retirement in 1631.

36. Huang Tsung-hsi, *Ming-ju Hsueh-an* (*Kuo-hsueh Chi-pen Ts'ung-shu* ed.), XII, 11–12 (chap. 60).

37. In his *Ming-ju Hsueh-an* (chaps. 58–61), Huang Tsung-hsi enumerated seventeen members of the Tung-lin school of philosophy. These were Ku Hsien-ch'eng, Kao P'an-lung, Ku Yun-ch'eng, Ch'ien I-pen, Shih Meng-lin, Hsueh Fu-chiao, Yeh Mou-ts'ai, Hsü Shih-ch'ing, Liu Yuan-chen, Wu Chung-luan (MS, chap. 276; p. 12*a*–*b*), Wu Kuei-shen (*Tung-lin Shu-yuan Chih*, chap. 9, pp. 1*a*–4*b*), Sun Shen-hsing (MS, chap. 243, pp. 11*a*–15*a*), Liu Yung-ch'eng, Keng Chü, Hua Yun-ch'eng (MS, chap. 258, pp. 4*a*–6*a*), Ch'en Lung-cheng (*ibid.*, pp. 37*a*–38*b*), and Huang Tsung-hsi's own father, Huang Tsun-su (MS, chap. 245, pp. 12*a*–15*b*).

In the 1620's Kao P'an-lung placed, in the temple of the academy, memorial tablets for Ku Hsien-ch'eng, Ku Yun-ch'eng, Ch'ien I-pen, Hsueh Fu-chiao, An Hsi-fan, and Liu Yuan-chen; and, subsequently, similar tablets were added for Kao himself, Yeh Mou-ts'ai, Hsü Shih-ch'ing, Wu Kuei-shen, and Hua Yun-ch'eng (see *Wu-hsi Chin-kuei Hsien Chih* [41 *chüan*, 1881 ed.], chap. 6, pp. 16*b*–17*a*). These men, consequently, should be considered the core of the philosophical movement associated with the academy.

38. Reproduced in *Tung-lin Shu-yuan Chih*, chap. 2, pp. 1*a*–14*b*. The document begins with prolegomena praising the ancient Confucians and Chu Hsi. Then it proposes four essentials or "musts" (*yao*) that the academicians should uphold; two "points of confusion" (*huo*) that they should remove from their minds; nine "advantages" (*i*) that might accrue to them through philosophical conferences; and nine "disadvantages" (*sun*), kinds of conduct that might detract from the optimum success of the conferences. Key philosophical points are made in the discussion of the four "musts": (1) "know the root" (*chih-pen*, an argument that human nature must be considered fundamentally good); (2) "establish the aim" (*li-chih*, emphasizing the efficacy of determination); (3) "venerate the classics" (*tsun-ching*); and (4) "investigate motivation" (*shen-chi*, a plea for sincerity). The meeting agreement closes with detailed rules of procedure for the conferences. Cf. Busch, *op. cit.*, pp. 34–40.

39. The academy assemblies were by no means casual gatherings. Ku's rules of procedure (*Tung-lin Shu-yuan Chih*, chap. 2, pp. 13*a*–14*b*) required that announcements of the annual meetings be distributed half a month in advance, that participants submit cards of acceptance to designated registrars, and that, as guests arrived at the academy, they be welcomed by the registrars and introduced to the group. Daily assemblies began at noon, with obeisances to a portrait of Confucius hung in the assembly hall and to the shrine of Yang Shih in the adjacent temple. The assemblies ended only in late afternoon. Participants were seated according to a fixed order, with precedence for those who had come from the greatest distance and for the aged. Regular participants served in rotation as hosts, and at each assembly the host was required to give an address on a theme chosen (by himself?) from the Four Books. The address was followed by questions, by discussion, and, in conclusion, by the singing of one or two songs "as an aid in purging stiffness and stagnation and giving outlet to the spirit." Eventually, and per-

haps from the beginning, the singers were assisted by a choir made up of young pupils being tutored at the academy. During the afternoon, tea and cakes were served, and lunch and dinner were provided for guests from afar—four dishes (two of meat) for lunch and six dishes for dinner, with soup, sweetmeats, and four varieties of fruits added at dinner on the final day. "Several servings" of wine were available at dinner; and, though the regulations were strict about such breaches of decorum as interrupting speakers or changing the subject during the afternoon discussions, it was permitted that in the evening guests drink wine according to their individual capacities. Cf. Busch, *op. cit.*, pp. 36–40.

40. The academy discourses of Ku Hsien-ch'eng and Kao P'an-lung are reproduced in *Tung-lin Shu-yuan Chih*, chaps. 3–6.

41. Huang Tsung-hsi, *Ming-ju Hsueh-an*, XI, 50 (chap. 58). At Wu-chin was a newly built Ching-cheng Academy (*t'ang*), sponsored by Ch'ien I-pen (see *ibid.*, p. 95 [chap. 59]; *Chiang-nan T'ung-chih* [204 *chüan*, 1736 ed.], chap. 163, p. 22*b*). Master of the Ming-tao Academy at I-hsing was another Tung-lin associate, Shih Meng-lin, who established it in 1608 on the Tung-lin pattern (see *Tung-lin Shu-yuan Chih*, chap. 22, p. 26*a*). At Ch'ang-shu a Yü-shan Academy was built, during the period when the Tung-lin group flourished, by the philosophically inclined local magistrate, Keng Chü (see n. 37 above), for the specific use of Ku Hsien-ch'eng; and, after Ku's death in 1612, sponsorship was continued by local personages (see Huang Tsung-hsi, *Ming-ju Hsueh-an*, XII, 12 [chap. 60]). At Chin-t'an was a Chih-chü Academy (*t'ang*), established by Yü K'ung-chien (see *Chin-t'an Hsien Chih* [17 *chüan*, 1885 movable-type ed.], chap. 9, pp. 4*b*–5*b;* and Ku Yü-mu *et al.*, *Ku Tuan-wen Nien-p'u* [4 *chüan*, appended to K'ang-hsi ed. of *Ku Tuan-wen Kung I-shu*], chap. 3, p. 36*b*). For reports of Ku's discourses in these satellite academies see *Ku Tuan-wen Kung I-shu*, Vols. IV, V; or *Ku Tuan-wen Kung Chi* (22 *chüan* plus supplementary 4th vol., Ch'ung-chen ed.), Vol. IV.

In 1609 it was apparently agreed that the grand annual assemblies should be held in rotation at Wusih, Wu-chin, I-hsing, and Chin-t'an (see Ku Yü-mu, *op. cit.*, chap. 3, p. 19*b*).

42. This was in the Jen-wen Academy at Chia-hsing, under the sponsorship of Ku's friend Yueh Yuan-sheng, a resident there (see *Ku Tuan-wen Kung Chi*, Vol. IV; or *Ku Tuan-wen Kung I-shu*, Vol. V; and Tsou I, *op. cit.*, chap. 6, pp. 17*a*–*b*).

43. Hua Yün-ch'eng, *Kao Chung-hsien Kung Nien-p'u* (appended in Vol. XII of 1690 ed. of *Kao-tzu I-shu*), *passim.*

44. Ku Yü-mu, *op. cit.*, chap. 3, p. 14*b*.

45. Jung Chao-tsu, *Ming-tai Ssu-hsiang Shih* (Shanghai, 1940), pp. 298–99.

46. Huang Tsung-hsi, *Ming-ju Hsueh-an*, XI, 50 (chap. 58).

47. See, e.g., Ku Yü-mu, *op. cit.*, chap. 2, p. 20*a*–*b*.

48. The following discussion of the Tung-lin philosophy is based primarily on Jung Chao-tsu, *op. cit.*, pp. 284–314; Huang Tsung-hsi, *Ming-ju Hsueh-an*, chaps. 58–61; Okada Takehiko, "Tōringaku no Seishin," *Tōhōgaku*, VI (June, 1953), 77–90; and, especially, Ku Hsien-ch'eng's "meeting agreement." Cf. Ch'ien Mu, *Sung Ming Li-hsueh Kai-shu* (Taipei, 1953), II, 272–301; Ch'ien Mu, *Chung-kuo Chin San-pai-nien Hsueh-shu Shih* (Shanghai, 1937 [reprinted 1948]), I, 7–21; and Busch, *op. cit.*, pp. 73–97.

49. For general information about Wang Yang-ming's thought see F. G. Henke, *The Philosophy of Wang Yang-ming* (Chicago, 1916).

50. See Huang Ch'an-hua, *Chung-kuo Fo-chiao Shih* (Shanghai, 1940), pp. 345–46; and Ch'en Yuan, *Ming-chi Tien Ch'ien Fo-chiao K'ao* (Peking, 1940).

51. The following discussion of Li Chih's thought is based on Jung Chao-tsu, *op. cit.*, pp. 231–56. Also see Jung Chao-tsu, *Li Cho-wu P'ing-chuan* (Shanghai, 1936); Shimada Kenji, *Chūgoku ni okeru Kindai Shii no Zasetsu* (Tokyo, 1949), pp. 178–251; and K. C. Hsiao, "Li Chih, an Iconoclast of the Sixteenth Century," *T'ien Hsia Monthly*, VI, No. 4 (April, 1938), 317–41.

52. Shen Shih-hsing, *Sheng-ch'u Hui-lu* (Wan-li ed.), chap. 1, p. 13*b*.

53. MS, chap. 241, pp. 3*b*–7*a*. A *chin-shih* of 1583, Chang Wen-ta was an early critic of Shen-tsung's laxity and extravagance and of the eunuch tax commissioners. He was involved in a court controversy in 1615, and in 1625 he was erased from the rolls. For Chang's denunciation of Li Chih see Jung Chao-tsu, *Li Cho-wu P'ing-chuan*, pp. 50–51.

54. Jung Chao-tsu, *Li Cho-wu P'ing-chuan*, pp. 58–59.

55. See, e.g., Ku Yü-mu, *op. cit.*, chap. 3, pp. 1*a*–2*a*.

56. *Ibid.*, p. 1*b*.

57. Ku Hsien-ch'eng, *Hsiao-hsin Chai Cha-chi* (6 vols., 1608 ed.), chap. 2, p. 7*b*. Cited in Jung Chao-tsu, *Ming-tai Ssu-hsiang Shih*, p. 287.

58. "Expression très employée par les philosophes moralistes des Song et des Ming, pour désigner d'une façon plus concrète l'*étude*, la poursuite de la perfection morale. Nous traduisons cette expression par le *travail* (*moral*)" (Wang Tch'ang-tche, *La Philosophie morale de Wang Yang-ming* ["Variétés sinologiques," No. 63 (1936)], p. 206).

59. Cf. Fung Yu-lan, *A History of Chinese Philosophy*, trans. Derk Bodde (Princeton, N.J., 1953), II, 624.

60. This is a condensation, in paraphrase, of Ku's long argument about "knowing the root" (*chih-pen*) in his "meeting agreement" (*Tung-lin Shu-yuan Chih*, chap. 2, pp. 4*a*–7*a*).

61. Ku Yü-mu, *op. cit.*, chap. 3, p. 9*b*.

62. MS, chap. 219, pp. 11*a*–13*b*.

63. *Ibid.*, chap. 217, pp. 13*b*–15*b*.

64. *Ibid.*, chap. 240, pp. 1*a*–9*a*. Yeh Hsiang-kao (Fukien, *chin-shih* 1583), as grand secretary, regularly supported the Tung-lin partisans. He retired in 1614, was recalled in 1621, and retired again in 1624. Some notes on Yeh's life are given in Gustav Ecke, "Two Ashlar Pagodas at Fu-ch'ing in Southern Fu-chien," *Bulletin of the Catholic University of Peking*, No. 8 (December, 1931), pp. 49–66.

65. See *Ku Tuan-wen Kung Chi*, III, 2*b*–9*b*, and Busch, *op. cit.*, pp. 52–53.

66. MS, chap. 232, pp. 7*b*–13*b*. Li San-ts'ai (Chihli, *Chin-shih* 1574) was a long-time personal friend of Ku Hsien-ch'eng and a controversial figure from 1608 on. He was considered by its enemies the political generalissimo of the Tung-lin party.

67. *Ibid.*, chap. 224, pp. 14*a*–19*b*; chap. 236, pp. 19*b*–20*a*.

68. *Ibid.*, chap. 216, pp. 13*a*–14*a*. A *chin-shih* of 1583, Wang T'u antagonized Shen I-kuan in 1603–4, supported Sun P'ei-yang in the evaluations of 1611, was denounced by opposition partisans, and went home on leave. He returned to service in 1623 but was impeached in 1624 by Wei Chung-hsien partisans and was erased from the rolls. His brother, Wang Kuo, was another prominent Tung-lin partisan. See MS, chap. 232, pp. 5*a*–6*a*.

69. *Ibid.*, chap. 236, pp. 10*a*–13*a*. A *chin-shih* of 1601, Wang Yuan-han was a notoriously forthright remonstrator. He repeatedly criticized Shen-tsung's laxity,

objected to the eunuch tax commissioners, denounced Li T'ing-chi, and recommended the recall of Tsou Yuan-piao, Ku Hsien-ch'eng, and others. Repeatedly attacked by opposition partisans, he finally left office on his own authority and subsequently was degraded. Under Wei Chung-hsien's regime, he was erased from the rolls.

70. *Ibid.*, chap. 254, pp. 3*b*–5*b*. A *chin-shih* of 1592, Ts'ao Yü-pien was a leading figure in the evaluations controversy of 1611, defended Li San-ts'ai, and went home on leave. Recalled in 1620, he supported Chao Nan-hsing in weeding out opposition partisans. While on leave at home in 1624, he was denounced as a Tung-lin ringleader and erased from the rolls.

71. *Ibid.*, chap. 236, pp. 16*b*–17*b*. A *chin-shih* of 1586, Ting Yuan-chien was an early disciple of Ku Hsien-ch'eng and subsequently a participant in conferences at the Tung-lin Academy (Ku Yü-mu, *op. cit.*, chap. 2, 11*a;* chap. 4, pp. 1*b*–2*a*). Dismissed from office in the 1590's after denouncing Wang Hsi-chueh, he was recalled and supported Sun P'ei-yang in the evaluations controversy of 1611. Denounced by a fellow-provincial as an ambition-goaded adherent of Ku Hsien-ch'eng and Li San-ts'ai, he was erased from the rolls in 1617. Recalled by Hsi-tsung, he was again erased from the rolls in 1625.

72. Chiang P'ing-chieh, *op. cit.*, *passim; Shan-hsi* [*Shensi*] *T'ung-chih* (100 *chüan*, 1735 ed.), chap. 60, p. 59*a*–*b; Shan-hsi* [*Shansi*] *T'ung-chih* (184 *chüan*, 1892 ed.), chap. 108, p. 24*a; Ch'ung-chi Wei-nan Hsien Chih* (18 *chüan*, 1829 ed.), chap. 13, pp. 25*a*–29*b*. Shih Chi-shih was a *chin-shih* of 1595.

73. MS, chap. 254, pp. 5*b*–7*a*. A *chin-shih* of 1592, Sun Chü-hsiang successively denounced Shen I-kuan, T'ang Pin-yin, and Fang Ts'ung-che. In 1617 he was transferred to a provincial post and retired. He was recalled in 1621. While on sick leave in 1624, he was denounced as a henchman of Li San-ts'ai, Shih Chi-shih, Chao Nan-hsing, and Yang Lien and was erased from the rolls.

74. See Wu Ying-chi, *op. cit.*, *passim.*

75. MS, chap. 236, pp. 17*b*–19*a*.

76. Ku Yü-mu, *op. cit.*, chap. 4, pp. 1*b*–2*a*.

77. MS, chap. 224, pp. 14*a*–19*b*.

78. *Shen-tsung Shih-lu*, chap. 483, pp. 4*b*–6*b*.

79. MS, chap. 218, pp. 14*a*–20*b*.

80. Chin Jih-sheng, *Sung-t'ien Lu-pi* (24 *chüan*, *Ch'ung-chen* ed.), chap. 22, pp. 24*a*–25*b*.

81. MS, chap. 244, pp. 1*a*–11*a;* biographical notice in Hummel, *op. cit.* A Hukuang man, Yang Lien was a *chin-shih* of 1607. Early in his official career, while magistrate of a district near Wusih, he had regularly attended conferences at the Tung-lin Academy.

82. MS, chap. 244, pp. 11*a*–15*a*. Tso Kuang-tou was an Anhwei man and a *chin-shih* of 1607.

83. See Wen Ping, *op. cit.*, chap. 1, pp. 25*b*–34*a*, 39*a*–41*a;* Ku Ying-t'ai, *op. cit.*, chap. 68; Tso Tsai, *Tso Chung-i Kung Nien-p'u* (2 *chüan;* appended to *Tso Chung-i Kung Wen-chi* [3 *chüan*, Ch'ing ed.]); Lin Yutang, *op. cit.*, pp. 69–70; and biographical notices of Wang Chih-ts'ai and Yang Lien in Hummel, *op. cit.*

84. MS, chap. 243, pp. 1*a*–5*b*. Chao Nan-hsing (Chihli, *chin-shih* 1574) had resolutely refused to flatter Chang Chü-cheng. Erased from the rolls in 1593, he became a symbol of the anti-administration cause. In 1620 he was recalled, and during the early 1620's he vigorously led the Tung-lin struggle to oust opposition partisans.

In 1624 he was dismissed by order of Wei Chung-hsien; then he was erased from the rolls and banished into frontier military service, which he did not survive.

85. *Ibid.*, chap. 305, pp. 17*a*–18*a*.

86. *Ibid.*, chap. 243, pp. 19*b*–21*a*.

87. This was Li Shih, who entered palace service in 1578 and eventually became companion-reader to Shen-tsung's heir apparent. Under Hsi-tsung he apparently lost favor, for he was not originally a partisan of Wei Chung-hsien, and in 1621 he was sent out to be supervisor of textile manufactures in Soochow and Hangchow. It has been suggested that the Tung-lin partisan Huang Tsun-su connived with Li Shih in the hope of using him as a lever to oust Wei Chung-hsien. Subsequently, however, Li was in part responsible for the arrests of many Tung-lin men in the Soochow area (see Wen Ping, *op. cit.*, chap. 2, p. 21*a;* Liu Jo-yü, *Cho-chung Chih*, chap. 15, pp. 19*a*–20*a;* Wu Ying-chi, *op. cit.*, chap. 3, pp. 5*b*–6*a;* MS, chap. 245, pp. 12*a*–15*b*). Cf. pp. 230 ff. in C. O. Hucker, "Su-chou and the Agents of Wei Chung-hsien," *Silver Jubilee Volume of the Zinbun-Kagaku-Kenkyusyo* (Kyoto, 1954), pp. 224–56.

88. This memorial is reproduced in Yang's collected works, *Yang Ta-hung Chi* (2 *chüan, Ts'ung-shu Chi-ch'eng* ed.). A condensed translation is given in Backhouse and Bland, *op. cit.*, pp. 68–72.

89. MS, chap. 245, pp. 18*b*–20*a*.

90. Versions of at least eight such lists are extant:

a) *Tung-lin Tang-jen Pang*: 309 names, reproduced in Ch'en Ting, *op. cit.* Three other complete texts are known, not entirely identical (see Chu Tan, "Tung-lin Tang-jen Pang K'ao-cheng," *Yen-ching Hsueh-pao*, XIX [1936], 157–71).

b) *Tung-lin Tien-chiang Lu:* 109 names, reproduced in Wen Ping, *op. cit.* Four other complete texts are known, also not identical (see Chu Tan, "Tung-lin Tien-chiang Lu K'ao-i," *Kuo-li Chung-shan Ta-hsueh Wen-shih-hsueh Yen-chiu So Yueh-k'an*, II, No. 1 [October, 1933], 33–65).

c) *Tung-lin P'eng-tang Lu:* 94 names, reproduced in Liu Jo-yü, *Cho-chung Chih Yü* (2 *chüan, Cheng-chueh Lou Ts'ung-k'o* ed.), chap. 1, pp. 7–12.

d) *Tung-lin Hsieh-ts'ung:* 53 names (*ibid.*, pp. 13–15).

e) *Tung-lin T'ung-chih Lu:* 319 names (*ibid.*, pp. 24–29).

f) *Tung-lin Chi-kuan:* 162 names (*ibid.*, pp. 30–33).

g) *Tao-ping Tung-lin Huo:* 393 names (*ibid.*, pp. 34–57).

h) *Huo-huai Feng-ch'iang Lu:* 35 names (*ibid.*, pp. 58–59).

Old manuscript versions of lists *c*, *d*, *e*, *f*, *g*, and *h*, almost identical in content with the *Cho-chung Chih Yü* texts, are owned by the Seikadō Library, Tokyo. Almost all the lists that are extant seem to have been altered in transmission.

Another Tung-lin party roster, this compiled by a friendly hand, is one entitled *Chung-cheng Piao-t'i*. I have seen only two versions:

a) In Vol. IV of the old manuscript collection *Pi-ts'e Ts'ung-shuo*, now in the possession of the Academia Sinica Institute of History and Philology, Taiwan: 378 names, without attribution of authorship.

b) In Vol I of the Naikaku Bunko (Tokyo) copy of Chin Jih-sheng, *Sung-t'ien Lu-pi:* 389 names, with preface and postface both by Chin Jih-sheng, dated 1633. This roster is not included in two other copies of *Sung-t'ien Lu-pi* that I have seen—in the Kyoto University Library and in the Sonkeikaku Bunko, Tokyo.

91. MS, chap. 306, pp. 28*a*–29*a*.

92. *Ibid.*, chap. 244, pp. 15*b*–19*a*. Wei Ta-chung, a Chekiang man, was a *chin-shih* of 1616.

93. *Ibid.*, chap. 306, pp. 11*b*–14*a*.

94. *Ibid.*, chap. 245, pp. 15*b*–18*b*. Li Ying-sheng was a native of Ch'ang-chou Prefecture and a *chin-shih* of 1616. He was a student of Wu Chung-luan (see n. 37 above).

95. MS, chap. 306, pp. 15*b*–18*a*.

96. Besides Yang, Tso, and Wei, the group included Chou Ch'ao-jui, Yuan Hua-chung, and Ku Ta-chang.

Chou Ch'ao-jui (Shantung, *chin-shih* 1607) had treated palace eunuchs with complete contempt, remonstrated forthrightly, and denounced Wei Chung-hsien and his adherents (MS, chap. 244, pp. 20*a*–21*b*).

Yuan Hua-chung (Shantung, *chin-shih* 1607) had impeached Fang Ts'ung-che in 1620, denounced growing eunuch influence in 1621, and had followed Yang Lien in attacking Wei Chung-hsien in 1624. He had thereupon been transferred to a provincial post (*ibid.*, pp. 21*b*–23*a*).

Ku Ta-chang (Soochow, *chin-shih* 1607) had been acquainted with the Tung-lin Academy group since 1607, if not before, though he perhaps did not participate in philosophical conferences there. In the early 1620's he repeatedly antagonized Wei Chung-hsien. He committed suicide in prison (*ibid.*, pp. 23*a*–24*b*; *Su-chou Fu Chih* [160 *chüan*, 1824 ed.], chap. 89, pp. 19*b*–21*a*; *Chiang-nan T'ung-chih*, chap. 153, pp. 11*b*–12*a*).

97. Besides Kao and Li, men imprisoned in 1625 included Chou Tsung-chien, Miao Ch'ang-ch'i, Chou Ch'i-yuan, Chou Shun-ch'ang, Wang Chih-ts'ai, and Huang Tsun-su (see n. 37 above).

Chou Tsung-chien (Soochow, *chin-shih* 1613) had remonstrated with Hsi-tsung about the influence of Madame K'o and had denounced Wei Chung-hsien. In 1625, while at home in mourning, he had been erased from the rolls (MS, chap. 245, pp. 7*b*–11*b*).

Miao Ch'ang-ch'i (Ch'ang-chou Prefecture, *chin-shih* 1613) was allegedly a protégé of Yü Yü-li. He was an active participant in the controversy of 1615. Subsequently he supported Yang Lien's denunciation of Wei Chung-hsien and was dismissed (*ibid.*, pp. 3*a*–5*a*).

Chou Ch'i-yuan (Fukien, *chin-shih* 1601) had been one of the most active Tung-lin partisans in the controversies of 1610–11 and had subsequently been transferred to a provincial post by Fang Ts'ung-che. He became governor of the Soochow area in 1623 and was erased from the rolls after controversies with a local eunuch dignitary, Li Shih, and a henchman of Wei Chung-hsien (*ibid.*, pp. 1*a*–3*a*).

Chou Shun-ch'ang (Soochow, *chin-shih* 1613) had helped restore Tung-lin partisans to power in the early 1620's. Subsequently, while living at home on leave, he had denounced Wei Chung-hsien in indignation at the treatment accorded his friends Chou Ch'i-yuan and Wei Ta-chung (*ibid.*, pp. 5*a*–6*b*). My article, "Su-chou and the Agents of Wei Chung-hsien" (see n. 87 above), is a study of a popular uprising that followed Chou Shun-ch'ang's arrest.

Wang Chih-ts'ai (Shensi, *chin-shih* 1601) was a central figure during the court controversies of 1615 and 1620 and one of the most vigorous Tung-lin partisans during the early 1620's. He had been removed from the rolls in opposition-controlled merit evaluations in 1617 but restored to service by Hsi-tsung (MS, chap. 244, pp. 25*a*–30*b;* biographical notice in Hummel, *op. cit.*).

98. *Hsi-tsung Shih-lu*, chap. 57, pp. 7*a*–8*a;* Sheng Lang-hsi, *op. cit.*, pp. 87 ff.

99. In 1628, after the era of persecution had ended, Wu Kuei-shen, a disciple of Kao P'an-lung and a long-time participant in the Tung-lin conferences (see n. 37 above), rebuilt the academy's front hall, wrote a supplement to Ku Hsien-ch'eng's "meeting agreement," and revived the philosophical conferences. From Wu's death in 1632, until 1653, the academy seems to have been neglected, but then one of Kao's nephews, Kao Shih-t'ai, again revived the conferences, rebuilt the temple in the rear of the academy compound, and wrote yet another supplement to the old "meeting agreement." Finally, in 1693–94 the assembly hall was rebuilt. But the academy never again flourished as it had under Ku Hsien-ch'eng and Kao P'an-lung (*Tung-lin Shu-yuan Chih*, chap. 1, pp. 2*b*–3*a*).

100. Several variant versions of this roster are extant: (*a*) in Wen Ping, *op. cit.*, chap. 2; (*b*) in Liu Jo-yü, *Cho-chung Chih Yü*, chap. 2; (*c*) in *Pi-ts'e Ts'ung-shuo*, Vol. XIII; and (*d*) in an old manuscript owned by the Seikadō Library, Tokyo. It appears likely that these lists, like the Tung-lin rosters, have been altered in transmission.

Another list of anti–Tung-lin men is *T'ien-chien Lu*, compiled about 1625 to show Wei Chung-hsien who were his friends. Perhaps the only extant version of this roster is that included in Liu Jo-yü, *Cho-chung Chih Yü* (chap. 1, pp. 60–61), which lists 105 names. A not quite identical roster, without a title but with an identical introductory statement, is appended to the *Pi-ts'e Ts'ung-shuo* version of the *Tung-lin Tien-chiang Lu*.

In all, 377 different anti–Tung-lin men are identified in these various lists.

101. *Tung-lin Tang-jen Pang* and *Tung-lin Tien-chiang Lu* (see n. 90 above).

102. The general population figures are those for 1578, as modified by O. B. van der Sprenkel in his article, "Population Statistics of Ming China," *Bulletin of the School of Oriental and African Studies, University of London*, XIV, No. 2 (1953), 289–326.

103. By Miao Ching-ch'ih (*Yen-hua-tung T'ang Hsiao-p'in* ed.). The seventeen men dealt with are Yang Lien, Tso Kuang-tou, Wei Ta-chung, Chou Ch'ao-jui, Yuan Hua-chung, Ku Ta-chang, Wan Ching, Chao Nan-hsing, Miao Ch'ang-ch'i, Chou Tsung-chien, Chou Shun-ch'ang, Chou Ch'i-yuan, Kao P'an-lung, Huang Tsun-su, Li Ying-sheng, Hsia Chih-ling, and Wu Yü-chung.

Hsia Chih-ling, a Honan man, was a censor who repeatedly offended Wei Chung-hsien and Ts'ui Ch'eng-hsiu. He was impeached, erased from the rolls, impeached again, arrested, imprisoned, and tortured to death (MS, chap. 245, p. 20*b*).

Wu Yü-chung, a Hukuang man, was another censor who offended Wei. He died after being beaten in court (*ibid.*, pp. 20*b*–21*a*).

104. Ku Yü-mu, *op. cit.*, chap. 2, pp. 1*a*–2*a*.

105. Hua Yun-ch'eng, *op. cit.*, pp. 1*a*–1*b; Tung-lin T'ung-nan Lu*, chap. 1, pp. 29*a*–30*b*.

106. See, e.g., Ku Yü-mu, *op. cit.*, chap. 2, pp. 9*b*, 11*b*, 13*a*. Ku Hsien-ch'eng's use of this term generally appears to suggest the philosophical group rather than the political group.

107. MS, chap. 244, p. 3*b*.

108. *Ibid.*, chap. 243, pp. 5*b*–11*a*.

109. Hua Yun-ch'eng, *op. cit.*, p. 18*b*.

110. See n. 37 above.

111. MS, chap. 240, pp. 1*a*–9*a;* chap. 245, pp. 12*a*–15*b*.

112. Huang Tsung-hsi, *Ming-ju Hsueh-an*, XII, 18–19 (chap. 61).

113. MS, chap. 245, pp. 12*a*–15*b*.

114. Huang Tsung-hsi, *Ming-ju Hsueh-an*, VIII, 50–51 (chap. 41); Jung Chao-tsu, *Ming-tai Ssu-hsiang Shih*, p. 299.

115. See n. 97 above.

116. Yin Hsien-ch'en, *Chou Chung-chieh Kung Nien-p'u* (in *Ts'ung-shu Chi-ch'eng* ed. of *Chou Chung-chieh Kung Chin-yü Chi*), chap 4, p. 34.

NOTES TO CHINESE DESPOTISM AND THE CONFUCIAN IDEAL: A SEVENTEENTH-CENTURY VIEW

1. To be published in the "Records of Civilization, Oriental Series," by Columbia University Press, in Spring, 1957. The original text of the *Ming-i Tai-fang Lu* (abbreviated "MITFL") consulted for present purposes is the woodblock edition of the Erh-lao ko, edited by Cheng Hsing and published between 1737 and 1743.

2. Cf. James Legge, *The Chinese Classics* (Oxford, 1893–95), III, 269, 278, 320 ff.; *The Sacred Books* (Oxford, 1899), XVI, 269, 242, 311.

3. Chang Ping-lin, *T'ai-yen Wen-lu* (*Chang-shih Ts'ung-shu* ed.), chap. 1, p. 116*b*. Liang Ch'i-ch'ao attempted to defend Huang from this charge by claiming that the death of the first Manchu emperor and the immaturity of his heir had in 1662 encouraged Ming adherents to believe that the new dynasty would soon collapse (*Chin San-pai-nien Hsueh-shu Shih* in *Yin-ping Shih Chuan-chi* [*Chung-hua Shu-chü* ed.], XVII, 48). The reference in Huang's preface to Hu Han's prediction of a new cycle, which was about to usher in a Golden Age, lends some credence to this view. However, Ch'üan Tsu-wang, who had studied Huang's writings carefully and was acquainted with members of Huang's family, asserts that Huang wrote this book precisely because he had given up hope for the Ming cause and could do nothing else to perpetuate the best traditions of that dynasty.

4. Ch'üan Tsu-wang, *Chi-ch'i T'ing-chi* (Commercial Press, *Kuo-hsueh Chi-pen Ts'ung-shu* ed. [hereinafter cited as "KHCPTS"]), chap. 22, p. 267.

5. *Ibid.*, *wai-pien*, chap. 44, p. 1331.

6. It is true that the Ming capital had been changed from Nanking to Peking, but this was done by a virtual usurper of the throne, Yung-lo.

7. Reign title: K'ang-hsi (1662–1722).

8. During the Ch'ing dynasty the name of this famous scholar, Cheng Hsuan, was rendered Cheng Yuan because of the taboo in force during the long reign of K'ang-hsi and the great awe in which he was held thereafter. Cf. *Tz'u-hai*, tzu 284*c*, No. 7; [Sung-pen], *Shih-san-ching Chu-su Fu Chiao K'an Chi* (hereinafter cited as "SSCCS") (*Mai-wang Hsien Kuan* ed., 1887), *Chou Li*, p. ia.

9. On this point cf. Hou Wai-lu, *Chin-tai Chung-kuo Ssu-hsiang Hsueh-shuo Shih* (Shanghai, 1947), II, 116–77.

10. Hu Han, *Hu Chung-tzu Chi* (*Ts'ung-shu Chi-ch'eng* ed. [hereinafter cited as "TSCC"]), chap. 1, p. 2.

11. MITFL, p. 4*b*, ll. 9–10.

12. *Ibid.*, p. 7*b*, ll. 3–5.

13. Topics discussed generally follow Huang's order of presentation in the original. Exceptions to this are the inclusion of his ideas on eunuchs (found at the end of the work) with other topics on the central administration; of his view on petty bureaucracy (next to last in the original) with those on the civil service generally; and of his discussion of border commanderies and location of the capital (found in the middle of the work) at the end along with his observations on military affairs.

14. Lin Mou-sheng misses this fundamental distinction between Taoist romanticism and Confucian idealism when he states (*Men and Ideas* [New York, 1942], p. 196): "Rousseau, father of modern liberalism, Marx, father of modern communism, and Proudhon, father of modern anarchism—all great revolutionary philosophers—assume the primitive state to be the utopian existence. So does Huang."

15. Mencius, Book VII, Part 2, chap. 14.

16. H. H. Dubs, *Works of Hsüntze* (London, 1928), p. 125.

17. Not all Confucianists took this view, however. Fang Hsiao-ju (1357–1402) takes essentially the same position as Huang in his essay on government administration (*Kuan-cheng*). Cf. *Hsün-chih-chai Chi* (SPTK, 1st ser.), chap. 3, p. 9*b*.

18. W. K. Liao, *Complete Works of Han Fei Tzu* (London, 1931), I, pp. 57, 61.

19. MITFL, p. 5*b*, ll. 9–6*a*, l. 2.

20. *Ming Shih*, chap. 95, pp. 1*a* and 3*a*, in [*Ch'in Ting*] *Erh-shih-ssu Shih* (*Han Fen Lou* facsimile reprint of Palace ed. of 1739 [Shanghai, 1916] [all subsequent references to the dynastic histories are from this edition]). Cf. also Ch'en Teng-yuan, "Shu Ming-i Tai-Fang Lu Hou," *Nanking Journal*, IV, No. 2 (1934), 277.

21. MITFL, p. 47*b*, l. 7.

22. Ku Yen-wu was one who subscribed to this view. Cf. *Jih-chih Lu* (Commercial Press, *Kuo-hsueh Chi-pen Ts'ung-shu* ed.), chap. 5, p. 28; chap. 9, p. 33.

23. MITFL, p. 10*b*, l. 10, and p. 11*a*, l. 2.

24. Liao, *Han Fei Tzu*, p. 65. This is essentially a restatement of the view advanced earlier by Mo-tzu: "What the superior thinks to be right all shall think to be right; what the superior thinks to be wrong all shall think to be wrong" (Yi-pao Mei, *Works of Motse* [London, 1929], p. 56).

25. Derk Bodde, *China's First Unifier* (Leiden, 1938), p. 82.

26. MITFL, p. 15*a*, ll. 3–6.

27. If we are to judge from his prefaces to the *Ming-ju Hsueh-an*, Huang's conception of orthodoxy changed later in life, and he would presumably have allowed Buddhism and Taoism a greater measure of toleration.

28. In this essay on schools Huang reveals that he has a special grudge against conceited young magistrates who fail to show sufficient respect to local civilians older and wiser than they.

29. See W. T. de Bary, "A Reappraisal of Neo-Confucianism," in Arthur F. Wright (ed.), *Studies in Chinese Thought* (Chicago, 1953), pp. 88 ff.

30. In only one instance does he cite Su specifically, but the issues he raises had been discussed earlier in Su's essay on "The Land System" (*Chia-yu Chi* [SPTK, 1st ser.], chap. 5, pp. 7*a*–9*b*), and Huang undoubtedly had this in mind when he wrote.

31. In *A Plan for the Prince* this argument is presented in an extremely elliptical manner ("Land System," Books I, II). An essay on taxes in Huang's *P'o-hsieh Lun*

(chap. 1, p. 6*b*), written much later as a postscript to the present one, clarifies his position somewhat.

32. This assertion is made in the *P'o-hsieh Lun*, chap. 1, p. 6*b*.

33. *Chia-yu Chi*, chap. 5, p. 8*b*.

34. His essay on the well-field system, *ching-mou* (*Hu Chung-tzu Chi* [TSCC ed.], chap. 1, pp. 7–11), anticipates many of the points made here by Huang, who was obviously much indebted to his work, and suggests a solution similar to Huang's based on earlier statistics for the Sung dynasty.

35. Huang's work has been cited as an important source for the study of Chinese tax history by modern writers. Cf. Wu Chao-hsin, *Chung-kuo Shui-chih Shih* ("History of Chinese Tax Systems") (Shanghai: Commercial Press, 1937), II, 141; Takashima Katsumi (ed.), *Shina Zeisei no Enkaku* ("The Development of Chinese Tax Systems") (Dairen: South Manchuria Railway, 1933), p. 155.

36. In other words, on land granted the cultivator by the government an additional 5 per cent could be charged as rent.

37. Lin Mou-sheng, *op. cit.*, p. 199.

38. For Confucius the "grass-roots" unit is the family, and the *Great Learning* especially stresses that no state can be well ordered unless the families living in it are first put in order. But in the political sphere what this means is that the ruler must tend to this basic problem before he can achieve harmony on a higher level. It does not mean that the ruler takes his lead from the householders of the land. Rather "the ruler is like the wind, the people like grass; when the wind blows across it, the grass must bend" (*Analects*, XII, 19; Legge, *Chinese Classics*, I, 123).

39. Liang Ch'i-ch'ao, *Chin San-pai-nien Hsueh-shu Shih*, p. 47.

40. *Ibid.*, According to L. C. Goodrich, whose *Literary Inquisition of Ch'ien-lung* (Baltimore, 1935) is the most exhaustive study of the books banned in this period, Huang's *Ming-i Tai-fang Lu* does not appear on any of the extant lists of proscribed books.

41. Liang Ch'i-ch'ao, *Ch'ing-tai Hsueh-shu Kai-lun* (Tokyo, 1938), pp. 32, 141.

42. T'ang Leang-li, *Inner History of the Chinese Revolution* (London, 1930), p. 2. Needless to say, the role of Huang as the ideological and organizational genius of the anti-imperialist struggle is a mythical creation, by which T'ang, as a nationalist, attempts to naturalize and dignify the revolutionary movement. For a more sober statement of Huang's influence on the revolutionary movement see Naitō Torajirō, *Shina Ron* (Tokyo, 1914), pp. 271–73.

43. Hu Shih, *Hu Shih Wen-ts'un Erh-chi* (10th ed.; Shanghai, 1947 [1st ed., 1924]), chap. 3, pp. 11–14 (*Huang Li-chou Lun Hsueh-sheng Yun-tung* ["Huang Tsung-hsi on the Student Movement"]).

44. Chang Ping-lin, *T'ai-yen Wen-lu*, chap. 1, p. 125*a*.

45. *Ibid.*, chap. 1, p. 128*b*.

46. Including bribery, "squeeze," extortionate taxation, embezzlement of public funds, and prostitution of their wives (cf. *ibid.*, p. 129*a*).

47. *Ibid.*

48. Hsiao Kung-ch'üan, *Chung-kuo Cheng-chih Ssu-hsiang Shih* (Shanghai, 1947), p. 264.

49. Hou Wai-lu, *op. cit.*, II, 116.

50. T'an P'i-mo, *Ch'ing-tai Ssu-hsiang Shih-kang* (3d ed.; K'ai-ming, 1947), pp. 8–20.

51. Hou Wai-lu, *op. cit.*, II, 104–64.

52. Hou's application of this view to the interpretation of Ch'ing thought is far less rigid and doctrinaire than that of T'an P'i-mo and shows a much closer acquaintance with Huang's writings. Since in other respects Hou's work is done in a conscientious and thoroughgoing manner, with due regard for his source materials, it is unfortunate that he should be burdened with a theory that tends to obscure, instead of clarify, the real issues. If, for instance, to present Huang in a favorable light he must be characterized as "antifeudal," it becomes extremely difficult to appreciate what he found of value in the Confucian feudal ideal.

53. Hou Wai-lu, *op. cit.*, II, 119.

54. *Ibid.*, p. 113.

55. *Ibid.*, pp. 108–9, 112–13.

56. *Ibid.*, pp. 120, 122, 124.

57. *Ibid.*, p. 128.

58. For a convenient summary of Ku's political beliefs see Hsiao Kung-ch'üan, *op. cit.*, pp. 269–74; and Matsui Hitoshi, *Shina Kinsei Seiji Shichō* ("Sekai Kōbō Shiron," Vol. XV [Tokyo, 1931]), pp. 145–356, 376–94.

59. (1629–83.) Lü's political ideas are discussed in Ch'ien Mu, *Chin San-pai-nien Hsueh-shu Shih* (Shanghai, 1937), I, 69–87.

60. (1630–1704.) For T'ang's political views see his *Ch'ien Shu;* see also Hsiao Kung-ch'üan, *op. cit.*, II, 265–68; and Ch'en Teng-yuan, *op. cit.*, which also presents other parallels to Huang Tsung-hsi's thought on specific issues.

NOTES TO SYNARCHY UNDER THE TREATIES

1. This comprehensive, systematic effort to analyze the dynasties of conquest comparatively was made by a group of fourteen scholars at Kyoto and Tokyo in a wartime research project for the Tōa Kenkyūjo. Some nineteen papers were reduced and revised to form the volume *Iminzoku no Shina Tōchishi* ("History of the Rule of Alien Peoples over China") (Tokyo, 1944; 424 pp.). (The first edition, *Iminzoku no Shina Tōchi Gaisetsu* [1943; 312 pp.], is practically identical.) Contributors included Momose Hiromu, Miyazaki Ichisada, Abe Takeo, Tamura Jitsuzō, and Sudō Yoshiyuki. The chief monographic study in this field (with broad implications) is by Karl A. Wittfogel and Feng Chia-sheng, *History of Chinese Society: Liao (907–1125)* (Philadelphia: American Philosophical Society, 1949; 752 pp.). The important pioneer work is by Owen Lattimore, *Inner Asian Frontiers of China* (New York: American Geographical Society, 1940; 2d ed., 1951; 585 pp.). In revising this paper, I have been much indebted to comments, among others, of James T. C. Liu, Owen Lattimore, and Wolfram Eberhard; note the latter's chapter, "Patterns of Nomadic Rule," in his *Conquerors and Rulers* (Leiden: Brill, 1952).

2. The chief analytic study is by Franz Michael, *The Origin of Manchu Rule in China* (Baltimore: Johns Hopkins Press, 1942; 127 pp.). The chief source has been translated by Erich Hauer as *Huang-Ts'ing K'ai-kuo Fang-lüeh, Die Gründung des Mandschurischen Kaiserreiches* (Berlin and Leipzig, 1926; 710 pp.).

3. On the relation of gentry to dynasty, suggestive theories have been put for-

ward by Wolfram Eberhard, *A History of China* (Berkeley and Los Angeles: University of California Press, 1950; 374 pp.), *passim.*

430 4. It is a commentary on political science studies of China in the West that the most thorough work in English on the Ch'ing administration is now thirty years old, that of Pao-chao Hsieh, *The Government of China (1644–1911)* (Baltimore: Johns Hopkins Press, 1925; 414 pp., no index), while the chief Japanese work has remained unused, namely, the Taiwan Government-General's eight-volume *Shinkoku Gyōseihō* (Tokyo and Kobe, 1910–14; 3,046 pp.).

5. On the early Portuguese depredations see Richard Thurnwald, *Koloniale Gestaltung: Methoden und Probleme überseeischer Ausdehnung* (Hamburg: Hoffmann und Campe, 1939; 492 pp.), pp. 57–68 and *passim.*

6. On European sea expansion into Asia generally see G. B. Sansom, *The Western World and Japan* (New York: A. A. Knopf, 1950; 504 pp.), Part I, "Europe and Asia."

7. The above developments are dealt with at greater length in J. K. Fairbank, *Trade and Diplomacy on the China Coast* (2 vols.; Cambridge, Mass.: Harvard University Press, 1953; 577 pp.), Part I, "China's Unpreparedness for Western Contact."

8. See *ibid.*, Parts II and III, on the first treaty settlement and its application.

9. See tables in Chao-ying Fang, "A New Technique for Estimating the Numerical Strength of the Early Manchu Military Forces," *Harvard Journal of Asiatic Studies*, XIII (June, 1950), 192–215.

10. References to the sepoys are in, e.g., John Ouchterlony, *The Chinese War* (London, 1844), pp. 39, 92, 152–56 and *passim.*

11. The Anglo-Chinese College was founded in 1818 by the pioneer Protestant missionary Robert Morrison. It was continued under W. C. Milne and remained closely connected with missions in China.

12. The Chinese junk trade played an important economic role in Far Eastern economic history and could be (but has not been) studied in a variety of gazetteers and special sources. See bibliography in J. K. Fairbank and S. Y. Teng, "On the Ch'ing Tributary System," *Harvard Journal of Asiatic Studies*, VI (June, 1941), 135–246.

13. Grace Fox, *British Admirals and Chinese Pirates, 1832–1869* (London: Kegan Paul, 1940), p. 126 and *passim.*

14. See *Huang-Ch'ing K'ai-kuo Fang-lüeh* (*Kuang-pai-sung-chai* movable type ed.; Shanghai), chap. 32, p. 5*b;* cf. Hauer, *op. cit.*, p. 584.

15. See the British bluebook, *Correspondence and Papers Relating to China* (1840), p. 33, Napier's lithographed statement of August 26, 1834. For this example I am indebted to Mr. Hsin-pao Chang.

16. W. D. Bernard, *Narrative of the Voyages and Services of the Nemesis . . .* (1-vol. ed.; London, 1844), pp. 183, 180, 188, 185, and 331, successively. Cf. Alexander Murray, *Doings in China* (London, 1843), p. 219: "The people, in general, were civil and seemed well-disposed to us, when none of their authorities or soldiers were near . . . readily supplying our men with water or tea."

17. Japanese scholars have gone furthest in study of the comprador system (see Negishi Tadashi, *Baiben Seido no Kenkyū*, and other works described in J. K. Fairbank and Masataka Banno, *Japanese Studies of Modern China* [Tokyo: Tuttle & Co., for the Harvard-Yenching Institute, 1955]).

18. The grain shipments have recently been studied by Harold C. Hinton, "The Grain Tribute System of the Ch'ing Dynasty," *Far Eastern Quarterly*, XI (May, 1952), 339–54.

19. Fairbank, *op. cit.*, p. 220.

20. The latest study of this growth is Rhoads Murphey, *Shanghai, Key to Modern China* (Cambridge, Mass.: Harvard University Press, 1953; 232 pp.).

21. Cf. Stanley F. Wright, *Hart and the Chinese Customs* (Belfast, 1950), p. 220.

22. Inspector-General's circular No. 8 of June 21, 1864. Also in H. B. Morse, *International Relations of the Chinese Empire*, III, 453–60. These sanguine instructions breathed the spirit of the "co-operative policy" then being pursued at Peking (see below).

23. See J. K. Fairbank, "The Definition of the Foreign Inspectors' Status, 1854–55 . . . ," *Nankai Social and Economic Quarterly*, IX (April, 1936), 125–63.

24. See Justice Richard Feetham, *Report of . . . to the Shanghai Municipal Council* (2 vols.; Shanghai, 1931), I, 99–111.

25. Marshall's anglophobia has been widely disseminated through Tyler Dennett's influential volume, *Americans in Eastern Asia* (New York: Macmillan Co., 1922, 725 pp.).

26. On the British and American assistance to Japan in her abolition of extrality see F. C. Jones, *Extraterritoriality in Japan* (New Haven, Conn.: Yale University Press, 1931), p. 155, and Dennett, *op. cit.*, p. 530.

27. As George Kennan (*American Diplomacy, 1900–1950* [Chicago: University of Chicago Press, 1951]) points out, "None of these communications had any perceptible practical effect" at the time. See also Charles S. Campbell, Jr., *Special Business Interests and the Open Door Policy* (New Haven, Conn.: Yale University Press, 1951).

28. This period has been studied by Dr. Mary C. Wright in her manuscript, "The T'ung-chih Restoration," now in process of publication. See also S. Y. Teng and J. K. Fairbank, *China's Response to the West: A Documentary Survey, 1839–1923* (Cambridge, Mass.: Harvard University Press, 1954; 296 pp.).

29. The most recent study is by John L. Rawlinson, "The Lay-Osborn Flotilla," *Papers on China* (Harvard Committee on Regional Studies), IV (April, 1950), 58–93.

30. See the extensive sources described in S. Y. Teng and J. K. Fairbank, *Research Guide for "China's Response to the West"* (Cambridge, Mass.: Harvard University Press, 1954; 84 pp.).

31. Mr. Kwang-ching Liu is making an illuminating study of this Sino-foreign enterprise. See his article, "Financing a Steam-Navigation Company in China, 1861–62," *Business History Review*, XXVIII (June, 1954), 154–81.

32. On this concept (*chi-mi*) see Fairbank, *Trade and Diplomacy*, p. 94.

33. Teng and Fairbank, *China's Response to the West*, pp. 62–63.

34. *Ibid.*, p. 48.

35. *Ibid.*, chaps. v*b* and xvii.

36. *Ibid.*, p. 53 (quoting Feng's *Chiao-pin-lu K'ang-i*) and p. 68 (quoting *Ch'ing Shih-lu*, edict of November, 1862).

37. Chiang Kai-shek, *China's Destiny* (authorized Wang trans.; New York: Macmillan Co., 1947, p. 77.

NOTES TO CHINESE CLASS STRUCTURE AND ITS IDEOLOGY

1. *Hsün-tzu* (*Ssu-pu Ts'ung-k'an* ed. [hereinafter cited as "SPTK ed."]), chap. 6,
432 p. 2*b;* H. H. Dubs, *The Works of Hsüntze* (hereinafter cited as "Dubs") (London: Arthur Probsthain, 1928), p. 152.

2. A statement of Liu-tzu. See *Ch'un-ch'iu Tso Chuan Chu-su* (*Ssu-pu pei-yao* ed. [hereinafter cited as "SPPY ed."]), chap. 27, p. 6*a;* James Legge, *The Chinese Classics* (hereinafter cited as "Legge") (5 vols.; London, 1861–72), V, Part I, 381–82.

3. A statement of Chih Wu-tzu. See *Tso Chuan Chu-su*, chap. 30, p. 16*a;* Legge, V, Part II, 440.

4. A statement of Yen-kung. See *Kuo-yü* (SPTK ed.), chap. 4, p. 1*a*.

5. *Tso Chuan Chu-su*, chap. 32, p. 2*b;* Legge, V, Part II, 458.

6. A statement of Kuo. See *Kuo-yü*, chap. 1, p. 16*a*.

7. *Meng-tzu Chu-su* (SPPY ed.), chap. 5B, pp. 1*b*–2*a;* Legge, II, 125–26.

8. *Meng-tzu Chu-su*, chap. 5A, p. 5*a;* Legge, II, 120.

9. *Hsün-tzu*, chap. 6, pp. 1*b*–2*a;* Dubs, p. 152.

10. *Hsün-tzu*, chap. 13, p. 1*a;* Dubs, p. 213.

11. *Hsün-tzu*, chap. 5, p. 3*b*. Cf. Dubs, pp. 123–24.

12. *Hsün-tzu*, chap. 6, p. 2*a*. Cf. Dubs, p. 152.

13. *Hsün-tzu*, chap. 2, p. 22*a*–*b;* Dubs, p. 65.

14. Thus *li* was defined by Hsün-tzu as follows: "*Li* is to nourish. A great man enjoys nourishment and also likes discrimination. And what is meant by discrimination? The answer is that a graded sequence be set up for the noble and the humble, that there is a difference between the elders and the young, and that whether the individuals are poor or rich, unimportant or important, all will be appropriate" (*Hsün-tzu*, chap. 13, pp. 1*b*–2*a;* cf. Dubs, p. 214). For a more detailed discussion on the meaning and function of *li* see Ch'ü T'ung-tsu, *Chung-kuo Fa-lü Yü Chung-kuo She-hui* (Shanghai: Commercial Press, 1947), pp. 217 ff.

15. *Hsün-tzu*, chap. 13, p. 1*a;* Dubs, p. 213.

16. *Hsün-tzu*, chap. 2, p. 22*a*–*b*. Cf. Dubs, pp. 65–66.

17. Talcott Parsons, *The Social System* (Glencoe, Ill.: Free Press, 1951), pp. 195–98.

18. *Meng-tzu Chu-su*, chap. 3B, p. 1*b;* Legge, II, 73.

19. *Hsün-tzu*, chap. 6, p. 4*b*. Cf. Dubs, p. 121.

20. *Meng-tzu Chu-su*, chap. 7A, p. 6*a;* Legge, II, 172.

21. *Hsün-tzu*, chap. 8, p. 7*a*–*b*.

22. *Hsün-tzu*, chap. 5, p. 9*a*–*b*. Cf. Dubs, p. 131.

23. *Hsün-tzu*, chap. 12, pp. 7*b*–8*a*. Cf. Dubs, p. 194.

24. *Lun-yü Chu-su* (SPPY ed.), chap. 8, p. 3*a;* Legge, I, 76.

25. *Lun-yü Chu-su*, chap. 8, p. 3*a*.

26. *Li-chi Chu-su* (SPPY ed.), chap. 52, p. 7*b;* Legge, I, 263.

27. Wang Fu, *Ch'ien-fu Lun* (SPTK ed.), chap. 1, p. 10*a*.

28. Wang Ch'ung, *Lun-heng* (SPTK ed.), chap. 1, p. 1*a*.

29. *Kuo-yü*, chap. 6, pp. 3*b*–5*a*.

30. For the significance of this concept in approaches to the sociology of knowledge see R. K. Merton, *Social Theory and Social Structure* (Glencoe, Ill.: Free Press, 1949), p. 223.

31. H. G. Creel, *Confucius, the Man and the Myth* (New York: John Day, 1949), p. 148.

32. *Lun-yü Chu-su*, chap. 3, p. 5*a;* Legge, I, 24.

33. *Lun-yü Chu-su*, chap. 13, p. 1*a–b;* Legge, I, 127–28.

34. *Lun-yü Chu-su*, chap. 12, p. 4*a;* Legge, I, 120.

35. *Lun-yü Chu-su*, chap. 16, pp. 2*b*–3*b;* Legge, I, 174–75. Cf. Hsiao Kung-ch'üan, *Chung-kuo Cheng-chih Ssu-hsiang Shih* (2 vols.; Shanghai: Commercial Press, 1945), I, 43–44.

36. *Meng-tzu Chu-su*, chap. 5A, p. 5*a–b*; Legge, II, 120–21.

37. *Meng-tzu Chu-su*, chap. 2A, p. 8*a;* 5A, p. 4*b;* Legge, II, 38, 118.

38. *Lun-yü Chu-su*, chap. 13, p. 3*a;* Legge, I, 130–31.

39. *Meng-tzu Chu-su*, chap. 14A, p. 4*b;* Legge, II, 359.

40. *Meng-tzu Chu-su*, chap. 3B, p. 3*a;* Legge, II, 76.

41. *Meng-tzu Chu-su*, chap. 1A, p. 6*b;* 2B, p. 5*a;* Legge, II, 9, 47.

42. *Meng-tzu Chu-su*, chap. 1A, p. 7*a;* IB, p. 4*a;* Legge, II, 11–12, 24.

43. *Li-chi Chu-su*, chap. 53, p. 12*a;* Legge, I, 274.

44. *Meng-tzu Chu-su*, chap. 5A, p. 4*a;* Legge, II, 116.

45. *Meng-tzu Chu-su*, chap. 10A, p. 3*a;* Legge, II, 250–52.

46. *Meng-tzu Chu-su*, chap. 6A, p. 4*b;* Legge, II, 145. In another instance, the king of Ch'i was willing "to give Mencius a house, somewhere in the middle of the kingdom and to support his disciples with an allowance of 10,000 *chung*" (*Meng-tzu Chu-su*, chap. 4B, p. 4*a;* Legge, II, 226).

47. *Meng-tzu Chu-su*, chap. 6A, pp. 4*b*–5*a;* Legge, II, 145–46.

48. *Meng-tzu Chu-su*, chap. 13B, p. 3*a–b;* Legge, II, 343–44.

49. Confucius himself made the remark that "in teaching there should be no distinction of classes" (*Lun-yü Chu-su*, chap. 15, p. 6*a;* Legge, I, 169). Cf. Feng Yu-lan, *A History of Chinese Philosophy*, trans. Derk Bodde (Peiping: Henri Vetch, 1937), pp. 47–52.

50. Ch'ien Mu, *Hsien-Ch'in Chu-tzu Hsi-nien K'ao-pien* (Shanghai: Commercial Press, 1935), p. 77.

51. *Lun-yü Chu-su*, chap. 6, pp. 2*a*, 3*b;* chap. 11, pp. 3*b*, 5*b;* chap. 13, p. 4*a;* Legge, I, 50, 53, 106–7, 110; *Shih-chi* (Po-na ed.), chap. 67; *Han-shu* (Po-na ed.), chap. 88, p. 2*a*.

52. *Lun-yü Chu-su*, chap. 19, p. 2*b;* Legge, I, 208.

53. Here we may cite the case of Marquis Wen of Wei, who honored Tzu-hsia as his teacher, and the case of the group of scholars who were received by the rulers of Ch'i at Chi-hsia. They were not officially appointed, but they received the salary of *shang ta-fu* and were treated nicely (see *Shih-chi*, chap. 46, pp. 13*b*–14*a;* chap. 74, p. 5*a;* Huan K'uan, *Yen-t'ieh Lun* [SPTK ed.], chap. 2, 13*b;* cf. Ch'ien Mu, *op. cit.*, pp. 215–21).

54. Chao I, *Nien-erh Shih Cha-chi* (SPPY ed.), chap. 2, p. 9*a–b*.

55. Cf. Hsiao Kung-ch'üan, *op. cit.*, I, 49–50.

56. *Hsün-tzu*, chap. 5, p. 1*b*.

57. *Han-shu*, chap. 88, pp. 4*b*–6*a*.

58. Hsü T'ien-lin, *Hsi-Han Hui-yao*, chaps. 44, 45; *idem*, *Tung-Han Hui-yao*, chap. 26.

59. *Hsi-Han Hui-yao*, chap. 44; *Tung-Han Hui-yao*, chap. 26.

60. For details see Ch'ü T'ung-tsu, *op. cit.*, chap. 3.

61. *Kuan-tzu* (SPTK ed.), chap. 1, p. 14*a*.

62. *Han-shu*, chap. 10, p. 13*b*.

63. *Ibid.*, chap. 1B, p. 10*b;* chap. 8, p. 24*a;* chap. 12, p. 3*a; Hou-Han-shu* (Po-na ed.), chap. 1A, p. 30*b; Hsü Han-chih* (Po-na ed.), chap. 26, p. 12; *Sung-shih* (Po-na ed.), chap. 199, p. 22*a; Ming-lü Chi-chieh Fu-li* (1908 ed.), chap. 1, pp. 6*a*, 11*a–b; Ta-Ch'ing Lü-li Hui-chi P'ien-lan* (1872 ed.), chap. 4, p. 25*a*.

64. *Wei-shu* (Po-na ed.), chap. 111, p. 12*b; Sui-shu* (Po-na ed.), chap. 25, pp. 9*a*, 18*a; T'ang-lü Su-i* (Lan-lin Sun-shih ed.), chap. 2, pp. 10*b*–13*a; Sung Hsing-t'ung* (Liu-shih Chia-yeh-t'ang ed.), chap. 2, p. 11*a; Ming-lü Chi-chieh*, chap. 1, pp. 19*a*–23*a; Ta-Ch'ing Lü-li*, chap. 4, pp. 7*a–b*, 10*a*, 48*a–b*, 60*a*.

65. *T'ang-lü Su-i*, chap. 21, pp. 11*a*, 14*a–b; Sung Hsing-t'ung*, chap. 21, pp. 10*a*, 12*b; Ming-lü Chi-chieh*, chap. 20, p. 11*a–b; Ta-Ch'ing Lü-li*, chap. 27, pp. 31*a*–32*a*.

66. Vilfredo Pareto, *The Mind and Society*, trans. Andrew Bongiorno and Arthur Livingston (4 vols.; New York: Harcourt, Brace & Co., 1935), III, 1419 ff.

67. Lu Yu, *Fang-weng Chia-hsün* (*Chi-pu-tsu-chai Ts'ung-shu* ed.), pp. 2*a*, 9*b*.

68. *Han-shu*, chap. 1B, p. 11*b;* 24B, p. 3*a*.

69. *Hsin T'ang-shu* (Po-na ed.), chap. 24, p. 12*b*.

70. Merchants were not permitted to enter on an official career, according to Han regulations (*Han-shu*, chap. 11, p. 3*b;* chap. 24B, p. 3*b;* chap. 72, p. 16*b; Hou-Han-shu*, chap. 81, p. 36*a*); neither were sorcerers (*Hou-Han-shu*, chap. 83, p. 15*a*). Artisans and merchants were not permitted to be officials in Sui and T'ang times (*Sui-shu*, chap. 2, p. 10*b; Chiu T'ang-shu* [Po-na ed.], chap. 43, pp. 3*b*, 7*a;* chap. 177, p. 18*b; Hsin T'ang-shu*, chap. 45, p. 1*a;* chap. 181, p. 5*a*). Under Sung, artisans and merchants were not qualified for the *chin-shih* examination (*Sung-shih*, chap. 155, p. 3*a*). In the Liao dynasty, physicians, diviners, butchers, and merchants were also excluded from the privilege of taking examinations (*Liao-shih* [Po-na ed.], chap. 20, p. 4*b;* chap. 27, p. 4*b*).

71. Here we adopt the terminology of Max Weber. "Class" refers to the possession of property, and "status" refers to prestige (see H. H. Gerth and C. W. Mills, *From Max Weber: Essays in Sociology* [New York: Oxford University Press, 1946], pp. 181 ff.; A. M. Henderson and Talcott Parsons, *Max Weber: The Theory of Social and Economic Organization* [New York: Oxford University Press, 1947], pp. 424–29).

72. *Han-shu*, chap. 48, p. 14*a*.

73. Wang P'u, *T'ang Hui-yao* (*Wu-ying-tien Chü-chen-pan* ed.), chap. 31, p. 15*a–b*.

74. *Han-shu*, chap. 24A, p. 11*b;* chap. 57A, p. 1*b;* chap. 59, p. 4*b;* chap. 91, p. 8*a–b*. It was remarked in an early Ch'ing source that two wealthy families of Wan-p'ing, Ch'a and Sheng, were fond of associating with the *shih ta-fu* and that they were accused by the censors for this reason (Chao-lien, *Hsiao-t'ing Hsü-lu* [1880 ed.], chap. 1, pp. 63*b*–64*a*).

75. Ch'ao Ts'o's memorial reads: "At the present time the laws and regulations (of the government) disesteem the merchant, but the merchant is already rich and honored. (Laws and regulations) dignify the farmer, but the farmer is already poor and disesteemed. Thus what usage honors is what rulers disesteem; what offices (*li*) debase is what law dignifies" (*Han-shu*, chap. 24A, pp. 11*b*–12*a;* N. L. Swann, *Food and Money in Ancient China* [Princeton, N.J.: Princeton University Press, 1950], p. 166).

76. Max Weber has noted the effect of economic power on status as follows: "Yet if such economic acquisition and power gave the agent any honor at all, his

wealth would result in his attaining more honor than those who successfully claim honor by virtue of style of life. Therefore all groups having interests in the status order react with special sharpness precisely against the pretensions of purely economic acquisition. In most cases they react the more vigorously the more they feel themselves threatened" (Gerth and Mills, *op. cit.*, p. 192).

77. Cf. nn. 67 and 78.

78. The "lazy people" (*to-min*) in Chekiang and the "beggars" (*kai-hu*) in Kiangsu and Anhwei were the same kind of people. Actually they were not beggars. Their main occupation was to render services to others at weddings or funerals. Most of the women supported themselves by dressing the hair of women of ordinary families or by being the *Pan-niang*, the maid who accompanied a bride (Shen Te-fu, *Yeh Hou Pien* [1827 ed.], chap. 24, pp. 29*b*–30*a; idem*, *Pi-chou-hsuan Sheng-yü* [*Hsueh-hai Lei-pien* ed.], chap. C, p. 10*a*.

79. The boatmen (*tan-hu*) are said to have been aborigines of the south, the *Nan-man*. Fishing, gathering of oysters, and collecting pearls were their major occupations. They were not treated as equals by the common people and were not allowed to live on the land by the native Chinese. The boats were their homes (T'ao Tsung-i, *Cho-keng Lu* [*Ching-ti Pi-shu* ed.], chap. 10, p. 5*a;* Ku Yen-wu, *T'ien-hsia Chün-kuo Li-ping Shu* [SPTK ed.], ts'e 29, pp. 107–8; Ch'ü Hsuan-ying, *Chung-kuo She-hui Shih-liao Ts'ung-ch'ao* [3 vols.; Shanghai: Commercial Press, 1937], II, 389–91).

80. Legally the "permanent servants," *shih-p'u* or *pan-tang*, were neither considered slaves nor classified as "mean" people. However, they were treated by the local populace as "mean" people and were compelled to render services to a family. When they enrolled for examination or purchased an official title, they were always accused by the commoners, who complained that they were "mean" people and not entitled to such privileges. An edict was issued in 1727 to assure their free status. Later, in 1810, however, a distinction was made in the law between two categories: those who were still kept by a master and rendered service in the latter's family were treated as slaves and were allowed to enter the examinations or to purchase an official title only three generations after manumission. On the other hand, those who were not kept by a master and did not render service at the time were treated as free people and were entitled to the above-mentioned privileges three generations later (for details see *Ch'ing Shih-lu* [1937 ed.], Shih-tsung, chap. 56, pp. 23*b*–28*b;* Jen-tsung, chap. 223, p. 25*a*–*b; Ta-Ch'ing Hui-tien Shih-li* [1886 ed.], chap. 158; *Hu-pu Tse-li* [1831 ed.], chap. 3, p. 27*a*–*b; Hsueh-cheng Ch'üan-shu* [1812 ed.], chap. 43, pp. 29*a*–30*a; Ta-Ch'ing Lü-li*, chap. 8, p. 18*a*–*b;* chap. 27, pp. 59*a*–62*b*).

81. E.g., see *Yun-yang Chang-shih Liu-hsiu Tsung-p'u* (1887), chap. 3, p. 2*b*.

82. *Liao-shih*, chap. 20, p. 3*b; Yuan-shih* (Po-na ed.), chap. 81, p. 9*a; Yuan Tien-chang* (*Ta-Yuan Sheng-cheng Kuo-ch'ao Tien-chang*, 1908), chap. 31, p. 15*b; Ming-shih* (Po-na ed.), chap. 3, p. 9*a; Hsueh-cheng Ch'üan-shu*, chap. 43, pp. 1*a* ff.

83. According to Ch'ing law, the children of prostitutes, entertainers, and government runners were not allowed to participate in the civil service examinations. Any member of such a family who entered for an examination or purchased an official title was dismissed and given one hundred strokes (*Ta-Ch'ing Lü-li*, chap. 8, p. 16*b; Hsueh-cheng Ch'üan-shu*, chap. 43, pp. 1*a*, 4*a*, 5*a*–*b*). Although the *yueh-hu* in Shensi and Shansi, the *kai-hu* in Kiangsu and Anhwei, the *to-min* in Chekiang, and the *tan-hu* in Kwangtung were removed from the category of "mean" people in 1723, 1729, and 1730, respectively, they were not allowed to participate in the examinations immediately. Their descendants could have this privilege only after a lapse of

four generations from the time of their change of occupation (*Ta-Ch'ing Hui-tien Shih-li*, chap. 158; *Hsueh-cheng Ch'üan-shu*, chap. 43, pp. 4*a*–5*a*).

84. In Ming and Ch'ing times black gowns were worn by the government runners, the so-called *tsao-li* (*Ming Hui-tien* [1587 ed.], chap. 61, p. 39*b; Ming-shih*, chap. 67, p. 23*a*).

85. It was required in the Yuan dynasty that a male member of the family of a prostitute wear a blue scarf (*Yuan Tien-chang*, chap. 29, p. 8*b; T'ung-chih T'iao-ko* [Peiping: National Peiping Library, 1930], chap. 9, pp. 4*a*–5*a*). In the Ming dynasty a green scarf was worn by the actors belonging to the *Chiao-fang-ssu* (*Ming Hui-tien*, chap. 61, 39*b; Ming-shih*, chap. 67, p. 23*a*).

86. *T'ang-lü Su-i*, chap. 17, p. 7*a;* chap. 22, pp. 2*a*–5*b; Sung Hsing-t'ung*, chap. 17, p. 6*b;* chap. 22, pp. 2*b*–5*a; Yuan-shih*, chap. 104, p. 7*a;* chap. 105, p. 13*a*–*b; Ming-lü Chi-chieh*, chap. 19, p. 5*b;* chap. 20, pp. 22*a*–*b*, 25*a*–26*a; Ta-Ch'ing Lü-li*, chap. 26, p. 17*b;* chap. 27, p. 58*a*–*b;* chap. 28, pp. 2*a*–4*a*.

87. *T'ang-lü Su-i*, chap. 26, pp. 11*b*–12*a*, 13*b; Sung Hsing-t'ung*, chap. 26, pp. 14*b*, 16*a; Yuan-shih*, chap. 104, p. 10*a*–*b; Ming-lü Chi-chieh*, chap. 25, pp. 8*b*, 11*b; Ta-Ch'ing Lü-li*, chap. 33, pp. 31*a*, 40*a*.

88. For a discussion of the correlation between power and status in a society, see Kingsley Davis, *Human Society* (New York: Macmillan Co., 1949), p. 95.

89. Gerth and Mills, *op. cit.*, p. 416.

NOTES TO REGION, FAMILY, AND INDIVIDUAL IN THE CHINESE EXAMINATION SYSTEM

1. See pp. 239 ff.

2. See p. 238 of this volume; H. G. Creel, *Confucius, the Man and the Myth* (New York, 1949), p. 159; Derk Bodde, "Harmony and Conflict in Chinese Philosophy," in A. F. Wright (ed.), *Studies in Chinese Thought* (Chicago, 1953), p. 51.

3. See, for instance, Chu Hsi in Dschu Hsi, *Djin-si lu, Die sungkonfuzianische Summa*, trans. Olaf Graf, O.S.B. (3 vols.; Tokyo, 1953), II, 461–62. This general Confucian tendency to stress duties rather than rights appears in the emphasis on the subject's duty to criticize an errant ruler rather than on his right of free speech. The duty-doer here merits protection, because he acts for duty's sake.

4. On Confucian objections to examinations see W. T. de Bary, "A Reappraisal of Neo-Confucianism," in A. F. Wright (ed.), *Studies in Chinese Thought* (Chicago, 1953), esp. 92–94. For the *yin-pu* system see K. A. Wittfogel, "Public Office in the Liao Dynasty," *Harvard Journal of Asiatic Studies*, X, No. 1 (June, 1947), 13–40; Ch'ien Mu stresses the merits of this system and the disadvantages of examination measures, to insure objectivity in his *Chung-kuo Li-tai Cheng-chih Te-shih* ("Pros and Cons of Chinese Political History") (2d ed.; Hong Kong, 1954), esp. pp. 64–66. On recommendation see E. A. Kracke, Jr., *Civil Service in Early Sung China* (Cambridge, Mass., 1953), esp. pp. 6–7. For recruitment methods in Sung, *ibid.*, pp. 57–76.

5. See Ch'en Yin-k'o, *T'ang-tai Cheng-chih Shih Shu-lun Kao* ("Notes on the Political History of the T'ang Period") (Chungking, 1943), pp. 10–15; Ma Tuan-lin, *Wen-hsien T'ung-k'ao* (*Chekiang Shu-chü* ed., 1882–96), chap. 29; these numbers do

not include degrees in the classics (*ming-ching*), as noted by Robert des Rotours, *Traité des examens* (Paris, 1932), p. 117.

6. The later T'ang system, under which candidates were known to the examiners, did not effectively prevent patronage of doctoral candidates by leading officials. Note that the loss of Sung population in 1127 meant that the number of graduates per capita actually increased during the Southern Sung. For the T'ang see Des Rotours, *op. cit.*, *passim;* Arthur Waley, *The Life and Times of Po Chü-i* (London, 1949), pp. 18–19, 23. For the tenth century, after the fall of the T'ang, see Wolfram Eberhard, *Conquerors and Rulers* (Leiden, 1952). For the early Sung see Kracke, *op. cit.*, pp. 58–72. For later periods see nn. 18–22.

7. See Ssu-ma Kuang, *Wen-kuo Wen-cheng Ssu-ma Kung Wen-chi* (*Ssu-pu ts'ung-k'an* ed.), chap. 30, pp. 1*a*–5*b;* Ou-yang Hsiu, *Ou-yang Wen-chung Kung Wen-chi* (*Ssu-pu ts'ung-k'an* ed.), chap. 113, p. 10*a*. See also Table 1. The doctorate of letters was only one—but the most important—of several doctoral degrees given at this time. The numbers of doctoral degrees in letters at this time suggest an average of over 200 for a two-year period (cf. Ma Tuan-lin, *op. cit.*, chap. 32, pp. 31*b*–33*b*). For population see below, n. 9. The figures used are earlier than 1100 for some of the Southwest and South Central circuits, so that their ratio of graduates to population may be relatively still lower.

8. The lists of 1148 and 1256 appear in the *Sung-Yuan K'o-chü San Lu* ("Three Records of Sung and Yuan Examinations"), ed. Hsü Nai-ch'ang (1929). For a discussion of other aspects of the lists and their history see Kracke, "Family vs. Merit in Chinese Civil Service Examinations under the Empire," *Harvard Journal of Asiatic Studies*, X, No. 2 (September, 1947), 103–23. The 1148 list is complete for its year, although there are a few scattered items of information lacking. The 1256 list lacks entirely about 5 per cent of its entries, and a number of entries are incomplete, as noted below, but it supplies certain details lacking in the earlier list and supports many of its indications.

9. See Tables 2 and 3. Circuit populations for the period about 1100 follow Chao Hui-jen, "Sung Shih Ti-li-chih Hu-k'ou Piao" ("Table of Sung History Geographic Monograph Populations"), *Yü-kung*, II, No. 2 (September, 1934), 19–30; and *Sung-shih* (Po-na ed.), chap. 88, p. 1*a*–*b*. For 1162, *Sung Hui-yao Chi-kao*, "Shih-huo," chap. 69, p. 71*a*. For 1223, Ma Tuan-lin, *op. cit.*, chap. 11, pp. 18*b*–20*a*. For 1290, *Yuan-shih* (Po-na ed.), chap. 62, *passim*. Separate figures for Che-tung and Che-hsi are available only for about 1100 and for 1290; for 1162 and 1223, known combined increases are here conjecturally allocated. Data on population changes through the Sung are sufficiently full and consistent to give us some confidence in the general reliability of the figures in terms of households (making allowance for certain obvious errors and assuming some inaccuracy in census reports, especially in border regions). For further discussion of Sung population data see my article, "Sung Society," *FEQ*, XIV, No. 4 (August, 1955), 479–88. The residence data provided by the 1148 and 1256 lists probably indicate most often the actual homes of graduates. In 1256, in many cases both legal and temporary residence are given; in such cases the temporary residence is followed in these tabulations. The one man listed as from occupied North China, without residence in the South, is from a border region, suggesting that in other cases the legal residence is usually the actual. The 1148 list distinguishes between legal and temporary residence in only one case. In others it seems on the whole probable that the legal residence is commonly the actual

or recent residence of the candidate's family (as in the case of those listed from occupied North China). For example, Chu Hsi is known to have moved his actual residence several times, but the legal residence given is that where he probably lived at the time of the examination. Imperial descendants are tabulated separately and not counted under the circuit of their residence.

10. See Table 2. Eight of the sixteen circuits had markedly denser populations: Fu-chien, Che-tung, Che-hsi, Chiang-nan Tung, Chiang-nan Hsi, Ching-hu Nan, Ch'eng-tu, and T'ung-ch'uan. These eight contained all six circuits that in 1148 exceeded the average representation by five men or more per million households, and three of the five similarly above average in 1256 (all three were also among the six of 1148). In the absence of exact city population figures, their relative size can only be inferred approximately from the relative populations of the prefectures in which they are located. The eight circuits with higher ratio of graduates to population in one year or the other held 28 of the 41 prefectures with over 100,000 households as of *ca.* 1100 (the latest full prefectural population data available for the Sung). Among these eight circuits were four of the five with the largest numbers of prefectures of such size.

11. See Table 3. Civil servants also received noble titles as a reward for service, of course, but these did not constitute a separate class in the same way. All imperial clan candidates in 1148 had official forebears in all three generations; in 1256 there was much variation, explained perhaps by the growth of the clan in the interim. One graduate of 1148 was descended from the T'ang rulers, but showed no official forebears in the last three generations. All imperial clan graduates in 1148 received grades in the third and fourth examination groups (of five). In 1256 they were scattered in the first four, over 66 per cent being in the fourth.

12. In the 1256 list the absence of notation that a given forebear held office may indicate in some cases missing information rather than nonofficial status. The resemblance between the two lists in the distribution of official and nonofficial forebears suggests, however, that such cases were not numerous. In tabulating the 1148 data, all cases lacking a definite statement on any one forebear's official service or its absence are excluded. No data on maternal ascendants are available. Nine "new men" by our definition in 1148 and thirteen in 1256 showed officials among three generations of collateral male ascendants. These few cases do not affect the general group totals materially and, being fragmentary, would distort the data for statistical purposes if included. They are all heads of the candidates' households; this atypical relationship would also make them somewhat misleading examples of collateral ascendants in general. Tables of candidates by examination group and by exact degree of relationship in the paternal line for the empire as a whole will be found in Kracke, "Family vs. Merit," *op. cit.* An interesting case of maternal influence on scholarly success in the Ming appears in L. C. Goodrich, "Maternal Influence: A Note," *Harvard Journal of Asiatic Studies*, XII, Nos. 1–2 (June, 1949), 226–30.

13. Twenty new men in 1256 show forebears with examination degrees of some sort; no such data are available for 1148. Ten brothers of new men and one nephew had degrees or offices in 1148, and twenty-three brothers in 1256.

14. See Table 3. Excluding imperial descendants and men from occupied North China, combined residence and official connection data are available on 240 cases in 1148 and on 484 in 1256.

15. The changes in circuit populations between 1100 and 1162 must be strongly

influenced by the devastation of some areas (fighting extended even south of the Yangtze) and the movement of refugees to others. The changes from 1162 to 1223 should represent the long-term changes more faithfully. The population rises reported in 1290—of Chiang-nan Tung to 1,644,369 households and Che-hsi to 2,142,289—might help to explain the high proportion of new men there, while the decline of new men in Fu-chien may be compared with the fall in 1290 to 1,300,817 households. Excluding the imperial clan, graduates whose homes were elsewhere than their legal residences numbered 14 in Fu-chien, 16 in Che-tung, 7 in Chiang-nan Tung. All other circuits combined had 10.

16. See n. 7. The students of the Directorate of Education (Kuo-tzu Chien) were to receive a similar quota, and students related to examining officials would receive a test by another examiner without distinction of circuit.

17. See Table 4. There were also 47 racial South Chinese from other areas. Note that areas for the Mongol period show the following changes from those used for Sung: the old Kuang-nan Tung now moved from South Central to Southeast; the old Kuang-nan Hsi now moved from Southwest to South Central. Quotas in *Yuan-shih* (Po-na ed.), chap. 81, p. 5*b*. For population data see Herbert Franke, *Geld und Wirtschaft in China unter der Mongolen-Herrschaft* (Leipzig, 1949), p. 128. For Southeast see *Yuan-shih*, chap. 62, *passim*. *Se-mu jen*.

18. See Table 5. The Mongols were the first to incorporate Yunnan in the empire; they occupied Szechwan some time before the fall of the Southeast, and classified the Chinese of the two provinces as North Chinese. The Ming provincial *chü-jen* quotas, in contrast with the Mongol, followed fairly closely the relative provincial populations. There were some clear deviations. Proportionately higher quotas appeared in certain highly developed areas (especially the regions of the Northern and Southern capitals and Fukien) and also in the southwestern border areas (Kwangsi, Yunnan, Kweichow), probably reflecting, in the first case, a larger educated group and, in the second, the wish to insure at least a minimum representation for all areas (see also n. 22). For numbers of degrees see Huang Ch'ung-lan, *Ming Kung-chü K'ao-lueh* ("Outline Study of Ming Examinations") (Ching-ling, 1879), *passim;* P. C. Hsieh, *The Government of China, 1644–1911* (Baltimore, 1925), pp. 162–63. For Ming quotas, *Ming-shih* (Po-na ed.), chap. 70, pp. 5*b*–6*a*. The 1425 rule gave 60 per cent of its places to the South, 40 per cent to the North. The regions defined in 1454 were: *South:* Chekiang, Kiangsi, Fukien, Hu-kwang, Kwangtung, and the places of Ying-ti'ien, Su-chou, and Sung-chiang; *Middle:* Szechwan, Kwangsi, Yunnan, Kweichow, and the places of Feng-yang, Lu-chou, Ch'u-chou, Hsü-chou, and Ho-chou; *North:* Shun-t'ien, Shantung, Shansi, Honan, and Shensi. The quotas were applied at the *hui-shih* examinations. Later deviations from this rule were generally short-lived. Southerners swept the field in 1397; the emperor suspected favor and replaced them entirely with Northerners (*ibid.* and Ku Chieh-kang, "A Study of Literary Persecution in the Ming," trans. L. C. Goodrich, *Harvard Journal of Asiatic Studies*, III, Nos. 3–4 [December, 1938], 254–311, esp. 274–77). For suggestions concerning the Ming data I am indebted to Dr. C. O. Hucker; he is not, however, responsible for any interpretations offered here. For Ch'ing *hui-shih* quotas, Étienne Zi, *Pratique des examens littéraires en Chine* (Shanghai, 1894), pp. 178–79 and *passim*. Note that in Table 5, on nineteenth-century quotas and population, the populous northern Anhwei and northern Kiangsu areas are moved from the Middle Region to the Northern and Southern regions, respectively.

19. For Ming populations see O. B. van der Sprenkel, "Population Statistics of Ming China," *Bulletin of the School of Oriental and African Studies*, XV (1953), 289–326; and Wang Ch'ung-wu, *Yen-ching Hsueh-pao*, XX (1936), 331–73. The nineteenth-century population data are relatively unsatisfactory. See articles of W. F. Willcox in *Journal of the American Statistical Association*, March, 1928, pp. 18–30, and September, 1930, pp. 255–68; S. Couling, *Encyclopedia Sinica* (Shanghai, 1917), p. 488; and sources supplied in C. L. Chang (n. 21 below). The 1885 figures for Szechwan (in the Middle Region) appear improbably large.

20. See tables in Kracke, "Family vs. Merit," *op. cit.*

21. I am greatly indebted to Dr. Chang, Dr. Franz Michael, and Dr. Hellmut Wilhelm for their kindness in arranging for me to consult the manuscript of Dr. Chang's "Studies on the Gentry of Nineteenth-Century China" before its publication and in making available to me rough data from still incomplete studies of nineteenth-century examination lists made by Dr. C. K. Yang and Dr. Chang. Some aspects of the nineteenth-century analysis are suggestive for the interpretation of earlier periods as well. Data on doctoral (*chin-shih*) examinations are drawn from the lists of 1835, 1868, and 1894, and those on the master's (*chü-jen*) examinations from the lists of 1834 and 1851. In estimating the proportion of new men, not only the offices or ranks held by three generations of patrilineal forebears but also any degrees held by them have been used as criteria of official connection, so that the proportions of new men thus obtained (14 per cent for these three examinations, or 19 per cent if another of 1907 be also included) are not easily comparable with figures of the twelfth and thirteenth centuries. In any case, the latter figures would be more comparable to those of the nineteenth-century *chü-jen*, since the nineteenth-century doctoral numbers were more restricted than in the Sung, and lower offices in particular had come to be filled by *chü-jen* as well. Using the same criteria as for the doctors, the proportion of new men here comes to 32 per cent in the two nineteenth-century examinations, and 35 per cent for a similar group based on a biographic analysis (see below). We may note that an earlier study, based on a much smaller number of examination papers gathered at random in Peiping and applying similar criteria, reached a figure of 16.2 per cent for a mixed group, largely of the later nineteenth century, including holders of all kinds of degrees (P'an Kuang-tan and Fei Hsiao-t'ung in *She-hui K'o-hsueh* ["Social Science"], IV, No. 1 [October, 1947], 1–21). Generalizations and inferences concerning the regional distribution of new men among nineteenth-century doctoral graduates are my own, based on the rough notes of Drs. Chang and Yang.

22. The less rigorous competition for the lower degrees would naturally be another factor. Detailed data concerning holders of lower degrees (including those who also passed higher examinations) are to appear in Dr. Chang's forthcoming book, which deals with many aspects of the subject beyond the scope of the present study. Holders of title, grade, degree, or official rank are designated by the term "gentry"; in a strict sense that excludes persons of wealth or prominence not so qualified. Data here cited are based on Dr. Chang's analysis of over 5,000 biographies of the period from 1796 to 1908 (over 2,000 with relevant data).

23. The speculations in this paragraph and those following are my own.

24. The South already dominated Confucian scholarship by the end of the Northern Sung (see Yü Ying, "Sung-tai Ju-che Ti-li Fen-pu Ti T'ung-chi" ["Statistics on the Geographic Distribution of Sung Confucianists"], *Yü-kung*, I, No. 6, [May, 1934], 17–22). See also above, n. 7. The rise of the Southern political power

was slower, but also clear; among the councilors of state (*tsai-chih*) the North supplied about 90 per cent from 960 to 1022, 61 per cent from 1022 to 1085, and 48 per cent from 1085 to 1127. The proportion from the South (including Szechwan) was greatest under Shen-tsung (*ca.* 56 per cent) and Hui-tsung (*ca.* 62 per cent). See Sudō Yoshiyuki, *Sōdai Kanryōsei to Daitochi Shoyū* ("The Rules Governing Officials in the Sung Dynasty and Great Landholdings") (Tokyo, 1950). This book, which was called to my attention by Dr. L. S. Yang after the completion of the present paper, also includes an analysis of data on the regional distribution and social mobility of Sung examination graduates according to the 1148 and 1256 examination lists. Professor Sudō's findings coincide in part with those here presented, but he analyzes the data under somewhat different categories and from a different point of view.

NOTES TO THE FUNCTIONAL RELATIONSHIP BETWEEN CONFUCIAN THOUGHT AND CHINESE RELIGION

1. Alfred Bertholet, "Religion," *Encyclopaedia of the Social Sciences.*

2. Joachim Wach, *Sociology of Religion* (London, 1947), pp. 393 ff.; also William James, *The Varieties of Religious Experience* (London, 1902), pp. 26 ff.

3. Cf. James Legge, *Life and Teachings of Confucius* (London, 1867); D. S. Suzuki, *A Brief History of Early Chinese Philosophy* (New York, 1914); Hu Shih, "Shuo Ju" ("On Ju"), *Academica Sinica Bulletin,* IV, No. 3, 233–84; Liang Ch'i-ch'ao, *Yin-ping-shih Ch'üan-chi* ("Complete Works of the Ice-drinker's Studio"), XXIII, 138–41.

4. Liang, *op. cit.*; cf. also Chan Wing-tsit, *Religious Trends in Modern China* (New York, 1953), chaps. 1 and 6.

5. *Jen-min Jih-pao* ("People's Daily") (Peiping), January 28, 1953.

6. Sidney D. Gamble, *Ting Hsien, a North China Rural Community* (New York, 1954), pp. 406–7.

7. *Ibid.*

8. *Ibid.*, chap. 10.

9. *Lun-yü*, VII, 20. This interpretation and translation of the Chinese text *kuai li luan shen* is different from most commentaries and Legge's translation of it: "The subjects on which the Master did not talk were . . . extraordinary things, feats of strength, disorder, and spiritual beings." The latter version is contradictory to the fact that the Master did talk a great deal about disorder and refer frequently to spiritual beings. Hence the adoption of the version in the text above. In other places throughout this paper, translations from the *Lun-yü*, *Chung-yung*, and *Meng-tzu* are Legge's.

10. *Lun-yü*, XI, 11.

11. *Ibid.*, VI, 20.

12. H. G. Creel, "Was Confucius Agnostic?" *T'oung pao*, XXIX (1932), 55–99.

13. See the numerous miracles in *Tso-chuan*. Also Fung Yu-lan, *History of Chinese Philosophy*, trans. Derk Bodde (Princeton, N.J., 1952), Vol. I, chap. iii.

14. Max Weber, *Essays in Sociology*, trans. and ed. H. H. Gerth and C. Wright Mills (London, 1947), pp. 350 ff.

15. Leading opinions on this issue have been reprinted in Ku Chieh-kang (ed.),

Ku-shih Pien ("Critical Studies of Ancient History") (Peiping, 1935), V, 343–753.

16. Cf. paper by Wolfram Eberhard in the present volume.

17. Fung, *op. cit.*, chap. iii; H. G. Creel, "Shih T'ien" ("The Meaning of T'ien"), *Yenching Journal*, No. 18 (1935), pp. 59–71; Wen I-to, "T'ien-wen Shih T'ien" ("The Meaning of Heaven in T'ien-wen"), *Tsing Hua Journal*, IX, No. 4 (1934), 873–95.

18. Chan, *op. cit.*, chap. vi.

19. Weber, *op. cit.*, pp. 350 ff.

20. See the Table of Contents, Tung Chung-shu, *Ch'un-ch'iu Fan Lu*.

21. Ma Hsü-lun, "Shuo Ming" ("On Fate"), *Hsueh-lin*, No. 9 (July, 1941), pp. 15–34; also Fu Ssu-nien, *Hsing Ming Ku-hsun Pien-cheng* ("Critical Study of the Ancient Teachings on Human Nature and Fate"), a summary of which appears in Chan, *op. cit.*, pp. 27–29.

22. *Lun-yü*, XII, 5.

23. *Ibid.*, XIII, 38.

24. *Meng-tzu* ("Works of Mencius"), I, 16.

25. *Ibid.*, II, 13.

26. Cf. Lu Fu-ch'en, *K'o-ch'ang I-wen Lu* ("Strange Stories from the Imperial Examination Halls") (Shanghai, 1863).

27. *Lun-yü*, XX, 3.

28. *Ibid.*, XVI, 8.

29. *Ibid.*, II, 4.

30. Fan Wen-lan, "Yü Chieh-kang Lun Wu-hsing-shuo ti Ch'i-yuan" ("A Discussion with Chieh-kang on the Origin of the Theory of the Five Elements"), *Ku-shih Pien*, V, 642.

31. Fung, *op. cit.*, pp. 26–30, 380.

32. *Lun-yü*, VII, 16.

33. Liang Ch'i-ch'ao, "Yin-yang Wu-hsing Shuo Chih Lai-li" ("The Origin of the Theory of Yin-Yang and the Five Elements"), *Ku-shih Pien*, V, 353–59.

34. *Ibid.*

35. Ku Chieh-kang, "Wu-te Chung-shih Shuo Hsia Chih Cheng-chih Ho Li-shih" ("Politics and History under the Cyclical Theory of the Five Virtues"), *Ku-shih Pien*, V, 404–617, esp. tables on pp. 463 and 585.

36. Hsü Wen-shan, "Ju-chia Ho Wu-hsing ti Kuan-hsi" ("The Relation between Confucianism and the Five Elements"), *Ku-shih Pien*, V, 669–703.

37. *Ku-shih Pien*, V, 335–59.

38. Tung Chung-shu, *op. cit.*

39. *Li-chi*, XIV, 3–4; also see the paper by Yang Lien-sheng in the present volume.

40. Cf. Liang Sou-ming, *Chung-kuo Min-chu Tzu-chiu Yun-tung Tsui-hou Chih Chueh-wu* (1932).

41. *Hsün-tzu*, XIII, 24–26, as translated by D. Bodde in Fung, *op. cit.*, p. 351.

42. *Li-chi*, XIV, 5–7, as translated by D. Bodde in Fung, *op. cit.*, p. 352. The present writer has substituted, for the Chinese term *huang fu*, "dreamy state" of mind for Bodde's "lost abstraction" of mind. The term "dreamy state" has been used by William James to describe similar religious experience (see James, *op. cit.*, p. 382).

43. Compare with Robert H. Lowie, *Primitive Religion* (London, 1936), pp. 3–14; also James, *op. cit.*, pp. 6–10.

44. Compare with James, *op. cit.*, pp. 386–88.

45. Cf. the paper by Arthur F. Wright in the present volume.

46. Fu Ch'in-chia, *Chung-kuo Tao-chiao Shih* ("History of Chinese Taoist Religion") (Shanghai, 1946), pp. 145–48.

47. *Ibid.*, pp. 84–93.

48. Lowie, *op. cit.*, p. 30.

49. *Ch'ing-ch'ao Hsü Wen-hsien T'ung-k'ao*, CLIV, 9109.

50. *Ta-ch'ing Lü-li Tseng-hsiu T'ung-tsuan Chi-ch'eng* ("The Laws and Regulations of the Ch'ing Dynasty") (rev. ed.; Shanghai, 1905), Vol. VIII.

51. A similar observation is made by John Shryock in his *The Temples of Anking and Their Cults* (Paris, 1931), p. 35.

52. *Ibid.*

53. Gamble, *op. cit.*, chap. 10.

54. Wright, *op. cit.*

55. *Ta-ch'ing Lü-li*, chap. xvi.

56. Gamble, *op. cit.*

57. *Ch'ing-ch'ao Hsü Wen-hsien T'ung-k'ao*, Vol. CLXVI.

58. *Ibid.*

59. *Ta-ch'ing Lü-li*, Vol. VIII.

60. *Ibid.*, p. 61.

61. Gamble, *op. cit.*

62. Chan, *op. cit.*, p. 81.

63. *Chung-yung*, chap. xxx.

64. See also the example of magic used in an epidemic crisis in Yunnan Province in Francis L. K. Hsü, *Religion, Science and Human Crises* (London, 1952).

NOTES TO THE CONCEPT OF *PAO* AS A BASIS FOR SOCIAL RELATIONS IN CHINA

1. For a general discussion see Marcel Mauss, "Essai sur le don, forme archaique de l'échange," *Année sociologique*, N.S., Vol. I (1923–24), or English translation by I. Cunnison, *The Gift: Forms and Functions of Exchange in Archaic Societies* (1954). I am indebted to Professor Wolfram Eberhard for this reference.

2. *Li-chi*, "Ch'ü Li," *A*, chap. 1, p. 6*a;* Legge, *Li Ki*, chap. 1, p. 65. The edition for the Chinese classics is that of the *Shih-san Ching Chu-su.*

3. Arthur H. Smith, *Proverbs and Common Sayings from the Chinese* (rev. ed.; 1902), pp. 289–90.

4. For instance, see Shih T'ien-chi, *Ch'uan-chia Pao, Chih Shih-shih*, p. 31*a–b*.

5. An early example was Fu Hsien of the Later Han dynasty. See *Hou-Han-shu* by Hsieh Ch'eng, quoted in *Pei-t'ang Shu-ch'ao*, chap. 53, p. 13*a*.

6. *Lun-yü*, "Hsien Wen," 14, 6*a;* Legge, *Confucian Analects*, p. 288.

7. *Li-chi*, "Piao Chi," chap. 54, p. 2*a;* Legge, *Li Ki*, chap. 2, p. 332.

8. On revenge and blood feuds see Ch'ü T'ung-tsu, *Chung-kuo Fa-lü Yü Chung-kuo She-hui* (1947), pp. 50–65. On pp. 50–51 is a list of important Western works on the subject.

9. *T'u-shu Chi-ch'eng* ed., p. 42.

10. Fung Yu-lan, *A Short History of Chinese Philosophy*, ed. Derk Bodde (1948), pp. 148–50.

11. *Ibid.*, p. 50.

12. *T'an-yen* (*Shuo Fu* ed.), pp. 3*a*–4*a*. A modified version of this story is in the novel *Ju-lin Wai-shih* (chaps. 12–13), where the warrior is described as jumping into the courtyard from a roof instead of entering by the gate.

13. Fung Yu-lan, *Hsin Shih-lun* (1940), p. 78.

14. *Shuo-yuan* (*Ssu-pu ts'ung-k'an* ed. [hereinafter cited as "SPTK ed."]), chap. 6, pp. 1*a*–2*a*.

15. *Lun-yü*, "Li Jen," 4, 10*b*; Legge, *Confucian Analects*, p. 172.

16. *I Ching*, "Hsi-tz'u," *A*, chap. 7, p. 8*b*.

17. *Ch'un-ch'iu Fan-lu* (SPTK ed.), chap. 13, pp. 3*b*–4*a*; translated by D. Bodde in Fung Yu-lan, *A History of Chinese Philosophy* (1953), II, 56.

18. *Ch'un-ch'iu Fan-lu*, chap. 13, p. 1*a*–*b*; translated by Bodde in Fung, *op. cit.*, p. 48.

19. This definition of *T'ien* has been proposed by Professor Chin Yueh-lin. See Fung, *A Short History of Chinese Philosophy*, p. 192.

20. *Shu-ching*, "T'ang Kao," chap. 8, p. 5*a*, quoted in Smith, *op. cit.*, p. 43.

21. *I Ching*, chap. 1, p. 11*b*, quoted in Smith, *op. cit.*, p. 46.

22. *Shih-chi* (*T'ung-wen Shu-chü* ed.), chap. 56, p. 10*b*; *Hung-ming Chi* (SPTK ed.), chap. 13, p. 5*a*–*b*.

23. *Lun-heng* (SPTK ed.), chap. 2, p. 1*a*–*b*; translated by Bodde in Fung, *A History of Chinese Philosophy*, II, 163–64.

24. *Tao-tsang* ed., esp. chaps. 35, 45, 92.

25. For a summary of the debates see Kenneth Ch'en, "Anti-Buddhist Propaganda during the Nan-ch'ao," *Harvard Journal of Asiatic Studies*, XV (1952), 166–92. I have touched upon the problem of interpretation of karma in my article, "Hostages in Chinese History," *Harvard Journal of Asiatic Studies*, XV (1952), 520.

26. *Pao-p'u Tzu* (SPTK ed.), *Nei-p'ien*, chap. 6, p. 5*a*–*b*.

27. According to commentaries to the *T'ai-shang Kan-ying P'ien*, a *chi* covers 12 years and a *suan* 100 days. See Paul Carus and Teitaro Suzuki, *Treatise of the Exalted One on Response and Retribution* (1906), p. 52.

28. *Pao-p'u Tzu*, *Nei-p'ien*, chap. 6, p. 7*b*.

29. Carus and Suzuki, *op. cit.*, p. 3.

30. *Ibid.*, pp. 132–34. Tachibana Shiraki, *Shina Shisō Kenkyū* (1936), pp. 39–92.

31. On *yin* see Karl A. Wittfogel, "Public Office in the Liao and the Chinese Examination System," *Harvard Journal of Asiatic Studies*, X (1947), 13–40; E. A. Kracke, Jr., "Family vs. Merit in Chinese Civil Service Examinations under the Empire," *Harvard Journal of Asiatic Studies*, X (1947), 103–23. On *yin-hsü* and *feng-tseng* in later periods see *Ming Hui-tien* (*Wan-li* ed.), chap. 6, and *Ta-Ch'ing Hui-tien Shih-li* (*Kuang-hsü* ed.), chaps. 127–28. On *tsu-hsing* see Niida Noboru, *Shina Mibunhō Shi* (1942), pp. 225–36.

32. Smith, *op. cit.*, p. 302.

33. *Ch'uan-chia Pao*, *Li Yen*, p. 3*a*.

34. On filial duties as old age insurance, a predominant attitude of village life, see D. H. Kulp II, *Country Life in South China: The Sociology of Familism* (1925), pp. 135–37.

35. *Li-chi*, "San-nien Wen," chap. 58, p. 22*a;* Legge, *Li Ki*, chap. 2, p. 294; *Lun-yü*, "Yang Huo," 17, 4*a–b;* Legge, *Confucian Analects*, p. 328.

36. *Chung-kuo Li-shih Yen-chiu-fa Pu-pien* (1933), p. 201.

37. *Lun-yü*, "Wei Cheng," 2, 4*b;* Legge, *Confucian Analects*, p. 154.

38. *Li-chi*, "Chi Fa," chap. 46, p. 17*a;* Legge, *Li Ki*, chap. 2, pp. 207–8.

39. Talcott Parsons, *The Structure of Social Action* (1949), pp. 550–51.

40. *Tu-i Chih* (*Pai hai* ed.), *C*, p. 2*a–b*, and *T'ang Yü-lin* (*Ts'ung-shu Chi-ch'eng* ed.), chap. 4, p. 120. This story has been discussed by Ch'en Yin-k'o, *T'ang-tai Cheng-chih-shih Shu-lun Kao* (1944), p. 61.

41. *Lun-yü*, "Li Jen," 4, 2*b;* Legge, *Confucian Analects*, p. 170.

42. *Lun-yü*, "Wei Ling-kung," 15, 3*a;* Legge, *Confucian Analects*, p. 299.

43. Carus and Suzuki, *op. cit.*, p. 53.

44. *Meng-tzu*, "Li Lou," *A*, 7*A*, 4*a; The Works of Mencius*, pp. 294–95.

45. *Meng-tzu*, "Li Lou," *B*, 8*B*, 2*b*–3*a; Mencius*, pp. 333–34.

46. Fung, *A Short History of Chinese Philosophy*, pp. 50–52.

47. *Lun-yü*, "Tzu-lu," 13, 3*b*–4*a;* Legge, *Confucian Analects*, pp. 271–72.

48. *Meng-tzu*, "Li Lou," *B*, 8*A*, 3*b; Mencius*, pp. 322–23.

49. *Lun-yü*, "Tzu-lu," 13, 3*b;* Legge, *Confucian Analects*, p. 271.

50. *Li-chi*, "Ch'u Li," *A*, chap. 1, p. 10*a; Li Ki*, chap. 1, p. 69.

51. In *The Doctrine of the Mean* (pp. 389–90), or *Chung Yung*, there is an interesting discussion between Confucius and his knightly disciple Tzu-lu on the various types of *ch'iang*, "energy, strength." Although interpretation of the passage is uncertain, it seems probable that the "energy of the South" and the "energy of the North" referred, respectively, to the tradition of the "weakling" gentlemen and that of the knights-errant. The third type of energy, preferred by Confucius, was between the two.

52. *Meng-tzu*, "Kao Tzu," *B*, 12*A*, 4*a–b; Mencius*, pp. 431–32.

53. *Meng-tzu*, "Kao Tzu," *B*, 12*A*, 6*a–b; Mencius*, p. 448.

54. On this point see the able discussion by Ch'ü T'ung-tsu, *op. cit.*, pp. 214–27.

55. Lao Kan, in his article on knights-errant of the Han dynasty (in *T'ai-ta Wen-shih-che Hsueh-pao*, chap. 1, pp. 1–16), makes the interesting suggestion that ideologically the ancient knights-errant may have been closely related to Taoist philosophy. Proofs for this point, however, are not conclusive.

56. *Han Ch'ang-li Chi* (*Kuo-hsueh Chi-pen Ts'ung-shu* ed.), chap. 6, p. 54; chap. 7, pp. 37–39.

57. *Hsiao-hsueh Chi-chu* (*Ssu-pu pei-yao* ed.), chap. 5, p. 8*a*.

58. *Meng-tzu*, "Li Lou," *B*, 8*A*, 2*a–b; Mencius*, p. 318.

59. *Meng-tzu*, "Liang Hui-wang," *B*, 2*B*, 12*a; Mencius*, p. 167.

60. *Meng-tzu*, "Kao Tzu," *B*, 12*A*, 2*b; Mencius*, p. 428.

61. *Lun-yü*, "Li Jen," 4, 2*b;* Legge, *Confucian Analects*, pp. 170–71.

62. In *Lun-yü*, "Yen Yuan," 12, 3*a*, the lines 君君臣臣父父子子 i.e., "(There is government) when the prince is prince, and the minister is minister; when the father is father, and the son is son" (Legge, *Confucian Analects*, p. 256), apparently refer to two pairs of reciprocal virtues rather than four independent, unilateral requirements. Also compare *Kuan-tzu* (SPTK ed.), chap. 2, p. 6*a*, and *Han-shu*, chap. 63, p. 3*a*, where we have 君不君则臣不臣, 父不父则子不子.

NOTES TO THE SCHOLAR'S FRUSTRATION: NOTES ON A TYPE OF *FU*

446 1. General information on the *fu* may be found in the Introduction to Georges Margoulies, *Le Fou dans le Wen-siuan* (Paris, 1926); the Introduction to Arthur Waley, *The Temple and Other Poems* (New York, n.d.); the Introduction to Cyril Drummond le Gros Clark, *The Prose Poetry of Su Tung-po* (Shanghai, 1935); the Introduction to Lim Boon Keng, *The Li Sao* (Shanghai, 1935); and an unpublished paper by Ch'en Shih-hsiang, "The Meaning and Origin of the *Fu* as a Literary Genre," which the author was kind enough to put at my disposal. More extensive surveys are contained in the following monographs: Chin Chü-hsiang, *Han-tai Tz'u-fu Chih Fa-ta* (Shanghai, 1934); Suzuki Torao, *Fu-shi Daiyō* (Tokyo, 1936); and T'ao Ch'iu-ying, *Han-fu Chih Shih ti Yen-chiu* (Shanghai, 1939). The last three titles have been used extensively for the compilation of this paper. In addition, for corrections and valuable suggestions I am indebted to Ch'en Shih-hsiang, Hsiao Kung-ch'uan, Vincent Shih, and Yang Lien-sheng.

2. The one contained in chap. 28 of the *Hsün-tzu*. In the *I-wen-chih* of the *Han-shu* (Wang Hsien-ch'ien [ed.], p. 54*b*), Hsün Ch'ing is credited with ten *fu*, which is probably a copyist's error. It lists, in addition, the following *fu* authors of Chou times: Ch'ü Yuan, Sung Yü, T'ang Lo. The reliable pieces of Ch'ü and Sung are not considered *fu* by this writer. The pieces by Sung called *fu* are all doubtful. Of T'ang no piece remains. That he was a contemporary of Sung is attested several times in the old literature, for instance, in the Ch'ü Yuan biography in the *Shih-chi*. The *I-wen-chih* attributes four *fu* to him. The *Hsiao-yen-fu* (Waley, *op. cit.*, p. 27) contains a passage supposedly by T'ang Lo, which is of course just as doubtful as the whole piece. No doubt his writing was similar to the genuine pieces by Ch'ü and Sung. The Ch'ü Yuan biography in the *Shih-chi* mentions one Ching Ch'a as an author contemporary to Sung and T'ang. This name also crops up occasionally in other contexts, as that of a camp follower of King Hsiang of Ch'u. It is also mentioned that he competed with Sung and T'ang in the composition of a *Ta-yen-fu*. But this information is just as doubtful as the *Ta-yen-fu* itself. The *I-wen-chih* then mentions nine *fu* of Ch'in times without naming any authors. This information found its way into the *Wen-hsin Tiao-lung*, which contains a passage stating: "The Ch'in period was not literary minded, but they had some mixed *fu* (*tsa-fu*) (Wang Li-k'i [ed.], p. 23). Thus even if they were real *fu*, their literary value could not have been very high. We have no way of judging what they really were like.

3. The *Han-shu, I-wen-chih*, in its section on *shih* and *fu* lists for Chou and Western Han 106 authors, of whom 78 are authors of *fu*. This figure is not complete; for instance, Tsou Yang, one of the molders of the *fu* style of Han, is not included. This list includes altogether 1,318 pieces, of which 1,004 are *fu* and only 314 are poems. Pieces from both the Han periods that survived whole or in fragments include 230 *fu* as against slightly over sixty poets' poems (in this figure only *fu* in the strictest sense are included, and related genres such as the *ch'i* and the *chiu* have not been counted). These figures have to be evaluated in the light of the fact that the *fu* is usually a composition of considerable length, whereas the *shih* ("poems") are generally rather short.

4. In particular, the 233 titles listed in the section "Tsa-fu" in the *I-wen-chih* may have been of a type that would not lend itself so easily to the interpretation put forward in this paper. None of them survives, however.

5. The following statements are representative of many others: "Le ... Li-sao ... est à juste titre considéré comme l'origine du fou ..." (Margoulies, *op. cit.*, p. 8). On the following page Margoulies links the so-called descriptive *fu* to other pieces of the same body of literature. "They [the *fu* authors] all emulate Ch'ü Yuan and Sung Yü but do not grasp Ch'ü's and Sung's poetic ideas" (Cheng Chen-to, *Chung-kuo Wen-hsüeh Shih* [Peiping, 1932], I, 129). "The poetic genre known as *fu* may be regarded as a development from the *sao*" (J. R. Hightower, *Topics in Chinese Literature* [Cambridge, Mass., 1950], p. 26).

6. Already the *Han-shu, I-wen-chih,* does this.

7. *Han-shu, I-wen-chih,* pp. 58*b*–59*a*.

8. Mao's commentary to Ode 50, stanza 2. Actually the first sentence is Pan Ku's own, and the quotation starts only with the words "climbing high." Mao lists the ability to write *fu* as one of nine prerequisites to becoming a great official.

9. K'ung Yin-ta's subcommentary explains this as ascending a high place, such as a tower or a hill, from which to gain a wide view. The same explanation is given in the *Wen-hsin Tiao-lung*, p. 24. K'ung's explanation is probably due to the fact that, by this time, *fu* which dealt with ascending a high place and describing the view had become one of the most popular types. As far as I can ascertain, the earliest *fu* of this type is the *Teng-lou-fu* by Wang Ts'an, whose dates are 177–217. Thus Mao could not very well have had this kind of *fu* in mind. *Teng-kao* probably stands here for *Teng-t'ai*, i.e., ascending the platform where business of state was transacted.

10. *Lun-yü*, 16, 3; Legge, *Confucian Analects* (hereinafter cited as "Legge"), p. 315.

11. According to the preceding sentence: Ching Ch'a, T'ang Lo, Sung Yü, and Mei Sheng.

12. Obviously with reference to *Lun-yü*, 11, 15 (in Legge's count, 14 [Legge, p. 242]), even though the reading there is *Sheng-t'ang*, not *Teng-t'ang*. The meaning is that Ssu-ma Hsiang-ju would have to be considered superior to Chia I.

13. The quotation is from *Fa-yen*, p. 2; see E. von Zach, *Sinologische Beitrage IV* (Batavia, 1939), p. 7.

14. *Loc. cit.*, pp. 45*b*–46*a*.

15. *Lun-yü*, 13, 5; Legge, p. 265.

16. *Lun-yü*, 14, 25 (in Legge's count, 26 [Legge, p. 286]); this exclamation was meant to be a comment on the smoothness of the envoy Ch'ü Po-yü.

17. This custom is documented in the *Tso-chuan* by a great number of specific cases (see *Concordance to Ch'un-ch'iu, s.v.*). It is tempting to link this meaning of the word *fu*, "to recite," from which the name of our literary genre has been derived, to the original meaning of the word as "a military contribution," "a tribute in kind or in service." Reciting poetry may have been considered a tribute to the lord on the part of the learned who were able to do it. Compare the semantics of the English word "tribute." Cases where odes were recited as a genuine tribute, and not yet with a hidden barb, occur in the *Tso-chuan*, e.g., Wen, 3, 6; Legge, I, 237.

18. *Hsing-jen* (Confucius still calls them *Shih-che*). This position is again amply attested in the *Tso-chuan* and the *Shih-chi:* see *Concordance to Ch'un-ch'iu* and *Shih-chi Index*. A highly institutionalized picture of this office is given in *Chou-li*. chap. 38 (Biot, II, 395–417). Here, as in other cases, *Pan Ku* delights in linking a particular school of thought to particular offices in this bible of the Old Texters. It need not be stressed that this in itself is an anachronism. But the fact remains that he can point to a historically well-documented custom.

19. Chap. 83 (Lu Chung-lien's biography and the remnants of his writings have been translated by Frank Kierman in "The Historiographical Attitude of Ssu-ma Ch'ien," a thesis at the University of Washington, 1953). Derk Bodde (*China's First Unifier* [Leiden, 1938], p. 108) follows Ssu-ma Cheng's suggestion that this may not have been the original arrangement; but the rearrangement proposed is entirely historical and would tend to impede Ssu-ma Ch'ien's purpose of characterizing by affinity.

20. *Loc. cit.*, p. 45. I have purposely used the rather vague term "School of Politicians" as a translation of *Tsung-heng-chia*. The strict categorization of Chou thinkers into schools, represented in the *Han-shu, I-wen-chih*, is of late Western Han date. It is in itself inconsistent and does not tally with earlier classifications found, for instance, in the *Shih-chi*. I would include in this school not only those writers listed under the *Tsung-heng-chia* but also those of related schools whose main purpose was political thought and political rhetoric.

21. I have not located this quotation from Yang Hsiung. In the passage quoted above, however, a similar idea is expressed: "Someone asked: Have you not my master, in the days of your youth cherished the writing of *fu?* [Yang] answered: Yes, as a boy I indulged in such petty [pedantic] endeavors. And after a while he added: A grown-up man does not do such things. Someone asked: Can one not through a *fu* criticize by indirection? [Yang] answered: Criticize by indirection indeed! Criticism by indirection may make [the one who is criticized] desist [from the criticized behavior]. If it does not, I am afraid it may not avoid abetting [the criticized behavior]" (see Zach, *op. cit.*, p. 6). The commentator Li Kuei adduces here the story of how Emperor Wu of Han was impressed with the elegance of Ssu-ma Hsiang-ju's *Ta-jen-fu* rather than with its supposed political purport.

22. The *Han-shu* version reads *hsi*, "frivolous," instead of *k'uei*.

23. Chap. 117. The biography contains the texts of most of Ssu-ma Hsiang-ju's *fu*. The last paragraph, of course, is not Ssu-ma Ch'ien's but was added here from the Ssu-ma Hsiang-ju biography in *Han-shu*. The *Han-shu* biography, save for stylistic differences, is almost identical with the one in *Shih-chi*. Bodde (*op. cit.*, pp. 108–9) draws the inference that the *Shih-chi* biography was copied in its entirety from the *Han-shu*. A detailed stylistic analysis of the two biographies by Wong Kai-sau, in an unpublished manuscript, would not bear this out.

24. The reference seems to be to *Lun-yü*, 15, 4 (Legge, p. 296), where Shun is credited with having governed by nonaction.

25. *Shih-chi*, chap. 130.

26. For documentation see T'ao, *op. cit.*, pp. 102–4. T'ao shows that all those known for their political rhetoric are at the same time known as *fu* writers. The official toleration of this school was withdrawn in 140 B.C.; see O. Franke, *Geschichte des chinesischen Reiches* (Berlin, 1930), p. 1297.

27. Peter Theunissen, "Su Ts'in und die Politik der Läng- und Quer-Achse (Tsung-Heng-Schule)" (thesis, Breslau, 1938), pp. 14–16.

28. *Kuei-ku-tzu*. A German translation of this book, by Ch. S. Kim, is to be found in *Asia Major*, IV (1927), 108–46. The manuscript of an English translation by van Gulik was lost during the war.

29. This makes it unnecessary to count Taoism as an independent influence on the *fu*, as T'ao does (*op. cit.*, p. 21).

30. *Chuan-tz'u*, trans. H. Wilhelm in *Monumenta Serica*, XII (1947), 81–83.

31. *Shui-nan*, trans. Hsü Dauling in *Sinica* (1929), 116–20.

32. *Shun-shui*, trans. R. Wilhelm, *Früehling und Herbst des Lü Bu We*, pp. 220–23.

33. According to *Lun-yü*, 11, 2 (Legge, pp. 237–38), political rhetoric was regarded as a discipline even by the Confucianists.

34. By Chang Hsueh-ch'eng (1738–1801). Cf. A. Hummel (ed.), *Eminent Chinese of the Ch'ing Period* (Washington, D.C., 1943–44), 38–41; see especially the section *Shih-chiao* in his *Wen-shih T'ung-i*, in *Chang-shih I-shu* (Commercial Press ed.), I, 17–25. Chang Ping-lin (1868–1936), sections Wen-tzu Ts'ung-lun and Pien Shih of his *Kuo-ku Lun-heng* (Ku-shu Liu-t'ung-ch'u ed., Shanghai, 1924), XIII, 42, 67, 70–71.

35. See Chin, *op. cit.*, p. 409; T'ao, *op. cit.*, pp. 17–21; Liu Hou-tz'u, *Chung-kuo Wen-hsueh-shih Ch'ao* (Peking, n.d.), pp. 111–12. Waley (*op. cit.*, pp. 16–18) hints at the connection without making much of it. Suzuki (*op. cit.*, p. 5) tries to save both theories by making the Ch'u school of poetry dependent upon the School of Politicians. This is rather far-fetched. The origins of the Ch'u school are well known; they have to be looked for in very different quarters.

36. See W. Seufert, "Urkunden zur staatlichen Neuordnung unter der Han Dynastie," *MSOS*, Vols. XXIII–XXV; Hu Shih, "The Establishment of Confucianism as a State Religion during the Han Dynasty," *Journal of the North China Branch of the Royal Asiatic Society*, LX (1929), 20–41; Franke, *op. cit.*, pp. 1,295–320; John K. Shryock, *The Origin and Development of the State Cult of Confucius* (New York, 1932), chaps. 3 and 4; H. H. Dubs, "The Victory of Han Confucianism," *Journal of the American Oriental Society*, LVIII (1938), 435–39.

37. *Meng-tzu*, 6B, 7; Legge, p. 437. The last clause, *i-chang ch'i-te*, could be translated more succinctly as "in order to manifest their power." The *Tso-chuan* does not enumerate these injunctions.

38. See particularly the famous words of Tzu-hsia, *Ssu-hai chih nei chieh-hsiung-ti yeh*, commonly translated as, "Within the four seas, all men are brothers" (*Lun-yü*, 12, 5; Legge, pp. 252–53), which, as the context makes abundantly clear, refer to the brotherhood of *chün-tzu*, and not, as commonly assumed, to the brotherhood of men.

39. By the end of Wu-ti's reign, the scholar's position was still not far advanced. The Shih-ch'ü Discussions and the Discussions on Salt and Iron show that the scholars were a force to be dealt with, but they show also how little tainted with Confucianism government ideology was at that time.

40. In the recent literature I have not yet found a proper interpretation of Hsün-tzu's *fu*. Nobody, as far as I know, has taken up the remark in the *Han-shu* which labels it clearly as a *fu* of frustration. Of course, the *fu* should not be divided up (the parts then being called "riddles in rhyme" [cf. Hightower, *op. cit.*, p. 27]; Hu Shih has translated one of these "riddles" in *Harvard Journal of Asiatic Studies*, II [1937], 383). The *fu* pattern requires that one interpret the piece as a whole, including the "poems" at the end, which correspond to the "coda," *luan*, of many other *fu*.

41. *yü yü hu ch'i yü shih chih pu hsiang yeh*. The *yü-yü-hu* is taken from *Lun-yü*, 3, 14 (Legge, p. 160).

42. Apparently referring to Ch'u, where he was dispossessed after the death of the *Ch'un-shen-chün* in 238.

43. I accept Lu Wen-chao's emendation.

44. I again accept Lu Wen-chao's emendation.

45. Lü-ch'ü was a proverbial beauty.

46. Mo-mu was a proverbially ugly woman. According to the symbolism of the *Book of Changes*, the official stands to the ruler in the relationship of Yin to Yang.

Love affairs are therefore frequently used to symbolize a ruler-official relationship.

47. Chia I (*ca.* 200–168). Biography in *Shih-chi*, chap. 84, and *Han-shu*, chap. 48, translated by Bönner in his *Alte asiatische Gedankenkreise* (Berlin, 1912), pp. 175–
450 94; see R. Wilhelm, *Literatur*, pp. 111–12; Georges Margoulies, *Prose artistique*, pp. 51–54; Alfred Forke, *Geschichte der mittelalterlichen chinesischen Philosophie* (Hamburg, 1934), pp. 11–24.

48. Tung Chung-shu's *fu* is recorded in the *I-wen Lei-chü* and the *Ku-wen-yuan*, and one of its passages is quoted in *Wen-hsuan* commentaries. This makes its position rather trustworthy. Ssu-ma Ch'ien is credited with eight *fu* in the bibliography of the *Han-shu*. This is the only one left. It is recorded in the *I-wen Lei-chü* with passages quoted in *Wen-hsuan* commentaries. Both are translated by Robert Hightower in *Harvard Journal of Asiatic Studies*, XVII, Nos. 1/2 (June, 1954), 200–203 and 197–200, respectively.

49. Chia I, in his *Fu-niao-fu* (translated by Bönner, *op. cit.*, pp. 186–92; by Giles in *Adversaria Sinica*, II, No. 1 [1915], 1–10; by R. Wilhelm, *Literatur*, pp. 111–12), took one way out which Tung Chung-shu rejects: acquiescence in a Taoist attitude. Ssu-ma Ch'ien had much sympathy for this attitude. The closing sentences of his biography of Ch'ü Yuan and Chia I read: "Having read the *Li-sao*, the *T'ien-wen*, the *Chao-hun*, and the *Ai-ying*, I was moved by the intention [expressed in these pieces]. Coming to Ch'ang-sha and seeing the place where Ch'ü Yuan drowned himself, I never can withhold my tears, realizing what a personality he was. Now I have seen Chia I's lamentation for him, and I have begun to wonder why Ch'ü Yuan, who, with all his talent, if he had traveled around to the courts of the sovereign lords, would not have been rejected by any of the states, acted toward himself as he did. After having read the *Fu-niao-fu*, in which life and death are considered equal, and going and leaving [position] are treated lightly, I realize clearly that I was mistaken." (The last clause is misinterpreted by Biallas, *Asia Major*, IV [1927], 66: "Dass er [Chia I] geirrt hat." Bönner, *op. cit.*, translates: "Dass mein Leben verfehlt war.") But Ssu-ma Ch'ien's attitude still differs from that of Chia.

50. Tung Chung-shu's political and historical philosophy has been dealt with in two monographs: O. Franke, *Studien zur Geschichte des konfuzianischen Dogmas und der chinesischen Staatsreligion, das Problem des Tsch'un-ts'iu und Tung Tschung-schu's Tsch'un-ts'iu fan lu* (Hamburg, 1920), and Kang Woo, *Les trois théories politiques du Tch'ouen-ts'ieou interprétés par Tong Tchong-chou* (Paris, 1932). Two chapters from the *Ch'un-ch'iu Fan-lu* are translated in *Lectures chinoises*, I (1945), 1–17. Some remarks on his general philosophy may be found in Yao Shan-yu, "The Cosmological and Anthropological Philosophy of Tung Chung-shu," *Journal of the North China Branch of the Royal Asiatic Society*, LXXIII (1948), 40–68; and in Fung Yu-lan, *A History of Chinese Philosophy*, trans. Derk Bodde (Princeton, N.J., 1953), II, 7–87. Neither of the two monographs does justice to Tung as a philosopher.

51. I do not want to enter here into the problem of "the scholar at home." It might be pointed out, however, that the scholars were to be sent up from the provinces by a machinery which the central government at that time could not directly control. The regional point of view, that was expressed by this arrangement, was of course one of the levers with which to lift the position of the scholars—if not to a large degree of independence, at least to a level from which pressures could be applied.

52. Tung Chung-shu's stature was so towering that not even the Old Texters could refuse him his due. I cannot escape the impression, however, that Pan Ku's biography of Tung definitely colors some of Tung's ideas. It is significant that Fung

Yu-lan quotes so frequently from Pan Ku's biography in his interpretation of Tung. Ssu-ma Ch'ien's biography of Tung was translated by Franke (*Studien zur Geschichte des Konfuzianischen Dogmas . . .*, pp. 91–93) and by Woo (*op. cit.*, pp. 15–33); Pan Ku's biography, by Pfitzmaier (*loc. cit.*, 39, 345–84). On the whole question of the tradition of Old Text and New Text scholars see Tjan Tjoe Som's excellent monograph, *Po Hu T'ung: The Comprehensive Discussions in the White Tiger Hall* (2 vols.; Leiden, 1949–52). I differ from Tjan in my interpretation of the political stand of the two schools.

53. Compare the frequent references to the *Book of Changes* in Tung's *fu*. This particular aspect of the New Text school has earned the New Text scholars much ridicule; see, for instance, Bodde, in Fung Yu-lan, *op. cit.*, p. 7. These criticisms overlook the fact that by these means the New Text scholars were supposed to make themselves *masters of their fate*.

54. See H. Wilhelm, "Der Zeitbegriff im Buch der Wandlungen," in *Eranos Jahrbuch*, 1951, 321–48.

55. For an expert characterization of Ssu-ma Ch'ien's ambitions see Kierman, *op. cit.*

56. See above, n. 49.

57. Translated by Chavannes, *Mémoires historiques*, 1, CCXXVI–CCXXXVIII.

58. *Lun-yü*, 14, 38. The translation is from James R. Ware, *The Best of Confucius* (Garden City, N.Y., 1950), p. 143.

NOTES TO THE AMATEUR IDEAL IN MING AND EARLY CH'ING SOCIETY: EVIDENCE FROM PAINTING

1. Cf. Plato's *Republic*, a consistent model for a timeless, permanent social order. Plato held that philosophy, as soon as it turned from the study of nature to set up standards for human things, was at war with the state, potentially; and to banish the chance of conflict between the state, which has the authority, and philosophers out of office, he made the philosophers rulers of the Republic. See Werner Jaeger, *Paideia: The Ideals of Greek Culture* (New York, 1943), II, 71.

2. For the link between constancy of the social structure and constancy of taste see Levin L. Schücking, *The Sociology of Literary Taste* (New York, 1944), pp. 64 ff.

3. For Swift's humanistic attack on "originality" see the famous passage about the "modern" spider (bringing dirt and poison, spun and spat wholly from himself) and the "ancient" bee (pretending to nothing of his own, but ranging through nature to make honey and wax, or sweetness and light) in *An Account of a Battel between the Antient and Modern Books in St. James' Library* (first published in 1704). For his antipathy to science see *Gulliver's Travels*, Part III, chap. 5 ("The Grand Academy of Lagardo"), directed against the Royal Society, the citadel of science, which was challenging the humanities as an intellectual fashion. The conflict between science and letters was already established as a literary theme, e.g., in Shadwell's seventeenth-century play, *The Virtuoso* (i.e., scientist), in which the rhetorician Sir Samuel Formal remarks of Sir Nicholas Gimcrack: "He is an enemy to wit as all Virtuosos are." See C. S. Duncan, "The Scientist as a Comic Type," *Modern Philology*, XIV (September, 1916), 92; and, for the necessarily ephemeral quality of a combined literary and scientific amateurism in that century and the next, B. Ifor Evans, *Literature and Science* (London, 1954), pp. 22–25, 72. For Swift's distaste for utilitarian criteria, and the contrast on this issue between Swift and such

antitraditionalistic "moderns" and devotees of science as Bacon and Locke, see Miriam Kosh Starkman, *Swift's Satire on Learning in "A Tale of a Tub"* (Princeton,
 N.J., 1950), pp. 72, 9, and Walter E. Houghton, Jr., "The English Virtuoso in the Seventeenth Century" (Part 2), *Journal of the History of Ideas*, III (April, 1942), 215.

4. It should be noted that the formalistic "eight-legged" essay, with its strong emphasis on rhetorical skill and literary culture, became a prominent feature of the examination system in 1487.

5. Étienne Balázs, "Les aspects significatifs de la société chinoise," *Asiatische Studien*, VI (1952), 84.

6. On this suggestion that the cultural prestige of office in China (its economic value is another subject) depended on the external associations of bureaucracy cf. C. Wright Mills, *White Collar: The American Middle Classes* (New York, 1951), p. 247: "The rationalization of office and store undermines the special skills based on experience and education. It makes the employee easy to replace by shortening the training he needs: it weakens not only his bargaining power but his prestige. It opens white-collar positions to people with less education, thus destroying the educational prestige of white-collar work, for there is no inherent prestige attached to the nature of any work; it is, Hans Speier remarks, the esteem the people doing it enjoy that often lends prestige to the work itself."

7. Kenneth Bradley, "Personal Portrait: Sir Andrew Cohen," *London Calling*, No. 745 (February 11, 1954), p. 13.

8. Matthew Arnold, *Culture and Anarchy* (new ed.; London, 1920), p. 31.

9. Victoria Contag, "Tung Ch'i-ch'ang's *Hua Ch'an Shih Sui Pi* und das *Hua Shuo* des Mo Shih-lung," *Ostasiatische Zeitschrift* (hereinafter cited as "OZ"), IX (May–August, 1933), 86.

10. The *Han-lin T'u Hua Yuan*, to give it its full Sung title, was actually founded by the minor dynasty of the Southern T'ang (923–36). See Taki Seiichi, "Shina e no Ni Dai Chōryū ("The Two Main Currents of Chinese Painting"), *Kokka* (hereinafter cited as "KK"), No. 458 (January, 1929), p. 3. It should be noted, however, that A. G. Wenley has expressed doubts that a *hua yuan*, by that name or by variants of it, in fact existed in the Sung dynasty, although various contemporary and near-contemporary sources refer to it. Mr. Wenley infers from a study of the *Sung-shih* that not a *yuan*, or official academy, independent of other governmental departments, but *hsueh*, or schools, under various superior departments, existed then. See A. G. Wenley, "A Note on the So-called Sung Academy of Painting," *Harvard Journal of Asiatic Studies*, VI (June, 1941), 269–72.

11. Contag, *op. cit.*, p. 92.

12. Osvald Sirèn, *A History of Later Chinese Painting* (London, 1938), I, 24.

13. Hu Man, *Chung-kuo Mei-shu Shih* ("History of Chinese Art") (Shanghai, 1950), p. 151.

14. Contag, *op. cit.*, p. 88.

15. Sirèn, *op. cit.*, I, 7.

16. *Ku-kung Shu-hua Chi* (Peiping, 1930), ts'e 1, Pl. 15.

17. Contag, OZ, IX (October, 1933), 178.

18. Fang-chuen Wang, *Chinese Free-hand Flower Painting* (Peiping, 1936), p. 19.

19. Shen Tsung-ch'ien, "Chieh-chou Hsueh Hua Pien," in Yü Hai-yen (ed.), *Hua-lun Ts'ung-k'an* ("Collection of Treatises on Painting") (Peiping, 1937), ts'e 3, chap. 2, p. 1*a*.

20. Tanaka Toyozō, *Tōyō Bijutsu Dansō* ("Discussions of Far Eastern Art") (Tokyo, 1949), p. 69. For Tung Ch'i-ch'ang's admiration of Mi Fu see *Ku-kung Shu Hua Chi*, ts'e 1, Pl. 15, and Contag, "Schriftcharacteristeken in der Malerei, dargestellt an Bildern Wang Meng's und anderer Maler der Südschule," OZ, XVII (1941), 49.

21. Raphael Petrucci (trans.), *Encyclopédie de la peinture chinoise* (Paris, 1918), p. 48. See Introduction, pp. vi–viii, for dating of the work.

22. Tsou I-kuei, "Hsiao-shan Hua-p'u," in Chang Hsiang-ho (ed.), *Ssu T'ung Ku Chai Lun-hua Chi K'o* (Peking, 1909), ts'e 3, chap. 2, p. 4*b*.

23. Osvald Sirèn, "An Important Treatise on Painting from the Beginning of the Eighteenth Century," *T'oung pao* (hereinafter cited as "TP"), XXXIV (1938), 154. The reference is to Wang Yuan-ch'i (1642–1715).

24. For these references to the high standing of Tung Ch'i-ch'ang see Naitō Konan, "Tō Kishō Sai Bunki Ezō" ("Tung Ch'i-ch'ang's Portrait of Ts'ai Wen-chi"), *Tōyō Bijutsu* (hereinafter cited as "TB"), I (April, 1929), 64, and Tajima Shiichi (ed.), *Tōyō Bijutsu Taikan* ("General View of Far Eastern Art"), XI (Tokyo, 1912), Pl. 16.

25. The *locus classicus* for the origins of the north-south dichotomy in Chinese painting is Tung Ch'i-ch'ang, *Hua Ch'an Shih Sui-pi*, ed. Wang Ju-lu (Peking, 1840), chap. 2, pp. 14*b*–15*a*. This passage has been quoted or paraphrased in almost every serious modern history of Chinese art. One can see Tung's identification of the southern style with the amateur style in a slightly earlier passage in the same work, where he states that *wen-jen chih hua*, "literati-painting," began with Wang Wei (*ibid.*, p. 14*a*). The earliest extant appearance of the term *wen-jen hua*, as a synonym first for *shih-ta-fu* (or *shih-fu*) *hua* and later also for *nan-hua*, seems to be in the *Hua-p'u* ("Treatise on Painting") of T'ang Yin (1466–1524), where it is recorded as an expression of Wang Ssu-shan, of the Yuan period. See Ise Senichirō, *Ji Ko Baishi Shi Kei Kō Shina Sansuiga Shi* ("History of Chinese Landscape Painting from Ku K'ai-chih to Ching Hao") (Kyoto, 1933), p. 147.

For a discussion of the growing post-Sung correlation between painting style and personal status of the painter, and of Tung Ch'i-ch'ang's friend, Mo Shih-lung, as the original theorist about northern and southern schools and their beginnings, see Yoshizawa Tadashi, "Nanga to Bunjinga" ("Southern Painting and Literati Painting") (Part 1), KK, No. 622 (September, 1942), pp. 257–58.

The following are among the major pre-Ming painters who were later identified as representative figures in one or the other school: *Northern*—the colorist landscapists Chao Po-chü and his brother Chao Po-su and the academicians Liu Sung-nien, Li T'ang, Ma Yuan, and Hsia Kuei, all of the Sung dynasty; *Southern*—the Sung painters Li Ch'eng, Fan K'uan, Tung Yuan, and Chü-jan and the "four masters" of the Yuan dynasty, Huang Kung-wang, Wu Chen, Ni Tsan, and Wang Meng. See T'eng Ku, "Kuan-yü Yuan-t'i Hua Ho Wen-jen Hua Chih Shih ti K'ao-ch'a ("An Examination of the History of 'Academic' and 'Literati' Painting"), *Fu-jen Hsueh-chih*, II (September, 1930), 68.

26. Taki Seiichi, "Shin Keinan *Kudan kinga satsu* ni tsuite" ("On the Picture-Album *Chiu-tuan chin-hua-ts'e*, by Shen Shih-t'ien"), KK, No. 495 (February, 1932), p. 33.

27. Contag, "Schriftcharakteristeken . . . ," *op. cit.*, p. 49.

28. Contag, "Tung Ch'i-ch'ang's . . . ," *op. cit.*, p. 96.

29. Sirèn, *Later Chinese Painting*, I, 182.

30. Yoshizawa (Part 3), KK, No. 624 (November, 1942), p. 346.

31. Victoria Contag, *Die Beiden Steine* (Braunschweig, 1950), p. 37.

32. Ise Senichirō, "Bunjinga—Nanga yori Bunjinga e no Suii" ("Literati Painting—the Transition from Southern Painting to Literati Painting"), TB, III (September, 1929), 7.

33. This description holds true even for most of the scholars in the prominent *Lu* (Hsiang-shan)—*Wang* (Yang-ming) tradition, which was more introspective than the examination-sanctioned Chu Hsi tradition, but which was still in the world of conventional cultural standards, whatever the allegations made by orthodox critics of its antisocial implications. What happened to the relatively rare Ming literatus who embraced Ch'an as though he really meant it, with all its aura of apostasy from Confucian morality and rejection of its textual underpinnings, is suggested by Mr. Hucker's account, in this volume, of the persecution of Li Chih (see pp. 144–45). Obviously, the authoritative exponents of a southern aesthetic in painting met with no such strictures.

34. For the disparagement of the concept of fine arts because of its connotation of conscious planning cf. the late-sixteenth-century scholars Kao Lien and T'u Lung, quoted in Contag, "Tung Ch'i-ch'ang's . . . ," *op. cit.*, p. 95.

35. Ch'in Chung-wen, *Chung-kuo Hui-hua-hsueh Shih* ("History of Chinese Painting") (Peiping, 1934), p. 150.

36. P'an T'ien-shou, *Chung-kuo Hui-hua Shih* ("History of Chinese Painting") (Shanghai, 1935), pp. 161–62; Liu Ssu-Hsün, *Chung-kuo Mei-shu Fa-ta Shih* ("History of the Development of Chinese Art") (Chungking, 1946), p. 98. It is true that, especially in the early Ming period, some fine Buddhist figure-paintings were executed; but these seem to have derived rather from the early Ming passion for imitating T'ang works than from Buddhist religious commitment.

37. For these as Sung concepts of Su Tung-p'o *et al.* see, respectively, J. P. Dubosc, "A New Approach to Chinese Painting," *Oriental Art* (hereinafter cited as "OA"), III (1950), 53; Louise Wallace Hackney and Yau Chang-foo, *A Study of Chinese Paintings in the Collection of Ada Small Moore* (London, New York, and Toronto, 1940), p. 197; and Alexander Coburn Soper, *Kuo Jo-hsü's "Experiences in Painting"* (*T'u-Hua Chien-Wen-Chih*) (Washington, D.C., 1951), p. 15.

38. T'ang Chih-ch'i, *Hui Shih Cheng-yen* (Shanghai, 1935), chap. 1, p. 1*a*.

39. Sirèn, "An Important Treatise . . . ," *op. cit.*, pp. 155, 161.

40. Friedrich Hirth, *Native Sources for the History of Chinese Pictorial Art* (New York, 1917), p. 11; Florence Wheelock Ayscough, *Catalogue of Chinese Paintings Ancient and Modern by Famous Masters* (Shanghai, n.d.), p. 19.

41. "Shin Sekiden Hitsu *Zō Go Kan Gyō* Emaki Kai" ("Analysis of Shen Shih-t'ien's Scroll-Painting, 'A Gift to Wu K'uan upon His Making a Journey' "), KK, No. 545 (April, 1936, p. 113.

42. Goethe, quoted in Nikolaus Pevsner, *Academies of Art* (Cambridge, 1940), p. 191.

43. Edward Young, "Conjectures on Original Composition," in Mark Schorer, Josephine Miles, and Gordon McKenzie, *Criticism: The Foundations of Modern Literary Judgment* (New York, 1948), p. 15.

44. Harold A. Small (ed.), *Form and Function: Remarks on Art by Horatio Greenough* (Berkeley and Los Angeles, 1947), p. 22.

45. Contag, "Tung Ch'i-ch'ang's . . ..," *op. cit.*, p. 96.

46. Yun Shou-p'ing, "Ou Hsiang Kuan Hua Pa" (*chüan* 11–12 of *Ou Hsiang*

Kuan Chi), in Chiang Kuang-hsü (ed.), *Pieh Hsia Chai Ts'ung-shu* (Shanghai, 1923), ts'e 16, p. 4*a*.

47. T'eng, *op. cit.*, p. 80.

48. Yukio Yashiro, "Connoisseurship in Chinese Painting," *Journal of the Royal Society of Arts*, LXXXIV (January 17, 1936), 266.

49. Sheng, *op. cit.*, ts'e 3, chap. 2, p. 3*b*.

50. Tanaka, *op. cit.*, p. 81.

51. Serge Elisséev, "Sur le paysage à l'encre de Chine du Japon," *Revue des arts asiatiques*, II (June, 1925), 31–32.

52. For this distinction see Michael Oakeshott, *Experience and Its Modes* (Cambridge, 1933), pp. 21–23.

53. Ananda K. Coomeraswamy, "The Nature of Buddhist Art," in *Figures of Speech or Figures of Thought* (London, 1946), p. 177. Cf. Croce's distinction between intuitive and intellectual activity, as the distinction between apprehending the individuality of a thing by thinking one's self into it, making its life one's own, and analyzing or classifying it from an external point of view. See R. G. Collingwood, *The Idea of History* (Oxford, 1946), p. 199.

54. H. W. Cassirer, *A Commentary on Kant's "Critique of Judgment"* (London, 1938), p. 19; and Christopher Gray, *Cubist Aesthetic Theories* (Baltimore, 1953), pp. 47–49. For the iron law of correlation between ideal and intuition, note also the place of *Ion* (in which art is "the god speaking through one," hence art cannot be taught) among the dialogues of the greatest idealist, Plato.

55. The literature of art criticism ran riot in the Ming era, so that no attempt has since been made to collect it all (see Hirth, *op. cit.*, pp. 25–26).

56. Victoria Contag, "Das Mallehrbuch für Personen-Malerei des Chieh Tzu Yüan," TP, XXXIII (1937), p. 18. The critics' division of painters into three classes, according to talent, went back at least to the T'ang dynasty.

57. *Ibid.*, p. 20.

58. Elisséev, *op. cit.*, p. 32. For descriptions of Ming and Ch'ing recorded vocabularies of abstractions—epitomes of natural forms and rules for reproducing them—see Victor Rienaecker, "Chinese Art (Sixth Article) Painting—I," *Apollo*, XL (October, 1944), 81–84; Benjamin March, *Some Technical Terms of Chinese Painting* (Baltimore, 1935), pp. xii–xiii; Wang, *op. cit.*, pp. 98–99; William Cohn, *Chinese Painting* (London and New York, 1948), p. 18.

59. Laurence Sickman, in *Great Chinese Painters of the Ming and Ch'ing Dynasties* (catalogue of an exhibition, March 11–April 2, 1949, at Wildenstein Galleries, New York); concurred in by Benjamin Rowland, in *Masterpieces of Chinese Bird and Flower Painting* (catalogue of an exhibition, October 30–December 14, 1951, at the Fogg Art Museum, Cambridge), p. 4.

60. Matthew Arnold, "The Literary Influence of Academies," in his *Essays in Criticism* (Boston, 1865), pp. 47–51.

61. Naitō Torajirō, *Shinchō Shoga Fu* ("Treatise on Ch'ing Calligraphy and Painting") (Osaka, 1917), p. 3 (text in Chinese).

62. Contag, *Die Beiden Steine*, p. 10.

63. *Ming-jen Shu Hua Chi* (Shanghai, 1921), p. 4, Pl. 2.

64. Osvald Sirèn, *The Chinese on the Art of Painting* (Peiping, 1936), p. 188.

65. Werner Speiser, "Ba Da Schan Jen," *Sinica*, VIII (March 10, 1933), 49.

66. Sirèn, "Shih-t'ao, Painter, Poet, and Theoretician," *Bulletin of the Museum of Far Eastern Activities*, XXI (1949), 55.

67. Yawata Sekitarō, *Shina Gajin Kenkyū* ("Study of Chinese Painters") (Tokyo, 1942), p. 170.

68. *Chung-kuo Jen-ming Ta Tzu-tien*, quoted in Speiser, *op. cit.*, p. 46.

69. Bokuyūsō Shujin, *Sekitō to Hachidaisenjin* ("Shih-t'ao and Pa-ta-shan-jen") (Kanagawa ken, 1952), p. 3.

70. Sirèn, "Shih-t'ao . . . ," *op. cit.*, p. 41.

71. Sirèn, *The Chinese on the Art of Painting*, p. 164. As an example of the literati's disinterest in originality, the same reference to the "ten thousand volumes" and the "ten thousand *li*" may be found in a contemporary treatise by Mo Shih-lung and in the later work, the *Mustard-Seed Garden* (see Yoshizawa, *op. cit.*, [Part 1], p. 260, and Petrucci, *op. cit.*, pp. 4–5). The English critic Sir Herbert Read puts the emphasis just wrong, and misses the strain in Tung Ch'i-ch'ang which makes him such a revealing figure, when he writes: "But one of the great artists of the Ming epoch, Tung Ch'i-ch'ang, said with perhaps obvious truth that no one was likely to gain such a state of grace, even if he read ten thousand books and ranged over ten thousand leagues; the artist is born, not made" (*A Coat of Many Colours* [London, 1945], p. 266).

72. Contag, *Die Beiden Steine*, p. 10.

73. Yun, *op. cit.*, ts'e 16, p. 8*a*–*b*.

74. Hackney and Yau, *op. cit.*, p. 56.

75. Yoshizawa, *op. cit.* (Part 3), p. 346.

76. See "Ran Ei Hitsu: *Hisetsu senzen* Zu Kai" ("Analysis of 'Flying Snow and a Thousand Mountains,' by Lan Ying"), KK, No. 477 (August, 1930), p. 228. For the distinction among the Che school (in the Ma-Hsia tradition of monochrome landscape of the Southern Sung academy), the Yuan school (particularly figure-painting and decorative color landscape, "blue-green," etc., more meticulous than Che), and the Wu school (for whom both preceding schools were academic)— and for an account of their intermingling—see Hu, *op. cit.*, pp. 150–51, and P'an, *op. cit.*, pp. 167–70. For Shen Shih-t'ien as the very embodiment of the "Wu taste" in sixteenth-century and subsequent opinion see Tempō Imazeki, "Shin Sekiden Jiseki" ("Biographical Note on Shen Shih-t'ien") (Part 1), KK, No. 457 (December, 1928), pp. 349–50.

77. For varying Ming and Ch'ing assignments of these painters to schools see Tajima, *op. cit.*, Vol. X (1911), Pl. 16; Yawata, *op. cit.*, pp. 68–69; Ichiuji Giryō, *Tōyō Bijutsu Shi* ("History of Far Eastern Art") (Tokyo, 1936), p. 215; Huang Pin-hung, *Ku Hua Cheng* ("Evidence on Old Painting") (Shanghai, 1931), pp. 30–32; and Werner Speiser, "Tang Yin" (Part 2), OZ, XI (May–August, 1935), 109.

78. Yonezawa Yoshiho, "Kyū Ei Hitsu: Hakubyō *Tan ran tei* Zu" ("The *Chuan lan ting*, a Picture in the *Pai-miao* Method, by Ch'iu Ying"), KK, No. 708 (March, 1951), p. 122; Lin Feng-mien, *I-shu Ts'ung-lun* ("Essays on Art") (Shanghai, 1937), p. 121; Arthur Waley, "A Chinese Picture," *Burlington Magazine*, XXX (January, 1917), 10.

79. Unzansei, "Kyū Ei no Gasatsu ni Tsuite" ("On a Picture Book by Ch'iu Ying"), KK, No. 475 (June, 1930), pp. 159–60; "Kyū Ei Tōjin Shii e Kai" ("Explanation of Ch'iu Ying's Paintings on Themes from T'ang Poetry"), KK, No. 481 (December, 1930), pp. 344–45. There is a similar album by Shen Shih-t'ien, one of nine paintings, each after an individual early artist (see Taki, "Shin Keinan . . . ," *op. cit.*, p. 35).

80. Sirèn, *Later Chinese Painting*, I, 133–34; Werner Speiser, "T'ang Yin" (Part

1), OZ, XI (January–April, 1935), 21. Cf. the note on T'ang of the famous sixteenth-century collector, Wang Shih-chen, which mentions as a matter of course T'ang's derivations (all Wang's notes have an account of derivations at the beginning of his brief biographical sketches). Wang acknowledges a thoroughly eclectic background for T'ang, in which Sung academicians like Li T'ang, Ma Yuan, *et al.*, and Yuan intuitive masters like Huang Kung-wang all figure. See Wang Shih-chen, *I-yuan Chih Yen Fu-lu*, in Shih Ching T'ang (ed.), *Yen-chou Shan Jen Ssu Pu Kao*, chap. 155, pp. 16*b*–17*a*.

81. Tajima, *op. cit.*, XI (1912), Pl. 6.

82. See KK, No. 481 (December, 1930), No. 5 painting in the illustrated set. Cf. a late Ming account of a Ch'iu Ying painting, which identified the styles (and praised the combinations) of various masters in Ch'iu Ying's stones and mountains, trees, figures, and coloring (see Sirèn, *Later Chinese Painting*, I, 146).

83. "Sei Moyō Hitsu: *Sankyo Hōmon* Zu Kai" ("Analysis of 'A Visitor to a Mountain Abode,' by Sheng Mao-yeh"), KK, No. 543 (February, 1946), p. 53.

84. Wada Mikio (ed.), *Tōyō Bijutsu Taikan*, Vol. XII (1913), Pl. 6; Contag, "Tung Ch'i-ch'ang's . . . ," *op. cit.*, pp. 181–82. The quotation is from the *Kuo Ch'ao Hua Cheng Lu* (1739), by Chang Keng.

85. "Ōō Sekikoku Hitsu: Semmen Sansui Zu" ("Landscape Painted on a Fan, by Wang Hui"), KK, No. 614 (January, 1942), p. 24; Yonezawa Yoshiho, "Ōō Sekikoku Hitsu: Kambaku Zu" (" 'Looking at a Waterfall,' by Wang Hui"), KK, No. 702 (September, 1950), p. 306.

86. Aimi Shigeichi, *Gumpō Seigan* (Tokyo, 1914), Vol. II, Pl. 5; Nakamura Sakutarō and Ojika Bukkai, *Shina Ega Shi* ("History of Chinese Painting") (Tokyo, 1923), p. 163; P'an, *op. cit.*, p. 167.

87. Wang Shih-chen on T'ang Yin (see Wang Shih-chen, *op. cit.*, chap. 155, p. 17). Generally, for the Ming-Ch'ing connoisseurs' cult of brushwork—its sensitivity to nuance, feeling for extra-aesthetic suggestiveness in the painter's strokes, elaborate systems of classification, tendency to proliferate detail (the subject of brushwork) in what might have been truly southern empty space, and gradual change of emphasis from typical motives in an intellectually regulated composition to more individualized motives in free arrangement, more suitable to the range of virtuosity—see, successively, A. Bolling and John Ayers, "Chinese Art of the Ming Period in the British Museum," OA, III (1950), 79; Victoria Contag, *Die Sechs Berühmten Maler der Ch'ing-Dynastie* (Leipzig, 1940), p. 17; Kojiro Tomita, "Brush-Strokes in Far Eastern Painting," *Eastern Art*, III (1931), 29–31; Arthur Waley, *An Introduction to the Study of Chinese Painting* (London, 1923), p. 247; Fang-chuen Wang, *op. cit.*, p. 102; Victor Rienaecker, "Chinese Art (Seventh Article) Painting—II," *Apollo*, XL (November, 1944), 109; Tsou, *op. cit.*, ts'e 3, chap. 2, p. 6*a;* Arthur von Rosthorn, "Malerei und Kunstkritik in China," *Wiener Beiträge zur Kunst- und Kultur-Geschichte*, IV (1930), 22; George Rowley, "A Chinese Scroll of the Ming Dynasty: Ming Huang and Yang Kuei-fei Listening to Music," *Worcester Art Museum Annual*, II (1936–37), 70–71; Cohn, *op. cit.*, p. 92; John C. Ferguson, *Chinese Painting* (Chicago, 1927), p. 62; Édouard Chavannes and Raphael Petrucci, *La Peinture chinoise au Musée Cernuschi, avril-juin 1912* (*Ars Asiatica I*) (Brussels and Paris, 1914), pp. 49–50; Edgar C. Schenck, "The Hundred Wild Geese," *Honolulu Academy of Arts Annual Bulletin*, I (1939), 6–10.

88. For details on this prescription of Tung *et al.* for the painting of synthetic pictures see Tung, *op. cit.*, chap. 2, pp. 5*a*–8*a;* Alan Houghton Broderick, *An Out-*

line of Chinese Painting (London, 1949), p. 32; Waley, *An Introduction . . .*, pp. 246–50; Contag, "Schriftcharakteristeken . . . ," *op. cit.*, p. 48, and *Die Sechs . . .*, p. 20; Sirèn, *The Chinese on the Art of Painting*, p. 143, and *Later Chinese Painting*, I, 187; John C. Ferguson, "Wang Ch'uan," OZ, III (April-June, 1914), 58–59.

89. As an example of the latter, Waley refers to the transfer of the ideals of literary study to art in this fashion: a certain river having been mentioned in the *Shih-ching* in connection with autumn, it must always be represented by the painter in an autumn scene (see Waley, *An Introduction . . .*, p. 246). Sirèn speaks of the Ming taste as demanding an inscription on a painting in a literary style appropriate to the motif and a calligraphic style corresponding to the manner in which the picture was painted, i.e., *k'ai-shu* (formal style) calligraphy for *kung-pi* (highly finished, meticulous) painting, and *ts'ao-shu* (cursive style) calligraphy for *hsieh-i* (intuitive) painting (see Sirèn, "Shih T'ao . . . ," *op. cit.*, pp. 35–36).

90. Kenneth Clark, *Landscape into Art* (London, 1949), p. 30.

91. C. M. Bowra, *The Creative Experiment* (London, 1949), p. 2.

92. Werner Speiser, "Eine Landschaft von Wang Hui in Köln," OZ, XVII (1941), 170.

93. "Abe Kojirō Zō: Un Nanden Hitsu Kaki Satsu" (" 'Flowers' by Yun Shou-p'ing in the Abe Kojirō Collection"), *Bijutsu Kenkyū*, XCII (August, 1939), 306.

94. "Hashimoto Shinjirō Zō: Un Nanden Hitsu Kahin Seikyō Zu" (" 'Fruits' by Yun Shou-p'ing in the Hashimoto Shinjirō Collection"), *Bijutsu Kenkyū*, VII (July, 1932), 237.

95. Tsou, *op. cit.*, ts'e 3, chap. 1, p. 1*a*.

96. For discussions of this process see Joseph R. Levenson, *Liang Ch'i-ch'ao and the Mind of Modern China* (Cambridge, Mass., 1953), *passim*, esp. pp. 109–28; and " 'History' and 'Value': Tensions of Intellectual Choice in Modern China," in Arthur F. Wright (ed.), *Studies in Chinese Thought* (Chicago, 1953), pp. 169–73.

97. For a discussion of nineteenth- and early twentieth-century utilitarian criticism, and proposals for modification, of what had come to appear the aestheticism of the examination system, see Ssu-yü Teng and John K. Fairbank, *China's Response to the West* (Cambridge, Mass., 1954), esp. pp. 139, 145, 178, and 205.

That specialization and practical purposes in education were essentially uncongenial to the traditional Confucian intellectual world, so that their late Ch'ing appearance in China must represent a significant change in that world, is corroborated by the fact that earlier Ch'ing thinkers like Yen Yuan (1635–1704) and Chang Hsueh-ch'eng (1738–1801), in advocating specialization, were consciously attacking their intellectual milieu and were considered eccentric within it. See David S. Nivison, "The Literary and Historical Thought of Chang Hsüeh-ch'eng (1731–1801): A Study of His Life and Writing, with Translations of Six Essays from the 'Wen-shih t'ung-i,' " (Ph.D. thesis in the Department of Far Eastern Languages and Literatures, Harvard University, Cambridge, Mass., May, 1953), p. 18; and " 'Knowledge' and 'Action' in Chinese Thought since Wang Yang-ming," in Arthur F. Wright (ed.), *Studies in Chinese Thought* (Chicago, 1953), pp. 128–29.

98. Max Weber, *The Religion of China* (Glencoe, Ill., 1951), p. 248.

索　　引

(Index)

INDEX

校订后记

沈中明

费正清主编的《中国的思想与制度》初版于1957年，这个中文译本是根据芝加哥大学出版社1972年第六次重印本译出的。

在20世纪美国汉学界关于中国古代思想文化的一系列论集中，本书占有重要位置。在由费正清主编的研究中国问题的专题论集中，本书是最早出版的一本，曾经产生过较大影响，至今仍是美国学术界研究中国古代的思想与制度时不可或缺的参考著作。

该论集的十几位作者都是美国汉学界的知名学者，诸如研究中国思想史的芮沃寿、狄百瑞，曾执教于国立北京大学的卫德明，研究宋史的柯睿格，研究明史的贺凯，研究中国天文学史的沃尔弗勒姆·埃伯哈德，费正清和他的学生史华慈、约瑟夫·R. 勒文森，华人学者瞿同祖、杨联陞、杨庆堃、刘子健。因此，论集所收文章中的观点有一定的代表性，费正清在本书的引言中已有介绍，读者可以参看。

需要向读者说明的有以下几个方面：

本书所收文章中的译名（以人名、地名、书名居多）采用的是威妥玛式拼法（Wade–Giles system），原书编者意在使众多译名不致发生混乱，这一点费正清作了拼法说明（*A Note on Romanization*，译文未收）。同时，原书的译名索引可以起到一部分对照作用。编者在整理译稿时参照原书译名索引并对照中国古籍对译名作了回译。

本书引文较多，译者对于其中未查到原著的，注明“意译”。各篇分段称引的引文中涉及的中国古代文献主要有《论语》《孟子》《荀子》《左传》《国语》《礼记》《春秋繁露》《说苑》《论衡》《史记》《汉书》，以及《抱朴子内篇》《明夷待访录》等，编者对上述诸籍引文逐条做了文字核对、译文还原，标示为中文楷体字，并以方括号注文标明出处。其中荀子赋、贾谊赋的文字辞古意隐，为便于读者阅读，在列出赋的原文时保留了译文。

原书亦偶有误植之处，如司马迁之女嫁杨敞之子，原文误为 Chang Ch'ang（张敞）。对此，编者径为改正。

原书文章中的九个图表，编者根据各篇文意和中国历史行政区划地图作了编译。原书卷首的简明中国历史年表中的文字系直译，某些说法尚希读者鉴别。

本书各篇文章成文于20世纪50年代前期，间有个别观点受到当时东西方意识形态对立的局限。在不影响整体文意的前提下，编者酌情做了删节并一一括注说明。

费正清关于译名的拼法说明因译名在译文中已全部回译为中文，故亦未收录。原书卷首列有作者简介，因时过境迁、资料不全之故，译本没有收录。

原书的注释总数有997个，其中或说明史料来源，或补充文中论点，对于读者是重要参考，故全部原文照录，但未翻译。原书的译名索引，对于中文读者亦颇具参考价值，其中多数译名的拼法在当今美国汉学著作中仍在沿用，故亦附于书后。

译稿中的漏译、误译之处，编者就注意所及做了补译、更正，但全书译文恐仍存未当之处，恳请读者批评指正。

2007年4月

图字：01—2002—3702 号

图书在版编目（CIP）数据

中国的思想与制度/（美）费正清编；郭晓兵等译. —北京：
世界知识出版社，2008.1（2019.10重印）
（费正清文集）
ISBN 978 – 7 – 5012 – 3208 – 6
Ⅰ.中… Ⅱ.①费… ②郭… Ⅲ.历史—研究—中国 Ⅳ.K20
中国版本图书馆CIP数据核字（2007）第137138号

策划编辑　王　立　张光勤
责任编辑　侯奕萌　刘　喆
文字编辑　沈中明　阮中强　胡孝文
责任出版　王勇刚　高　炜
责任校对　马莉娜

书　　名　**中国的思想与制度**
Zhongguo De Sixiang Yu Zhidu

编　　者　[美] 费正清（John King Fairbank）
译　　者　郭晓兵　王　琼　张晓丽　王妍慧　李俏梅
校　　订　沈中明

出版发行　世界知识出版社
地址邮编　北京市东城区干面胡同51号（100010）
电　　话　010–65233645（市场部）
网　　址　www.ishizhi.cn
印　　刷　廊坊市海涛印刷有限公司
经　　销　新华书店
开本印张　880mm × 1230mm　1/32　17印张
字　　数　230千字　116幅图
版次印次　2008年1月第一版　2024年10月第十次印刷
标准书号　ISBN 978–7–5012–3208–6
　　　　　ISBN 0–226–23403–7
定　　价　66.00元